中国社会科学院创新工程学术出版资助项目

社会转型初期
家庭结构和代际关系变动研究

王跃生 著

Shehui Zhuanxing Chuqi

Jiating Jiegou He

Daiji Guanxi Biandong Yanjiu

中国社会科学出版社

图书在版编目（CIP）数据

社会转型初期家庭结构和代际关系变动研究/王跃生著.
—北京：中国社会科学出版社，2018.9
ISBN 978-7-5203-3187-6

Ⅰ.①社⋯　Ⅱ.①王⋯　Ⅲ.①社会转型期—家庭结构—研究—中国—现代 ②社会转型期—家庭关系—研究—中国—现代　Ⅳ.①D669.1

中国版本图书馆CIP数据核字（2018）第214943号

出 版 人	赵剑英
责任编辑	李庆红
责任校对	季　静
责任印制	王　超
出　　版	中国社会科学出版社
社　　址	北京鼓楼西大街甲158号
邮　　编	100720
网　　址	http：//www.csspw.cn
发 行 部	010-84083685
门 市 部	010-84029450
经　　销	新华书店及其他书店
印　　刷	北京明恒达印务有限公司
装　　订	廊坊市广阳区广增装订厂
版　　次	2018年9月第1版
印　　次	2018年9月第1次印刷
开　　本	710×1000　1/16
印　　张	25
插　　页	2
字　　数	376千字
定　　价	99.00元

凡购买中国社会科学出版社图书，如有质量问题请与本社营销中心联系调换
电话：010-84083683
版权所有　侵权必究

目 录

第一章　绪论 …………………………………………………… 1
　　一　相关概念解释 ………………………………………… 1
　　二　已有研究综述 ………………………………………… 9
　　三　本项研究的基本内容、观点和研究方法 ………… 21
　　四　研究数据及获得方式 ………………………………… 26

第二章　中国城乡家户结构的总体状态及特征 ……………… 31
　　一　城乡家户结构基本状态 ……………………………… 31
　　二　主要家户类型构成及其变动的区域比较 ………… 41
　　三　主要家户成员年龄构成 ……………………………… 67
　　四　结语与讨论 …………………………………………… 77

第三章　夫妇生命历程视角的家户结构及其变动 …………… 80
　　一　研究说明 ……………………………………………… 80
　　二　夫妇生命历程与家户结构关系的一般认识 ……… 87
　　三　初婚和初育时居住方式及其认识视角 …………… 91
　　四　抚养子女阶段的居住方式 …………………………… 113
　　五　子女成年后的父母居住方式
　　　　——以50—54岁组、55—59岁组为观察对象 …… 134
　　六　"夫妇"家户变动和峰值观察 ……………………… 141
　　七　丧偶者的居住方式 …………………………………… 148
　　八　结语与讨论 …………………………………………… 160

第四章 多代家户构成分析——以三代直系家户为对象 … 163
一 研究说明 … 163
二 三代直系家户基本构成和变动 … 167
三 城乡三代直系家户户主和成员年龄构成比较 … 169
四 三代直系家户的功能及其变化 … 177
五 结语与讨论 … 183

第五章 第一代独生子女家庭亲子居住方式 … 186
一 问题的提出及相关说明 … 186
二 亲子居住方式基本状态 … 191
三 亲子居住方式影响因素分析 … 199
四 亲子代初婚、初育时居住方式比较 … 208
五 亲子生活单位边界的模糊表现 … 212
六 结语与讨论 … 214

第六章 家庭代际关系内容与功能变动分析 … 217
一 研究说明 … 217
二 代际关系内容与功能阐释 … 219
三 代际关系内容与功能演变 … 225
四 代际关系功能承担主体的差异和时期变化 … 237
五 当代代际关系水平评价 … 241
六 代际关系功能变动趋向与发展引导 … 245
七 结语与讨论 … 248

第七章 社会转型时期家庭代际功能关系及新变动 … 251
一 现有研究回顾 … 251
二 中国代际功能关系的平衡认识 … 254
三 当代代际义务关系的变动 … 257

四　当代子女数量和性别构成变化对代际
　　　　功能关系履行的影响 …………………………… 264
　　五　预期寿命延长，直系成员存世代数
　　　　增加下的代际关系 ………………………………… 269
　　六　代际功能关系与生育意愿和行为 ………………… 271
　　七　家庭代际功能关系变动中的问题及其应对 ……… 273

第八章　城乡养老中的家庭代际关系 ……………………… 276
　　一　研究说明 …………………………………………… 276
　　二　养老型代际关系的形成条件 ……………………… 279
　　三　从老年人居住方式看亲子日常生活依存度 ……… 288
　　四　老年人赡养和照料 ………………………………… 296
　　五　结语与讨论 ………………………………………… 307

第九章　第一代独生子女家庭代际关系 …………………… 310
　　一　研究说明 …………………………………………… 310
　　二　独生子女家庭代际义务和责任关系 ……………… 313
　　三　基于生活互助的亲子交换关系 …………………… 331
　　四　亲子情感互动关系 ………………………………… 342
　　五　代际权利关系 ……………………………………… 350
　　六　结语与讨论 ………………………………………… 355

第十章　总括性认识 ………………………………………… 359
　　一　社会转型带来家庭新变动 ………………………… 359
　　二　家庭变动中值得关注的问题 ……………………… 362
　　三　解决家庭问题的思路 ……………………………… 363

附　录 ………………………………………………………… 365

参考文献 ……………………………………………………… 389

第一章 绪论

当代中国正经历着深刻的社会转型。它是中国社会所发生的空前变革，极大影响着民众的就业方式、生存空间和日常生活形态，特别表现为劳动年龄人口在城乡和城城之间流动频繁，多数农村人口沿袭传统农耕就业模式、世代居住于一地的格局将发生彻底改变。这一社会转型又与人口转变相联系，人口低出生率和老龄化社会形成，民众居住家庭类型和代际关系受到影响。当然，从总体来看，中国社会目前尚处于转型的初期阶段，新旧观念和行为相互交织，城乡之间公共福利制度存在差异，惯习性制度的保留程度有别。人们对转型社会的生存方式既有适应的一面，也有不太适应的一面。社会转型初期城乡广大民众所需要的社会保障服务还不够完善。我们认为，无论是着眼于社会发展的理论还是当代民众实践，从社会转型视角研究家庭结构和代际关系，观察"宏观"社会环境变动下的"微观"人口行为，探寻其中存在的问题，是一项很有意义的工作。不过就目前而言，对此所做的系统研究较为薄弱，本书拟在这方面进行尝试性探讨。

一 相关概念解释

（一）关于社会转型

1. 社会转型的定义

在中国当代社会变动相关问题的研究中，社会转型可谓使用频度非常高的概念，社会学、人口学中尤其如此。不少研究者对此进行了界定。通过梳理文献，大体上相关认识可分为两大类。

一类研究强调社会转型指社会的整体性变动或社会的结构性变革。李培林认为，社会转型是一种整体性发展和特殊的结构性变动。社会转型的主体是社会结构，它是指一种整体的和全面的结构状态过渡，而不仅仅是某些单项发展指标的实现。社会转型的具体内容是结构转换、机制转轨、利益调整和观念转变。在社会转型时期，人们的行为方式、生活方式、价值体系都会发生明显的变化①。童星、文军的认识与此相似，他们指出，"社会转型"，简而言之，就是指社会的整体性变动。但在社会学中，社会转型主要是指社会结构的整体性、根本性变迁；它不是指社会某个领域的变化，更不是指社会某项制度的变化；其具体内容至少应该包括结构转换、机制转轨、利益调整和观念转变②。宋林飞认为社会转型具有社会体制转变、社会结构变动、社会形态变迁三种主要意义③。总之，社会转型指社会发生全面、整体性变革，而非局部、单方面的改变。

另一类则将社会转型定义为社会由传统型向现代型的转变，其以社会纵向发展为着眼点。郑杭生、李强等指出，"社会转型"是一个有特定含义的社会学术语，意指社会从传统型向现代型转变，或者说由传统型社会向现代型社会转型的过程。在这个意义上"社会转型"和"社会现代化"是重合的，几乎是同义的④。陆学艺等认为："转型"是指中国社会从传统社会向现代社会、从农业社会向工业社会、从封闭性社会向开放性社会的社会变迁和发展⑤。一些强调社会整体性变动为转型的学者则认为这并非社会转型⑥。

应该说，这两种认识均将社会发生的大的变动视为转型。社会发生整体性和结构性变动是社会发生的全方位、深层次的变动，而社会从传统型向现代型的转变也是社会面貌发生了革命性变化的表现，是

---

① 李培林：《另一只看不见的手：社会结构转型》，《中国社会科学》1992年第5期。
② 童星、文军：《三次社会转型及其中国的启示》，《开放时代》2000年第8期。
③ 宋林飞：《中国社会转型的趋势、代价及其度量》，《江苏社会科学》2002年第6期。
④ 郑杭生、李强等：《当代中国社会结构和社会关系研究》，首都师范大学出版社1997年版。
⑤ 陆学艺、景天魁主编：《转型中的中国社会》，黑龙江人民出版社1994年版，第1页。
⑥ 童星、文军：《三次社会转型及其中国的启示》，《开放时代》2000年第8期。

社会缓慢"量变"中的一种"质变"。

在我们看来,社会转型是一种触及民众基本生产和生存方式的变革,与社会形态、经济形态和社会结构相联系。从历史视角看,中国现代之前的社会是以农耕为主导的农业社会,多数劳动力以耕垦田亩作为就业和获取生活资料的手段。国家也以向农民征收赋税、征派徭役作为维系军队、官僚队伍需求和皇家及公共工程兴修所需物资和劳动力来源的手段。尽管王朝更迭或短或长时间发生,但这种局面不曾改变。近代以来出现了新型工商业市镇的兴起,并且发生辛亥革命这一结束数千年帝制的政治变革,但是基本社会和经济形态,特别是多数民众的生产和生存方式没有因此而改变。甚至中华人民共和国成立后较长的一段时间内,我国民众以农为主的就业和生存格局仍未发生根本改变。而社会转型的起步或启动发生在20世纪80年代中期以后,农业剩余劳动力开始向非农领域转移,多数民众的谋生方式摆脱了对传承数千年的农耕经济的依赖,劳动年龄人口逐渐由以相对分散和封闭的村落为基础的居住方式向与市场联系紧密的城镇为基本生存载体转化。

由此,我们对社会转型的定义为:它是民众基本生产和生存方式所发生的深度变革,并使社会形态和结构改变。它有三项主要衡量指标:由农业劳动力占多数转变为以第二、第三产业劳动力为主,由农村居民占多数转变为城镇居民占多数,居住环境从以传统自然村落为主转变为以现代市镇为主。中国的这一社会转型始于20世纪80年代中期,90年代之后开始加快进程。目前这一社会转型已经初步实现,但尚处于转型初期①。根据人口普查数据,2000年中国农业从业者占64.38%;2010年农业从业者降至48.23%,非农业劳动力占比超过半数。同样,根据人口普查数据,2000年乡村人口占比为63.08%,2010年降为50.22%。从统计指标上看,2010年中国社会处于"城乡均衡"状态,"转型"初显;从居住空间分布上看,城镇已经成为

---

① 王跃生:《中国城乡家庭结构变动分析——基于2010年人口普查数据》,《中国社会科学》2013年第12期。

多数人的生活之地。

因此,我们将本研究项目中的社会转型进一步限定为"社会转型初期",原因在于,社会转型很大程度上是一个过程事件,并非时点事件。如此全面触动、改变民众数千年生存方式的重大社会变革,并非在短短的数年或十数年内所能完成,而从社会转型开始至转型结束或完成,往往会延续几十年,甚至上百年的时间。在转型的初期,社会结构、面貌等方面将呈现出农耕文明和工业文明、农村社会和城市社会、村落形态和市镇面貌相互交织的格局,这又会使民众的居住方式和代际关系表现出传统和现代并存的状态。

研究者或许不同意我们对当代"社会转型"的定义,面对如此复杂和剧烈的社会变革,不同专业背景和社会经历的学者会有不同的认识,这是很正常的。我们同时认为,大家对中国当代社会所发生的具有指标特征意义的明显变化应该不会持有异议。即人们对社会转型的性质和特征可以有不同见解,但社会转型的客观事实及其对民众生存方式的巨大影响大家会有深切感受,甚至达成一定共识。

2. 制度变迁与社会转型

制度变迁这一概念与社会转型一样具有高度使用频率。

(1) 制度变迁的定义和表现。

制度变迁是指对社会和民众生活具有重要影响的不同制度形式所发生的重要改变、调整或发生新旧替代。这些制度有大有小,大者如政治体制、国家性质;小者如基层社会的管理方式、民间惯习及其作用机理;处于中间状态的有政府重要政策、法令等的制定和实施。一般情况下,制度变迁表现为新的制度形式对旧的制度形式的替代。在中国近代社会中,制度变迁的发生相对频繁,而对民众生存方式影响较大的制度变迁主要表现为所有制形式和生产方式的变革。具体来说,20世纪40年代以来中国经历了土地私有制、土地改革后的农民所有制、集体所有制下集体经营和集体所有制下的农户经营(联产承包经营)等重要变革。可见,制度变迁往往与体制转变有关。它多始于重要的政治事件或决策,由政治力量予以推动。

(2) 制度变迁与社会转型的异同。

制度变迁与社会转型均对民众的生存方式具有重要影响。制度变迁中生产资料所有制的变更直接影响家庭所拥有财产的范围和家庭成员的生存方式，从而对家庭形态、家庭功能和家庭关系产生影响。

社会转型则使多数农民的谋生方式开始发生根本改变，由世代居于一地、家庭就业变为离开乡土、流动择业，家庭成员地位和代际关系因此产生变化。然而，社会转型是一个过程，并非一个事件。在转型初期，它不会导致社会以及家庭诸方面发生前后迥异的变化。但其发展趋向是值得关注和研究的。

在当代中国，制度变迁往往是政治力量推动的结果，具有很强的行政主导性质；社会转型则是经济发展水平达到一定程度才出现的结果。当然，中国当代社会转型的发轫离不开政治力量和相关政策措施的推动。从这一角度讲，社会转型过程中往往包含着制度变迁，不过它主要是由经济深度发展所推动。

那么，中国20世纪80年代之前的阶段性制度变迁是否使社会出现了转型趋向？我们认为，中国农村社会由土地私有制向集体所有制变革尽管对民众生存方式产生了巨大影响，但它并没有使农民获取生活资料的方式发生实质性改变，农业经营仍是绝大多数农民的就业方式。并且，由于政府对人口迁移行为和户籍改变实施控制，中国形成了特殊的城乡二元社会。城镇以工商业社会的生产和生活方式为主，而占人口多数的农村则沿袭农耕时代的生活方式。

简言之，制度变迁多为重大而具体且对特定时期民众生活具有影响的新的政策、法律的制定落实，与此同时旧有政策、法律被修改或废止。这种制度变迁既可能发生在社会转型时期，也可能发生在社会并未出现转型阶段，甚至后一种情形更容易发生。在当代，制度变迁对社会转型的推动作用不可忽视。中国农村劳动力向城镇非农业领域的转移大规模出现与农村土地承包制实行之下农业劳动生产率提高、农村"剩余"劳动力需要找到"释放"途径有关。

3. 社会变革与社会转型

就目前而言，从一定程度上讲，社会变革较社会转型的使用频次更高。这两者有何种区别和联系？或者更进一步，它与制度变迁、社会转型的关系是什么？对此，大家理解上见仁见智，难以一言概括之。

一般来说，社会变革可泛指一国或较大范围内所发生的对国家和民众行为有重要影响的政治、经济、管理、文化等方面的变化，因而社会变革往往可以具体化为政治变革、经济变革、文化变革等。这些变革既可以在同一政权或政治体制内通过法律、政策、惯习等制度类型的变更来实现，也可能靠政权更迭等强制手段来推动；既有单项表现，又有多项综合做法。如辛亥革命中共和政体取代帝制、1949年中华人民共和国成立均可视为对民众有重大影响的政治变革；中共十一届三中全会之后，全面的改革开放政策被推行，农村土地承包责任制取代集体经济制度，城市计划经济逐渐被社会主义市场经济所取代，这是对民众生活和就业方式具有重要影响的经济改革。新中国成立后中国共产党在农村实行党支部建在行政村并使之成为乡村政权的主导力量或组织，从根本上削弱乃至取消传统宗族组织、乡绅势力在基层社会管理中的作用；在城市实行街道、居委会与单位管理相结合的制度，将正规就业者、非正规就业者与无业者均纳入制度体系中，可谓具有社会管理意义上的变革。由此可以说，一国之内所发生的较重大且对民生有重要影响的政治变革、经济变革、管理方式变革、文化变革等都可被称为社会变革或社会变革的一种。但这些相对具体和单纯的变革尽管力度大、范围广，却难以被称为社会转型。比如，一些政治性变革的发生并没有导致民众就业方式等出现大的改变，如土地改革、集体经济制度建立之后，绝大多数农村劳动力依然以农耕为主业，甚至被更强有力的外部制度束缚于土地之上，难以获得从事非农就业的机会；村落依然是绝大多数农民及其子弟的生存载体。当然，也不能否认，有些具体的政治、经济变革发挥了推动社会转型的功能。中国当代的社会转型与20世纪70年代末改革开放政策的推行、80年代初农村土地承包责任制的实施及其后人口迁移流动和户籍控制的逐渐放松等制度变革有直接关系。

那么，社会变革与社会转型有怎样的联系和区别呢？从联系上看，社会转型作为对一个时代及民众生活具有最深刻影响的演变无疑是巨大的社会变革,这是两者的共同之处,但我们却不能用社会变革的概念替代社会转型,否则会低估社会转型的作用和意义。

我们可将社会变革与制度变迁、社会转型结合起来分析它们之间的区别。社会变革指具有广泛性和普遍意义的社会变化,它所涵盖的范围较大,既可指重要政治、经济事件发生所带来的变革,如清朝帝制被推翻、中华人民共和国的成立,又包含新制度的落实对民众生存方式的影响,如农村的土地改革、集体经济制度建立、承包责任制的实行等,还可指社会转型意义上民众生存方式的深度变动。由此,社会变革在一定程度上涵盖了制度变迁式和社会转型式两种变革,可谓指代范围更大。在粗略的意义上,社会转型和制度变迁可被视为社会变革,或者社会变革包括社会转型意义上的变革、制度变迁意义上的变革,也有其他意义上的变革。当我们具体使用制度变迁和社会转型这一词汇时,实际是将社会变革的范围和特征具体化了,或者说并非含糊地定义社会变革,而是从更为专业的角度使用社会变革这一词语。

本项研究中,笔者将论述的家庭结构、代际关系放置于社会转型这一背景之下,而在一些方面兼顾制度变迁及其作用。因为离开了对当代制度变迁的考察,将无法深刻认识社会转型中的一些民众行为。

(二)社会转型的人口学特征

应该看到,中国当代的社会转型与人口转变具有相互伴生的特征。中国农业从业人口的锐减和城镇人口成为多数,很大程度上是农村人口、农业劳动力迁移流动的结果,由此人口的城乡分布格局发生重大改变;妇女总和生育率自20世纪90年代以来长期保持在低水平;21世纪初,我国进入人口老龄化社会,其程度不断加深。

可见,中国当代社会转型突出表现在劳动力就业结构的变化、城乡民众生存载体结构的变化和人口结构的变化。中国非农就业劳动力成为多数,城镇人口成为主体,城镇区域成为人口主要生存之地,这都是中国历史上第一次出现的社会现象。

中国当代的社会转型很大程度上与制度变迁密不可分。1978年末中国以经济建设为中心的改革开放战略的实施是中国当代社会变革和转型发生的重要推动力。这为农村大批剩余劳动力进城务工创造了条件,以公有制为主体、多种所有制并存的所有制结构的形成增强了经济发展的活力。而中国民众的生育行为、中国人口结构在短时期内发生转变也与计划生育政策的推行密不可分。

(三)转型社会中值得关注的家庭结构和代际关系问题

中国当代社会转型极大地影响了家庭结构和代际关系,对此进行研究,具有很强的理论价值和现实指导意义。人口城市化、农村劳动力向城镇转移冲击着传统的子女抚育和老年照料模式,家庭的功能发挥受到影响;中国实行了四十余年的生育控制政策,特别是独生子女政策对城镇家庭结构和代际关系的影响已经显现,独生子女成年后异地上学、就业增多,家庭"空巢"期提前,并且维持期延长;我国在2000年已进入老龄化社会,而居家养老仍是多数老年人的选择。同时新的家庭形式(如未婚同居)也在增多。对这一时期家庭结构和代际关系的表现进行考察,并将新的家庭形式和关系纳入研究视野,会大大丰富已有家庭理论,提高对家庭结构和代际关系变动的解释力,为相关政策、法律制定和改进提供支持。

社会转型时期,家庭仍是绝大多数民众的基本生存载体。但须看到,当代家庭及其成员既有适应社会转型、小家庭和核心家庭成为主导、不同代际成员自由度提高、代际关系有所改善的一面,也有与转型和转变不相适应、不同代际家庭成员观念和行为冲突增多的一面。深入研究社会转型时期的家庭结构和代际关系,认识不同类型家庭所面临的问题,寻找解决问题的途径,是本课题的主要任务。它与提高民众生存质量和福祉这一社会目标密切相关,是本项研究的现实意义所在。

对家庭结构和代际关系分析不仅能够反映家庭人口规模和代际构成,而且能将家庭成员的居住方式、习惯和区域选择偏好揭示出来。这对政府相关部门规划城镇人口居住区域,对教育、医疗、养老等公共服务设施进行合理布局将有直接帮助,同时可为相关实业部门进行与家庭相关的建设投资提供依据。

二 已有研究综述

可以说，当代家庭结构和代际关系的研究者大多关注到社会转型时代家庭所发生的多种变化，尽管一些研究者在论述中没有使用社会转型概念，但其分析视角或着眼点表明他们具有这一意识。

（一）对社会转型中家庭结构的研究

近20年来，对家庭结构和代际关系探讨较多的社会学学者有潘允康、沈崇麟、杨善华、李银河、徐安琪、唐灿等。他们的研究显示，随着社会经济制度的变动，家庭结构和代际关系也在发生变化。20世纪90年代以来一批人口学者在家庭结构方面的研究更为深入，他们将家庭结构作为家庭人口学研究的重点，注重开发人口普查等大型数据库所提供的家庭成员关系信息，研究家庭结构状态和影响因素。曾毅、郭志刚、王跃生等借助1982年以来普查数据分析社会经济变革对家庭结构和代际关系的影响，对计划生育政策，特别是独生子女政策的推行对家庭结构变动产生的作用、中国当代家庭结构的演变过程和趋向均有阐释。这些研究提供了认识家庭结构和代际关系整体面貌和特征的视角。而风笑天、宋健等则对第一代独生子女婚后所组成的家庭形式进行了探讨。

杨善华认为，20世纪80年代中期开始的城市经济体制改革导致的社会变迁对城市家庭具有影响，首先是从改变家庭的收入水平与收入格局、改变家庭成员的职业和与此相连的家庭成员的社会地位以及改变家庭成员的价值观念开始的，进而影响到其他家庭功能、家庭关系和家庭结构。随着改革的深入，中国城市社会在转型期所发生的社会变迁给城市家庭带来了若干离散的因素，这些因素也有可能导致城市家庭因凝聚力不如以往而出现不稳定。他进一步指出，对城市家庭挑战的实质是对中国家庭以往所具有的凝聚力的挑战，也即是对中国家庭能否成其为家庭的挑战。在这个层面讨论中国城市家庭所面临的新问题，我们可以看到基本上是两种因素或者说两种社会力量影响着中国城市家庭的凝聚力。一种是中国传统的"家本位文化"及其主导的价值观，另一种是功利主义文化以及与此相连的个人本位的价值观。虽然随着中国社会向市场经济转型的日益深入，功利主义文化和个人本位的价值观也在拓展其影响，并且这种影响在以"80后""90后"为代表的年青一代身上尤为明显，由此产生的两代人之间在价值与文化方面的代沟也有可能导致他们对"母家庭"的疏离。然而，由于与"家本位文化"相联系的"责任伦理"是向下倾斜的，因此随着年青一代进入婚龄并生儿育女，社会会教育他们，促使他们向家本位传统回归[①]。可见，杨善华是从社会转型角度来认识当代家庭所受到的前所未有的外部社会变动的冲击，但他同时认为这种影响主要表现在年青一代身上。由于其中存在不少负面现象，故他希望社会力量矫正家庭代际关系中与家本位传统相背离的倾向。

笔者曾从纵向视角分析制度变迁和社会变革对中国农村家庭所产生的影响。中国农村20世纪40年代以来发生了一系列制度变迁事件，其中集体经济制度持续时间最长，它使家庭财产范围缩小，家庭基本生产功能被集体组织取代，父母制约子女行为的能力下降。在这一前提下，家庭裂解变得相对容易，由此农村家庭的核心化进程被大大促进。中国农村的社会转型由改革开放政策所推动，开始于20世纪80年代中期：农村劳动力向城镇转移，非农就业逐渐成为其主要谋生方式。在这一时期，中国农村家庭在制度变迁和社会变革的作用之下出现一系列新的变动，由此也表现出诸多"不适应"和"不协调"。无论家庭还是公共机构，都要努力适应社会转型所带来的变化。从家庭内在制度和社会外在制度建设和完善着手，提升不同代际家庭成员的生存质量，使家庭成为和谐社会建设的基础[②]。

我们还依据人口普查数据对1982年至2000年这一社会转型时期的家庭结构变动进行过探讨，分析民众居住形态所发生的变动，指出

[①] 杨善华：《中国当代城市家庭变迁与家庭凝聚力》，《北京大学学报》2011年第2期。
[②] 王跃生：《制度变革、社会转型与中国家庭变动——以农村经验为基础的分析》，《开放时代》2009年第3期。

当代中国家庭结构变动呈现出三种状态：①相对稳定的家庭类型。三代直系家庭是其代表，城镇三代直系家庭的维系得益于家庭内部管理的松弛，在农村则与独子比例增大有关。②明显上升的家庭类型。夫妇核心家庭增长幅度显著，实行20余年的独生子女政策是这一家庭类型的主要推动力量；隔代直系家庭增长率最高，这既是中国社会转型阶段的重要现象，又是社会发展具有缺陷的反映；单人家庭也有增长，青年人晚婚和老年人口预期寿命延长、老年丧偶比重提高是主要影响因素。③以下降为表现形式的家庭类型。缺损核心家庭明显减少，标准核心家庭有所下降。后者的降低主要是夫妇核心家庭上升所致，或谓核心家庭内部不同类型调整的结果。今后一段时期内中国的家庭结构总体上将持续这种状态，一些家庭类型将发生进一步的变动。当代家庭的结构简化和规模缩小使家庭功能及家庭成员关系方式发生改变，将对整个社会产生影响①。2010年人口普查数据公布之后，笔者又对2000年以来中国家庭结构变动进行了分析，认为这一时期新的变动主要表现为：核心家庭比例明显下降，单人户显著上升，直系家庭没有降低反而略有增加。城乡家庭结构变动有别：城市核心家庭构成缩小，单人户明显增加，直系家庭稍有降低；农村核心家庭降幅较大，单人户提高，直系家庭上升。城乡二级家庭结构变动也不尽相同。相关数据显示，人口流动、子女数量、人口老龄化、婚姻和住房情况对家庭结构及其变动有显著影响。在以家庭结构小型化为主导的时代，政府及社会组织应加强以家庭为目标的公共服务建设；改进户籍制度，减少劳动者与其家庭成员的地域分割；为增进和改善家庭代际关系创造条件②。

郭志刚则从家户的消长变化分析家庭所受社会变动的影响，指出家庭户的演化是立户模式与家庭代际人口结构的互动过程，并就此推论中国流行的主干家庭模式在未来会促发老年"空巢"家庭。研究发

---

① 王跃生：《当代中国家庭结构变动分析》，《中国社会科学》2006年第1期。
② 王跃生：《中国城乡家庭结构变动分析——基于2010年人口普查数据》，《中国社会科学》2013年第12期。

现，人口因素对家庭户规模缩小的影响近年来不断减弱，而社会经济发展方面的影响正在增强。生活在"空巢"家庭的老年人口比例增长迅速，表明家庭分化水平正在提高。近年城乡隔代户人口比例增加显著，农村的情况尤其突出，反映了农村大量住户只剩老人与少儿留守的情况①。可见，郭志刚也是将社会转型作为家户变动的重要社会背景来考察。

李银河对社会变革中城市家庭的变动进行了专题调研。基于抽样调查数据，她对兰州的城市家庭结构与家庭关系的变迁状况进行了分析。其发现是：兰州的城市家庭结构主要特征是以核心家庭为主、以主干家庭和单身家庭为辅。家庭关系当中除直系亲属之外的所有亲属关系都比较疏远。这也从侧面证明，兰州的城市家庭基本上已经核心家庭化了，从家庭结构到家庭关系再到家庭文化，已经越来越远离中国传统的家族文化。值得注意的是，从家庭内部的关系来看，虽然夫妻平等的程度已经越来越像西方的家庭，但从亲子关系来看，其哺育和反哺的关系依然与西方以个人主义为基调的家庭关系存在巨大差异。当然，家庭反哺模式的改变已经初露端倪，即随着现代化的进程和计划生育政策的持续实施，中国城市居民的养老方式将发生重大改变，正在从子女赡养模式改变为依靠自身和社会养老模式②。这一研究从居住方式来认识社会变革时代家庭亲属关系和代际关系所发生的变动。

彭希哲、胡湛认为，当代中国家庭经历着人口与家庭的双重变迁，且内嵌于社会转型之中。对1982—2010年历次人口普查数据的分析显示：家庭规模小型化与结构简化、家庭人口老龄化及相应的居住模式变化、非传统类型家庭大量涌现等是我国当代家庭户变动的主要趋势。当代家庭具有"形式核心化"与"功能网络化"特点，核心家庭大多有其"形"却欠其"实"，因而不能将中国家庭变迁模式

---

① 郭志刚：《关于中国家庭户变化的探讨与分析》，《人口研究》2008年第3期。
② 李银河：《家庭结构与家庭关系的变迁——基于兰州的调查分析》，《甘肃社会科学》2011年第1期。

简单归结为"核心化"。现有家庭政策呈现"去家庭化"与"再家庭化"相博弈的特征,迫切需要在尊重传统及把握趋势的基础上,重构我国现有家庭政策体系,支持和引导现代家庭发展①。他们既承认当代家庭出现形态小型化趋向,又反对仅从居住形态上去认识,同时希望借助政策手段解决家庭在社会转型阶段所遇到的带有一定普遍性的问题。

徐安琪通过对上海的多项抽样调查资料分析这一特大城市家庭变动的多样性。她发现,当地家庭结构仍存在人口与户口、理想与现实以及同住与同吃"三分离"的地域特征,但九成以上被访者期望"分而不远"的核心家庭,在理想模式难以实现时则转向在直系家庭内悄然进行"一家二主""有分有合""疏而不离"的"体制改革"。然在西方一些国家日增的单身和单亲家庭在上海仍较少见。高科技的发展使子代以自己的优势获得对父母进行"文化反哺"的话语权,继而掀起亲子关系的深刻革命。亲属网络呈现双系化,并向女系倾斜的趋向。女性无论与父母还是与儿女的关系满意度都明显高于男性,而婆媳、翁婿关系不如亲子关系也为实证研究结果所支持②。实际上,这正是中国当代社会转型初期城市家庭及其代际关系面貌的真实形态。

杨菊华、何炤华从宏观视角和理论上概括当代家庭的变动特征。他们认为:家庭变迁是世界各国在工业化、城镇化和现代化过程中的必经现象。在过去30多年中,中国发生了翻天覆地的变化;人口、经济、政治、社会和文化要素共同作用于家庭结构、关系、功能和价值取向。家庭规模变小,代数变少,主要家庭模式趋于稳定,但家庭形式更为多样,家庭关系既亲密又疏离,部分家庭功能社会化,婚姻家庭观念发生改变。尽管如此,基于深厚传统的中国家庭仍有很强的抗逆力,加上结构性因素的制约,传统的家庭形式对亲代和子代仍具

---

① 彭希哲、胡湛:《当代中国家庭变迁与家庭政策重构》,《中国社会科学》2015年第12期。

② 徐安琪:《家庭结构与代际关系研究——以上海为例的实证分析》,《江苏社会科学》2001年第2期。

有较强的吸引力，生、养、教化功能仍多由家庭承担。不过，子女数量的持续偏少，子代社会和地域流动的久盛不衰，婚姻观念的不断变迁，都会进一步改变家庭的存在形式和功能，并给政府和家庭带来严峻挑战①。

随着第一代独生子女长大成人，独生子女本人和其父母的居住方式也开始为研究者所关注。风笑天依据其对全国五大城市的抽样调查资料，对第一代独生子女父母家庭结构的现状及其相关因素、独生子女父母进入"空巢"期的年龄等问题进行了探讨。结果表明，城市第一代独生子女父母目前的家庭结构以核心家庭为主，他们的家庭结构与同龄非独生子女父母相比差异明显。子女的婚姻状况是影响他们家庭结构变化的主要因素②。

以上研究对制度变迁、社会转型中中国城乡家庭结构变动及其对家庭关系的作用进行了专门分析，揭示了当代家庭的形态和变动特征。在此基础上，研究者也注意到家庭小型化、"空巢"化现象突出的问题，并对通过公共政策的建立和完善为亲缘关系力量支持相对削弱的个体家庭提供日益增强的社会服务需求充满期待。

（二）代际关系研究

家庭结构和代际关系是两个有密切联系的研究方向，但两者的侧重点有差异。对于社会转型过程中的代际关系，一些学者进行了专门探究。

吴帆、李建民对当代代际关系变动作了理论探讨，他们认为，在我国市场经济发展、社会转型和人口转变的复杂背景下，家庭功能不断弱化，提供给家庭成员在生命周期不同阶段的支持和资源也逐渐减少，代际关系逐步从微观层面的家庭内部转向宏观层面的社会，代际关系社会化成为社会结构发展与社会利益变化的主要趋势之一③。

---

① 杨菊华、何炤华：《社会转型过程中家庭的变迁与延续》，《人口研究》2014年第2期。
② 风笑天：《第一代独生子女父母的家庭结构：全国五大城市的调查分析》，《社会科学研究》2009年第2期。
③ 吴帆、李建民：《中国人口老龄化和社会转型背景下的社会代际关系》，《学海》2010年第1期。

而这方面的实证研究更值得关注。刘汶蓉基于2008年上海和兰州两地居民家庭观念的调查,得出的认识是:当代中国家庭亲代与子代之间依然保持着较强的团结意愿,赡养父母的责任意识也依然较强。但同时,孝文化中的情感因素上升、威权关系下降,代际生活安排上的选择性增强,是一种带有较强个体主义价值观特征的家庭主义观念①。其对当代城市代际关系的特征概括视角较新颖,若能对这一特征的阶段表现加以说明则更有意义。

石金群2014年基于广州市的一项调查分析城市代际关系,得出这样的认识:人们努力在独立和责任之间寻求一种完美的平衡。在应对这些矛盾心境时采取的策略有所不同,呈现出不同的代际行为模式,或选择团结的行为和关系模式,比如有的成年子女依然同父母生活在一起,共同居住在广州仍维持一定的比例;或选择革新的解放的行为或模式,如出现一些新的家庭形式——临时主干家庭、隔代抚养家庭、邻住家庭、轮流分开居住等。在这种模式里,代际关系双方既追求结构革新又努力保持一致性。在追求自我发展的同时也看到双方的相互依赖性,矛盾和紧张通常被开诚布公地说出来并通常能通过协商的方式找到暂时的解决办法,抑或陷入无尽的争吵或终止关系,进入一种分散离析的状态②。这一研究反映了当地城市代际关系、亲情关系的多样性、复杂性,很难用一种模式加以概括。当然更重要的是,如何使当代关系充满亲情关照而又不使彼此受困其中。

社会转型中农村代际关系所受冲击似乎更大,问题更突出。近年来这方面的专项研究增多。孙新华、王艳霞通过2012年在湖北沙县一个农村所做调查发现:交换型代际关系的出现已成为目前农村家际代际关系的新动向。这种代际关系以工具理性为主导,交换内容讲究清晰化,交换时间强调即时性,并日渐成为乡村社会中规范家际代际关系的新秩序。此种秩序下,亲代也逐渐生发出自己的生存策略:做

---

① 刘汶蓉:《当代家庭代际支持观念与群体差异——兼论反馈模式的文化基础变迁》,《当代青年研究》2013年第3期。
② 石金群:《独立还是延续:当代都市家庭代际关系中的矛盾心境》,《广西民族大学学报》(哲学社会科学版)2014年第4期。

"乖老人"和理性化的反馈。交换型代际关系将亲子关系拉向了冷冰冰的交换关系,这本质上是一场"双输"的博弈。因此,家庭伦理亟待重建①。其对代际关系中交换行为的认识显得悲观。实际上代际交换关系一直存在,没有交换行为和功能,人们对维系的动力将丧失。贺雪峰对农村代际关系进行过较多考察,他认为:当前农村的代际关系,因为缺乏传统时代父家长对土地的控制权,缺少人民公社时期国家对家庭关系的强有力干预,加之市场经济提供的农业以外的广泛机会,而使之前以长远预期为基础的哺育和反哺变得可疑起来,立足于短期的现实结算基础上的代际关系则开始出现,这种代际关系是一种更加理性化、较少亲情友好、较少宗教关怀(传宗接代)的代际关系,是一种新型的平衡的代际关系。家庭不仅在经济上的合作在解体,而且在传宗接代和生儿育女上的合作也开始松动②。这一认识具有较强启示意义。

笔者以2010年七省区"城乡家庭结构与代际关系调查"数据为基础,对城乡65岁及以上老年人的居住方式、生活费用来源和起居照料情况进行了考察。研究发现,农村65岁及以上老年父母以与已婚子女共同生活为主,但独立生活已显示出增加趋向;城镇老年人则呈现独立生活和与子女共同生活并存的局面。城市社会养老保障制度之下,子代的"实质"性养老责任逐渐被"非正式"或形式养老所取代,"刚性"供养变为"弹性"支持。而养老保障制度尚未建立起来的农村,老年父母,特别是父亲尽可能通过参加农耕及其他有收入的劳动来减少子代赡养负担。70%的老年人从生病至去世在一年之内,多数老年人并没有给子代照料带来很大压力。子代养老中的性别差异在城市已经弱化,相对来说儿子承担养老的比例高于女儿;在农村,儿子仍是父母养老的主要承担者③。

---

① 孙新华、王艳霞:《交换型代际关系:农村家际代际关系的新动向——对江汉平原农村的定性研究》,《民俗研究》2013年第1期。
② 贺雪峰:《农村家庭代际关系的变动及其影响》,《江海学刊》2008年第4期。
③ 王跃生:《城乡养老中的家庭代际关系研究——以2010年七省区调查数据为基础》,《开放时代》2012年第2期。

美籍华人社会经济史研究学者黄宗智则从理论上分析了中国当代主要家庭形态，探讨其变动趋向，指出：亚当·斯密、卡尔·马克思和马克斯·韦伯这三位也许是现代西方影响最大的经济和社会理论家都认为，伴随着资本主义经济和社会的兴起，以家庭为主要单位的小农生产将被个体的产业工人所取代。在中国，由于现代化主义意识形态的影响以及人们向西方发达国家趋同的期望，在社会科学领域中，这种观念已经被视作一种给定前提。它被当作不言自明的、无须进一步澄清和检验的事实。人们广泛认为小农经济的家庭组织必然会被资本主义经济产业工人所取代，其旧的三代扩大家庭也必定会被两代核心家庭所取代。学界常用的"转型"概念，即向某种给定（但极少明确）的终点演变，更强化了这种线性现代主义假定[①]。对大多数的农民工家庭来说，"半工半耕"的逻辑仍然适用，留家耕种的妇女、老人和儿童一般在生活上会部分依赖外出打工家人的补贴，而在外的打工者则会依赖老家作为一种失业或"退休"之后的保障。也就是说，即便是在全球化的制造业和服务业所形成的大规模就业之下，农村家庭仍然顽强地作为一个经济单位而存在[②]。这一研究视界开阔，但需要更多经验数据支持其推断。它给我们的启示在于，在家庭形态，特别是农村家庭形态分析中，不能被一种具有"主流"影响力的理论和范式所左右，而应立足于所研究社会的实际，对现代化影响和驱动之下家庭因应的多样性加以揭示。

面对社会变革的形势和对家庭不断弱化的公共政策环境，吴小英指出，公共政策制定应有家庭视角。需要密切关注和了解社会变迁对家庭的冲击，包括这个过程中社会观念和个体价值观层面上的家庭变革及动态，以及这种变革与公共政策之间的相互影响。公共政策的制定建立在一定的价值取向基础上，而这个取向的选择依据必须来自于流传于民间社会的家庭观之间的对接和对话[③]。

[①] 黄宗智：《中国的现代家庭：来自经济史和法律史的视角》，《开放时代》2011年第5期。
[②] 同上。
[③] 吴小英：《公共政策中的家庭定位》，《学术研究》2012年第9期。

一些学者从方法上探讨如何从社会、文化、民族和全球化等多个视角认识社会转型之下的家庭策略及其能动反映。麻国庆认为：家庭是中国社会研究的核心概念之一。家的观念与家族结构的分析是社会学、人类学用来理解中国社会结构的必要途径。如采用家庭策略的分析视角，可将宏观的社会变迁过程与微观的家庭成员的行为及方式联系起来，考量家庭对社会转型的能动反映。如从社会、文化、民族、全球的视角出发，可以重新审视家庭、家族、亲属网络在快速变迁的当代社会中所呈现的特征，并可以将家庭策略为核心的主题，置于区域研究与全球社会、多元文化与民族发展等框架中展开讨论[①]。

杨雄、程福财的研究虽是实证分析，却也具有方法意义。他们通过在上海所做问卷调查，从家庭的结构与功能发挥两个层面探讨了社会结构变迁与上海家庭制度的相互作用。指出上海家庭制度的变迁不仅受制于社会结构的变迁，它还有自身的自主性，其演变的路径在一定程度上仍然按照其内在固有的逻辑延伸；尽管市场化改革已经引发了上海社会的整体性变迁，但是，传统中国家庭制度的一些基本原则在上海仍没有发生根本的改变[②]。他们进一步指出，我们在讨论社会转型给上海家庭造成的影响时，并没有把上海家庭结构的小型化、核心化趋势归入其中。这里的原因在于，我们没有足够的理由说明上海家庭结构的核心化趋势是缘起于市场化改革以来的社会变迁，没有证据表明上海家庭人口规模的缩小是因为工业化、现代化的进程。实际上，从已有历史文献看，上海的家庭人口规模一直都处在缩小的过程中。20世纪80年代后的加速小型化过程也许只是之前的延续和计划生育政策作用的结果而已。在此，如果套用家庭现代化理论，把上海家庭人口规模的缩小解释为适应现代社会流动性强的需要，实有牵强附会之嫌[③]。这一观点与我们对新中国成立以来农村家庭结构变动的

---

① 麻国庆：《家庭策略研究与社会转型》，《思想战线》2016年第3期。
② 杨雄、程福财：《社会转型对上海家庭结构的影响——对500个家庭的入户调查》，《上海社会科学院学术季刊》2002年第1期。
③ 杨雄、程福财：《社会转型对上海家庭结构的影响——对500个家庭的入户调查》，《上海社会科学院学术季刊》2002年第1期。

认识有相似之处。即中国当代家庭的核心化并非工业化、城镇化或社会转型的结果，而与新中国成立后生产资料所有制的变更、家长制度的削弱之下，家庭成员分爨别居增多甚至成为多子家庭的普遍做法有关①。

马春华等的研究也具有经验和理论探讨双重意义。他们以中国社会科学院社会学研究所 2008 年在广州、杭州、郑州、兰州和哈尔滨 5 个城市市辖区收集的城市居民的家庭数据为分析基础，以经过修正的发展的家庭现代化理论为起点，分析了最近十几年来中国城市家庭变迁的趋势，主要在婚姻成本、婚姻的独立性、妇女就业率与夫妻关系、核心家庭与亲属网络关系以及各个城市家庭变迁的独特性几个方面发表了见解，着重指出在中国城市家庭变迁过程中，传统与现代因素之间不是对立的，而是相互融合，甚至相互补充的，在不同的情境下出现不同的组合。因此中国城市家庭的变迁模式和路径是多元的和多因素共同推进的②。

有一些学者注意到，社会转型并未使家庭关系发生前后迥异的变化。传统因素依然在起作用。王世斌基于对广东 80 个村庄部分家庭的入户调查，以比较的视角了解华南农村在社会转型过程中不同结婚年代的婚姻家庭变化情况。研究表明，由于受改革开放后的工业化和市场化的影响，华南农村不同结婚年代的婚姻圈显著扩大，婚姻自由度虽然有所增强但保守成分依然存在，家庭关系等方面仍能体现宗族文化的特点③。

社会转型的一个重要影响是人口迁移流动频度空前提高，而作为家庭成员的社会劳动力，更是具有父母、子女、丈夫、妻子等身份的流动者，其迁移流动必然对家庭原有生活格局和代际关系产生影响。而在城市立足的子女，又存在如何维系与乡下父母的关系的问题。靳

---

① 王跃生：《中国农村家庭的核心化分析》，《中国人口科学》2007 年第 5 期。
② 马春华、石金群、李银河、王震宇、唐灿：《中国城市家庭变迁的趋势和最新发现》，《社会学研究》2011 年第 2 期。
③ 王世斌：《社会转型中华南农村婚姻与家庭幸福度实证研究》，《社会工作与管理》2015 年第 6 期。

小怡等基于 2008 年安徽农村调查数据,对中国人口社会转型期城乡人口流动和婚姻挤压背景下农村家庭结构变动对代际关系的影响进行了前瞻性研究。结果显示,直系家庭为农村主要家庭结构,"空巢"家庭规模随着劳动力的不断外流而逐步壮大,传统复合家庭已快速缩减,婚姻挤压催生出"失婚核心家庭",其数量随性别失衡与男性婚姻挤压态势的加重而上升。成年子女的外出务工导致老年父母生活照料缺乏的问题,而儿子被迫"大龄失婚"则改变了传统的家庭养老功能,大龄未婚儿子承担了本应由儿媳承担的生活起居照料责任,但依旧难以弥补因失婚给父母造成的情感压力[①]。

应该说,已有研究对 20 世纪 80 年代以后社会转型时期中国家庭结构和代际关系予以了较多的关注,或利用总体数据或借助局部调查对城乡家庭结构和代际关系状态、变动和问题进行了初步探讨。一些研究者认为,不能将转型前后视为相互对立的两个阶段,即使在转型时期,传统家庭关系也在一定程度上得到保留或延续,割裂式观察和分析并不可取。另外,已有研究多认为,社会转型中家庭代际关系的一些功能有弱化表现,因而需要社会公共政策跟进,解决个体家庭及其成员所面临的问题。

但目前的家庭结构和代际关系研究尚存在一些不足。就整体而言,社会学者相对集中于村庄和社区层级进行调研,注重典型分析,对家庭结构和代际关系的整体状态把握不足,并且这些研究以描述性研究为主。而建立在已有人口普查数据基础上的家庭结构和代际关系研究,因人口普查问卷中所涉项目有限,形成的数据库变量较少,难以对家庭结构和代际关系的影响因素进行全面分析。此外,"宏观"与"微观"相结合的研究相对薄弱;城乡相结合的论著比较少见,在中国社会转型过程中,单纯的分城乡考察显然是不够的。

具体来说,已有研究的不足表现在:

(1)整体性分析欠缺。多为基于某个调查时点的数据分析家庭结

---

① 靳小怡、郭秋菊、崔烨:《转型期的农村家庭结构及其对代际关系的影响》,《青年研究》2014 年第 4 期。

构和代际关系状态和问题，缺少对现有状态和问题的纵向考察视野，前后逻辑关系的梳理不够清晰，甚至陷入就事论事的境地，未能提升对问题的理论认识水平。

（2）二分法研究占有较大比例。一是传统的一极，一是现代的一极，缺乏对制度变迁、社会转型背景下家庭结构和代际关系的渐变过程进行分析。

（3）定量分析和定性研究都受到重视。前者过于细碎，对整体状况的揭示不够；后者过于宏观和概括，其观点虽有一定经验基础，但却显薄弱，事实依据更显不足。

三 本项研究的基本内容、观点和研究方法

（一）基本内容

1. 社会转型初期家庭结构和代际关系理论分析

家庭结构和代际关系深受制度变迁和社会发展阶段的影响。本项研究将对该时期的家庭结构和代际关系进行系统考察，认识其状态和特征，进而丰富现有家庭结构和代际关系理论，提高其对新的家庭类型、代际关系形式及其变动的解释力。

2. 家庭结构和代际关系影响因素分析

探讨人口、经济、社会、制度等因素对家庭结构和代际关系的影响，进而对家庭结构和代际关系变动趋向有所把握。

3. 夫妇不同生命历程阶段的家庭结构和代际关系

这一研究有别于家庭生命周期研究，中国绝大多数夫妇以家庭为生存载体。我们将以四次人口普查数据为资料基础，考察夫妇在初婚、初育、主要养育子女阶段、"空巢"峰值年龄组和高丧偶年龄组所居住的家庭类型，由此认识惯习、居住条件、子女数量、居住偏好对不同年龄组人群居住家户类型的影响。

4. 不同类型家庭、不同代际成员之间经济支持水平分析

主要对这一时期亲代抚育未成年子代和成年子代对老年亲代的赡

养回馈进行考察，同时对亲子代日常经济和生活互助行为加以研究。

5. 独生子女政策对中国城乡家庭结构和代际关系影响分析

独生子女政策是对中国当代社会具有全面触动的制度。它对家庭结构和代际关系有很深刻的影响。本项研究将以课题组所进行的调查为基础，把这一问题作为专项内容进行研究。

6. 老年人口居住方式及问题分析

本项研究将对老年人口群体所生活的家庭类型进行探讨，考察其生存条件、生存质量、资源支配能力和居家养老中的问题，为相关社会政策的制定提供借鉴。

（二）基本观点

社会转型是中国当代出现的深度社会变革，而这一变革又与人口迁移频度空前提高、人口城市化提速、低生育水平形成并维系和老龄化社会出现这一后人口转变相伴随。家庭结构和代际关系受到全方位影响。

（1）不同代际成员同村和同城居住、相守的格局被打破，在家庭核心化基础上，缺损家庭、留守家庭、家庭"空巢"现象增多。直系成员之间的代际功能维系和支持降低，传统型家庭及其关系基础（稳定居住于一地、多个近亲血缘家庭形成互助网络）被削弱；家庭"个体化"或"孤立化"（独自存在于特定城乡社会，失去血缘网络支撑）趋向增强。核心型、"空巢"型和单人型个体家庭对社会和公共服务的依赖增强。

（2）少子女生育，特别是城镇第一代独生子女已经成人，并逐渐进入婚配成家时期。独生子女无论与一方父母组成家庭还是形成独立的家庭，都会产生较非独生子女家庭更为特殊的代际关系。子代义务和权利的双系传承和履行突出，亲代对子代亲情依赖增强。而实际生活中，亲子代之间权利和义务的不均衡现象突出，亲代付出成为主导，子代回馈有限。它反过来对夫妇的生育意愿产生抑制。

（3）家庭核心化和"空巢"化对相对完善的社会保障制度和公共福利有更高的要求。在社会转型初期，这些制度具有城乡二元表现。农村老年亲代对子代的赡养依赖仍较强；无论城乡，老年人居家养老的照料资源均在萎缩。完善和改进社会养老保障制度和服务体系尤为迫切。

（4）在单婚姻家庭类型占主流的时代，中老年夫妇和中青年已婚子女共居一处的生活方式减少。"家内"代际关系被"家际"代际关系所取代。作为独立的生活和经济单位，亲子家庭在日常关系中的交换色彩增强。但在农村和不少城镇，亲代在子代抚育和婚姻操办上仍恪守传统，甚至将财富过早转移给子代，削弱了其老年阶段支配经济资源的能力，以致降低了生活质量。传统的代际财富传递关系应通过新的制度加以改进。

（三）研究思路和方法

1. 研究思路

（1）将家庭结构和代际关系变动的现状分析与纵向考察结合起来。中国的社会转型始于20世纪80年代中后期，而人口转变则完成于90年代中期。本项研究将以2000年以来的家庭结构和代际关系新的状态和变动作为重点，同时上溯至20世纪90年代、80年代；在分析代际关系的变动时适当延伸至以土地私有制为主导的新中国成立之前，以便将其演变的脉络和逻辑关系梳理清楚。

（2）将宏观与微观数据结合起来分析家庭结构和代际关系变动。为对社会转型时期和后人口转变时期的家庭结构和代际关系有总体把握，本项研究要在开发2010年全国人口普查长表1%抽样数据的基础上，对1982年、1990年第三、第四次人口普查1%抽样数据库和2000年第五次人口普查长表1%抽样数据库进行回溯分析，以便对家庭结构和代际关系在社会转型过程中的变动趋向加以认识。由于普查数据变量较少，不足以对家庭结构和代际关系的影响因素进行深入分析，特别是它缺少与父母分居子女的信息，所以，本课题拟对2010年七省区"城乡家庭结构与代际关系调查"数据进行分析，以弥补普查数据的不足。

（3）将家庭结构和代际关系与制度环境结合起来分析。在当代，人口城市化、农村劳动力向城镇和非农业领域转移使原先"静态"（以村落和社区为基本生存载体）特征突出的家庭成员生存方式发生改变，家庭养老的亲缘关系资源正在缩减；计划生育政策的推行使家庭生育子女数量减少，家庭的横向扩展受到制约。另外，户籍制度又限制了家庭成员的长期流动，以家庭成年劳动力而不是以家庭为单位的迁移流动对这一时期的家庭结构具有深刻影响。本课题将研究制度与家庭结构的关系，探讨改善家庭及其成员的生存条件、提高生存质量的途径。

2. 研究方法

将家庭结构和代际关系进行兼顾分析。家庭结构和代际关系是两个既有差异又存在密切联系的家庭研究领域。

家庭类型大小和形态简单抑或复杂，能表现家庭成员的居住偏好和家庭的功能强弱，更能揭示家庭代际关系水平。传统时代多代家庭较多，父母、祖父母在世时法律和政策限制成年子孙分爨别居，这在很大程度上是为了维护家庭的养老功能。当然，亲子同地分爨异居也可以履行基本的赡养和照料功能，但对亲代特别是老年亲代来说，获取帮助的及时性降低了。因而，我们认为，家庭的核心化水平提高，实际是民众独立居住偏好增强的表现，也是亲子日常生活关系削弱的表现。就现代社会而言，在一定程度上，它不仅仅是子代的偏好，亲代也希望在子代婚后独立居住，至少城市有这种表现。从这一点上讲，我们把家庭核心化视为代际关系中亲代对子代约束力降低、子代对亲代照料减少的表现是有经验基础的。

代际关系虽然可以脱离居住方式来分析，但居住方式对代际关系的揭示意义并没有消失。若一个时期有较高比例的三代等直系家庭，我们可以断定，这时代际关系在"家内"履行的情形较多；而若核心家庭成为主流，我们虽不能据此断定代际关系大大削弱，却至少可以判定代际关系在"家内"履行减少，尚存的代际关系以"家际"履行为主。

具体而言，我们将采用以下方法进行分析。

（1）以人口统计为基本方法，以定量研究为主。在一般统计描述分析基础上，对家庭结构状态和代际关系水平所受影响进行探讨，进而把握家庭结构和代际关系的变动趋向，探求改善代际关系的途径。

（2）借鉴制度人口学方法和理论，分析不同形式制度规则的存在和改进对家庭结构、代际关系的影响。

（3）运用家庭人口学的事件史方法，对受访者不同生命周期的生存方式和与子女关系进行描述、解释。

（4）注意将定量与定性分析相结合，既立足于数据揭示家庭结构和代际关系的特征，又注意走出数据，探究数据背后的制度因素及其变迁等的作用，并能从数据信息中抽绎出理论认识，而非就事论事。

在各章论述中，注意其分析对象的完整性。努力做到叙述内容既与其他章节有所照应，又在逻辑关系上自成一体，体现出系统特色。

3. 创新之处

（1）本项研究将家庭结构和代际关系变动置于社会转型和后人口转变这一背景之下，凸显不同阶段家庭结构和代际关系的状态和特征，分析人口变动对家庭结构和代际关系的影响，揭示家庭结构和代际关系与社会环境的互动状态。

（2）将家庭结构、代际关系与家庭网络结合起来进行考察。纯粹的家庭结构分析强调家庭"个体"状态，本项研究将把"个体"家庭置于与其他形式上分割但又有密切关系的家庭网络之中，认识具有亲缘关系家庭之间的互动状态；既考察"家内关系"，又关注"家际关系"，评估家庭核心化、"空巢"化时代代际关系质量和问题所在。

（3）建立家庭结构和代际关系变动分析模式。家庭结构和代际关系变动会受到人口因素（出生和存活子女数量、子女性别、家庭成员性别和年龄结构、迁移流动、健康和死亡状况、家庭生命周期）、社会因素（家庭成员婚姻状况、受教育年限）、经济因素（家庭成员就业方式、收入水平、生活来源、住房状况和产权归属）、制度因素（家庭财产的管理和继承方式、分家时间的选择、无收入家庭成员的生存保障方式、户籍制度、有关家庭的地方习俗和惯习）的影响。本书将把这些因素纳入分析之中，形成比较规范的分析模式，以便对中国家庭结构和代际关系变动趋向进行分析，预测家庭结构的未来变化。

人类家庭作为以血缘和姻缘关系为主的成员所组成的生活单位，

一直处于变动之中。家庭变动在很大程度上与家庭成员的生存方式有关，而生存方式又受制于社会发展阶段、家庭内在制度形式和社会制度环境。不同的社会发展阶段和社会制度环境会有不同的家庭形态，家庭关系和家庭功能也会有所区别。中国社会在20世纪出现一系列制度变革，20世纪80年代以来社会转型开始显现。中国家庭，特别是农村家庭在制度变革和社会转型过程中也发生了诸多改变。本书将以20世纪80年代以来的中国社会为观察对象，探讨中国当代家庭演变的轨迹、特征和趋向。

四 研究数据及获得方式

(一) 人口普查数据

1982年、1990年、2000年和2010年人口普查数据是本项研究的"宏观"数据基础。具体来说，1982年和1990年为人口普查1%抽样数据库数据，2000年为人口普查长表1%抽样数据库数据，2010年为国务院人口普查办提供的人口普查长表1%抽样Excel表格数据。与前三次数据库相比，2010年长表1%抽样Excel表格数据使相关分析受到了一定限制。

在我们看来，1982年以来所进行的四次人口普查的时点与中国当代社会转型阶段有较高程度的吻合，可作为认识当代社会转型下家庭状态和变动的基本依据。

从农村来看，1982年尚处于集体经营方式实行的末期或解体的初期，集体经济制度对家庭结构和代际关系的影响依然存在；20世纪80年代中后期，尽管改革开放政策已实行多年，农村劳动力非农就业大幕已经拉开，但农耕仍是多数地区农村，特别是中西部地区劳动力的主要就业途径，家庭青壮年劳动力的农业（经营承包土地）与非农兼业行为（农闲外出务工）增多；1990年之后，农村劳动力大规模非农转移就业逐渐开始；2000年后，农村中青年劳动力非农就业成为主流，中老年成员则主要从事承包地的种植；至2010年，这一局面继续沿袭着。

从城市来看，整体而言，1982年、1990年尚处于计划经济阶段，家庭中老年一代在工资收入水平和住房机会获得上高于已婚青年子代；1992年后市场经济逐渐建立，中青年成员经济发展机会增多；2000年后住房来源逐渐形成多元化格局，中青年拥有产权住房者增多。与此同时，城市市区面积迅速扩大，同城生活的亲代和子代居住距离增大。

城乡人口变动还有一个共同点是，2000年中国进入人口老龄化社会。老龄人居住方式对家庭结构的总体影响增大。

由此可见，四个人口普查时点都有相对应的中国当代社会变革阶段，因而可以揭示各个阶段的城乡家庭结构和代际关系特征。

人口普查数据，特别是2000年"五普"和2010年"六普"新增10%人口抽样调查长表，对家庭结构分析的扩展具有很大帮助作用。但其不足在于，对女性子女数量的调查仅限于50岁以下（2000年）和64岁以下（2010年）妇女，这对65岁及以上老年人居住方式与子女数量的关系研究构成约束。还有，该数据只有调查时在户内和出外时间不超过半年成员的信息，离开户内半年以上者仅有数量说明，性别、年龄、婚姻状况、职业等信息付之阙如，难以据此对人口迁移流动对家庭结构的影响进行深度分析。另外，人口普查以共同生活成员所组成的家庭户为调查和统计对象，不在户内生活的子女等关系密切的直系成员和配偶则不涉及，难以把握同一亲缘网络家庭成员的同地和异地居住状况。

（二）七省区"城乡家庭结构与代际关系调查"数据

人口普查数据为我们提供了从整体上认识社会转型时期家庭结构和代际关系状态和变动的大量信息。但应该看到，普查数据也有弱点，一是问项比较少，限制了对家庭结构的深入分析。二是缺少用于家庭结构和代际关系分析的数据。如它只有育龄妇女活产或最多至64岁妇女的活产和存活子女信息，若要对老年人居住方式与子女数量之间的关系进行分析，将会受到限制。至于亲代与子代分爨是通过何种方式（子女结婚离开、婚后分开、上学或工作离家等）、何时进行的，我们并不能从中获得答案。

为弥补人口普查数据在家庭结构和代际关系研究方面的不足,笔者曾于2010年组织了一项以城乡家庭结构和代际关系为考察内容的专项调查(为与"六普"数据匹配使用,该调查于2010年10月前后进行)。课题组通过纳入多项经济、社会和人口指标,采用随机抽样方法,选中吉林、河北、陕西、安徽、浙江、广东和广西七省区作为家庭结构和代际关系调查的省级单位。每个省区随机抽取三个以农村人口为主的县和三个以城市人口为主的区。每个县随机抽取三个村庄,每个村庄随机抽取40户(每户一份问卷,下同);每个区随机抽取2个居民小区,每个居民小区随机抽取40户。每个省级单位入户调查问卷总数不低于630份。本项调查于2010年10—12月进行,最终获得有效问卷4425份。

在七省区"城乡家庭结构与代际关系调查"问卷中,我们不仅增加了不同年龄组已婚受访者生育、存活子女数量和子女居住地等方面的内容,而且对家庭"裂变"的过程和方式,亲子分爨、兄弟分家所形成的"网络家庭"之间的关系等加大调查力度,以便从"家内"和"家际"结合的角度认识城乡家庭结构和代际关系最新变动。

由于七省区"城乡家庭结构与代际关系调查"和人口普查进行于同一年份,因而两者的数据信息对研究对象的解释将具有一定的互补性。在本课题研究中,我们将这两类数据结合起来加以分析。

(三)五省市"城市第一代独生子女家庭状况调查"数据

为控制人口增长速度、降低人口总量,中国政府于20世纪70年代初期全面推行计划生育政策。从具有普遍性意义的角度看,该政策实际分为两部分,一是20世纪70年代初期推行"晚、稀、少"政策,二是从1980年开始在原有政策(晚、稀、少)基础上实行一对夫妇只生育一个孩子的独生子女政策,后者在城市地区得到了强有力的贯彻,直到2015年底才停止实行,代之以一对夫妇可以生育两个孩子,这意味着该政策在中国大陆连续推行了35年。由此,中国城市形成了数量庞大的独生子女家庭。我们一向认为,子女数量多少是影响家庭结构和代际关系的显性指标。因而，考察中国社会转型时期的家庭结构和代际关系，不能忽略这一政策的影响，更不能忽视独生子女父母和独生子女成年后的居住方式和亲子关系。当然，独生子女政策实施过程中也有"让步性"做法，一些人借机多生，多数人特别是在体制内或正规单位工作者则只有一个子女。

我们认为，独生子女政策所形成的独生子女群体对家庭结构和代际关系的影响虽然在孩子幼小阶段就有表现，但较完整的代际关系，特别是互动关系和子代对亲代的回馈行为则应该在子代成年后才显现出来。至2010年及之后，第一代独生子女已经长大且多已婚配甚至生育，其父母则进入由中年向老年过渡阶段，养老问题初步产生。此时开展这项研究是比较合适的。当然，也应看到，由于多数第一代独生子女父母尚未年老，子代对亲代的赡养和照料问题并不突出，代际反馈关系状态和水平还不是合适的研究时段。不过，应该承认，从亲代来看，独生子女父母已经完成了对子女的抚育投入过程（包括生活上养育和教育的花费）；子女多已婚配，父母的责任履行也已表现出来。而从子代着眼，其已工作，多有独立的收入，具有了回馈的条件。实际情况如何，只有通过实际调查才能获得。为此我们组成课题组开展第一代独生子女家庭状况调查。

这项调查采用标准组群抽样方法（Probability Proportion to Size，PPS），结合各地经济、社会和人口等指标，进行省级单位抽样，得到多个抽样结果。在考虑区域代表性的基础上，最终选取重庆、湖北、山东、甘肃和黑龙江五省市作为调查实施地区。在省级单位内，仍采用PPS方法，各抽取包括省会在内的三个城市的六个区形成区方案。在抽中区依据其管辖社区的家庭户数和人口数，通过随机方法抽取5个社区，每个社区随机调查21户。每个省级单位不低于630户。2015年6—7月实施调查，以独生子女父母为访谈对象。访谈员共入户填写问卷3150份，最终获得有效问卷3093份。需要说明，本项调查样本中第一代独生子女年龄范围较前面所说标准年龄范围稍微放宽，为1973年至1987年出生的独生子女。

这三类数据是本项研究定量分析的重要基础，当然它们各有侧重。从整体和纵向视角分析社会转型初期的家户结构和代际关系,四次人口普查数据的作用不可替代。其他两类数据在对特定人口群体居住方式和代际关系考察中的价值更大一些。

第二章　中国城乡家户结构的总体状态及特征

社会转型初期中国城乡家户结构状态如何？发生了怎样的变化？其特征是什么？这些问题受到研究者的关注。我们曾借助1982年、1990年和2000年人口普查数据对此进行过分析[1]，之后又以2010年人口普查数据为基础对家户结构新的变动进行过探讨[2]。我们认为，若想从社会转型视角更清楚地认识中国城乡家户结构的变化，将这四个时期的人口普查数据结合起来分析或许是最好的方法。这里我们做一尝试，以求基本把握这一阶段中国城乡家户的时期状态、特征和变动，进而认识社会转型对家户结构的影响。

一　城乡家户结构基本状态

我国历次人口普查对民众居住单位人口的统计以家庭户为基础，家庭户的成员往往强调户籍在一起且在较长时间内共同生活的亲属和非亲属成员，而严格的家庭成员是指由具有血缘、姻缘和收养关系成员所组成的生活单位（未成年成员即使不在户内生活，但仍依赖家庭成员供养生活费用往往被视为本家庭成员，如在外上学者；家庭成员的主要赡养者，如外出工作的丈夫等也属家庭成员）。2000年、2010年人口普查又将共同生活成员限定为最近半年在一起生活（超过半年不在户内生活者则在流入地登记），因而人口普查中的家庭户有特定

---

[1]　王跃生：《当代中国家庭结构变动分析》，《中国社会科学》2006年第1期。
[2]　王跃生：《中国城乡家庭结构变动分析》，《中国社会科学》2013年第12期。

含义。它与家庭成员的范围既有相互重合的共性,又存有不重合的差异。本章分析既然以人口普查数据为基础,则应遵循其原则。在此,我们将人口普查中的家庭户以家户称之,其结构为家户结构。客观上讲,由于家户对其成员有近期共同生活这一限定,故它更能反映家庭居住状态的现实变动,减少了"形式"和"虚拟"家庭成员。家户结构可从两方面去认识,一是以户为单位,二是以口为单位。

(一) 家户类型结构

1. 基本家户状态和变动

1982 年以来的四次人口普查数据显示(见表 2-1),中国当代城乡核心家户有基本相似的变动轨迹:1982 年至 1990 年为小幅上升,分别提高 3.46% 和 2.84%,由此二者核心家户达到四个时期的顶点;1990 年至 2000 年为小幅降低,分别减少 0.08% 和 5.17%;2000 年至 2010 年为显著下降,分别减少 8.56% 和 13.96%。

表 2-1　　　　　　　　家户基本类型比较　　　　　　　单位:%

家户类型	1982 年		1990 年		2000 年		2010 年	
	城市	农村	城市	农村	城市	农村	城市	农村
核心家户	69.08	67.95	71.47	69.88	71.41	66.27	65.30	57.02
直系家户	18.85	22.82	18.55	22.46	16.26	24.83	15.28	28.52
复合家户	1.37	0.84	1.79	0.96	0.69	0.50	0.40	0.67
单人户	9.21	7.47	7.31	6.09	10.38	7.52	17.03	11.79
残缺家户	1.21	0.71	0.74	0.56	0.74	0.74	0.72	1.18
其他家户	0.27	0.21	0.14	0.06	0.52	0.13	1.28	0.81

注:①本表 1982 年、1990 年和 2000 年数据由笔者根据整理加工后的 1982 年第三次全国人口普查 1% 抽样数据库、1990 年第四次全国人口普查 1% 抽样数据库和 2000 年第五次全国人口普查长表 1% 抽样数据库统计得到;2010 年数据根据国务院第六次人口普查办公室提供的第六次全国人口普查长表 1% 抽样 Excel 数据库整理得到。本章以下图、表资料来源除特别注明外同此。②本表中的"核心家户"指夫妇(或夫妇一方)和未婚子女组成的家户,夫妇二人组成的家户亦属核心家户;"直系家户"为夫妇(或父母、父母一方)和一个已婚子女及孙子女组成的家户;"复合家户"为夫妇(或父母、父母一方)与两个及以上已婚子女组成的家户;"残缺家户"是指未婚兄弟姐妹组成的家户。

直系家户城乡之间变动趋向有差异,1982年至1990年均为略微降低,分别减少1.59%和1.58%;1990年至2000年城市降低、农村上升,分别减、增12.35%和10.55%。2000年至2010年,城市继续降低,农村则进一步上升,前者减少6.03%,后者增长14.86%;城市从1982年的最高点至2010年减少18.94%,农村则从1990年的最低点上升24.98%。

复合家户在四个时期的城乡之中均是一个很小的类型。其变动趋向是1982年至1990年为稍有上升,1990年至2000年为明显降低,2000年至2010年城市为下降,农村为略微上升。

单人户的变动城乡趋向相同,1982年至1990年为下降,分别减少20.63%和18.47%;1990年之后均为上升,至2000年,城乡分别增长41.50%和23.48%,至2010年,城乡分别上升64.07%和56.78%。

残缺家户和其他家户所占比例均比较低,这里不再对其变动进行说明。

1982年以来城乡基本家户类型变动呈现出以下特征:1982年至1990年城乡核心和直系等主要家户类型之间表现出了较强的稳定特征。这是因为20世纪70年代后期和80年代初期中国社会尚处于改革开放初期,人口大规模流动尚未全面展开,生育控制政策之下的少生、独生子女现象对家庭结构的影响还未体现出来。当时,家庭的核心化水平高与20世纪五六十年代多育下的子女长大婚配、多子女家庭的子女婚后多组成核心家户有关。这种状态在城乡之间有相同的表现。

至2000年和2010年,改革开放对中国社会的影响全面显现并在家户结构上表现出来。非农就业人口占比大幅度上升,劳动力在城乡之间、城城之间流动择业成为普遍现象,2000年中国初步进入人口老龄化社会。城市在1980年独生子女政策实行之下出生者长大成人,一些人赶上大中专扩招、自主择业、福利住房取消、商品房成为主导等变革。他们婚后有了更多居住选择方式。但这一时期城乡家庭结构出现了分流。2000年城市核心家户仍维持在与1990年基本相同的高水平，并且其直系家户保持减少势头，农村则呈现出较明显的核心家户下降、直系家户上升状态，这表明亲代和已婚子代分爨生活的格局没有改变。农村在社会变革和转型之下，家庭变动出现逆核心化现象，它与只有一个儿子的家庭增多有关，他们婚后多与父母维系同居共爨格局。这已被不少调查所证明。

从城乡比较视角看，核心家户均为城市高于农村，直系家户则为农村高于城市。这种状况比较容易理解，城市较农村家庭小型化程度更高，农村的传统居住方式和家庭功能的保留多一些。但表2-1复合家户数据显示，前三个时期均为城市高于农村，2010年才变为农村高于城市。这与一般经验认识不太一致。我们认为，有两个原因，一是1982年和1990年城市住房相对紧张，一些多子家庭两个及以上儿子均婚后还居住在一起；二是出现形式上即户籍登记中的复合家庭，一些子女结婚后单独租房居住，本人和妻子、儿女的户口还与父母在一起，他们仍被登记在一个家户的户籍之中。由于总体上复合家户所占比例不高，故其对特定时期家户总体结构状况的影响不大。单人户四个时期均为城市高于农村，这与经验认识比较一致。

2. 二级家户状态和变动

一级类型家户结构在解释家庭状态和变动中有一些不足，主要表现在一级核心家户和直系家户上。故此，我们再对二级家户进行分析（见表2-2）。

表2-2　　　　　　　　二级家户类型比较　　　　　　　单位：%

家户类型	1982年		1990年		2000年		2010年	
	城市	农村	城市	农村	城市	农村	城市	农村
夫妇核心家户	5.71	4.54	9.20	5.79	16.03	11.36	21.03	16.73
标准核心家户	45.90	48.93	51.32	53.65	46.65	46.48	35.32	30.92
夫妇分居和单亲核心家户	12.46	10.93	6.48	7.73	5.16	6.57	5.25	6.28
扩大核心家户	2.33	2.64	2.66	2.09	2.17	1.30	1.83	1.08
过渡核心家户	2.69	0.92	1.82	0.62	1.43	0.57	1.87	2.01
核心家户小计	69.08	67.95	71.47	69.88	71.41	66.27	65.30	57.02
三代直系家户	13.21	17.50	13.43	17.51	12.51	18.98	11.27	20.27

续表

家户类型	1982 年		1990 年		2000 年		2010 年	
	城市	农村	城市	农村	城市	农村	城市	农村
二代直系家户	3.84	3.89	2.86	3.48	1.85	2.63	2.50	3.46
四代直系家户	0.35	0.61	0.36	0.73	0.34	0.81	0.25	0.90
隔代家户	1.45	0.82	1.89	0.75	1.56	2.42	1.26	3.89
直系家户小计	18.85	22.82	18.55	22.46	16.26	24.83	15.28	28.52
复合家户	1.36	0.84	1.79	0.96	0.69	0.51	0.40	0.67
单人户	9.21	7.47	7.31	6.09	10.38	7.52	17.03	11.79
残缺家户	1.21	0.71	0.74	0.56	0.71	0.74	0.72	1.18
其他	0.27	0.21	0.14	0.06	0.52	0.13	1.28	0.81
夫妇核心家户和单人户合计	14.92	12.01	16.51	11.88	26.41	18.88	38.06	28.52

（1）对核心家户下二级家户变动的认识。

我们看到，尽管城市核心家户构成1990年之后有减少的趋向，但其所包含的二级家户却非同步降低，其中的夫妇核心家户一直处于上升状态，2010年较1982年增长2.68倍；其他几种类型的核心家户至2010年均为减少，如标准核心家户较1990年最高值减少31.18%，夫妇分居和单亲核心家户较1982年减少57.87%，扩大核心家户减少21.46%。从一般意义上讲，城市夫妇核心家户构成提高有两种原因，一是年轻夫妇结婚后推迟生育或不生育者占比增大，二是有子女的夫妇在中老年阶段因子女长大离家而形成"空巢"家户。我们认为，虽然两种情形都有存在可能，而后一种可能性更大，所占比例更高，对夫妇核心家户总比例上升所起推动作用也更大。这一点我们将在后面的分年龄组家户类型中再进行探讨。标准核心家户属于核心家户中最大的二级类型，是核心家户的主体，但它在核心家户中的份额从1990年的占比71.81%下降至2000年的65.33%，再降至2010年的54.09%。这很大程度上是由于夫妇核心家户构成扩大对其形成挤压，或者说一部分标准核心家户提前或高比例地转化为夫妇核心家户，这与标准核心家户的维系时间缩短有关。其背后又存在着多子女家庭减少、少子或独生子女家庭子女出外上学或结婚离家增多的因素。而夫妇分居和单亲核心家户大幅度降低则与户籍限制下的夫妇两地分居现象减少有关。

需要指出的是，标准核心家户1982年、1990年为农村高于城市，2000年城乡基本持平，2010年变为城市高于农村。

农村核心家户中的夫妇核心家户变动轨迹和趋向与城市相同，从1982年至2010年均表现为上升趋势，增长了2.69倍，应该说与城市增幅大体一致，均为大幅度提高。其标准核心家户从1990年开始也表现以降低为趋向，它在核心家户中所占比例1990年为76.77%，2000年为70.17%，2010年为54.23%。农村标准核心家户的萎缩很大程度上也缘于夫妇核心家户扩大。值得注意的是，农村夫妇分居和单亲核心家户虽呈现减少趋向，但降幅比城市小。以2010年为例，城市较1982年减少57.87%，而农村仅减少42.54%，并且农村夫妇分居和单亲核心家户总水平2000年和2010年均高于城市，这与农村已婚夫妇中一方长期在外务工有关。另外，农村的过渡核心家户2010年所占份额虽不大，但与2000年相比增幅较大，为2.53倍。其原因是，男女初婚后，特别是女性初婚后因丈夫出外务工，自己仍住娘家。这些都会使标准核心家户份额被压缩。社会转型对城乡家庭特别是农村家庭的影响由此显示出来。

（2）对直系家户二级类型变动的认识。

城乡三代直系家户是直系家户的主体，四个时期三代直系家户在直系家户中所占比例均超过70%，整体来看，农村基本上在75%上下。1982年和1990年城乡三代直系家户比较稳定，至2000年城市出现下降，农村则为上升，减、增幅度分别为6.85%和8.40%；2010年保持这一节奏，分别减、增9.91%和6.80%。应该说，其变动幅度并不大。但相反的变动方向最终使两者在总家庭户的构成中出现差异。2010年农村三代直系家户比例达到20%以上，城市则刚超过10%；前者在二级家户类型中仅低于标准核心家户，后者则在标准核心家户和夫妇核心家户之后，城乡分野比较显著。

城乡二代直系家户变动趋势相同，1982年至2000年为减少，分别较1982年降低51.82%和32.39%；2010年则为上升，分别提高

35.14%和31.56%。二代直系家户的形成方式主要有两种，一是由亲代和刚结婚但尚未生育的子代所组成，二是原来的三代直系家户因孙辈长大离家使其缩减为二代直系家户。不过还有一种需要提及，亲代和成年已婚子代原来分爨生活，随着亲代年老而重新共爨。若子代新婚初期普遍与父母共同生活，那么二代直系家户则会保持相对较高的水平；在多子家庭，若儿子结婚即分开生活则会减少其构成。我们认为，1990年和2000年状况则与此有关，2010年再次上升可能与三代直系家户中孙辈出外增多（或上学或就业）、代数缩减有关。

隔代家户虽然占比不高，但却值得关注。城乡变动趋向不同，城市隔代家户从1990年的最高位开始下降；农村1982年至1990年为降低，至2000年、2010年则明显增长，其中2010年较1990年增长4.19倍。这与农村劳动夫妇出外务工、将未成年子女留给父母（公婆）照料的现实状况有关。我们相信，在劳动力出外务工较多的地区，这种情形将更为突出。

四代直系家户是一个在总家户中占比很小的类别，城乡有不同的变动轨迹。城市一直保持在占0.40%以下的低水平，而农村则处于持续增长状态，其中2010年较1982年提高47.54%。在家庭总体小型化的时代，农村出现四代直系家户占比增加的势头，我们认为，这与人口预期寿命增长、农村家庭养老仍得到强有力维系的环境有关。当50岁左右的中年人上有老人需要照料，下有成年且婚配、生育的儿子时，这种结构就会形成。相对来说，只有中年人本人是独子时其形成的可能性才比较大。

另外，我们若将夫妇核心家户和单人户两种成员最少家户类型合计，可以看出，城市一直处于增长状态，2010年较1982年提高1.55倍；农村则从1990年开始增长，2010年较1990年提高1.40倍，家户小型化趋向明显。

由此可见，1982年至2010年，二级家户类型下城乡家户结构变动的特征更加突出，时期轨迹也更为显著。城乡核心家户的减少是由标准核心家户缩小、夫妇核心家户扩大所导致，这一点城市更为明显，其背后都有育龄妇女生育子女数量减少的因素在起作用。不过从三代直系家户的变动轨迹看，城市和农村子女数量减少的因素对其影响的结果却有不同。农村独子婚后多将与父母同居的格局保持下去，而城市独生子女婚配没有推动亲子代同居共爨方式的增长。这由城乡民众在社会转型时期家庭功能和婚配方式的差异所导致。

（二）以"口"为基础的家户结构认识

以"口"为单位分析家户结构是以每个家户成员为基础，观察他们所生活的家户类型，亦即分析家户"个体"成员以什么样的家户为生存载体。它能揭示不同家户对"人口"的容纳能力。比如，单人户在家户单位中是一个独立的户头，在统计汇总出的家户总量中一个单人户所占份额与一个有五六口人的直系家户是一样的。基于家户的分析方式能将特定时期民众所立户的结构和特征显示出来，但却会隐匿复杂家户和简单家户对特定时期以家户为生存载体人口的容纳能力差异。而以"口"为分析单位，则可避免这一不足。具体来说，这一分析视角下，单人户等小型家户中的家口份额会明显下降，相反，人口规模较大的直系家户人口所占比例将会上升。由此，我们可具体掌握特定时期各类家户所包含的人口在总家户人口中所占比例，从而对家户个体成员的居住偏好有所认识。

我们先将四个时期几种主要家户类型中的口、户比例做一比较（见表2-3）。

表2-3　全国城乡二级家庭人口构成及其时期变动比较　　单位:%

家户、家口类型	1982年		1990年		2000年		2010年	
	城市	农村	城市	农村	城市	农村	城市	农村
夫妇核心家口	2.93	1.99	5.55	2.82	10.63	6.37	15.46	10.11
夫妇核心家户	5.71	4.54	9.20	5.79	16.03	11.36	21.03	16.73
标准核心家口	50.20	51.63	52.60	54.25	50.62	49.26	41.72	34.14
标准核心家户	45.90	48.93	51.32	53.65	46.65	46.48	35.32	30.92
单亲核心家口	9.60	7.96	4.65	5.34	3.79	4.76	4.15	4.76
扩大核心家口	2.86	0.97	2.80	2.21	2.97	1.60	2.68	1.42
过渡核心家口	2.85	2.82	2.34	0.84	1.50	0.54	2.12	2.13
核心家口	68.44	65.37	67.94	65.46	69.51	62.53	66.13	52.56

续表

家户、家口类型	1982年 城市	1982年 农村	1990年 城市	1990年 农村	2000年 城市	2000年 农村	2010年 城市	2010年 农村
核心家户	69.08	67.95	71.47	69.88	71.41	66.27	65.30	57.02
三代直系家口	19.09	24.32	19.55	24.44	19.80	27.16	19.53	31.28
三代直系家户	13.21	17.50	13.43	17.51	12.51	18.98	11.27	20.27
二代直系家口	4.70	4.59	3.39	4.12	2.34	2.85	3.27	3.81
四代直系家口	0.59	1.05	0.70	1.34	0.65	1.43	0.56	1.76
隔代家口	1.15	0.70	1.71	0.70	1.54	2.23	1.37	3.84
直系家口	25.53	30.66	25.35	30.60	24.32	33.67	24.73	40.69
直系家户	18.85	22.82	18.55	22.46	16.26	24.83	15.28	28.52
复合家口	2.66	1.67	3.83	2.06	1.72	1.13	1.08	1.67
复合家户	1.36	0.84	1.79	0.96	0.69	0.51	0.40	0.67
单人口	2.37	1.64	2.24	1.47	3.44	2.11	6.27	3.55
单人户	9.21	7.47	7.31	6.09	10.38	7.52	17.03	11.79
残缺家口	0.81	0.43	0.55	0.36	0.59	0.48	0.60	0.81
其他家口	0.19	0.23	0.09	0.05	0.42	0.08	1.19	0.72

核心家户中"口"所占比例均比核心家户中"户"所占比例小。若将家口所占百分比与家户所占百分比相除，其结果越是接近1，则说明该类家户的人口占比越接近家户占比；大于1，则说明该类家口占比高于家户占比，平均家口规模水平相对较高；小于1，则说明该类家口占比低于家户占比，平均家口规模水平相对较低。总体上，城市核心家口所占比例较高，其中2010年高于家户比例。

直系家户中"口"所占比例均高于"户"所占比例，城市直系家口基本上在25%上下，亦即约1/4的人生活在直系家户中。农村家户中"口"成员在直系家户生活比例均超过30%，2010年更高达40.69%。这表明，直系家户容纳家口的能力较强，其在家户中的占比虽然仅约为1/4，但于其中生活的人口则超过了1/3。

单人户人口所占比例缩小最明显，2000年之前其所占比例多在

3%以下（只有2000年城市超过3%）；2010年城市单人户所占比例虽达到17.03%的高水平，其"口"比例却仅为6.27%。

着眼于家户成员或"家口"来观察不同家户类型所容纳的成员数量或"家口"数量，可见在三类主要家户中，直系家户容纳能力最大，其次是核心家户，单人户最小。我们看到，城市直系家户构成尽管处于不断缩小状态，特别是2000年和2010年较之前占比明显降低，但其"家口"变动比较稳定，亦即生活在直系家户的家户人口并未大幅度降低。农村直系家户和家口比例在2000年、2010年出现双增长，而家口比例增长幅度超过家户。直系家户在农村社会的重要性较以往更为显著。从家户的角度看，若成员规模较小的家户类型增幅较大，则会使规模大但不再增加或增幅小的家户份额降低。2000年和2010年城乡单人户在三类基本家户类型中增幅最大，分别达到64.07%和56.78%，直系家户分别减、增6.03%和14.86%，核心家户分别减少8.56%和13.96%。由此，单人户立户数量的相对"扩张"使直系家户和核心家户在总立户规模中所占比例相对降低或增幅减小。而从家口角度看，直系家户容纳人口的能力并没有缩减。

综上，从家户结构的纵向变动历程看，中国城乡家户的核心化在1982年即达到较高水平，至1990年，城乡均达到峰值状态。根据以往的研究，我们有一个基本判断是，中国家户的核心化是在20世纪60年代中期实现的，之后至1990年一直处于不断提高的过程之中，即在农村人口占主导、农村劳动力尚未开始大规模向城市迁移流动的时代，中国即实现了家户的核心化。这意味着中国家户的核心化并非工业化、城镇化或社会转型的结果，而与制度变迁、家庭成员分爨别居做法增加有关①。社会转型过程中，特别是转型初期，家户的最大变动并非家户核心化水平进一步提升，而是夫妇核心家户、单人户以及隔代家户占比明显提高。它与妇女总和生育率降低、劳动力在城乡和城城不同区域之间迁移流动就业增多、人口

---

① 王跃生：《中国农村家庭的核心化分析》，《中国人口科学》2007年第5期。

老龄化水平提高等社会转型时期的因素有密切关系。但在社会转型初期，中国家户变动有一定的城乡"二元"表现，如在农村，生育水平降低、劳动力迁移流动并没有使直系家户进一步缩减，反而至2010年出现明显上升（与1982年、1990年相比）。这是值得进一步研究的现象。

二 主要家户类型构成及其变动的区域比较

20世纪80年代初期以来，中国各地社会经济发展尽管有同步提高的趋向，但差异依然存在。更重要的是，由于区域经济发展水平不一，导致人口迁移流动方向出现不同，这些是否会在不同地区民众居住方式上表现出来？还有，在传统时代，民众居住方式受社会惯习的影响，而惯习往往有地区之别。在当代社会变迁和转型的时期，这些惯习是否仍在发生作用？其在各地家庭结构变动中产生何种影响？对此，只有分地区进行考察，才能有所发现。

为了对四个时期各地家户基本状态及其变动有所把握，我们选取几个有代表性的家户类型进行分析。这里的地区以省、自治区和直辖市为单位。

（一）各地城市主要类型家户比较

从前面的分析中我们已经看到，在二级家户类型中，标准核心家户、三代及以上直系家户、夫妇核心家户和单人户是占比较高且有一定代表性的家户。标准核心家户是其中最大的家户类型。在当代二级家户类型中，相对于三代及以上直系家户，标准核心家户虽是一个人口规模较小的家户类型，但它又较夫妇核心家户和单人户大，因而可被视为一个具有代表性的中等人口规模家户类型。

由表2-4数据可以看出，各地城市四个时期四类主要家户的变动趋势既有一致之处，也有差异。

表2-4　　　　不同时期各地城市主要家户构成（a）　　　　单位:%

地区	1982年 标准核心家户	1990年 标准核心家户	2000年 标准核心家户	2010年 标准核心家户	1982年 三代及以上直系家户	1990年 三代及以上直系家户	2000年 三代及以上直系家户	2010年 三代及以上直系家户
北京	40.86	34.86	37.58	26.52	13.54	14.70	12.25	8.84
天津	46.27	44.15	49.41	38.64	11.52	12.46	11.67	9.81
河北	47.02	51.38	51.16	39.71	8.74	12.95	12.65	14.70
山西	44.30	56.83	55.45	46.77	11.06	13.69	12.54	9.40
内蒙古	56.89	63.30	54.10	45.59	9.28	8.68	8.14	6.47
辽宁	52.86	58.31	49.92	36.25	11.92	13.99	13.32	9.03
吉林	53.26	55.01	50.26	34.72	12.39	17.20	14.32	9.20
黑龙江	57.52	61.32	52.47	38.02	12.03	12.69	11.55	8.44
上海	35.37	34.48	37.21	30.24	20.59	19.05	13.85	9.55
江苏	41.48	51.01	44.57	33.66	11.45	14.28	15.05	15.60
浙江	44.63	53.27	42.19	31.70	16.30	10.38	12.39	9.07
安徽	46.99	58.17	48.53	43.44	12.98	11.44	12.54	10.90
福建	39.50	45.83	44.73	31.33	18.78	17.77	14.60	11.63
江西	44.47	53.74	48.59	40.18	16.89	15.89	14.43	15.62
山东	46.95	57.85	53.86	43.33	11.76	11.89	10.53	10.63
河南	43.58	52.67	50.16	41.94	14.99	13.47	13.81	15.17
湖北	42.50	55.66	49.24	36.59	14.46	15.38	13.59	13.97
湖南	45.28	55.65	47.71	37.11	11.28	11.83	11.82	12.76
广东	38.65	47.48	41.23	28.28	16.29	16.43	13.62	9.95
广西	41.90	51.96	43.76	36.55	17.32	12.74	13.26	14.14
海南		32.42	44.34	37.43		22.07	13.25	15.73
重庆			37.79	28.47			15.44	16.53
四川	41.73	40.54	38.92	28.86	15.51	14.62	14.31	13.86
贵州	50.18	43.87	48.71	39.18	14.20	17.27	12.18	10.78
云南	43.16	53.62	36.83	31.32	15.95	10.49	9.92	9.72
西藏		53.62	32.26	24.72		7.25	3.23	2.25
陕西	43.16	52.42	47.26	34.47	13.32	10.32	13.45	11.44
甘肃	52.14	50.65	51.02	39.03	12.02	12.53	11.56	10.42

续表

地区	1982年 标准核心家户	1990年 标准核心家户	2000年 标准核心家户	2010年 标准核心家户	1982年 三代及以上直系家户	1990年 三代及以上直系家户	2000年 三代及以上直系家户	2010年 三代及以上直系家户
青海	49.37	53.96	44.26	34.08	12.76	10.19	12.46	12.69
宁夏	50.00	61.24	54.77	48.56	8.85	11.55	8.17	6.96
新疆	56.10	54.99	50.18	41.32	9.76	6.89	8.78	6.58

注：本表中的三代及以上直系家户数据是将前面三代直系家户和四代直系家户合并后的结果，下同。

不同时期各地城市主要家户构成（b） 单位：%

地区	1982年 夫妇核心家户	1990年 夫妇核心家户	2000年 夫妇核心家户	2010年 夫妇核心家户	1982年 单人户	1990年 单人户	2000年 单人户	2010年 单人户
北京	7.99	9.56	17.67	22.63	9.43	11.55	13.32	25.51
天津	6.37	10.14	16.41	23.26	9.36	11.42	9.77	15.00
河北	7.66	9.37	16.18	21.05	11.96	7.17	6.93	11.07
山西	4.31	6.81	13.31	19.46	11.00	5.91	7.62	11.88
内蒙古	6.36	10.56	19.14	23.10	7.27	5.21	8.53	13.21
辽宁	7.05	10.40	17.46	25.01	6.33	4.29	7.23	15.67
吉林	6.09	8.93	15.55	25.75	7.31	4.15	6.77	15.03
黑龙江	6.65	9.00	18.30	23.33	5.02	3.44	6.40	13.95
上海	4.98	8.79	17.9	24.27	8.90	11.19	13.74	19.86
江苏	6.82	9.68	18.44	22.33	12.44	8.50	10.46	14.03
浙江	4.84	11.93	18.91	24.83	11.63	10.09	13.56	22.15
安徽	4.61	9.15	14.84	19.62	9.84	6.25	10.89	11.94
福建	3.25	6.10	13.54	20.56	9.81	7.52	12.53	21.80
江西	3.90	6.48	13.88	15.72	9.16	6.07	8.18	10.36
山东	6.31	11.46	16.57	21.95	10.08	5.75	8.34	11.83
河南	4.51	7.73	12.62	15.36	9.64	5.82	8.71	12.84
湖北	5.51	8.53	14.71	19.73	8.29	5.19	9.21	13.99
湖南	6.36	10.25	16.83	18.79	10.24	6.56	10.09	13.34
广东	3.52	6.90	12.84	19.91	11.87	8.24	14.18	26.12
广西	5.43	8.95	12.12	13.83	8.91	8.74	13.20	16.56

续表

地区	1982年夫妇核心家户	1990年夫妇核心家户	2000年夫妇核心家户	2010年夫妇核心家户	1982年单人户	1990年单人户	2000年单人户	2010年单人户
海南		4.49	13.01	11.93		12.30	12.77	14.29
重庆			16.87	18.05			12.26	15.64
四川	5.18	9.43	16.62	20.53	9.69	11.15	12.76	16.87
贵州	4.62	7.12	13.18	16.43	7.33	8.98	10.01	14.29
云南	5.32	10.11	17.49	16.40	9.53	8.75	19.06	23.74
西藏		10.72	14.52	28.09	12.50	8.41	17.74	30.34
陕西	4.97	11.87	13.98	19.29	9.33	6.85	10.86	17.58
甘肃	5.07	7.34	15.05	20.18	5.89	7.37	9.18	15.70
青海	4.28	7.25	17.38	23.63	6.02	8.27	9.51	12.69
宁夏	4.55	7.70	16.08	18.15	10.55	3.60	8.72	12.41
新疆	5.87	9.77	17.19	21.28	6.49	9.41	9.36	15.64

1. 标准核心家户

（1）时期比较及其特征。

各地城市标准核心家户变动的轨迹和特征是，与1982年相比，1990年多数地区（有21个）的标准核心家户所占比例提高了，即75%的地区（当时数据完整的省级单位为28个）表现为增长。与此同时，有7个地区下降。值得注意的是，标准核心家户降低的地区为北京、天津、上海、四川、贵州、甘肃和新疆，既有大都市（三个直辖市位列其中），也有边疆省区。无疑，就这两个时段整体状况而言，标准核心家户占比上升意味着当地家户核心化水平处于增长阶段，由于多数地区以上升为主，故整体上这一时期全国城市的家户核心化水平表现为提高。进一步看，当时山西、安徽、山东、湖北、湖南、广西、云南和宁夏8个地区增长超过10个百分点，增幅在20%以上；另外还有6个地区增长8—9个百分点，升幅也多超过20%；而降低地区则以微降为主。由此我们认为，1982年至1990年标准核心家户的地区变动特征为，多数地区以快速提高为主，少数地区出现小幅下降。

1990年至2000年，各地城市标准核心家户占比以下降为主，有24个地区，在30个可比地区中占80%；上升地区有6个，为北京、天津、上海、海南、贵州和甘肃，仍以大都市和边远地区为主，只不过边远地区有所变动。关于大城市和边远地区标准核心家户占比上升的原因，我们认为，这两类地区从外迁入人口比例相对较高，从而导致小家庭增长。就标准核心家户减少地区所降水平而言，多在10个百分点之下，超过10个百分点的地区只有浙江、云南和西藏，西藏降幅最大，下降21.36个百分点；增幅超过10个百分点的仅有海南一地。可见，这一时期，各地城市标准核心家户以下降为主，且多为小幅降低。

2000年至2010年，各地城市标准核心家户全部为下降。降幅超过10个百分点的地区有17个，占54.84%；降幅超过20%的地区有18个，占58.06%，吉林和广东超过30%，北京、福建接近30%。整体来看，这一时期为标准核心家户大幅降低时期，超过前面任何时期。

若与最高水平1990年相比，2010年标准核心家户降幅超过30%的地区有辽宁、吉林、黑龙江、江苏、浙江、福建、湖北、湖南、广东、云南、西藏、陕西和青海13个地区，广东、云南和西藏超过40%。这种变动直接导致全国层级的标准核心家户构成下降。

综上，多数地区城市标准核心家户以1990年为最高，然后逐渐降低；也有一些地区由1982年开始按人口普查年份顺序下降，如四川和新疆；还有几个地区如北京、天津和上海等为2000年最高，意味着这些地区标准核心家户增长出现"拐点"的时间滞后一些。

（2）时期内部特征。

我们再看一下各具体时期标准核心家户的变动特征。

1982年城市标准核心家户整体水平为45.90%，应该说，标准核心家户构成超过50%的地区为高比例地区，我们看到，1982年，占比在50%以上的地区有内蒙古、辽宁、吉林、黑龙江、贵州、甘肃、宁夏和新疆，除贵州外，均为北方地区；不足40%则应属于低比例地区，有上海、福建和广东，均为南方地区。

1990年城市标准核心家户比例整体上高于1982年，达到51.32%。分地区看，超过60%的地区有3个，内蒙古、黑龙江和宁夏，以北方地区为主；占比在55%—59%的有山西、辽宁、吉林、安徽、山东、湖北、湖南，区域集中特征不突出，相对而言北方地区居多。低于40%的地区为北京、上海和海南。

2000年城市标准核心家户整体构成降至46.65%，超过50%也应属于高比例地区。其中占比在55%以上的地区只有山西；50%—54%的地区有河北、内蒙古、吉林、黑龙江、山东、河南、甘肃、宁夏和新疆，均在北方地区；40%以下的地区有北京、上海、重庆、云南和西藏，地区特色不明显。

2010年全国城市标准核心家户总体水平降至35.32%，已不存在构成超过50%的地区；占比相对较高（45%以上）的地区有山西、内蒙古和宁夏；低于30%的地区有北京、广东、重庆、四川和西藏。

总之，从1982年至2010年，各地城市标准核心家户分布的地区特征为：北方地区（包括华北、东北和西北）高比例省份（在当时高比例省份中处于前10位）相对较多，大城市和南方及沿海省份低比例地区相对较多。这一定程度上表明，北方城市地区家户核心化水平高于南方。

2. 三代及以上直系家户

（1）时期比较及其特征。

就变动趋向看，四个时期各地城市三代及以上直系家户的变动有多种类型，有的依次降低，如内蒙古、福建、四川、云南；有的1990年升高，随后降低，这类地区有14个。由此可见，1990年以来多数地区城市三代及以上直系家户具有降低趋向。通过前面的分析我们知道，1990年多数地区标准核心家户出现上升，若三代及以上直系这类相对较复杂的家户也出现这种状况，那么意味着当时家庭变动出现两种不同的趋向；也有升—降—升的类型，如河北；还有四个时期均为上升的地区，如江苏。

从时期比较角度看，1982年至1990年之间，在可比较地区中，有15个地区的城市三代及以上直系家户为增加，13个为减少，占比分别为53.57%和46.43%。进一步看，家户类型增加幅度超过20%的地区有河北、山西、吉林、江苏、贵州和宁夏6地，北方地区更显著一些，其中河北增幅达到48.17%；降幅超过20%的地区也有6个，为浙江、广西、云南、陕西、青海和新疆，相对集中于西部和西北地区，浙江减少36.32%。这些增减变动较大的地区相对集中于北方和西部地区，但整体看区域之别并不十分明显。总体上，这一时期三代及以上直系家户为增长和减少并存时期，变动比较剧烈。由于存在这种不同方向的变动，三代及以上直系家户总体水平才表现为稳定或微小上升。

1990年至2000年之间，各地城市三代及以上直系家户有增有减，减少趋势更为显著，有22个地区，降幅超过20%的地区有上海、海南、贵州、西藏和宁夏，西部地区较多，其中西藏减少55.45%；增长的地区有8个，增幅超过20%的地区有陕西、青海和新疆，集中于西北地区，其中陕西增幅最大，为30.33%。增减幅度较大地区多为西部地区，这一现象值得关注。总体看三代及以上直系家户减少是这一时期的主要趋势。

2000年至2010年，城市三代及以上直系家户基本变动为：减少仍是主流，有20个地区，且减少幅度较前一时期明显，降幅超过20%的地区有13个，其中辽宁、吉林、上海和西藏超过30%，整体看降幅较大地区相对集中于北方；增长的地区有11个，增幅均未超过20%，只有海南较高，达到18.72%。整体看，降低地区相对集中于南方地区，但浙江、福建和广东等沿海地区也在减少之列。由此可见，这一时期，各地城市三代及以上直系家户不仅减少地区多，且幅度大，而增加地区则相反，地区较少且幅度较小。

（2）时期内部特征。

具体来看，1982年城市三代及以上直系家户平均水平为13.21%，占比达到16%以上的高比例地区有上海、浙江、福建、江西、广东、广西，均在南方；不足10%则为水平较低地区，有河北、内蒙古、宁夏和新疆，均在北方。

1990年全国城市三代及以上直系家户的总水平稍有上升，为13.43%。因而，占比达16%以上者仍应列入高水平地区，有吉林、上海、福建、广东、海南和贵州，以南方地区为主；低于10%的地区为内蒙古、西藏和新疆，均属民族自治地区。

2000年全国城市三代及以上直系家户总水平进一步降至12.51%。其中没有高于16%的地区，低于10%的地区有内蒙古、云南、西藏、宁夏和新疆，多为民族自治地区；其他地区则多与全国平均水平相近。

2010年全国城市三代及以上直系家户总水平降至11.27%。但分省级单位看，出现多个占比超过15%的地区，为江苏、江西、河南、海南和重庆，以南方地区为主；低于10%的地区明显增多，有北京、天津、山西、内蒙古、辽宁、吉林、黑龙江、上海、浙江、广东、云南、西藏、宁夏和新疆14个地区，低比例地区明显增多。值得注意的是，上海三代及以上直系家户在前两个时期均为高比例地区，2010年变为低比例省级单位。

总的来说，1982年各地城市三代及以上直系家户高比例地区相对集中于南方，低比例地区相对集中于北方；1990年、2000年和2010年相对高比例地区仍集中于南方，低比例地区多为民族自治地区。

3. 夫妇核心家户

（1）时期比较及其特征。

与标准核心家户和三代及以上直系家户变动有所不同，四个时期、三个阶段各地城市夫妇核心家户变动从趋向看，除2000年至2010年的海南和云南外，均呈现持续增加特征。

1982年至1990年各地城市夫妇核心家户均为增长，由于1982年夫妇核心家户基数较小，至1990年各地夫妇核心家户增幅较大，20个地区增幅超过50%，其中浙江和陕西超过1倍以上。这一时期可谓是夫妇核心家户大幅度增长时期。

1990年至2000年，多数地区城市夫妇核心家户增幅超过了前一时期，26个地区超过50%，其中黑龙江、上海、福建、江西、海南、甘肃、青海和宁夏增幅超过1倍。这一时期也属于大幅度增长时期。

2000年至2010年，除海南和云南外，各地城市夫妇核心家户均为增长。由于夫妇核心家户基数逐渐扩大，这一时期各地增幅下降，超过50%的地区只有吉林、福建、广东和西藏，这一时期属于增速趋缓时期。

（2）时期内部特征。

1982年城市夫妇核心家户平均水平为5.71%，超过7%的地区可被视为较高水平地区，分别为北京、河北和辽宁，均属北方地区；4%以下地区则为低比例地区，分别为福建、江西、广东，均属于南方。

1990年城市夫妇核心家户平均水平为9.20%。城市夫妇核心家户超过10%的地区有天津、内蒙古、辽宁、浙江、山东、湖南、云南、西藏和陕西；低于7%的地区有山西、福建、江西、广东、海南，以南方地区为主。

2000年全国城市夫妇核心家户平均水平为16.03%，高于18%的地区有内蒙古、黑龙江、江苏、浙江；低于14%的地区有山西、福建、江西、河南、广东、广西、海南、贵州、陕西，多集中于南方。

2010年全国城市夫妇核心家户平均水平为21.03%。其中，高于23%的地区有天津、内蒙古、辽宁、吉林、黑龙江、上海、浙江、西藏和青海，以北方和西部地区为主；低于18%的地区有江西、河南、广西、海南、贵州和云南，南方地区居多。

总的来看，1982年各地城市夫妇核心家户水平均不高，地区差异并不明显；1990年高于10%的地区南北方都有，区域差异不明显；夫妇核心家户2000年处于高水平（接近或超过18%）的地区有内蒙古、浙江、江苏、黑龙江、上海和北京，区域集中度也不高，相对来说沿海地区和大都市占比较高；2010年超过24%的地区为西藏、吉林、辽宁、浙江和上海，相对集中于东南和东北地区，但并非明显集中。而从纵向视角看，1982年以来，尽管各地城市夫妇核心家户变动幅度有别，却均表现为持续增长，这成为中国社会转型时期家庭小型化的突出表现。

4. 单人户

（1）时期比较及其特征。

1982年至1990年，21个地区城市的单人户呈现减少的特征，且降幅多超过20%，其中高于40%的地区有河北、山西、吉林、山东、宁夏，均属于北方地区，宁夏最高，为65.88%。其减少的原因，我们认为与制度变迁有关，即1982年及之前政府对职工及其家属的乡城和城城之间迁移流动严格控制，夫妇两地分居现象较多。如在城市有正式工作者不能将农村家眷的户籍迁移过去，单人立户较多；1990年户籍约束放松，单人户比例降低。要对这一问题有所认识，还需借助分性别、分年龄组数据进行分析，对此我们将在后面进行探讨。这一时期城市单人户增长的地区有8个，其中，北京、天津、上海、贵州、甘肃、青海、新疆增幅超过20%，既有大都市，也有边远地区，其中新疆超过40%。这一时期的特点为减少为主、增长为辅，增减幅度较大地区相对集中于北方和大城市。

1990年至2000年，整体看各地城市单人户表现出增长为主的特征。具体而言，除天津、河北和新疆小幅下降外，其余地区均为上升。由于1990年单人户基数较小，故尽管增长的百分点不多，但增幅易于表现出来。增幅超过50%的地区有14个，其中增长1倍以上的地区有云南、西藏和宁夏，均在西部。无疑，这一时期是各地城市单人户大幅度提升时期，主要由劳动年龄人口流动增多所导致。

2000年至2010年，各地城市单人户无一例外，均为全面增长。其中增长幅度超过50%的地区有16个，超过1倍的地区有辽宁、吉林、黑龙江，集中于东北。整体看，高增幅地区集中于东北、华北和西北等北方区域。一般而言，若将单人户增长视为劳动年龄人口流动所致，那么，流入和流出地区的增幅应该同步，或者流入地更高。在劳动力以流向南方沿海地区为主的社会转型时期，南方地区单人户增幅明显低于北方。这表明，推动单人户上升的因素并非主要是劳动年龄人口流动，而且还有民众居住偏好的影响。

进一步看，在四个时期，北京、上海、四川、贵州、甘肃、宁夏的城市单人户为持续上涨，以大都市和西部地区城市为主。而其他23

个数据信息完整地区除天津、河北之外，自1990年以来三个时期单人户均为持续增长，这显然与社会转型发轫有直接关系，与1982年前后户籍制度的约束影响关系不大。

(2) 时期内部特征。

1982年城市单人户平均水平为9.21%，超过11%的地区有河北、山西、江苏、浙江、广东和西藏，以南方地区为主；低于7%的地区有辽宁、黑龙江、甘肃和新疆，均为北方地区。1982年南北方城市单人户的高低两极分布特征比较显著。

1990年全国城市单人户平均水平为7.31%，超过10%的地区有北京、天津、上海、浙江和四川，以大城市为主；低于5%的地区有辽宁、吉林、黑龙江和宁夏，以北方特别是东北地区为主。

2000年城市单人户平均水平为10.38%，高于13%的地区有北京、上海、浙江、广东、广西、云南和西藏，大城市、沿海省区和西部省区均有，整体看，高比例单人户在经济发达地区城市较多；低于7%的地区有河北、吉林、黑龙江，以北方地区为主。

2010年城市单人户平均水平为17.03%，高于20%的地区有北京、浙江、福建、广东、云南和西藏，南方沿海地区所占比例较大；低于15%的地区有河北、山西、内蒙古、黑龙江、江苏、安徽、江西、山东、河南、湖北、湖南、海南、贵州、青海和宁夏，南北地区都有，区域特色不显著。

不同地区城市单人户的构成特征为：1982年、1990年和2000年高比例地区相对集中于南方和都市所在地，低比例地区相对集中于北方。2010年高比例地区仍相对集中于南方沿海区域和大都市所在地，而低比例地区的区域集中度不明显。

综上，各地四个时期城市四种主要家户类型构成在地区之间既有趋向相对一致和接近的一面，但同时也存在着一些高低水平具有较大差异的地区。整体看，城市高比例的三代及以上直系家户相对集中于南方地区；标准核心家户、夫妇核心家户高比例地区则以北方地区居多；单人户在前三个时期相对集中于南方和都市所在地，低比例地区的区域特征并不突出。

(二) 各地农村主要类型家户比较

由表 2-5 可以看出,各地农村四个时期四类主要家户的变动趋势既有一致之处,也有差异。

表 2-5　　不同时期各地农村主要家户构成 (a)　　单位:%

地区	1982年 标准核心家户	1990年 标准核心家户	2000年 标准核心家户	2010年 标准核心家户	1982年 三代及以上直系家户	1990年 三代及以上直系家户	2000年 三代及以上直系家户	2010年 三代及以上直系家户
北京	41.41	44.00	46.46	29.49	15.01	11.64	21.21	13.82
天津	46.29	53.31	53.36	40.94	17.02	13.67	21.45	18.25
河北	46.17	54.84	52.63	37.81	16.15	16.49	19.03	21.60
山西	43.49	51.67	51.82	37.89	14.52	16.27	19.50	19.60
内蒙古	55.87	61.61	52.62	35.95	12.96	13.48	15.54	14.49
辽宁	54.8	61.68	51.88	33.73	13.85	15.29	18.97	20.15
吉林	55.69	62.76	55.26	35.30	15.54	17.46	18.71	22.16
黑龙江	59.99	64.54	54.30	37.44	15.06	15.58	17.94	19.04
上海	44.68	40.54	26.41	19.22	14.04	16.24	18.52	9.94
江苏	50.80	52.44	39.95	19.94	15.04	18.86	23.52	20.98
浙江	51.30	52.72	39.77	25.52	14.26	15.83	17.39	13.31
安徽	52.39	55.54	47.69	26.46	18.41	17.70	17.73	16.94
福建	43.14	49.37	45.51	26.77	23.62	22.69	20.73	20.53
江西	46.02	55.62	42.47	34.25	22.49	20.87	19.88	26.08
山东	51.41	56.22	53.55	37.70	14.74	15.42	13.29	15.49
河南	46.43	53.13	52.70	32.70	21.03	19.38	20.00	22.04
湖北	46.51	54.18	42.33	26.67	23.06	20.38	20.28	21.89
湖南	52.03	57.25	42.68	28.04	14.86	14.48	19.87	25.78
广东	41.01	45.56	38.75	28.43	23.73	24.10	21.58	19.05
广西	44.06	48.88	45.65	29.59	23.90	23.51	18.94	18.74
海南		48.25	55.50	42.44		19.00	16.65	20.08
重庆			33.55	17.20			19.30	14.49
四川	50.71	52.91	34.77	21.89	16.47	16.12	22.83	20.86
贵州	53.75	58.77	50.13	31.14	18.83	15.41	19.53	16.47
云南	46.86	51.62	51.00	38.26	26.06	23.04	23.90	26.43

续表

地区	1982年 标准核心家户	1990年 标准核心家户	2000年 标准核心家户	2010年 标准核心家户	1982年 三代及以上直系家户	1990年 三代及以上直系家户	2000年 三代及以上直系家户	2010年 三代及以上直系家户
西藏		29.15	31.77	31.30		25.75	26.11	23.91
陕西	45.13	51.08	46.87	32.85	21.14	20.77	23.52	25.34
甘肃	46.72	49.08	46.36	31.55	26.31	26.63	30.23	30.43
青海	46.03	45.64	50.00	36.45	23.18	23.29	25.91	28.79
宁夏	53.81	59.17	60.30	45.79	18.97	17.81	19.21	14.83
新疆	51.56	53.09	56.80	51.68	10.06	12.46	12.27	13.98

不同时期各地农村主要家户构成（b）　　　　单位:%

地区	1982年 夫妇核心家户	1990年 夫妇核心家户	2000年 夫妇核心家户	2010年 夫妇核心家户	1982年 单人户	1990年 单人户	2000年 单人户	2010年 单人户
北京	7.18	8.22	13.13	25.69	10.26	12.87	7.86	16.94
天津	6.11	7.02	13.31	22.19	7.88	8.07	3.49	7.52
河北	5.76	7.16	11.22	16.49	8.02	5.71	6.01	8.47
山西	6.13	6.76	10.42	15.66	9.73	7.53	7.41	10.28
内蒙古	4.78	6.07	13.80	26.08	7.49	5.06	7.65	10.22
辽宁	5.69	7.28	14.50	22.99	6.69	4.32	4.45	8.83
吉林	4.49	5.10	11.83	18.98	6.28	2.82	4.34	6.85
黑龙江	4.71	6.21	14.01	20.46	4.84	2.61	3.87	7.85
上海	7.26	10.53	28.50	38.44	11.31	12.57	13.04	21.49
江苏	5.47	7.73	15.26	23.30	10.20	7.06	7.63	14.13
浙江	5.39	8.25	16.25	26.16	11.24	9.96	12.93	20.38
安徽	3.79	5.33	12.09	18.24	7.32	6.05	7.23	13.68
福建	2.59	3.52	9.33	18.06	7.13	6.37	8.16	14.84
江西	3.53	4.09	10.55	10.88	6.55	4.13	6.53	7.35
山东	6.33	7.69	15.69	22.35	7.56	5.98	7.81	10.87
河南	4.16	5.13	8.85	12.16	6.09	4.92	5.82	9.49
湖北	4.34	5.33	11.99	16.27	5.78	4.55	7.46	11.52

续表

地区	1982年 夫妇核心家户	1990年 夫妇核心家户	2000年 夫妇核心家户	2010年 夫妇核心家户	1982年 单人户	1990年 单人户	2000年 单人户	2010年 单人户
湖南	5.47	6.96	11.81	13.84	8.14	6.65	8.75	11.37
广东	2.52	3.86	9.37	13.18	8.28	7.36	10.28	13.77
广西	2.64	3.30	7.24	12.58	6.36	5.83	8.86	12.99
海南		4.57	7.57	12.46		8.67	7.67	9.13
重庆			13.69	20.24			11.19	21.23
四川	3.95	5.49	11.56	15.05	8.00	7.66	9.70	16.71
贵州	4.28	5.34	8.22	16.44	5.65	5.20	6.01	11.96
云南	2.95	4.30	5.78	8.99	4.11	3.99	6.29	8.10
西藏		2.26	2.22	3.91	8.47	5.48	11.33	11.52
陕西	4.04	4.74	9.52	13.56	5.94	5.05	6.43	9.57
甘肃	2.13	2.22	4.76	11.64	2.98	2.39	3.77	6.48
青海	2.25	2.16	3.24	7.23	4.29	4.89	4.51	6.10
宁夏	2.92	3.85	6.94	18.98	3.37	2.83	3.59	6.41
新疆	6.54	6.17	8.81	10.59	9.24	6.02	6.91	7.64

1. 标准核心家户

中国农村四个时期标准核心家户的状态和变动趋向与城市有相同之处，即多数地区农村标准核心家户1990年达到最高水平，其后持续降低。也有一些地区2000年最高，然后降低，如北京、天津、山西、海南、西藏、青海、宁夏和新疆。总体看，1990年标准核心家户达到峰值的那些地区，1982年至1990年之间的变动表现为缓升，所谓缓升之意为，提升幅度在5个百分点左右；1990年至2000年标准核心家户下降的地区为缓降与急降并存，缓降也是指下降幅度在5个百分点以内，急降指降幅超过10个百分点，如黑龙江、上海、江苏、浙江、江西、湖南、湖北和四川。2000年至2010年则为整体急降，其意为绝大多数地区标准核心家户下降幅度超过10个百分点（27个省级单位），只有上海、江西、西藏和新疆降幅低于10个百分点。其中，标准核心家户降幅超过15个百分点的地区有北京、内蒙古、辽宁、吉林、黑龙江、江苏、安徽、福建、山东、湖北、广西、重庆和贵州，下降比例多超过30%。标准核心家户连续两个普查年份下降10个百分点的地区，在2010年则急速萎缩。黑龙江从1990年占比64.54%，至2000年下降为54.3%，至2010年再降为37.44%；江苏从52.44%首次下降为39.95%，再次下降至19.94%；浙江由52.72%首次降至39.77%，再降为25.52%；湖北从54.18%降为42.33%和26.67%；湖南从57.25%降为42.68%和28.04%；四川从52.91%降为34.77%和21.89%。这些都是标准核心家户提前进入萎缩状态的表现。

若把2010年与多数地区标准核心家户处于峰值的1990年相比，可见降幅超过50%的地区有辽宁、江苏、浙江、安徽、福建、湖北、湖南、四川和贵州，以南方地区居多；降幅处于30%以下的地区为天津、云南、青海、宁夏和新疆，以北方和西部地区居多。

2. 三代及以上直系家户

全国总体而言，各地农村三代及以上直系家户多呈现为逐渐上升之势，不过1982年和1990年之值处于相对稳定状态，两者基本相同。

1982年和1990年，各地农村三代及以上直系家户有增有减，其中增长地区有14个，增幅超过20%的地区有江苏和新疆，减少地区也有14个，降幅超过20%的地区只有北京一地。可见，这一时期三代及以上直系家户为增减并存时期，由此导致全国水平处于相对稳定状态。

1990年至2000年，各地农村三代及以上直系家户增长成为主流，有22个地区，增幅超过20%的地区有北京、天津、辽宁、江苏、湖南、四川、贵州，其中北京、天津分别达到82.22%和56.91%；减少地区有8个，相对集中于南方的中部地区。

2000年至2010年，各地农村三代及以上直系家户出现增减并行状态，其中增长地区有16个，增幅超过20%的地区有江西、湖南、海南，其中江西最高，为31.19%；减少地区为15个，降幅超过

20%的地区为北京、上海、重庆和宁夏，以大城市所在地农村为主。总体看，这一时期各地农村三代及以上直系家户增长的势头稍强，由此推动全国水平小幅上升。

若将2010年与1990年相比较，各地农村三代及以上直系家户在增长处于主流的背景下，也有减少地区。其中上海降幅最大，为38.79%；其次为广东、广西，分别降低20.95%和20.29%；下降地区还有浙江、安徽、福建和宁夏，总体上也以南方地区为主。而增幅超过20%的地区有天津、河北、山西、辽宁、吉林、黑龙江、湖南、四川、陕西和青海，其中湖南增幅为78.04%，辽宁为31.79%。这些增幅较大地区相对集中于北方和中西部地区。由此可见，至2010年，农村地区三代及以上直系家户在东南和南方沿海地区与北方和中西部地区之间出现不同趋向，前者为降低，后者为增长，总体上增长地区超过降低地区，多代家户的区域分野显现出来。

3. 夫妇核心家户

四个时期数据均完整的地区中，农村夫妇核心家户多表现为逐渐增长。

1982年至1990年，农村夫妇核心家户只有青海和新疆为下降，其他地区均为上升，而且增长幅度较大。提高幅度在30%以上的地区有10个，超过40%的地区有上海、江苏、浙江、安徽、广东和云南，均为南方地区，其中广东和浙江分别为53.17%和53.06%。农村夫妇核心家户快速增长是这一时期的主要特征。

1990年至2000年，农村夫妇核心家户只有西藏为下降。总体看，各地农村夫妇核心家户增长幅度超过前一时期，且以增幅超过50%以上为主，超过1倍的地区有内蒙古、吉林、黑龙江、上海、安徽、福建、江西、山东、湖北、广东、广西、四川、陕西和甘肃14个地区。这一增幅超过城市，可谓快速增长时期。

2000年至2010年，所有地区农村夫妇核心家户均为增长，增幅超过50%的地区有18个，其中超过1倍的地区有贵州、甘肃、青海和宁夏，以西部地区为主。总体看，农村夫妇核心家户高增幅地区较前一时期减少。若将2010年与1990年相比较，农村夫妇核心家户均表现为大幅度增长。其中增长4倍及以上的地区有福建和甘肃，增长3倍以上的地区有内蒙古和宁夏，增长2.5倍以上的地区有上海和广西，区域分野不显著。

综上，1982年以来，各地农村夫妇核心家户除青海、新疆和西藏外，均表现为高速增长，这种变动是农村家庭小型化趋向增强的表现。可见，在社会转型过程中，城乡夫妇核心家户变动的基本特征是相同的。

4. 单人户

同城市一样，1982年至1990年，各地农村单人户也以降低为主，只有北京、天津、上海和青海为提升，相对集中于大城市所在地农村。关于这些地区单人户的增长原因，我们认为，它与人口迁移流动增多和户籍控制降低有关。降幅超过30%的地区有内蒙古、辽宁、吉林、黑龙江、江苏、江西、西藏和新疆，以北方和西部地区为主。

1990年至2000年，除北京、天津、海南和青海外，各地农村单人户多为上升，其中增幅超过50%的地区有内蒙古、吉林、江西、湖北、广西、云南、西藏和甘肃，以中西部地区为主。天津降幅超过50%。经过这一变动，多数地区农村单人户恢复至1982年的水平。这种变动与劳动力谋生方式出现新的流动有关，当然也与老年人独居增多有关。总之，单人户较快增长是这一时期的特色。

2000年至2010年成为各地农村单人户大幅度、快速增长的时期。多数地区农村增幅超过50%，其中超过1倍的地区有北京、天津和黑龙江。

进一步看，四个时期，各地农村单人户只有上海表现为持续上升；自1990年开始三个时期占比均提高的地区有24个。2010年与1990年比较，单人户提高2倍的地区有黑龙江，提高1.5倍以上的地区有湖北和甘肃，提高1.2倍以上的地区有吉林、安徽、福建、广西、贵州和宁夏，增幅较大地区的区域集中度不高。可见，各地城乡之间单人户变动（重新提高）的节奏有相似之处，社会转型启动是重要的推动因素之一。

总之，各地农村四个时期标准核心家户的状态和变动趋势与城市有相同之处,即多数地区1990年达到最高水平,然后连续降低。将2010年与1990年数据进行比较,我们发现,降幅超过50%的地区以南方地区居多;降幅处于30%以下的地区则以北方和西部地区居多。与1990年相比,2010年农村地区三代及以上直系家户在东南和南方沿海地区与北方和中西部地区之间出现不同趋向,前者为降低,后者为增长,总体上增长地区超过降低地区,多代家户构成的区域分野显现出来。各地夫妇核心家户2000年和2010年两个时期均处于高速增长时期,这种变动是农村家庭小型化趋向增强的表现。单人户1990年以来多表现为上升。若将2010年和1990年数据比较,夫妇核心家户和单人户增幅较大地区的区域集中度不高,即各个区域均有增幅较大地区,而非相对集中于某个区域。

(三) 各地不同时期几种特殊类型家户的变动

我们在上文分析了四个时期四类占比较大、较有代表性家户类型的变动和特征。在我们看来,还有几类家户虽然比例不高,但其构成和变动往往与制度和政策的影响有关,更能体现社会转型和变迁的时期影响,很值得分地区进行专门考察。

表 2-6　　　　　城市几种特殊类型家户的构成　　　　单位:%

地区	1982年 夫妇分居和单亲核心家户	1990年 夫妇分居和单亲核心家户	2000年 夫妇分居和单亲核心家户	2010年 夫妇分居和单亲核心家户	1982年 二代直系家户	1990年 二代直系家户	2000年 二代直系家户	2010年 二代直系家户	1982年 隔代家户	1990年 隔代家户	2000年 隔代家户	2010年 隔代家户
北京	10.64	8.95	6.83	5.23	5.21	4.92	2.24	2.73	1.78	2.74	2.17	1.12
天津	8.92	7.33	5.15	5.15	5.53	2.58	1.24	2.14	1.99	2.43	2.55	1.53
河北	13.01	8.34	4.25	4.22	3.60	2.62	2.23	2.58	1.21	2.06	1.45	1.10
山西	15.97	5.94	3.86	4.51	4.27	2.94	1.83	1.89	0.91	1.59	0.97	1.22
内蒙古	8.06	3.83	3.76	4.39	3.69	2.26	1.29	1.77	1.13	1.35	1.46	1.73
辽宁	8.53	4.57	5.25	6.04	4.41	2.83	1.64	2.30	1.31	1.56	1.44	1.19
吉林	8.29	4.36	5.02	6.74	3.52	2.95	1.56	2.68	1.29	1.48	1.34	1.46

续表

地区	1982年 夫妇分居和单亲核心家户	1990年 夫妇分居和单亲核心家户	2000年 夫妇分居和单亲核心家户	2010年 夫妇分居和单亲核心家户	1982年 二代直系家户	1990年 二代直系家户	2000年 二代直系家户	2010年 二代直系家户	1982年 隔代家户	1990年 隔代家户	2000年 隔代家户	2010年 隔代家户
黑龙江	6.57	4.26	5.21	6.49	2.99	2.38	1.64	2.67	1.73	1.53	1.51	1.49
上海	9.01	7.11	5.70	4.64	5.11	3.58	2.10	2.99	3.25	4.15	2.99	1.30
江苏	13.78	5.30	4.14	4.41	3.27	2.73	2.08	2.98	2.41	2.55	1.45	1.24
浙江	12.32	5.90	4.73	4.10	3.57	2.01	1.76	2.17	1.24	2.44	1.40	0.83
安徽	14.92	4.99	5.04	4.87	2.95	2.66	2.02	2.53	1.07	1.39	1.25	1.49
福建	14.54	9.63	5.83	4.99	3.84	2.75	1.67	2.31	1.60	1.90	1.42	1.60
江西	13.44	6.13	5.15	5.60	3.08	2.43	1.86	2.95	1.49	1.80	1.71	2.41
山东	13.71	5.23	3.94	3.86	4.16	2.15	1.74	2.37	1.11	2.19	1.21	0.91
河南	14.14	7.74	5.09	4.48	4.16	3.62	2.28	2.60	1.21	1.12	1.18	1.04
湖北	15.46	5.31	5.01	5.60	3.26	2.24	2.06	2.64	1.66	1.31	1.43	1.70
湖南	17.12	6.11	5.35	6.59	2.76	2.65	1.96	2.79	1.32	1.49	1.33	1.49
广东	14.26	6.56	5.70	4.64	3.51	3.13	1.53	1.83	0.94	1.22	1.18	0.71
广西	13.91	6.38	6.63	6.92	3.10	2.10	1.39	2.52	0.89	1.32	1.08	1.21
海南		5.86	4.10	4.70		3.52	1.93	3.44		0.59	1.45	1.27
重庆			6.15	6.76			2.77	4.42			2.51	1.57
四川	15.28	8.57	5.46	5.89	4.14	3.55	2.32	3.37	1.07	1.74	1.90	1.85
贵州	13.26	7.91	5.84	8.53	3.32	2.89	1.67	1.76	0.93	2.13	1.83	2.07
云南	17.04	8.07	7.49	8.53	2.71	2.13	1.57	2.53	1.31	0.97	1.43	0.91
西藏		11.01	12.90	7.87			1.61					1.12
陕西	17.44	8.90	5.80	7.05	4.01	2.07	2.11	2.51	1.43	2.42	2.06	1.60
甘肃	13.71	11.49	5.44	5.15	3.23	2.94	1.11	1.94	1.01	1.58	1.88	1.70
青海	17.67	10.97	6.89	5.72	2.61	2.28	1.31	1.99	0.48	1.20	2.62	2.49
宁夏	16.64	5.81	5.18	5.30	3.00	2.84	1.09	2.12	0.73	1.39	1.36	2.12
新疆	9.83	7.38	5.05	6.83	3.53	2.75	1.39	2.13	1.13	1.09	1.61	0.79

1. 城市

（1）夫妇分居和单亲核心家户。

以往的研究发现，夫妇分居和单亲核心家户的主体是夫妇一方（主要是丈夫）有较长的时间不在户内生活。而其所占比例的高低往往受制于政策和谋生方式。中国当代，特别是20世纪六七十年代和80年代前期政府推行的是压缩城市人口的政策，控制农村劳动力、城市机关企事业单位人员在农村的家属迁移进城，城市内部从小城市向大中城市的迁移也受到限制。由此，当时城乡夫妇分居和单亲核心家户比例相对较高。随着80年代中后期针对城镇职工配偶、家属迁移和户籍管理政策的调整，夫妇两地分居现象减少，夫妇分居和单亲核心家户则相应降低。而90年代以后，中国的社会转型初步显现，农村劳动力纷纷进城务工，政府针对这一群体的户籍迁移政策并没有放开，农民夫妇一方在城市长期务工，一方与子女在农村生活的现象增多；同时，在城市内部，随着僵化的就业体制和用工方式的改变，再加上各地经济发展水平存在差异，因而并不携家眷到外地工作的人增多，从而导致城乡夫妇分居和单亲核心家户的水平重新提高。那么，这种状况在四次人口普查的不同地区之间的表现如何？这里我们做一探究。

从表2-6我们看到，1982年至1990年，各地城市夫妇分居和单亲核心家户以降低为基本表现，可以说信息完整的地区均为降低。其中降低幅度在50%以上的地区有13个，超过60%的地区有山西、江苏、安徽、山东、湖北、湖南和宁夏。夫妇分居和单亲核心家户明显降低是这一时期的主要表现。

1990年至2000年，城市夫妇分居和单亲核心家户降低仍为主流，有24个地区，降幅超过50%的地区只有甘肃；增长的地区有6个，为辽宁、吉林、黑龙江、安徽、广西和西藏，整体上增幅较小。

2000年至2010年，增长变为主流，有18个地区为提升，其中增幅超过20%的地区有吉林、黑龙江、湖南、贵州、陕西和新疆。贵州和新疆增幅最大，分别为46.06%和35.25%。

进一步看，四个时期处于持续降低状态的地区有北京、河北、上海、浙江、福建、山东、河南、广东、甘肃和青海。

就四个时期城市夫妇分居和单亲核心家户的地区构成看,1982年整体水平最高,其中超过17%的地区有青海、陕西、湖南和云南,以中西部地区为主;低于9%的地区有黑龙江、内蒙古、吉林、辽宁和天津,北方地区居多。1990年高于10%的地区只有甘肃、西藏和青海,低于5%的地区为内蒙古、黑龙江、吉林、辽宁和安徽,以东北等北方地区为主。2000年整体水平降低,只有云南和西藏超过7%。2010年稍有回升,但整体水平并不高,超过7%的地区有云南、贵州、西藏和陕西。由此看来,中国各地城市四个时期夫妇分居和单亲核心家户以1982年为最高,1990年次之。并且高比例地区相对集中于西部,低比例地区也多在北方。2000年、2010年各地城市夫妇分居和单亲核心家户均有明显降低。即使人口流动就业行为增多,也没有导致夫妇分居和单亲核心家户大幅度上升。这与社会转型时期城市家户成员迁移流动限制降低有直接关系。

(2) 隔代家户。

隔代家户在当代多非中间子女与其配偶去世所导致,而与他们不在户内生活有关。这一定程度上也与制度和社会变迁的影响密不可分,具体原因与夫妇分居和单亲核心家户相似。夫妇分居和单亲核心家户是由标准核心家户"缺失"配偶所形成,而隔代家户则多由三代直系家户"缺少"一代人所导致。

四个时期各地城市隔代家户比例并不高,故两个时点的增减变动容易表现出来。

1982年至1990年,与夫妇分居和单亲核心家户减少不同,各地城市隔代家户多为增长,只有黑龙江、河南、湖北、云南和新疆为降低,区域特征不明显。增长地区中,增幅超过50%的地区有北京、河北、山西、浙江、山东、四川、贵州、陕西、甘肃、青海、宁夏,其中贵州和青海超过1倍。

1990年至2000年,各地城市隔代家户减少成为主流,有19个地区,无降幅超过50%的地区;增加的地区为10个,其中海南和青海超过1倍,增幅分别为145.76%和118.33%。

2000年和2010年，19个地区的城市隔代家户为减少，上海和新疆降幅超过50%；增长地区为11个，超过50%的地区只有宁夏一地。

四个时期中，1982年各地城市隔代家户多在2%以下的低水平，只有上海超过3%、江苏超过2%。1990年各地城市多为提升，其中上海超过4%；超过2%的地区增加，其中北京和江苏在2.5%以上。2000年上海降至2.99%，仍为最高，其他超过2.5%的地区为青海、天津和重庆。2010年超过2%的城市地区进一步减少，只有青海、江西、宁夏和贵州。总的来看，1990年以来城市多数地区隔代家户处于降低状态。我们认为，1982年、1990年城市隔代家户增长或占比相对较大的地区，往往受当时特殊的政策因素的影响。如上海、北京、天津等大城市是20世纪六七十年代知识青年支边、上山下乡较多的地区，同时也是本地科研院所、企业等向外地疏散员工较多之地。20世纪80年代初，政策对知识青年返城限制减少甚至逐渐取消，如上海，至80年代后期允许在外省区工作的原上海上山下乡知识青年子女来沪就读入户（由知青在沪父母等亲属为监护人）。不少地区也有类似的政策出台。随着高考制度恢复，子女教育受到重视，下乡或随单位疏散至外地者也有不少人将子女送至教育条件好的大城市父母身边就读。这应该是1982年和1990年城市隔代家户占有一定比例或上升的主要原因。而2000年、2010年城市这类家户减少则是该制度"后遗症"逐渐消失后的表现。

2. 农村

（1）夫妇分居和单亲核心家户。

我们认为，农村的夫妇分居和单亲核心家户受政策等制度和社会转型两方面的影响更明显，还与家庭不同成员的责任、功能和地方惯习有关，即已婚女性在生育之后，更有可能成为夫妇分居和单亲核心家户日常事务的操持者，因为丈夫出外工作比例相对较高。

根据四个时期的人口普查数据（见表2-7），从1982年至1990年，各地农村夫妇分居和单亲核心家户在可比较地区中均为减少，降幅在30%以上的地区有14个，其中河北、山西、辽宁、吉林和宁夏降幅超过40%。总体而言，这一时期各地夫妇分居和单亲核心家户下降幅度较大。

表 2-7　农村几种特殊类型家户的构成　　单位:%

地区	1982年 夫妇分居和单亲核心家户	1990年 夫妇分居和单亲核心家户	2000年 夫妇分居和单亲核心家户	2010年 夫妇分居和单亲核心家户	1982年 二代直系家户	1990年 二代直系家户	2000年 二代直系家户	2010年 二代直系家户	1982年 隔代家户	1990年 隔代家户	2000年 隔代家户	2010年 隔代家户
北京	16.25	14.63	4.94	4.84	4.42	3.24	2.81	3.80	0.74	0.59	1.01	0.92
天津	11.89	8.65	2.45	2.59	4.93	3.43	2.97	3.21	0.49	0.33	0.78	0.74
河北	11.59	6.91	4.60	4.26	4.91	3.83	2.70	3.39	0.92	0.70	1.05	1.39
山西	15.25	9.09	4.48	5.47	4.51	3.98	2.70	3.25	1.33	0.81	1.11	1.26
内蒙古	7.49	4.50	4.49	4.12	4.66	3.42	1.82	3.27	0.60	0.54	1.29	1.02
辽宁	9.76	4.46	4.25	4.00	3.75	3.12	3.09	3.43	0.42	0.49	0.80	1.36
吉林	6.66	3.67	3.66	4.30	4.32	3.47	2.45	4.16	0.50	0.46	0.99	0.98
黑龙江	4.68	3.29	3.56	3.94	3.96	3.32	2.95	3.81	0.54	0.54	1.26	1.38
上海	14.69	9.66	4.83	2.38	3.94	4.35	1.94		0.87	0.74	0.32	0.86
江苏	10.43	6.32	5.68	5.72	3.46	3.45	3.52	4.70	0.60	0.63	1.97	4.48
浙江	10.18	6.90	5.18	4.28	3.47	2.61	2.62	3.44	0.70	0.98	2.73	2.53
安徽	9.85	6.77	7.20	6.98	2.88	3.82	2.67	3.50	0.81	0.65	2.71	7.13
福建	10.64	7.66	7.71	6.04	4.52	3.39	2.04	3.68	1.10	1.10	2.69	4.11
江西	10.42	7.26	8.09	5.77	4.03	3.25	2.59	2.89	1.21	0.96	5.92	4.56
山东	10.33	7.00	4.82	4.98	4.01	3.13	2.32	2.87	0.82	0.77	0.84	1.51
河南	10.82	7.87	5.68	8.41	4.50	4.32	2.64	3.53	0.86	0.71	1.62	4.58
湖北	10.81	7.57	7.61	5.59	3.45	3.00	2.86	4.52	1.13	0.92	3.93	6.16
湖南	11.71	8.58	8.19	5.91	3.25	2.63	2.26	3.58	0.87	0.74	3.06	4.73
广东	13.38	9.18	9.07	8.68	3.82	2.84	2.18	3.18	0.75	1.02	3.61	5.52
广西	10.95	8.62	9.82	9.56	4.14	3.44	2.20	3.09	0.78	0.84	2.24	4.92
海南		8.50	5.35	5.71		2.79	1.82	2.38		0.68	1.51	1.24
重庆			9.47	7.35			2.63	2.82			6.56	8.72
四川	12.98	10.36	8.78	7.64	3.02	3.15	2.58	3.35	0.66	0.59	5.22	6.41
贵州	9.40	7.76	8.05	8.34	3.59	3.61	2.74	2.43	0.62	0.53	1.84	6.77
云南	9.99	8.18	6.45	6.83	4.37	3.78	2.79	3.09	0.62	0.59	0.75	1.96
西藏		10.04	10.84	11.40		5.06	2.71	3.48		2.05	1.97	1.96
陕西	12.41	9.19	6.80	6.17	5.00	4.02	2.51	3.90	0.96	0.82	1.68	2.40

续表

地区	1982年夫妇分居和单亲核心家户	1990年夫妇分居和单亲核心家户	2000年夫妇分居和单亲核心家户	2010年夫妇分居和单亲核心家户	1982年二代直系家户	1990年二代直系家户	2000年二代直系家户	2010年二代直系家户	1982年隔代家户	1990年隔代家户	2000年隔代家户	2010年隔代家户
甘肃	8.96	7.27	6.63	6.03	5.44	5.67	2.89	4.47	1.24	0.84	1.39	3.54
青海	9.40	7.99	5.21	6.24	4.44	5.17	3.52	3.97	1.31	1.08	1.13	3.40
宁夏	10.97	6.26	2.89	4.86	4.87	4.97	3.82	3.80	0.97	0.74	0.47	1.66
新疆	9.00	5.88	5.07	4.81	4.72	5.80	3.07	4.10	1.78	1.60	1.87	0.99

1990年至2000年农村夫妇分居和单亲核心家户变动的主流仍为降低，但降幅缩小，共有22个地区为降低，降幅超过50%的地区为北京、天津、山西、上海和宁夏，以直辖市所在农村为主。增长的地区有8个，但幅度均较小，增幅最大的地区为广西，增长13.92%。可见，总体而言，这一时期夫妇分居和单亲核心家户降低的势头依然保持着。

2000年至2010年，农村夫妇分居和单亲核心家户减少地区仍占多数，但数额缩小，共有18个地区；同时，降幅较前两个时期缩小，其中降幅超过20%的地区有上海、福建、江西、湖北、湖南、重庆，其中上海为50.72%。另有13个为增长地区，其中河南、宁夏分别提高48.06%和68.17%。这是与前面两个时期不同的表现。在我们看来，这与农村已婚青壮年劳动力长期出外务工增多有关。不同地区农村夫妇分居和单亲核心家户有增有减，表明劳动力长期外出水平具有差异。

我们看到，从纵向变动历程看，1982年至2010年，农村夫妇分居和单亲核心家户有12个地区为持续减少，它们是北京、河北、内蒙古、辽宁、上海、浙江、湖南、广东、四川、陕西、甘肃和新疆，区域集中度不高。

下面我们再对四个时期各地农村夫妇分居和单亲核心家户的构成水平进行考察。1982年地区之间差异较大，其中超过13%的地区有北京、山西、上海和广东,可见大都市所在地农村夫妇分居和单亲核心家户的高比例呈现集中性,这与政策对城镇职工在农村生活的妻子和子女变更户籍身份实施严格限制有关;低于9%的地区有黑龙江、吉林、内蒙古和甘肃,均为北方地区。1990年高比例地区减少,高于10%的地区只有北京、四川和西藏。2000年高于10%的地区仅西藏一地,其他在9%以上的地区为广西、重庆和广东,以南方地区为主;低于4%的地区为天津、宁夏、黑龙江和吉林,均为北方地区。2010年,各地农村夫妇分居和单亲核心家户以减少为主,仍只有西藏超过10%,广西在9%以上;上海、天津和黑龙江不足4%。应该说,1982年以来各地农村夫妇分居和单亲核心家户的降低是主流。20世纪70年代和80年代前期制度约束所形成的各地农村相对高比例的夫妇分居和单亲核心家户,在大批劳动力向城镇转移过程中没有再次引起夫妇分居和单亲核心家户整体上升。它与户籍和迁移政策控制力度降低有关,故而这一状态具有值得肯定的意义。但也需指出,20世纪七八十年代农村高比例夫妇分居和单亲核心家户往往与夫妇分处两种户籍管理体系有关,如妻子为农业户籍,丈夫在外工作进入市民户籍体系之中,并不包含在农村家户人口登记之中,因此夫妇分居和单亲核心家户呈现增长状态。20世纪90年代农村劳动力向城镇迁移流动增多,这些劳动力的农村户籍身份并未改变,人口登记时虽规定离开家户半年以上者不登记,实际上因出外谋生的丈夫依然为本地户籍,即使普查时他们不在家,却往往仍被登记了。当然,其中一些人若在区域之内(本省或邻近省份)的城市务工,一年也会回家若干次,更会被视为家户被登记成员。这种情况下,长时间离家出外工作的丈夫或妻子仍作为家户成员被登记,这将在很大程度上使本应升高的夫妇分居和单亲核心家户比例受到"抑制"。

(2)隔代家户。

1982年至1990年,各地农村的隔代家户多为减少,有21个地区。另外,隔代家户处于增长状态的地区增幅均比较小。隔代家户水平降低是这一时期的主流。那么如何解释这一时期多数地区农村隔代家户构成减少的现象?我们认为,其中一个原因是,20世纪80年代初期，城市生育子女相对多的双职工（出生于1980年前）因工作忙难以照顾，而将年龄相对较大、尚未至学龄的子女送回老家由其父母抚养，这会提高农村的隔代家户比例。至1990年，这种现象减少。

1990年至2000年，各地农村隔代家户以大幅度增长为主流，增长1倍以上的地区有18个，其中安徽、江西、湖北、湖南、四川增加3倍以上。进一步看，四川和江西分别增长784.75%和516.67%。这些都是劳动力出外务工规模大、比例较高的地区。上海、西藏和宁夏隔代家户则为减少。

2000年至2010年，各地农村隔代家户增长仍为主流，有22个地区幅度较前一时期缩小，但仍属于高增长阶段。增幅超过1倍的地区有上海、江苏、安徽、河南、广西、贵州、云南、甘肃、青海和宁夏，其中贵州和宁夏超过2.5倍。上一时期上海和宁夏为减少，这一时期变为明显增长，它与当地劳动力外出增多有关。

各地农村隔代家户在四个时期的具体分布有如下特征：1982年和1990年隔代家户绝大多数占比在2%以下的低水平，多数地区不足1%。1982年新疆最高，为1.78%，其次为山西（1.33%）和青海（1.31%）；1990年，西藏最高，为2.05%，其次为新疆（1.6%）和福建（1.1%）。这表明，当时父母与未成年子女分开生活的比例是比较小的，它也与农村劳动力尚未开始大规模非农就业流动有关。2000年出现质的变化，农村隔代家户超过5%的地区为重庆、江西和四川，多为劳动力流出主要地区；上海和宁夏不足0.5%，这或许与当地劳动力流出较少有关。2010年超过8%的地区有重庆；超过7%的为安徽；湖北、四川和贵州均在6%以上，其原因仍是本地劳动力流出较多。此时，仍存在隔代家庭占比不足1%的地区，如天津、上海、北京、吉林和新疆，以大城市所在地农村为主，当地农村劳动力在本地市场即可获得就业机会，不必远赴他乡，进而有助于降低当地农村隔代家户比例，或使其保持在较低水平。

综上，各地四个时期的主要家户状态和变动既有趋势相对一致和接近的一面，也有一些高低水平存在较大差异的地区。整体看，城市高比例的三代及以上直系家户相对集中于南方地区；标准核心家户、夫妇核心家户高比例地区则以北方居多。单人户区域特征并不十分突出，2000年之后，大城市和南方沿海地区相对较高。多数地区农村四个时期标准核心家户比例于1990年达到最高水平，之后连续降低。与1990年相比，2010年农村地区三代及以上直系家户在东南和南方沿海地区与北方和中西部地区之间出现不同趋向，前者为降低，后者为增长，总体上增长省份超过降低省份，多代家户的区域分野显现出来。各地农村夫妇核心家户在2000年和2010年两个时期均处于高速增长时期，这种变动是农村家庭小型化趋向增强的表现。单人户1990年以来多表现为上升。若将2010年和1990年数据比较，夫妇核心家户和单人户增幅较大地区的区域集中度不高，即各个区域均有增幅较大的地区，而非相对集中于某个区域。以上分析还显示，中国多数省级单位城乡家户变动在时期上具有较强的"共时"特征，如标准核心家户构成于1990年开始持续降低，夫妇核心家户1982年之后持续上升，单人户1990年以来以增长为主，显示了社会转型时期中国各地城乡家户小型化趋向没有改变。但各地城乡三代及以上直系家户变动则较少有"共时"趋向。相对来说，1990年以来，城市连续下降地区多一些，农村则上升地区多一些，由此2010年总水平出现城乡分异变动。

三　主要家户成员年龄构成

前面我们对1982年以来四个普查年份家户总体状况和分地区主要家户构成进行了分析，从而对其时期变动有了一定把握。但也应看到，我们对不同类型家户的成员构成特征尚不清楚。家户是人口的居住和生活载体，因而分析于其中生活成员的年龄构成和变动或许能对四个时期不同家户的成员状况和特征有所揭示。

（一）主要家户类型的选择及其构成

根据前述，在家户和家口类型中，这四个时期有四个具有代表性的主要家户类型——标准核心家户、三代直系家户、夫妇核心家户和单人户。我们想通过对其深入分析，认识社会转型时期民众的居住方式和特征。

下面看一下这四类家户在总家户中所占比例（见表2-8）。

表2-8　　　　　　　主要家户、家口的构成　　　　　　单位：%

家户、家口类型		1982年		1990年		2000年		2010年	
		城市	农村	城市	农村	城市	农村	城市	农村
家户	夫妇核心家户	5.71	4.54	9.20	5.79	16.03	11.36	21.03	16.73
	标准核心家户	45.90	48.93	51.32	53.65	46.65	46.48	35.32	30.92
	三代直系家户	13.21	17.50	13.43	17.51	12.51	18.98	11.27	20.27
	单人户	9.21	7.47	7.31	6.09	10.38	7.52	17.03	11.79
	合计	74.03	78.44	81.26	83.04	85.57	84.34	84.65	79.71
家口	夫妇核心家口	2.93	1.99	5.55	2.82	10.63	6.37	15.46	10.11
	标准核心家口	50.20	51.63	52.60	54.25	50.62	49.26	41.72	34.14
	三代直系家口	19.09	24.32	19.55	24.44	19.80	27.16	19.53	31.28
	单人口	2.37	1.64	2.24	1.47	3.44	2.11	6.27	3.55
	合计	74.59	79.58	79.94	82.98	84.49	84.90	82.98	79.08

表2-8显示，在家户构成中，城市除1982年稍低外，其他时期四类家户合计所占比例均在80%以上；农村则在80%上下。这四类家户成为四个时期家户的主体。

我们再从家口角度观察其构成。根据表2-8数据，与家户构成相比，各时期家口构成有伸缩变化，但同一时期内两者的合计结果则基本一致或相近。

可见，无论从家户单位还是家口成员角度看，标准核心家户、三代直系家户、夫妇核心家户和单人户是社会转型时期民众主要的生活单位，对其进行分析在很大程度上可把握四个时期家户变动的脉络。

（二）四个时期四类主要家户成员的年龄构成

我们对家户成员年龄构成的分析建立在"家口"基础上，家户是家口的生存载体,通过对不同年龄组家口个体在四种主要家户中构成状况的分析可进一步认识家户的变动和特征。

1. 标准核心家户

由表2-8可知,1982年至2010年间,城乡标准核心家口构成经历了先提升(1982年至1990年间)后下降(1990年至2000年、2010年)这样一个过程。那么,这种变动对标准核心家户不同年龄组成员的构成有何影响?

(1)城市。

根据图2-1,四个时期标准核心家户成员的年龄分布曲线相似,它形成两个峰值。一个是10—14岁组,四个时期这一峰值相同;另一个是40—44岁组,该峰值在前三个时期有一致性,但2010年峰值提前至35—39岁组(峰值与40—44岁组的比例相差很小,仅为0.87个百分点)。这表明,由未成年的少年(而不是婴幼儿)和中年夫妇组成的标准核心家户所占比例最高。这样的家户中,子代正值上小学或初中阶段,一般不需要其他亲属帮助照看;亲代处于相对稳定的就业阶段,由此形成比较标准的亲子年龄构成模式。

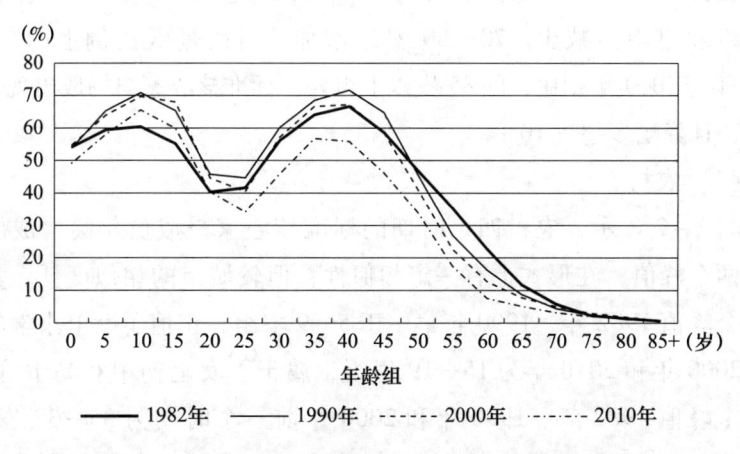

图2-1 城市四个时期标准核心家户成员年龄构成

进一步分析可知,四个时期中,标准核心家户成员占比超过半数的年龄组在不同时期趋向相同或相似,其中1982年、1990年和2000

年完全相同,包括 0—4 岁组、5—9 岁组、10—14 岁组、15—19 岁组、30—34 岁组、35—39 岁组、40—44 岁组和 45—49 岁组 8 个年龄组;2010 年与前三个时期总体相同,只有 0—4 岁组、30—34 岁组和 45—49 岁组占比低于 50%。可见,在城市,这四个时期中,婴幼儿、少年和中年人多数以标准核心家户为生活单位。这一状态在 1982 年、1990 年和 2000 年三个年份没有实质变化,但 2010 年出现峰值水平降低和缩小的变化。而 50 岁组之后,四个时期标准核心家户成员构成均不足 50%,65 岁组之后多降至 10% 以下,75 岁以上者只有个别人生活在标准核心家户中。不同年龄组成员在标准核心家户中的这一变动轨迹表现出其成员循着生命周期"演进"的特征。

这四个时期标准核心家户不同年龄组成员彼此之间的构成差异表现为:1990 年与 1982 年相比,0—4 岁组微降,这与该时期出生子女数量减少有关;5—45 岁组之间各年龄组为增长,其中 10—20 岁组增幅较大。未成年人和刚结婚及初育者主要以标准核心家户为生活单位。但 50—70 岁组为降低,他们多以直系家户为生活依托,当然也有可能在夫妇核心家户和单人户中生活的比例增加。2000 年与 1990 年相比,降低范围扩大,0—4 岁组增加,5—10 岁组减少,15—19 岁组增加,20—65 岁组均为减少。70—80 岁组增加,当然是低比例上的变动。2010 年与 2000 年相比,除 85 岁以上组外,标准核心家户构成出现全面萎缩,且降幅多超过 10%。

(2)农村。

图 2-2 显示,农村四个时期的标准核心家户成员年龄构成曲线也有两个峰值,在形式上有一定相似性,但较城市的相似度低。其中第一个峰值 1982 年、1990 年集中于 5—9 岁组,正值子女上小学的年龄;2000 年和 2010 年为 15—19 岁组,属于子女上初中和高中阶段。第二个峰值 1982 年、1990 年和 2000 年前三个时期为 35—39 岁组,2010 年为 40—44 岁组。不过,与城市相比,农村标准核心家户成员年龄分布曲线显得凌乱一些,这很大程度上是不同时期标准核心家户成员所形成的两个年龄峰值有差异所导致的。总体上,未成年子女和中年父母是农村这一家户的基本成员。

农村标准核心家户成员分布超过50%的年龄组四个时期不一，少年及以下者中，1982年和1990年15—19岁及以下组均在50%以上，2000年除0—4岁组外均在50%以上，2010年只有15—19岁组超过50%。中年阶段，1982年、1990年和2000年30—45岁组超过50%，2010年仅有35—39岁组、40—44岁组在50%以上。

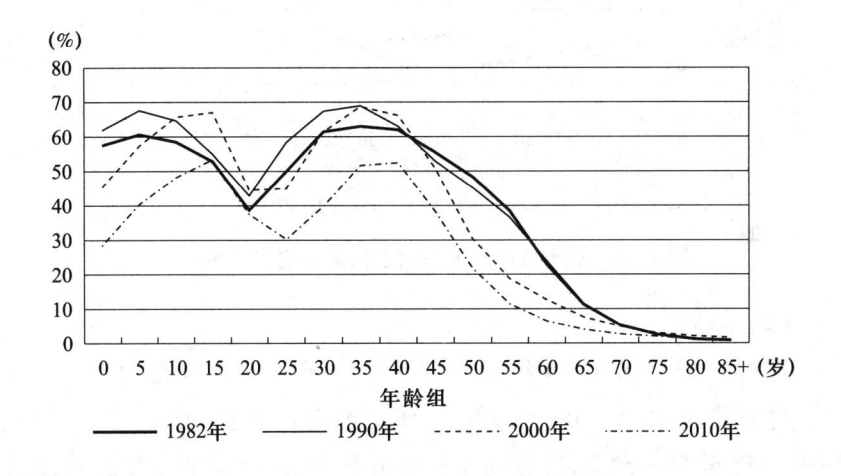

图2-2 农村四个时期标准核心家户成员年龄构成

2. 三代直系家户

（1）城市。

城市三代直系家户成员的年龄构成四个时期基本走向和升降变动有相似之处，因而显得比较规整，一致性较强。其特征是0—4岁和5—9岁组在分布曲线中上翘，25—29岁组出现波动，至50—54岁组开始持续上升，这是共性。对此走向，我们的解释是，婴幼儿、25岁上下正值初育阶段者和中老年人在三代直系家户中生活的比例相对较高。可见，城市三代直系家户是抚幼型和养老型并存的居住方式。

相对来说，1982年和1990年三代直系家户的养老型特征更为突出，表现为，70岁以上组老年人中，超过40%生活在其中，1982年75岁以上组老年人所占比例在50%上下。而2000年和2010年三代直系家户的抚幼型特征更为明显，2010年尤其如此。0—4岁组婴幼儿超过1/3生活其中，中老年人峰值在60—64岁组，同样超过1/3，形成低龄老年人照看孙子女的格局（见图2-3）。

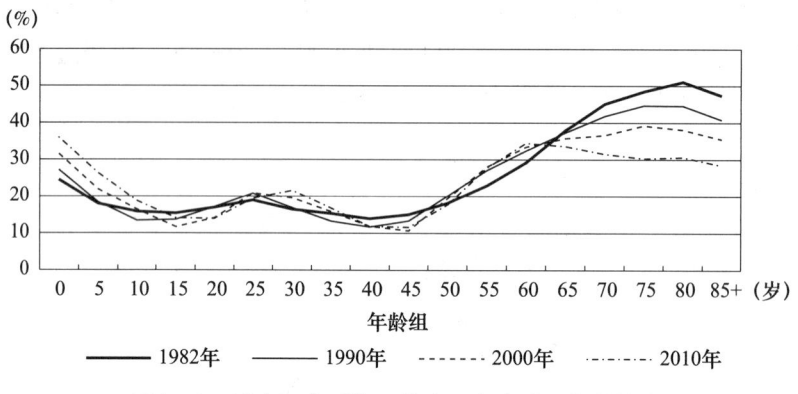

图2-3　城市四个时期三代直系家户成员年龄构成

（2）农村。

农村1982年和1990年三代直系家户成员年龄构成曲线基本重合，分布曲线中除了0—4岁组上翘（但占比不到30%）之外，从5—9岁组至50—54岁组变动平稳，其峰值在75—79岁组，均超过50%；此外70—74岁组也超过50%，表明这两个时期三代直系家户养老型比较突出。而2000年及之后的两个时期，幼童于其中生活的比例增大，其中2000年接近40%，2010年超过45%。25—29岁组于其中生活的比例较前两个时期增大，分别达到34.72%和42.75%。而80岁及以上高龄老年人在这一家户中则明显低于前两个时期，其中2010年80—84岁组为34.07%，85岁以上组为26.8%。这表明，农村已婚青年初育后与其婴、幼子女一起同中年和低龄老年父母组成三代直系家户增多，这属于以抚幼为主要功能的三代直系家户；以养老为主要功能的三代直系家户比例降低，那些不具有看护小孩能力的高龄老年人被从中挤出者增多，转入夫妇核心家户或单人户中，当然也有老年人主动选择独居方式生活（见图2-4）。

3. 夫妇核心家户

（1）城市。

与标准核心家户、三代直系家户成员中包含未婚者不同，夫妇核心家户成员均为已婚者。在我国的人口普查中，男女未婚同居所形成的二人户在普查登记中表述为户主和其他人所组成，一般难以识别出这个"其他"与户主的具体关系。因而，只有户主与配偶共同生活的家户才被视为夫妇核心家户。

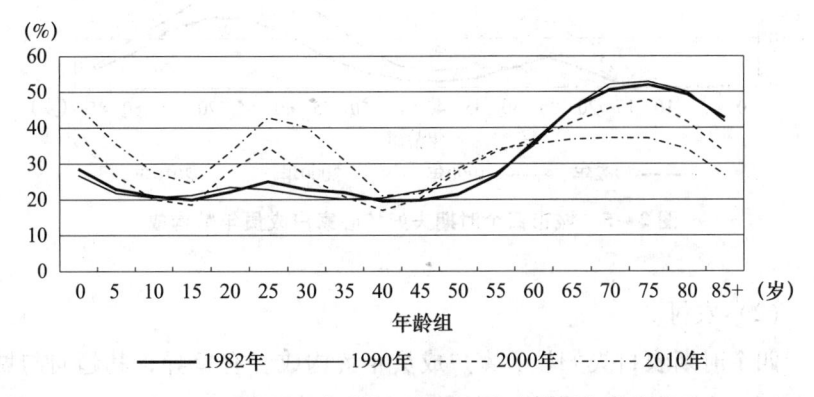

图 2-4　农村四个时期三代直系家户成员年龄构成

城市四个时期夫妇核心家户成员年龄分布曲线走向有相似之处，但不同时期的年龄曲线构成和所形成的年龄峰值差异较大。即随着时间推移，不同年龄组夫妇核心家户成员构成均呈逐渐提高之势。

1982年，夫妇核心家户成员占比超过10%的年龄组集中在60—64岁、65—69岁、70—74岁和75—79岁四个年龄组，最高比例或峰值为65—69岁组，占14.11%。1990年，占比达10%以上的年龄组增多，包括55—75岁5个年龄组，峰值为65—69岁组，占20.54%。2000年，占比超过10%的年龄组增加为25—29岁、45—49岁、50—54岁、55—59岁、60—64岁、65—69岁、70—74岁、75—79岁和80—84岁组，峰值在65—69岁组，为32.31%。另外，55—59岁、60—64岁、65—69岁和70—74岁组超过25%，中老年人（主要是低龄老年人）夫妇二人独居生活比例大幅度上升。而至2010年，若以占比10%来衡量，20岁以上组中只有85岁以上组没有达到标准（20—24岁组9.99%可被视为达标年龄组），其峰值组也在65—69岁组，占36.21%，这一年龄组超过1/3的城市低龄有配偶老年人以

"空巢"方式生活(见图2-5)。

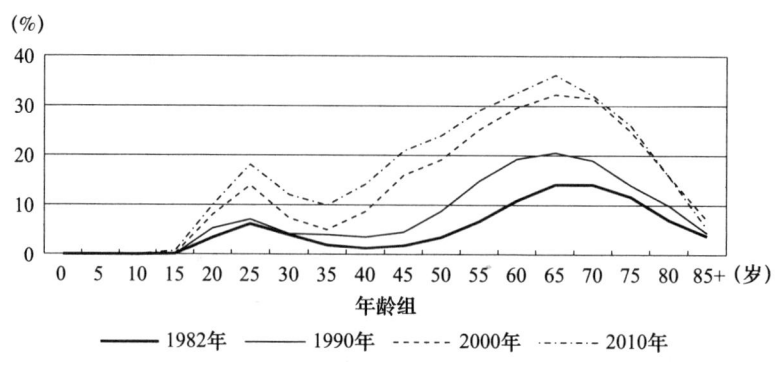

图 2-5　城市四个时期夫妇核心家户成员年龄构成

(2) 农村。

四个时期农村夫妇核心家户成员年龄构成各有差异,其趋向与城市相同,占比超过10%的年龄组逐渐增多。1982年与1990年相同,占比10%以上的年龄组集中于65—75岁组之间,峰值均在65—69岁年龄组,但比值不同,前者为15.25%,后者为19.36%。2000年高比例年龄组明显增加,45—80岁组之间的8个年龄组超过10%,超过20%的有55—59岁、60—64岁、65—69岁和70—74岁4个年龄组,峰值为65—69岁年龄组,达27.09%。2010年10%以上的年龄组与2000年相同,不过占比更高,超过20%的年龄组有50—54岁、55—59岁、60—64岁、65—69岁和70—74岁5个年龄组,其中60—64岁、65—69岁组超过30%。60—64岁组占30.89%,为峰值组(见图2-6)。

综上,城乡1982年以来均呈现出夫妇核心家户成员年龄组逐渐增加且占比逐渐提高的势头,至2000年65—69岁组及上下低龄老年人中有高比例者以夫妇核心家户为生存载体,2010年更有超过1/3(城市)或接近1/3(农村)的低龄老年人生活在"空巢"家户之中。

4. 单人户

(1) 城市。

就总体而言,城市单人户成员年龄分布在1982年和1990年这两个时期比较稳定,特别是在 50—54 岁组之前占比均比较低,表明城市中年以下者中单人户是比较低的。相对来说,低龄和高龄城市老年人单独生活比例较高,这应该与丧偶增多有关。需要指出的是,1990年单人户整体水平较 1982 年有所降低。这在前面的总体和分地区分析中已有体现。

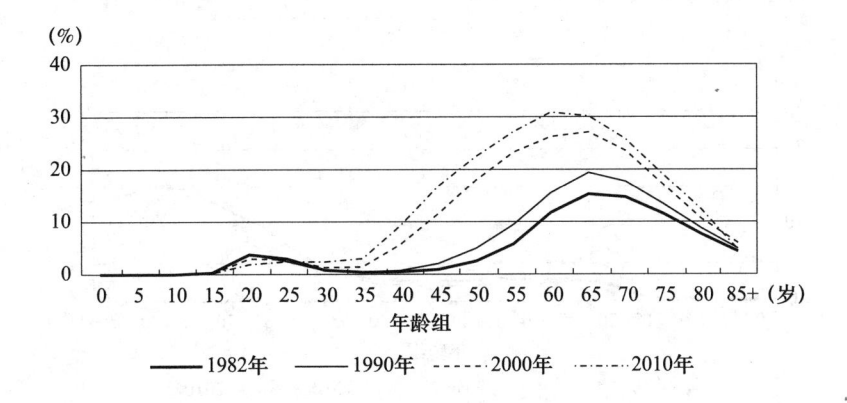

图 2-6 农村四个时期夫妇核心家户成员年龄构成

2000 年和 2010 年单人户年龄组分布共性较多,特别是两者在 20—24 岁组出现一个副峰值,分别为 6.96% 和 9.81%。2000 年 15 岁以上组单人户构成均高于 1990 年,至 2010 年较 2000 年进一步提升,它与两个时期当代城市青年晚婚增多,其中拥有住房者单独立户相对容易有关,而这背后都有社会转型时期人口在城城、乡城之间流动增多的因素在起作用;70 岁以上老年人超过 20% 生活在单人户中,明显高于之前的三个时期,这应该主要是由丧偶老年人所形成,它与城市老年人独居提高有关。其中既有主动独居者,也有被动单过者,如亲子异地居住比例升高,也在客观上降低了与子女同居共爨的可能性(见图 2-7)。

(2)农村。

农村四个时期单人户成员年龄构成与城市相比有更多共性,50—54 岁及以下组变动比较平稳,55—59 岁及以上组增减各有不同。值得注意的是,65 岁及以上组单人户并非随时间后移升高,1982 年高于其他三个时期。其基本轨迹是,1982 年最高,之后 1990 年和 2000 年降低,2010 年再次上升,但整体上没有达到 1982 年的程度,只有 75 岁组高于 1982 年。值得一提的是,2000 年和 2010 年农村单人户在 20—24 岁组没有出现副峰值,这与农村年轻人中的未婚者多与父母共同生活有关(见图 2-8)。

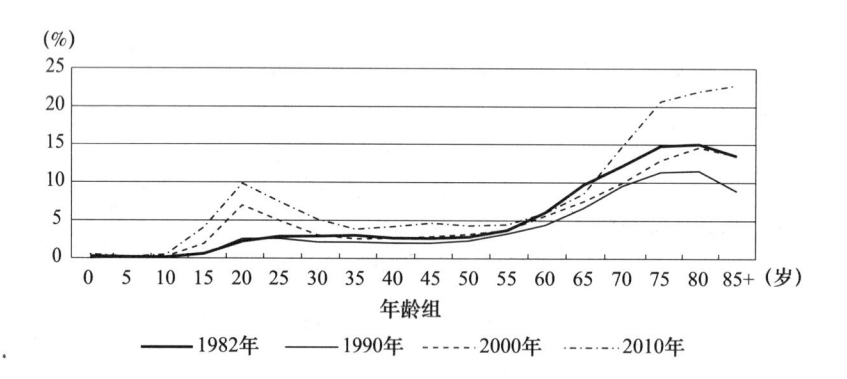

图 2-7 城市四个时期单人户成员年龄构成

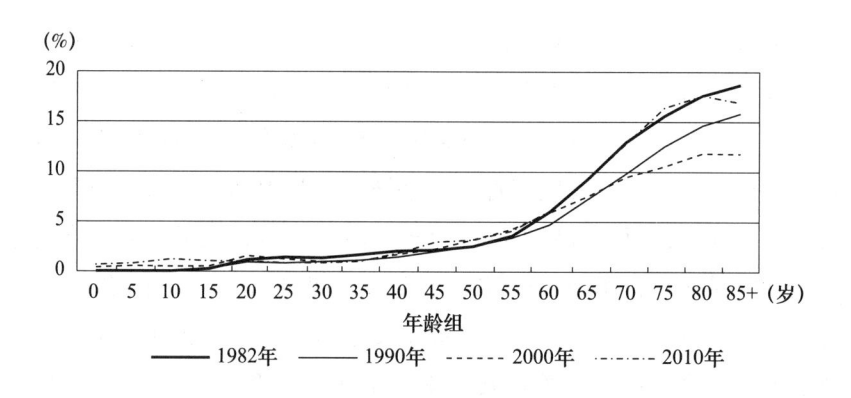

图 2-8 农村四个时期单人户成员年龄构成

综上,分城乡看,1982 年、1990 年、2000 年和 2010 年四个时期的标准核心家户、三代直系家户、夫妇核心家户和单人户既有趋向相同或相似的一面,也有存在差异的一面。相对来说,1982 年和 1990

年城乡四类家户之间的趋同性比较突出，这与当时家庭人口年龄结构、子女数量和老龄化水平尚未发生明显变化有关。而2000年和2010年，妇女总和生育率降低、独生或少子女家庭成为主导、老龄化水平提高、劳动力迁移流动就业增多等因素的作用均表现出来。只有从这些方面进行考察，才能对四种主要家户的变动做出符合实际的解释。

四　结语与讨论

我们认为，中国社会具有现代意义的初步转型发生在20世纪90年代中期以后。因而，1982年和1990年的家户结构是转型前或转型动力孕育的时期，2000年和2010年则表现出初步转型阶段的特征。这一状态下的民众居住方式表现出时期状态和特征。

（一）城乡家户结构总体变动

关于家户结构总体状态。我们发现，转型初期，城乡家户结构有不同的发展趋向。在城市，2000年后核心家户比例的降低与单人户扩大有直接关系，年轻人、老年人单独立户增加是其萎缩的主要原因；农村则是单人户和直系家户共同挤压的结果。我们将核心家户、直系家户和单人户三种基本家户（或一级家户）与二级家户（由核心家户、直系家户进一步细分出的家户）结合起来，揭示社会转型阶段城乡家户的新变动和特征。研究发现，城乡核心家户内部标准核心家户缩小很大程度上是夫妇核心家户扩大所导致的，这一点城市更为明显，其背后都有育龄妇女生育子女数量减少、夫妇"空巢"提前的因素在起作用。

1. 基本家户结构变动

1982年至1990年城乡核心家户和直系家户等主要家户类型表现出较强的稳定性，但家户核心化的趋向依然保持着，核心家户比例达到最高点。从20世纪90年代中期至2000年、2010年，中国进入稳定的低生育阶段，人口迁移流动加速，逐渐进入老龄化社会。社会转型因素对家户结构的影响充分表现出来。不过这一时期城乡家户结构出现了分流。2000年城市核心家户仍维持在与1990年基本相同的高水平，而直系家户进一步减少。比较明显的变化发生在农村，其核心家户下降、直系家户上升。农村在社会变革和转型之下，家户变动出现逆核心化现象。

2. 二级家户类型变动

1982年至2010年，二级家户类型下城乡家户结构变动的特征更加突出，时期轨迹也更为显著。城乡核心家户的减少是由标准核心家户缩小、夫妇核心家户扩大所导致，这一点城市更为明显，其背后都有育龄妇女生育子女数量减少的因素在起作用。从三代直系家户的变动轨迹看，城市和农村子女数量减少的因素对其影响的结果却有不同。农村独子婚后多将与父母同居的格局保持下去，而城市独生子女成年、婚配没有推动亲子代同居共爨居住方式的增长。这是城乡民众在社会转型时期家庭功能和婚配方式的差异所导致的。

（二）地区家户结构状态和变动比较

四个时期的主要家户状态和变动在省级单位之间既有趋向相对一致和接近的一面，也有高低水平具有较大差异的一面。整体看，城市高比例的三代直系家户相对集中于南方地区；标准核心家户、夫妇核心家户高比例地区则以北方地区居多；单人户区域特征并不十分突出，2000年之后，大城市和南方沿海地区相对较高。多数地区农村四个时期标准核心家户比例于1990年达到最高水平，然后连续降低。与1990年相比，2010年农村地区三代及以上直系家户在东南和南方沿海地区与北方和中西部地区之间出现不同趋向，前者为降低，后者为增长，总体上增长地区超过降低地区，多代家户的区域分野显现出来。各地农村夫妇核心家户2000年和2010年两个时期均处于高速增长时期，这种变动是农村家庭小型化趋向增强的表现。单人户1990年以来多表现上升。若将2010年和1990年数据进行比较，夫妇核心家户和单人户增幅较大地区的区域集中度不高，即各个区域均有增幅较大的地区，而非相对集中于某个区域内。

(三) 主要家户成员年龄构成特征

四个时期不同年龄组家户成员在标准核心家户、三代直系家户、夫妇核心家户和单人户中的构成表明，1982年和1990年城乡四类家户之间的趋同性比较突出，这与当时家庭人口年龄结构、子女数量和老龄化水平尚未发生明显变化有关。而2000年和2010年，妇女总和生育率降低、独生或少子女家庭成为主导、老龄化水平提高、劳动力迁移流动就业增多等因素的作用均表现出来。

第三章　夫妇生命历程视角的家户结构及其变动

中国当代的社会转型与人口转变密切相关。20世纪70年代初期以来政府推行的计划生育政策对民众的生育行为影响逐渐增强，1980年进一步转化为独生子女政策，由此形成了前所未有的生育控制机制。在这一环境下，民众的多育意愿和行为发生深刻改变。90年代之后低生育率水平逐渐形成并得到维系，新增人口大幅度降低，人口预期寿命提高，我国的人口年龄结构发生前所未有的变化，2000年进入人口老龄化社会。那么，这一人口转变背景之下，中国民众的居住方式有什么变化？在此我们想从夫妇生命历程视角进行考察。夫妇生命历程指男女缔结婚姻之后所经历的主要生命阶段。夫妇生育子女数量和子女成年、自己年老后的居住方式是夫妇生命历程研究的重要内容。我们的分析思路是，以家庭为载体和依托，以夫妇生命历程事件为主干，以其子女的存在形式为分支，揭示夫妇在不同生命阶段所生活家庭的形态。本章将以1982年以来的四次人口普查数据为基础，通过对城乡各次普查中不同年龄组家户人口的居住方式变动，从社会转型视角认识民众的家庭、家户结构，并对代际关系状况有所揭示。

一　研究说明

（一）夫妇生命历程与家庭生命周期的异同

家庭生命周期是兴起于西方家庭研究学者中的一种分析范式。根据这一范式，夫妇结婚、组成生活单位为家庭建立之始；夫妇生育并抚养子女，共同生活成员增多为家庭的扩展，若生育两个及以上的子女则会形成扩展过程，并维系一段时间；子女成人后以不同形式（出外上学、就业和结婚分家等）逐渐离开父母则为家庭的收缩阶段；子女全部离家后只有夫妇生活一起，家庭进入"空巢"状态；夫妇一方去世被视为家庭的解体，另一方去世，则该家庭走完了自己的过程，或者完成了一个周期（Circle）①。家庭生命周期理论和分析方法的局限性为学者所诟病。突出的问题是，它建立在夫妇婚后即独立生活基础上，或者说它以核心家庭作为周期的始点和过程；不适合存在较高比例直系家庭及其他较复杂家庭形式的国家或地区。同时它忽略了夫妇离婚或夫妇在孩子成年之前一方去世的可能性。一些学者主张用一个能包容更多内容的新概念"家庭生命历程"（family life course）来取代比较狭窄的"家庭生命周期"。它应包括核心家庭、扩大家庭、离婚与丧偶形成的单亲家庭，以及无孩家庭等多种现实生活中存在的家庭生活形式②。

鉴于家庭生命周期方法在家庭研究中的缺陷，笔者尝试引入夫妇生命历程方法。夫妇生命历程是以夫妇主要生命事件为节点来反映夫妇在不同阶段的生存载体和特征，生命事件可被视为夫妇生命历程的一个阶段。具体来说，它以家庭为载体和依托，以夫妇生命历程事件（夫妇结婚、生育、配偶死亡）为主干，以其子女的存在状态和成人后是否独立生活为分支，揭示夫妇在不同生命阶段所生活家庭的形态。

夫妇生命历程研究与家庭生命周期研究的最大不同是，它将夫妇实际生活的家庭视为一个载体，而不强调它是夫妇结婚所形成的一个独立的生活单位。这个载体可能由夫妇婚后独立建立，也可能是父母（公婆）所建立，夫妇继续依托这个载体生活。同样，夫妇在生育子女之后，也可能会组成独立生活单位，也可能为了获得父母（公婆）的帮助，与其组成多代同居共爨单位。然在子女长大且婚配、夫妇年

---

① 王跃生：《当代农村家庭生命周期变动分析——以河北三县区农村调查为基础》，中国社会科学出版社2016年版，第1页。
② 曾毅：《一门十分活跃的人口学分支学科——家庭人口学》，《中国人口科学》1988年第6期。

老之后,他们也有两种选择——独立居住、与已婚子女共同生活,至丧偶之后也是如此。夫妇生命历程视角将夫妇与上一代、下一代居住方式的关系呈现出来,而家庭生命周期在一定程度上将与上一代的居住关系进行"切割",只关注与下一代——自己的子女关系。这或许也与西方人对家庭的定义有关,将家庭(family)成员限定在夫妇和子女(实际是未婚子女)范围内。当家庭普遍核心化后(每一代结婚成员均从上一代家中独立出来),分析这样的家庭周期有其价值,若一个社会中有较高比例的直系家庭存在,或者虽然核心家庭占较大比例,但刚结婚者仍要同父母同住一段时间、老年父母仍有较高比例者与一个已婚子女生活,就会遇到家庭"周期"划分的难题。

夫妇生命历程视角的居住方式研究,主要观察和分析夫妇在初婚、生育、子女抚育、子女长大婚配、配偶死亡等主要生命事件发生及其相近的时间内所生活家庭的类型。夫妇是观察的主线,同时它也能对夫妇与上代和下代的居住关系有所反映。

相对于家庭生命周期这种聚焦"个体家庭"或单个核心家庭的研究,夫妇生命历程阶段家庭结构分析更能体现夫妇生命载体的变动,特别是时代变革、社会转型下的变动。中国当代家庭结构变动的核心问题体现为不同代际的亲子之间居住方式的变化,这种居住方式变化往往包含着多重意义:亲子分爨增多与已婚子代独立生活愿望增强、亲代控制家庭资源能力下降并认可子代的分家要求有关,20 世纪 60 年代以来的城乡核心家庭的成长与此有很大关系。而在社会转型时期,亲代和成年子代异地居住增加,亲子同居共爨的客观条件受到限制。另外,社会惯习有的弱化了,有的仍在起作用,子女数量和性别对亲子居住方式的影响有所表现。总之,这些变动均有深刻的社会变革和转型的作用。由此,从夫妇生命历程视角去分析民众居住方式具有较强的学理意义。

我们可将两者的相异和相同之处进行以下概括:

两者的最大不同是:家庭生命周期理论将夫妇及其未成年子女视为一体,在家庭形态上对其他成员具有忽视表现;夫妇生命历程则以实际家户类型分析为认识基础,更能揭示夫妇在不同阶段所居住家庭形态的多样性。

两者的共同点：夫妇生命历程中的生命事件与家庭生命周期的阶段在形式上具有一致性。当不同代际成员均以核心家户为基本生活单位时，两者则具有重合性。

(二) 相关研究综述

已有与夫妇生命历程和家户形态有关的研究有两个着眼点，一是借用家庭生命周期理论对中国家庭生命周期进行分析。其可称道之处是测度家庭生命周期的时长。杜鹏以1982年全国1‰生育率抽样调查资料为基础，将家庭生命周期划分为家庭形成、扩展、扩展完成、收缩、空巢和解体六个阶段，进而对1981年中国城乡家庭生命总长度和各主要阶段分长度进行测定。这是一项有益探索，当然，他也承认，其研究是建立在一系列假定基础上①。田丰以1982年、1990年和2000年三次普查数据以及1982年、1992年和2001年生育率调查数据为基础，对家庭的形成、扩展和扩展完成、收缩和收缩完成、解体等设立专题进行分析，并测定各阶段长度。他将男女初婚年龄作为家庭的形成阶段，并不符合家庭实际②。

二是对家庭生命周期的某一阶段进行考察。比如初婚时期、夫妇"空巢"研究受到重视。美国学者巴博德（Burton Pasternak）20世纪80年代初对天津城区居民的一项调查显示：婚后即组成新家庭的比例1966—1975年占70.8%，1976年以来为57.3%③。1993年沈崇麟、杨善华组织的七城市（北京、上海、成都、南京、广州、兰州和哈尔滨）调查结果表明，婚后独立居住者占45.95%，夫妇两地分居的占4.83%，两类合计为50.78%④。这是基于大城市新婚夫妇分居住方式的研究。对夫妇"空巢"的实证研究中，有代表意义的是于景元等

---

① 杜鹏：《中国城乡家庭生命周期的初步分析》，《中国人口科学》1990年第4期。
② 田丰：《当代中国家庭生命周期》，社会科学文献出版社2011年版。
③ 巴博德：《中国天津红天里的婚姻与生育》，乔健主编：《中国家庭及其变迁》，香港中文大学社会科学院暨香港亚太研究所，1991年，第104页。
④ 沈崇麟、杨善华主编：《当代中国城市家庭研究》，中国社会科学出版社1995年版，第390页。

1992年的一项基于在全国6省所做的"家庭生命循环调查"。他们发现，从居住模式上看，65岁及以上老人在核心家庭生活占46.0%（其中一代核心家庭占30.5%，二代核心家庭占15.5%），75岁以上老人在核心家庭生活占40.3%（其中一代核心家庭占39%）①。这里的一代家庭应该是指单人家庭和夫妇家庭。风笑天对独生子女父母空巢期进行过专项研究。他通过对12个不同区域、不同类型、不同规模、不同社会经济发达程度的城市1245名在职青年社会调查得知：目前处于空巢期的城市第一代独生子女父母的比例大约为36%，独生子女父母在48岁左右进入空巢期，空巢期平均为23年左右；独生子女父母空巢期开始的平均时间比人们预计得要晚，空巢期持续的平均时间比人们预计得要短；特别是，他们的空巢期与同龄非独生子女父母的空巢期之间的长短差别也没有现有研究所预言的10年那么多，二者相差只有3年左右②。

基于夫妇生命历程这一视角的研究相对较少。笔者2008年曾组织河北三县农村60岁以上老年人问卷调查，形成夫妇不同生命阶段的数据库。研究发现，80岁及以上组、70岁组和60岁组生命历程事件完整的受访者初婚时多保持着"从父居"习惯，由此形成高比例的直系家庭；婚后至第一个孩子出生，与父母分爨现象出现，因而核心家庭增幅最大，然独立生活还不普遍；第二个子女出生后受访者所生活的家庭类型发生根本转折，核心家庭成为主导；末胎生育时，核心家庭达到峰值状态，上述三个年龄组在核心家庭生活者接近或超过70%；第一个子女结婚时，多婚姻单位（以直系家庭为主）再次上升，但核心家庭仍是最大类型家庭；第二个子女结婚时，各年龄组核心家庭和直系家庭所占比例互有高低；最后一个子女结婚时，多婚姻单位家庭重又形成峰值，处于空巢状态者不足30%。经历完整生命历程事件（子女均已婚配且丧偶）的老年人从初婚至丧偶，其所生活的

---

① 于景元、袁建华、何林：《中国农村养老模式研究》，《中国人口科学》1992年第1期。
② 风笑天：《独生子女父母的空巢期：何时开始？会有多长？》，《社会科学》2009年第1期。

家庭约 90% 发生类型转化；至末子女结婚时，发生转化的比例有所降低，却仍占 80% 左右。有 14% 的受访者一直生活在多婚姻单位家庭。本项调查还对因结婚时期差异而形成的"空巢"特征有所揭示。20 世纪 50 年代中期之前结婚者，较多地沿袭了传统时代的早婚和多育习惯，因此家庭扩展所需时间较长。相应地，所有子女结婚离家时，父母则已进入老年，老而"空巢"的特征比较突出。1956 年以后至 1965 年结婚者，早婚率降低；其多育行为在 20 世纪 70 年代受到抑制，但他们已生育了理想数量的子女，有 3 个子女的比例最高；父母 55 岁左右时，子女多已婚配；至所有子女完婚并离开家庭，父母年龄接近 60 岁，表现为在低龄老年阶段进入"空巢"状态。1966 年以后，特别是 70 年代初期进入婚龄者，在晚婚政策约束下不得不延迟结婚；与此同时，生育控制政策在很大程度上矫正了调查地区民众的多育观念，少育成为主流，家庭扩展的时间缩短，相应地其家庭收缩过程也变得短促。父母中年时子女多已婚配，"空巢"期由此将提前。而 80 年代初期结婚的夫妇，在独生子女政策未被严格推行的农村环境中，生育 2 个子女占多数，子女均婚时他们的平均年龄尚不足 50 岁，中年"空巢"现象更为普遍。[①] 当然，这项调查只是对特定区域农村夫妇不同生命历程阶段居住方式的呈现。要对全国状况有所认识，还需进行更多调查。

总的来说，将夫妇主要生命阶段居住方式结合起来的实证研究比较少，原因是这项研究有较大难度。通过小型调查虽可获得所需分析信息，但对全国总体状况的揭示意义有限。

（三）本项研究的数据和方法

1. 数据

本项研究以 1982 年和 1990 年为人口普查 1% 抽样数据库数据，2000 年为人口普查长表 1% 抽样数据库数据，2010 年为国务院人口普

---

① 王跃生：《家庭生命周期、夫妇生命历程与家庭结构变动——以河北农村调查数据为基础的分析》，《社会科学战线》2011 年第 6 期；王跃生：《当代农村家庭生命周期变动分析——以河北三县区农村调查为基础》，中国社会科学出版社 2016 年版，第 190—191 页。

查办提供的人口普查长表1%抽样Excel表格数据为基础。与前三个数据库相比,2010年长表1%抽样Excel表格数据使分析受到一定限制。由于人口普查以家庭户为对象,故本章所涉夫妇生活单位以"家户"称之。

2. 研究方法

严格来讲,人口普查数据并没有提供节点明确和完整的生命周期事件数据,更没有对不同节点民众的居住方式加以呈现的数据。然而,它有完整的人口年龄结构数据,其中多数人口隶属于不同家庭户。在对家庭户类型进行识别的基础上,不同年龄结构家庭人口所生活的家庭户类型即可得到。

我们若在此基础上对夫妇结婚年龄和初育年龄有所把握,那么将会对夫妇初婚和初育阶段的家庭户类型有基本认识;如对各个时期民众的生育数量有一定掌握,则可对夫妇抚育子女阶段有大致认识进而分析,子女逐渐成年时夫妇生活单位有何种变化,进入老年丧偶后其居住单位有哪些特征。

也应看到,由于人口普查数据信息相对简单,特别是只有育龄妇女的生育和存活子女数量信息,或者延长至64岁,65岁及以上妇女曾生子女数量信息付之阙如。因而,我们难以揭示出存活子女数量、性别等与老年人居住方式的关系。另外,家庭生命周期研究所需重要节点信息如初婚、初育时间、子女离家时间等也缺乏,只能通过间接方式来把握。

那么,同一普查年份的数据能否用来分析和认识不同年龄组已婚者各生命阶段所居住的家户类型及其变化?如前所述,真实的同批人多生命阶段居住方式分析建立在回溯调查的基础上。人口普查数据本质上是年度人口数据,理论上它不能被用作对同批人连续性生命阶段及其居住方式的分析。但应看到,同一时期不同年龄组已婚者的居住方式可与生命事件建立起联系,初婚、初育等生命阶段既可作为同一批人的连续性事件,也可作为非同批人所经历的事件,而不同时期人群在相同生命事件或阶段的居住方式是可以比较的。本项研究对四次人口普查已婚者居住方式的研究正是建立在这一原则基础之上。或许有人会问，这与常用的年龄组分析有何不同？本项研究不是泛泛分析不同年龄组人群的居住方式，而是将年龄组与相应群体的生命阶段"节点"事件（初婚年龄、初育年龄等）结合起来，由此透视年龄背后的生命阶段"事件"对居住方式的影响。这一方法可谓是对同期群生命历程分析之"虚"（拟）与同批人生命历程回溯研究之"实"（际）的折中考察，"虚"中有"实"，"实"中有"虚"。在利用大型数据考察已婚者不同生命阶段居住方式时，这不失为一种有价值的方法。

应该承认，现有普查数据中已婚者生命阶段信息并不完整，故本章只能选取其中主要生命阶段进行分析。如：夫妇初婚、妇女初育、主要养育子女阶段（相当于所有子女出生后）、"空巢峰值"出现年龄段、高比例丧偶年龄段等。笔者认为，这些阶段不仅能显示不同年龄已婚者的居住偏好，而且借此可认识其在特定阶段家户生活中与直系、旁系近亲成员之间日常互助行为强弱变动及原因。

3. 研究意义

我们认为，将1982年以来的四次人口普查数据结合起来进行考察，可对当代社会转型、人口转变之下夫妇在不同时期所生活的家庭户类型有直观认识，借此对不同时期民众的居住偏好有所把握，进而丰富家庭生命周期理论，增强对中国家庭、家户变动状态和特征的解释力。

需要说明的是，由于四次人口普查中的调查项目并非完全一致，特别是未得到第六次人口普查长表1%抽样数据库，已婚者一些生命阶段的时期数据并不齐全。在我们看来，利用现有数据将已婚者主要生命阶段所居住家户及其变动加以揭示也是有意义的。

二 夫妇生命历程与家户结构关系的一般认识

夫妇生命历程以不同年龄组已婚家户成员为考察对象，分析其在婚姻缔结之后，经历初育、子女抚养、子女成年和自己年老及丧偶等主要生命阶段时的居住方式。

为了对中国当代夫妇生命历程有一个直观认识，这里我们将对1982年、1990年、2000年和2010年不同年龄组家户成员在夫妇核心家户、标准核心家户、三代直系家户、二代直系家户和单人户五类主要家户类型中的构成分布做一观察（见图3-1至图3-4）。

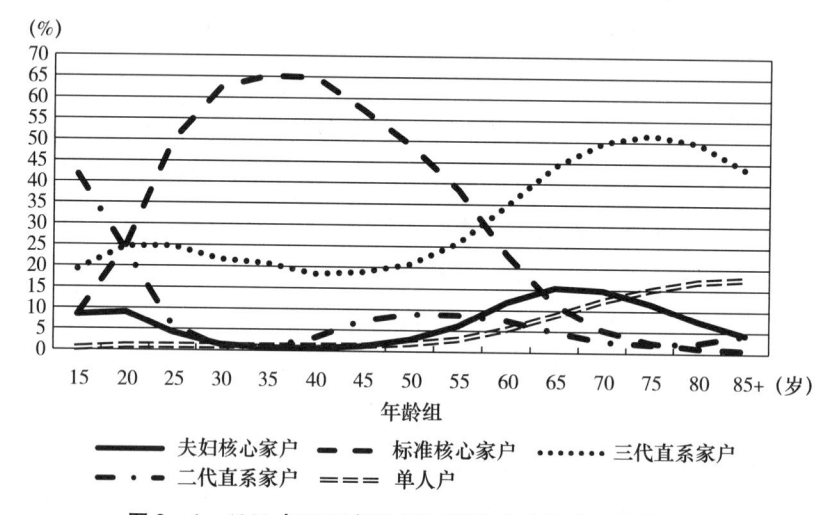

图3-1　1982年不同年龄组已婚家户成员主要居住方式

资料来源：同表2-1，本章以下图、表资料来源同此。

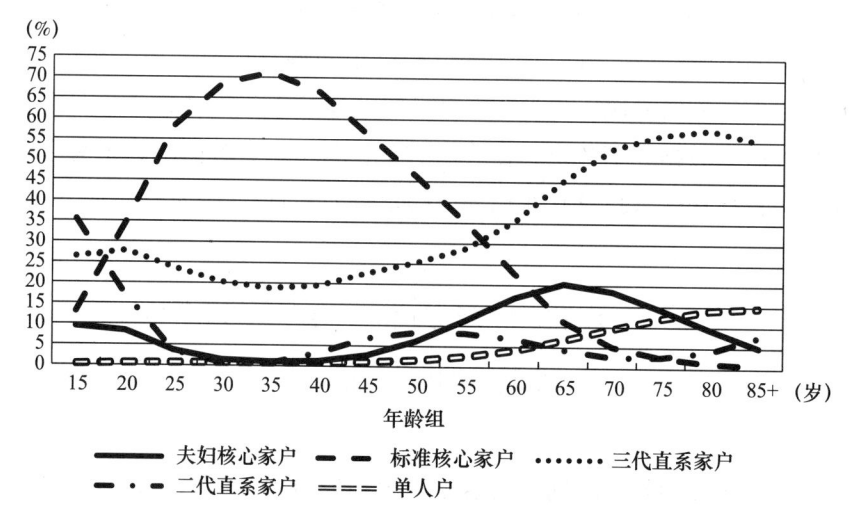

图3-2　1990年不同年龄组已婚家户成员主要居住方式

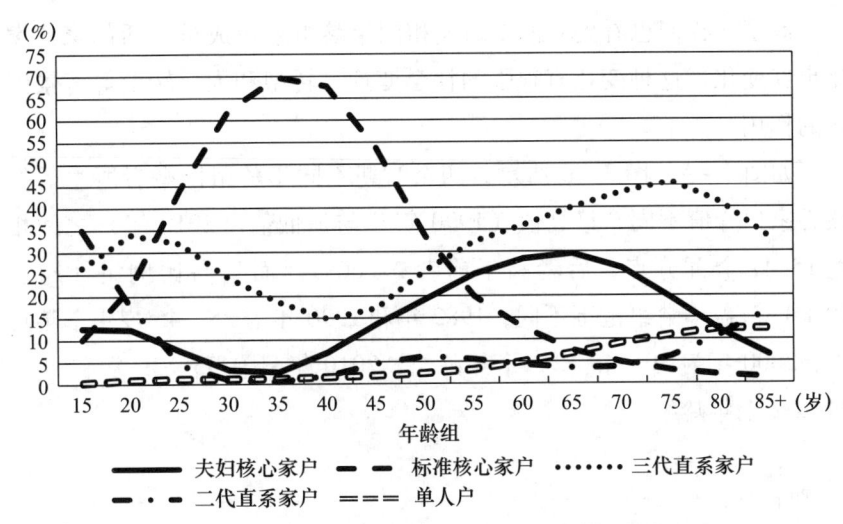

图 3-3　2000 年不同年龄组已婚家户成员主要居住方式

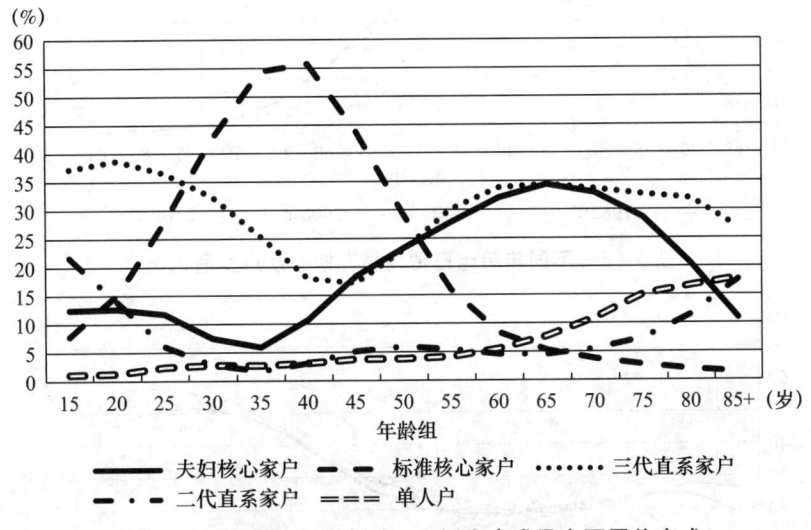

图 3-4　2010 年不同年龄组已婚家户成员主要居住方式

我们看到，四个时期不同年龄组已婚家户成员居住方式有一些共同表现，初婚者生活在二代直系家户中比例较高，初育者中三代直系家户占比较大，中年人则以标准核心家户为主，至中老年阶段夫妇核心家户和三代直系家户均上升，而高龄阶段三代直系家户维持在一定水平，同时单人户在上升。

但是，我们也看到，四个时期相同年龄组家户成员生活的家户类型也在变化，这种变化有很强的社会变迁、转型和人口转变等背景因素的作用。

如图 3-5、图 3-6 所示，四个时期不同年龄组已婚者所生活的核心家户峰值不同，最高值（1990 年）与最低值（2010 年）之间相差 15.41 个百分点，后者高于前者 27.66%。而且高比例组（超过50%）覆盖年龄组范围不同，1982 年和 1990 年为 25—45 岁 4 个年龄组，2000 年为 30—45 岁 3 个年龄组，2010 年只有 35—39 岁和 40—44 岁 2 个年龄组。

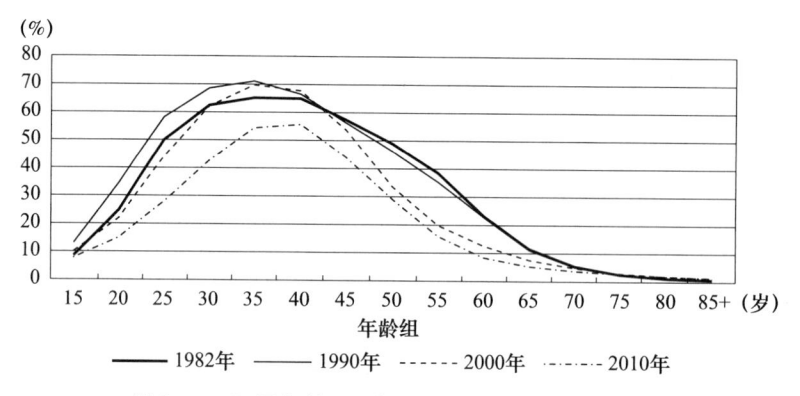

图 3-5　不同年龄组已婚成员在核心家户生活比例

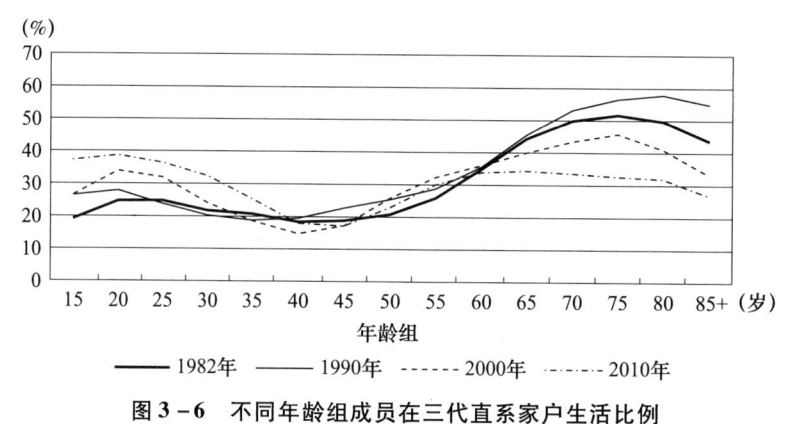

图 3-6　不同年龄组成员在三代直系家户生活比例

三代直系家户的时期差异表现为，在初婚、初育阶段和老年时期差异较大，初婚、初育时，以 20—24 岁组为例，2010 年与 1982 年相差 13.98 个百分点，前者高于后者 56.69%。至老年阶段，1982 年、1990 年的峰值分别在 75—79 岁组和 80—84 岁组，分别为 51.75% 和 57.90%；2000 年和 2010 年峰值在 75—79 岁组和 65—69 岁组，分别为 45.77% 和 34.37%。

需要指出，以上初步比较分析是基于总体数据，若分城乡考察将会更为显著。而要揭示其中的原因则需要进行更为细致的探究。

三 初婚和初育时居住方式及其认识视角

初婚是夫妇关系形成的标志，一定程度上也是家庭建立的始点。此处所以加上"一定程度"这一限定，是因为中国民众结婚之初新婚夫妇的居住方式有很强的时期差异。传统社会，刚结婚者尚未被赋予支配家庭财产的权利，家庭事务由父母掌管。在多子家庭，已婚者独立生活往往要经过"分家"这一环节，获得基本生产、生活资料后才能实现。因此，绝大多数人初婚后要与父母共同生活一段时间。独子家庭往往将这种居制维系下去，多子家庭或者所有儿子均婚后一起分出。这种情形在 20 世纪 70 年代之后逐渐发生改变，结婚即分开生活的情形增多，多子家庭往往采用结一个、分一个的做法。当然，实际情形可能更为多样，儿女之间有不同。可以说，中国当代社会变革之前，夫妇关系形成之初，新婚者多未建立独立的家庭单位。相对于初婚，初育理论上是完整家庭（既有夫妇关系成员又有亲子关系成员）的建立。在中国当代，虽然初婚时仍有较高比例的儿子同父母同住一段时间，但多子家庭儿媳初育之后往往会出现与父母分爨、单独生活的高潮。对此，以往已有不少小型调查涉及。那么，在社会转型时期，全国城乡总体状况如何？这里尝试进行分析。

（一）初婚、初育相对集中年龄组

弄清新婚夫妇相对集中的结婚年龄，有助于我们确定将人口普查数据中哪些年龄组作为初婚者居住方式的观察组，进而认识初婚时夫妇结婚年龄对夫妇分居住方式具有的影响。传统时代，初婚年龄整体较现代低，其中18岁以下者所占比例较高①。新中国成立以后法定婚龄提高，并且建立了相对严格的婚姻登记制度；20世纪70年代初期政府全面推行晚婚政策，由此推动中国男女初婚年龄上升。至80年代初期之后，新《婚姻法》实行，晚婚政策的约束力降低。这些都会对男女初婚年龄产生作用，并影响其居住方式。因而，我们要确定20世纪80年代的男女初婚相对集中的年龄组，首先需对这期间男女平均初婚年龄及其变动有所认识。

2000年"五普"和2010年"六普"长表数据提供了已婚者的结婚时间信息（见表3-1）。

表3-1　　　　　1982—2010年城乡男女初婚年龄　　　　单位：岁

年份	城市		农村	
	男	女	男	女
1982	25.71	23.81	24.01	21.57
1983	25.66	23.64	23.68	21.30
1984	25.23	23.33	23.35	21.29
1985	25.12	23.13	23.40	21.36
1986	24.87	23.07	23.20	21.42
1987	24.87	23.20	23.11	21.38
1988	24.83	23.21	23.11	21.43
1989	24.87	23.17	23.10	21.46
1990	25.07	23.13	23.33	21.53
1991	25.11	23.28	23.13	21.59
1992	25.29	23.41	23.18	21.60
1993	25.37	23.47	23.13	21.63
1994	25.53	23.69	23.35	21.81
1995	25.84	23.82	23.51	21.97

---

① 根据我们对18世纪个案的汇总研究，女性多在17岁上下婚配；男性则存在贫富和地区之别，家境好者多在20岁之前婚配，经济条件较差家庭则会延迟至二十三四岁，甚至更大。参见王跃生《十八世纪中国婚姻家庭研究——建立在1781—1791年个案基础上的分析》，法律出版社2000年版，第52页。

续表

年份	城市		农村	
	男	女	男	女
1996	25.97	24.06	23.69	22.12
1997	26.26	24.34	23.97	22.37
1998	26.38	24.42	24.09	22.48
1999	26.46	24.47	24.30	22.63
2000	26.84	24.73	24.36	22.50
2001	26.16	24.15	24.45	22.41
2002	26.31	24.26	24.48	22.40
2003	26.52	24.44	24.55	22.47
2004	26.63	24.56	24.58	22.47
2005	26.76	24.72	24.70	22.54
2006	26.99	24.93	24.62	22.49
2007	27.02	24.97	24.61	22.49
2008	27.07	25.09	24.63	22.56
2009	27.00	25.11	24.58	22.61
2010	26.92	25.07	24.79	22.77

注：城市和农村1990年前初婚年龄数据基于2000年人口普查长表数据计算得到。城市和农村1990年之后初始年龄数据来自2010年第六次人口普查长表数据。

资料来源：国家统计局网站，第六次人口普查数据（第二部分）：5-4a 全国分初婚年龄、性别、初婚年份的人口（城市），5-4c 全国分初婚年龄、性别、初婚年份的人口（乡村）。http://www.stats.gov.cn/tjsj/pcsj/rkpc/6rp/indexch.htm，2015年3月16日。

就平均水平而言，1982年至2010年间男女平均初婚年龄均超过了法定婚龄，甚至达到并超过20世纪70年代政府所提倡的男25岁、女23岁结婚的晚婚标准。具体来看，城乡20世纪80年代初期男女初婚年龄相对较高，这应该是晚婚惯性或之前政策影响的余绪尚存所导致，之后新《婚姻法》的作用表现出来，平均初婚年龄出现下行局面；1988年前后为低谷阶段，然后又开始回升，但城乡变动幅度有别。至1996年城市女性平均初婚年龄超过24岁，1997年男性超过26岁。这以后城市男性维持在26—27岁，女性则在25岁上下。农村男性在1999年达到新高度,为24.3岁,这以后维系在24.5岁上下;女性在1996年达到22岁,之后维持在22.5岁上下。整体看20世纪90年代中期之后,城乡男女平均初婚年龄差距扩大,保持在2岁上下。同时也应看到,无论城乡,各个时期女性平均初婚年龄相对集中于20—24岁年龄组;男性集中于25岁上下组,实际跨20—24岁和25—29岁两个年龄组。若由此延伸至初育阶段,那么,这两个年龄组将是城乡男女初育发生比例较高的年龄组。下面我们将这两个年龄组作为观察对象,分析不同时期年轻人初婚、初育时的居住方式和特征。

1. 城市初婚、初育集中年龄组的家户类型

(1) 核心家户。

数据显示,城市20—24岁组年轻人中的核心家户比例呈现逐渐上升之势,由1982年的42.92%增至2010年的58.03%,提高15.11个百分点,增长35.21%,即由不足43%提高至接近60%。进一步看,其变动主要表现为夫妇核心家户增幅较大,由13.09%增长为33.13%,亦即2010年20—24岁组初婚夫妇二人生活比例接近1/3。这是夫妇婚后独立生活提高所致,而标准核心家户表现为先上升后下降,1982年至1990年为上升,之后为下降(见表3-2)。

表3-2 城市不同时期初婚、初育者所生活的家户类型   单位:%

年份	年龄组(岁)	核心家户	其中:夫妇核心家户	标准核心家户	其他核心家户	直系家户	其中:三代及以上直系家户	二代直系家户	复合家户	单人户	其他家户
1982	20—24	42.92	13.09	19.21	10.62	44.93	19.28	24.73	9.03	2.06	1.07
	25—29	62.26	7.76	42.58	11.92	27.96	19.92	7.31	6.43	2.36	1.00
1990	20—24	49.91	18.58	24.54	6.79	38.80	20.23	17.73	8.88	1.84	0.58
	25—29	62.02	8.58	45.53	7.91	28.30	22.03	5.58	7.38	1.73	0.57
2000	20—24	56.80	27.98	20.04	8.78	35.92	21.69	13.82	4.24	2.08	0.97
	25—29	64.77	17.45	40.16	7.16	28.81	23.57	4.87	3.54	2.17	0.70
2010	20—24	58.03	33.13	17.27	7.63	35.17	22.47	12.42	2.67	3.13	0.99
	25—29	62.61	25.52	28.84	8.25	29.94	23.10	6.56	1.92	4.46	1.08

值得注意的是，25—29岁组的核心家户变动不大，或者说比较稳定，1982年为62.26%，2010年为62.61%，仅有0.35个百分点的变动，提高0.56%。进一步看，只有2000年高于1982年2.51个百分点，提升4.03%。总之，核心家户是这四个时期25—29岁组的主要家户类型。但核心家户内部各二级家户的类型却有时期变动差异，标准核心家户1982年、1990年和2000年均超过40%，可谓主要类型，表明这一年龄组核心家户的夫妇多已生育，他们与年幼子女共同生活成为主体。至2010年，标准核心家户明显下降，不及30%。另外，25—29岁组中的夫妇核心家户在2000年和2010年提升幅度较大，其中2000年较1990年提高1倍，2010年较2000年增长46.25%。我们认为，其原因主要是男女平均初婚年龄提高（表3-1也显示这两个时期男性平均初婚年龄超过25岁），这两个时期25—29岁组中所包含的初婚者比例增大，这应该是夫妇核心家户比例增大的主要原因。

（2）直系家户。

20—24岁组中直系家户在1982年为最主要类型，之后开始逐渐降低，由1982年的44.93%下降至2010年的35.17%，减少了9.76个百分点。不过这一下降趋势主要体现在前三个时期。横向看，其下降与核心家户的提升相互对应。在直系家户内部，1982年二代直系家户最高，约有1/4的新婚者同父母生活在一起，之后开始下降，至2010年只有12.42%。与此同时，三代及以上直系家户则处于微升状态，从19.28%上升至22.47%，增加了3.19个百分点。

25—29岁组的变动特点为，直系家户在四个时期比较稳定，所占比例都在28%上下。其二代直系家户所占比例不大，基本上在6%上下。三代及以上直系家户从1982年的19.92%升至2000年的23.57%，增长了18.32%，至2010年又下降至23.10%，减少1.99%，可谓微小变动。

（3）复合家户。

根据对家户结构的总体统计，当时城乡复合家户比例均不高，在

1%上下①。但值得注意的是，在初婚、初育者中，1982年20—24岁组有超过9%的复合家户，1990年接近9%，直到2000年才明显下降，2010年降至不足3%。应该说，1982年和1990年复合家户比例是比较高的。我们认为，这种状况的形成有两方面的原因，一是当时初婚者多有兄或弟，这是形成复合家户的必要条件；二是由于住房紧张，兄弟结婚初期将不得不在一起生活一段时间，这段时间不会很长，一般小孩出生后则会单独生活。可以说，这完全是独立居住条件缺乏所导致的。当然，此种状况只对一部分家户造成影响，若存在普遍约束，那么复合家户的比例将会更高。至2000年居住条件改善，多子家庭的子女结婚即分出单过成为普遍现象。而至2010年，新婚者中有兄或弟者成为少数，复合家户形成的客观条件已不具备了。由此，我们可以得出这样的认识，当时的复合家户主要存在于子女初婚时期，尽管其占有一定比例，但对家户总体中复合家户的提升作用有限。

25—29岁组的复合家户占比均比20—24岁组低，我们认为，这正是已婚子女生育后独立生活比例提高所造成。

（4）单人户。

一般来说，初婚、初育时，特别是初婚时期较少形成单人户，但各个时期均有夫妇两地分居现象。

从四个时期来看，单人户1982年所占比例稍大，至1990年降低，2000年开始上升，至2010年单人户比例处于最高水平。1982年比例稍大与当时因户籍等限制所造成的夫妇两地分居现象有关，1990年户籍对城市职工配偶的迁移约束降低，夫妇分居现象减少。至2000年和2010年重新上升则主要与流动就业、跨地区就业增多有关，结婚后即赴外地工作，夫妇双方都有可能形成单人户。

总体而言，除1982年20—24岁组之外，其他时期两个年龄组的核心家户占多数，特别是25—29岁组多在60%以上。这表明，从20世纪80年代开始，城市年青一代初婚、初育时期与父母组成直系家

---

① 王跃生：《当代家庭结构变动分析》，《中国社会科学》2006年第1期。

户已不居主导地位,独立生活趋向比较突出。由此可见,中国城市夫妇在生命历程之初,形成独居方式较多,但也有一部分初婚夫妇以父母或公婆生活单位为依托。我们看到,各个时期20—24岁组超过1/3的初婚、初育子女与父母共同生活,25—29岁组则接近30%;并且1982年和2000年还有较高比例的复合家户,这本质上也是与父母共同生活的形式。因而,在主流形态之下,由于客观条件制约,亲代和已婚子代同居共爨也是重要的生活方式。

2. 农村初婚、初育集中年龄组的家户类型

(1) 核心家户。

如表3-3所示,农村20—24岁组核心家户的变动轨迹与城市不同,1982年至1990为上升,由39.9%上升至46.57%,增加6.67个百分点。但之后明显下降,2000年为33.09%,减少13.48个百分点,降低28.95%,2010年进一步降低至26.93%,仅占1/4多。在其内部,夫妇核心家户均保持降低趋向,从8.02%降至4.84%,减少39.65%。标准核心家户与核心家户总体变动轨迹相同,先上升后明显降低。

表3-3 农村不同时期初婚、初育者所生活的家户类型　　　单位:%

年份	年龄组(岁)	核心家户	其中:夫妇核心家户	标准核心家户	其他核心家户	直系家户	其中:三代及以上直系家户	二代直系家户	复合家户	单人户	其他
1982	20—24	39.90	8.02	25.73	6.15	52.48	28.01	23.6	6.09	0.74	0.81
	25—29	60.97	3.36	51.44	6.17	34.42	28.02	5.65	3.58	0.64	0.39
1990	20—24	46.57	7.42	35.18	3.97	46.66	28.79	17.22	6.10	0.42	0.24
	25—29	66.88	2.64	59.91	4.33	28.69	24.83	3.30	3.83	0.41	0.19
2000	20—24	33.09	7.28	21.90	3.91	62.22	42.63	19.07	4.22	0.41	0.06
	25—29	52.00	3.21	44.68	4.11	44.34	39.69	4.24	3.01	0.58	0.08
2010	20—24	26.93	4.84	13.58	8.51	65.69	50.98	14.26	5.06	0.64	1.66
	25—29	36.92	3.10	26.05	7.77	56.26	50.17	5.66	5.00	0.94	0.86

25—29岁组核心家户亦表现出从1982年至1990年从60.97%上

升至66.88%、2010年降为36.92%的整体下降趋向。它与城市稳定保持在60%的状况不同。其内部的夫妇核心家户四个时期均不到5%。标准核心家户从1990年的峰值59.91%下降至2010年的26.05%。

(2) 直系家户。

农村核心家户的变动,特别是2000年大幅度下降应该与直系家户占比提升相关。

我们看到,20—24岁组直系家户1982年为52.48%,这意味着初婚者多与父母共同生活一段时间。而至1990年表现为下降,为46.66%,减少11.09%;之后大幅提升,至2010年为65.69%,较1990年增加19.03个百分点。多数初婚者与父母共同生活。其中的三代及以上直系家户上升趋向明显,从28.01%增加至50.98%,提高82.01%。二代直系家户的总体趋向则为下降。

25—29岁组也由1982年的34.42%至1990年减少5.73%;至2000年大幅度升至44.34%,净增54.55%;2010年又提高至56.26%,增加26.88%,25—29岁初育时期也变为与父母共同生活为主。其三代及以上直系家户的变动与直系家户总体变动趋势相同,即1990年先降低之后增幅显著,至2010年生活在三代及以上直系家户中者超过50%。其二代直系家户也有这种表现。

(3) 复合家户。

农村的复合家户构成在1982年、1990年和2000年三个时期不仅未高于城市,而且在1982年和1990年明显低于城市。这或许说明当时农村家庭的裂变强度高于城市,与此同时城市住房对一些家庭已婚子女单过的约束要强于农村。值得注意的是,2010年农村20—24岁组的复合家户占比却提高了。这是一个有趣的现象。

(4) 单人户。

这四个时期农村单人户均处于1%以下的低水平。

综上,农村20—24岁组初婚、初育者均以在直系家户生活比例为最大,其中2000年后成为主体,超过60%;而25—29岁组中的直系家户1990年以来也呈上升之势,至2010年成为多数。相反,核心家户由 1982 年、1990 年超过 60%，至 2010 年降低为仅占 1/3 强。这一变动表明，在少生的子女（城市独生子女比例增大）逐渐进入婚育阶段的时代，城市年轻夫妇并没有改变独居趋向；农村初婚、初育者与父母同居住情况增多，少子女家庭子代婚配之后亲子代际合作具有优势，在年轻劳动力外出就业为主的时代尤其如此。

需要指出的是，基于 20—24 岁、25—29 岁两个年龄组初婚、初育者的考察可以大体反映年轻夫妇的居住方式和特征，但其对初婚、初育时点居住方式的揭示还不够真切。每个年龄组均包含 5 个年龄，各个年龄者之间居住方式也是有差异的。另外，人口普查数据所反映的实际是被调查者当年的居住方式，这与具体的初婚和初育生命事件往往有一定的间隔，如 25 岁被调查者初婚年龄若在 23 岁，那么在这两年间即使他（她）没有生育，其居住方式也可能有变动，比如刚结婚时与父母（公婆）同住，一年之后分出独自生活，前一居住方式则被隐匿了。只有对被调查者初婚、初育发生时的居住方式或这两个事件发生当年的居住状况有所掌握，才能使"模糊"的状态变得清晰。

（二）初婚时居住方式

初婚居住方式的考察最好有新婚者结婚当年的居住方式数据。当然，若要进行精确分析，仅有当年数据还不够，因为有些夫妇刚结婚初期的几个月住在一起，之后即分出单过。若以年度数据为衡量基础则对初婚时居住方式反映有"失真"之处。不过，在农村，多子家庭 20 世纪 70 年代已逐渐形成谈婚论嫁时即要求父母提供独立住宅（一般不与父母所居老宅在一起）的做法，婚礼办过之后即分出生活，由此形成结婚即分爨的做法。这样，子代结婚当年的居住方式可被视为新婚初期的居住方式。就 2000 年以来的情形看，城市新婚者多要求有独立住宅，条件不具备者也存在与父母同住情形。而在这之前，20 世纪 80 年代至 90 年代，情况比较多样。子女已经就业且所就业单位住房福利较好，结婚时可获得宿舍；条件差者，则要依赖父母提供婚房，父母以子女结婚、住房不够用为理由，向自己单位申请增加住房套数或更换更大面积住房。若亲子所在单位条件均比较差，新婚子女或者与父母合住，或者出去租房。当时出租房屋虽不如 90 年代之后特别是2000年之后普遍,却也存在这种现象。相对来说,真正缺房者与父母同住情况较多,甚至一些住平房者会自己在屋旁建简易房屋,解决居住问题。

在我们看来,能够获得人口普查当年结婚者的居住方式信息是认识初婚男女居住方式的理想结果。2000年和2010年人口普查长表中有已婚者初婚时间项目。我们从中筛选出当年结婚且年龄在20—24岁组、25—29岁组男女作为认识初婚者的居住方式的对象。遗憾的是,1982年和1990年人口普查项目中没有结婚时间项目,限制了这项分析。为弥补不足,我们尝试将初婚但没有生育的20—24岁组和25—29岁组女性作为初婚者来认识,以此作为一种间接认识方式。

1. 当年结婚者的居住方式

我们仅统计人口普查长表数据中2000年和2010年结婚者的信息。这两次普查的时点是当年11月,因而它包含了当年1月至10月初婚者的信息。可见就群体言之,这是新婚者居住方式的过程数据,并非对其刚结婚时居住方式的反映,对上半年结婚者尤其如此。因而,一些人虽在当年结婚,但若具体结婚时间发生在1月,至10月则会有生育行为发生,出现标准核心家户和三代直系家户等与刚结婚的居住行为不相符合的现象。故此,我们这里对刚结婚者居住方式的考察只能是对最接近结婚时点的分析,而非结婚事件刚发生时的状态。若子女刚结婚时与父母同住,过一段时间(几个月等)再分爨,如在农村的多子家庭即有这种做法,那么这一群体调查时的核心家户可能高于刚结婚时。我们可将其泛称为结婚当年居住方式。根据统计,当年结婚者中,多数为与法定婚龄相近或稍高于法定婚龄结婚者。如2000年当年结婚者中,城市20—24岁组占41.25%,25—29岁组占46.81%,15—19岁组占0.57%,30—34岁组占8.39%,其他则为35岁以上组。农村20—24岁组占63.00%,25—29岁组占27.31%,另外,15—19岁组占4.03%,30—34岁组占3.66%,其他为35岁以上组。可见,2000年城乡初婚者均以20—24岁组和25—29岁组为主,在此仅对这两个年龄组进行考察。2010年,城市当年结婚者中,20—24岁组占37.97%,25—29岁组占45.03%;农村分别为63.33%和22.33%。两个时期当年结婚者集中于20—24岁和25—29岁两个年龄组中。由此，我们以这两个年龄组作为分析对象才能将多数初婚者包含进来。

（1）城市初婚者当年的家户类型。

表3-4中城市2000年和2010年两个年龄组的数据都显示，当年初婚者均以在核心家户生活比例为最大，直系家户则在30%上下。进一步看，核心家户中，新婚夫妇独住是主流；由于结婚时间较短，只有少部分为当年生有子女而组成标准核心家户（其中也会有极少数为一方初婚、另一方再婚且有子女所形成的标准核心家户）。直系家户中则以二代直系家户为最大。由此可见，两个时期城市20—24岁组和25—29岁组初婚夫妇中，夫妇独住是主导类型，与父母（公婆）同住是次主导类型。

表3-4　　　　　人口普查当年城市20—24岁、
25—29岁组结婚者的居住方式　　　　　单位：%

年份	年龄组(岁)	核心家户	其中：夫妇核心家户	标准核心家户	单亲核心家户	扩大核心家户	过渡核心家户	直系家户	其中：三代及以上直系家户	二代直系家户	隔代家户	复合家户	单人户	其他家户
2000	20—24	56.11	43.18	2.13	0.16	2.68	7.96	35.23	8.67	26.40	0.16	4.57	2.99	1.10
	25—29	59.65	43.89	2.08	0.14	3.26	10.28	32.16	7.85	24.03	0.28	3.47	3.82	0.91
2010	20—24	62.24	47.21	3.83	0.00	3.22	7.98	31.42	9.73	21.37	0.33	2.51	2.62	1.20
	25—29	65.58	47.14	3.59	0.09	2.40	12.35	25.02	7.10	17.51	0.41	1.20	6.73	1.47

从时期变化看，2010年两个年龄组的核心家户均比2000年有所提高，其中20—24岁组提高6.13个百分点，增长10.92%；25—29岁组提高5.93个百分点，增长9.94%。这一变动的核心是两个年龄组2010年新婚夫妇独居比例较2000年分别提高9.33%和7.40%。而直系家户中二代直系家户和三代及以上直系家户均为降低。这种变

动表明，城市年轻人婚后独居偏好较 2000 年进一步增强。

需要指出，两个时期 20—24 岁组和 25—29 岁组初婚者中均有较高比例的过渡核心家户，即婚后仍与各自父母共同生活，户内没有其配偶信息。如何解释这种现象？我们认为，其形成原因有以下几种：一是初婚者虽组成独立家户，但结婚初期仍经常回各自父母家生活，加之户口没有发生变动，故普查时父母仍将其视为自家成员而申报并被登记，普查登记方法可能是主要影响因素；二是新婚者虽有独立住房，但因妻子或丈夫赴外地工作，另一方则常回自己父母家生活，由此普查时被登记在父母户内；还有一种可能，新婚者主要是女性，婚后虽与公婆共同生活，却未形成稳定居制，往返于婆家与娘家，普查时仍与自己父母登记在一起。这是初婚青年夫妇生育前居住和生活方式相对灵活的表现，具有过渡特征。对独生子女来说这一点更为突出，在子女初婚时期亲子之间保持着较密切的互动联系，并在居住方式上表现出来。总之，与城市青年男女结婚当年所出现的相对高比例的过渡核心家户普查登记方法有较大关系。为验证这一认识，我们将 2000 年 25—29 岁组结婚者分成上半年和下半年两组，上半年结婚者中的过渡核心家户比例占 6.63%，下半年为 16.18%，前者高于后者 1.44 倍。可见，普查前半年以内结婚者尽管已经单独生活（但尚未单独立户），更有可能被登记在父母为户主的家户中。另外，若不分年龄组，2010 年当年结婚者中的过渡核心家户占 9.89%，结婚 1—2 年者为 4.29%，3—4 年者为 2.35%。这意味着，除了受普查时家户成员的确定方法影响外，过渡核心家户的形成还有其他原因，如父母将不在本市生活但户籍未迁出的已婚子女视为家户成员予以登记等。需要指出，城市所有家户成员在过渡核心家户生活所占比例为 2.12%，应该说新婚者对这一家户的形成所起作用较大。

（2）农村初婚者当年的家户类型。

如表 3-5 所示，2000 年和 2010 年农村 20—24 岁组和 25—29 岁组初婚夫妇分居住方式与城市同期相比，城乡分野特征突出。2000 年农村 20—24 岁组初婚者 70% 以上生活在直系家户，25—29 岁组稍低，但仍保持在 60% 以上。夫妇核心家户 20—24 岁组约为 15%，

25—29 岁组约为 20%。这种居住方式形成的原因既有惯习的作用，即农村环境下新婚者刚结婚时与父母、公婆居住的习惯性做法得到保留，同时子女数量构成变化的作用也不可忽视。20 世纪 70 年代人口控制政策之下只有两三个孩子的家庭成为主流，其中一子一女或一子二女的比例增大。至 2000 年他们进入初婚期。然在农村环境下，只有一子者婚后与父母同居比例较大，子代从这种居制中获得的益处较多：父母操持家务，甚至承担了日常生活费用；子、媳，特别是儿子出外务工较多，更需要有人帮其料理家务乃至耕种农田；至生育后父母则帮助其照看小孩。父母因只有一个儿子，这是自己年老后的唯一依靠，将帮助子代料理家务视为职责甚至义务。

表 3－5　　人口普查当年农村 20—24 岁、25—29 岁组结婚者的居住方式　　单位：%

年份	年龄组(岁)	核心家户	其中:夫妇核心家户	标准核心家户	单亲核心家户	扩大核心家户	过渡核心家户	直系家户	其中:三代及以上直系家户	二代直系家户	隔代家户	复合家户	单人户	其他家户
2000	20—24	23.13	15.44	1.80	0.04	0.93	4.92	70.60	17.62	52.81	0.17	5.64	0.59	0.03
2000	25—29	29.64	20.05	2.72	0.08	0.80	5.99	62.06	14.78	46.96	0.32	6.15	2.08	0.08
2010	20—24	28.77	11.38	2.76	0.60	0.39	13.63	63.99	26.40	37.00	0.60	4.56	1.05	1.62
2010	25—29	33.56	12.35	3.75	0.51	0.77	16.18	55.45	26.15	29.13	0.17	7.33	2.39	1.28

值得注意的是，2010 年农村初婚者中直系家户占比有所降低，而进一步看，它并非新婚子、媳独居增多所致，而是过渡核心家户从中剥离的结果。这一点与城市有所不同。那么，如何解释农村过渡核心家户构成 2010 年较 2000 年明显增大？我们认为，其原因与城市有相同之处，即普查登记方法的影响最大，如那些结婚不足半年的女性虽嫁至夫家，因户口隶属并未发生变更，并且新婚阶段常回娘家居住，故普查时仍在户口所在地——娘家登记。另外，相对于城市，在社会转型时期，农村劳动力特别是男性出外务工成为普遍现象，新婚过后

仍进城务工,新婚妻子因无人相伴常回娘家居住,普查时在娘家登记。不过,夫妇婚后与父母同居住比例仍在70%以上,这表明,农村新婚夫妇与父母(公婆)同住的主流没有改变。

两个时期城乡之间另一个重要差异是,夫妇核心家户城市为上升,农村则为降低。2010年后者两个年龄组分别较2000年下降26.30%和38.40%。若将夫妇核心家户和标准核心家户这两类独立家户合在一起,2010年较2000年分别减少17.82%和29.29%,也可称之为明显下降。这应该是城乡之间新婚夫妇分居住方式在趋向上的主要不同。

2. 初婚未生育女性的居住方式

前面对人口普查当年结婚者居住方式分析中,因1982年和1990年普查数据中没有结婚时间信息,故失去了研究途径。然而,四次人口普查数据中,均有针对育龄妇女生育状况的调查,其中包含已婚但未生育者的信息。我们认为,若将观察集中在20—24岁组、25—29岁组,则可对女性初婚时居住方式有所认识。但它有一个前提,即20—24岁组和25—29岁组已婚尚未生育的女性多是新近结婚者,并非结婚多年而未生育。当然,不能排除后一种现象存在,不过其占比应比较小。相对基于普查当年数据对新婚者居住方式的研究,这是一项间接认识;并且仅考察新婚女性,这是它的不足。

(1) 城市初婚未生育女性的居住方式。

如表3-6所示,城市初婚女性四个时期居住方式的变动很大。1982年,20—24岁和25—29岁两个年龄组城市初婚未生育女性以二代直系家户居住比例为最大,其次为夫妇核心家户。至1990年,20—24岁组仍是二代直系家户为最大,但25—29岁组则变为夫妇核心家户为最大。2000年和2010年均为夫妇核心家户为最大,表明新婚夫妇独住成为主流。四个时期均有一定比例初婚未生育女性生活在标准核心家户中。我们认为,这应该与初婚女性与再婚且有子女的男性结婚有关。

表3-6　　　　　　　城市初婚未生育女性的居住方式　　　　　单位:%

年份	年龄组(岁)	核心家户	其中:夫妇核心家户	标准核心家户	单亲核心家户	扩大核心家户	过渡核心家户	直系家户	其中:三代及以上直系家户	二代直系家户	隔代家户	复合家户	单人户	其他家户
1982	20—24	26.06	23.3	0.14	0.04	2.51	0.07	57.36	6.36	49.91	1.09	12.51	2.69	1.39
	25—29	32.54	28.75	0.79	0.24	2.74	0.02	47.95	6.63	40.51	0.81	13.05	4.57	1.88
1990	20—24	41.29	37.93	0.24	0.10	2.86	0.16	45.06	5.00	39.35	0.71	10.15	2.70	0.82
	25—29	42.79	39.13	0.84	0.20	2.64	0.04	39.83	5.47	33.76	0.60	11.96	4.07	1.36
2000	20—24	61.46	50.47	0.88	0.07	2.63	7.41	31.06	4.78	25.81	0.47	3.85	2.76	0.88
	25—29	68.01	54.76	1.80	0.14	3.37	7.94	24.97	6.00	18.28	0.69	2.68	3.46	0.88
2010	20—29	58.74	55.44	0.71	0.04	2.55	9.26	24.39	3.97	20.02	0.39	1.56	4.60	1.46

（2）农村初婚未生育女性的居住方式。

如表3-7所示，农村初婚未生育女性居住方式与城市不同之处在于，前者中二代直系家户一直是最大的生活单位，其中1982年、1990年和2000年三个时期20—24岁组初婚未生育女性在二代直系家户生活比例超过50%，并且比较稳定；而夫妇二人单独生活仅占20%上下。25—29岁组虽较20—24岁组有所降低，但基本上保持在40%的水平。至2010年两个年龄组的二代直系家户合计降至40%。

表3-7　　　　　　　农村初婚未生育女性的居住方式　　　　　单位:%

年份	年龄组(岁)	核心家户	其中:夫妇核心家户	标准核心家户	单亲核心家户	扩大核心家户	过渡核心家户	直系家户	其中:三代及以上直系家户	二代直系家户	隔代家户	复合家户	单人户	其他家户
1982	20—24	22.23	19.08	0.26	0.10	2.75	0.04	65.99	8.91	56.42	0.66	9.17	1.12	1.48
	25—29	32.20	26.47	2.21	0.48	2.98	0.06	53.92	8.10	45.20	0.62	8.68	2.72	2.50
1990	20—24	26.17	23.51	0.49	0.06	2.00	0.11	63.23	8.69	54.01	0.53	9.40	0.90	0.31
	25—29	39.85	31.70	4.94	0.34	2.78	0.09	48.15	7.39	40.26	0.50	9.39	2.08	0.53
2000	20—24	28.02	21.47	1.08	0.12	1.41	3.94	65.89	10.80	54.63	0.46	5.29	0.77	0.03
	25—29	40.81	29.93	5.18	0.41	1.73	3.56	51.57	12.09	39.18	0.30	5.18	2.24	0.20
2010	20—29	17.63	14.63	1.45	0.55	0.99	16.08	56.45	15.50	40.55	0.39	5.67	1.52	2.65

3. 城乡女性结婚当年的居住方式

若将城市初婚未生育女性数据与前面男女结婚当年数据相比，2000年和2010年普查当年结婚者两个年龄组的夫妇核心家户均比初婚未生育者低。其中2000年20—24岁组低7.29个百分点，25—29岁组低10.87个百分点；2010年初婚未生育只有合计数，约高于当年结婚者8.4个百分点。农村也以初婚未生育妇女独居比例为高。这一差异的可能原因是初婚未生育者调查之年距其结婚时点相对较长，独居比例因而相对较高。

一般来说，年轻初婚未生育女性是同一时期同龄已婚女性的一部分，因为有一部分婚后及时生育，已经进入初育者之列，因而，这一数据只能反映部分女性初婚时期的居住方式。故此，其对初婚女性居住方式的反映不一定准确。为了对此有所认识，我们可对上文中2000年和2010年普查当年结婚者的居住方式分性别观察一下，看看其中当年结婚女性居住方式与初婚未生育女性居住方式的异同（见表3-8和表3-9）。

因1982年和1990年缺少当年结婚者信息，这里仅将2000年和2010年结婚女性数据与同时期初婚未生育女性信息进行比较。

根据表3-8，2000年城市20—24岁组女性结婚当年居住于夫妇核心家户和二代直系家户比例分别为42.76%和26.60%，初婚未生育女性占比分别为50.47%和25.81%，前者夫妇核心家户低于后者7.71个百分点，二代直系家户高于后者0.79个百分点。若从是否与父母同住角度看，前者与父母同住与分住比例分别为49.05%和50.95%，后者分别为41.85%和58.15%，当年结婚女性较初婚未生育女性与父母同住比例高7.2个百分点。一般来讲，当年结婚女性初婚时间短，而初婚未生育女性中既有可能为当年结婚者，也有可能是结婚3—4年或以上者，即总体上她们的结婚时间要长于当年结婚者，故此她们更有可能与父母（公婆）分开生活，这也是符合实际情况的。再看25—29岁组，当年结婚女性与父母同住、分住占比分别为45.12%和54.88%，初婚未生育女性此指标分别为34.9%、65.1%。两者与父母分住均占多数，但后者高于前者10.22个百分点。

表3-8 城市女性结婚当年居住方式

单位:%

年份	年龄组(岁)	核心家户	其中:夫妇核心家户	标准核心家户	单亲核心家户	扩大核心家户	过渡核心家户	直系家户	其中:三代及以上直系家户	二代直系家户	隔代家户	复合家户	单人户	其他	与父母同住	与父母分住
2000	20—24	56.55	42.76	2.14	0.24	2.38	9.03	35.39	8.55	26.60	0.24	4.87	2.26	0.95	49.05	50.95
2000	25—29	60.00	43.97	2.15	0.33	3.14	10.41	32.07	8.43	23.14	0.50	3.14	3.80	0.99	45.12	54.88
2010	20—24	62.68	47.79	3.95	0.00	3.31	7.63	32.17	9.93	21.88	0.37	2.48	2.30	0.37	41.92	58.08
2010	25—29	68.51	47.44	4.01	0.20	2.21	14.64	25.28	7.42	17.35	0.50	1.20	4.81	0.20	40.61	59.39
2010	20—29	65.47	47.63	3.98	0.10	2.78	10.98	28.87	8.73	19.71	0.43	1.87	3.50	0.29	41.29	58.71

表3-9 农村女性结婚当年居住方式

单位:%

年份	年龄组(岁)	核心家户	其中:夫妇核心家户	标准核心家户	单亲核心家户	扩大核心家户	过渡核心家户	直系家户	其中:三代及以上直系家户	二代直系家户	隔代家户	复合家户	单人户	其他
2000	20—24	22.92	15.50	1.69	0.06	1.03	4.64	70.57	18.28	52.11	0.18	5.91	0.54	0.06
2000	25—29	28.83	20.43	3.01	0.22	0.65	4.52	63.23	15.05	47.96	0.22	6.03	1.94	0.00
2010	20—24	29.24	10.85	2.55	0.69	0.48	14.67	65.12	27.38	37.16	0.58	4.84	0.64	0.16
2010	25—29	36.52	12.83	5.00	0.22	0.65	17.83	53.26	27.17	25.87	0.22	7.61	1.74	0.87
2010	20—29	30.67	11.23	3.03	0.60	0.51	15.29	62.79	27.34	34.94	0.51	5.38	0.85	0.30

2010年城市只有20—29岁组与父母合住、分住数据,当年结婚女性与父母合住、分住占比分别为41.29%和58.71%,初婚未生育女性中这两个指标分别为34.81%和65.19%。从与父母分住占比来看,初婚未生育女性高于当年结婚女性6.48个百分点。

这表明,初婚未生育女性数据对初婚者居住方式的反映有一定差异,整体而言,其与父母同住比例低于当年初婚者,分住比例高于当年初婚者。

我们若把初婚未生育女性看成一个类型,而不是将其作为初婚者的代表,可以得出这样的认识,城市这一群体的独居比例在四个时期逐渐提高,由不到30%提升至超过50%;二代直系家户由超过40%降至20%上下,反映出初婚未生育者独立居住趋向增强之势。农村初婚未生育女性则一直保持着与父母(公婆)同住为主导的状态。

(三)初育夫妇居住方式——以初育女性为对象

初育可谓夫妇生命历程中第二个重要事件,这一阶段夫妇居住方式既与偏好有关,也受其抚育子女能力的影响。

普查数据中的初育信息与女性或妻子联系在一起,因而考察已婚者初育时的家户结构实际是以初育女性为基础的。相对于初婚信息,人口普查中初育数据具有可称道之处。原因是普查项目中有育龄妇女在普查时点前一年的生育信息。需要说明的是,不同普查年份,对妇女生育子女的时间范围所做限定不同。1982年人口普查是在当年7月1日进行的,它对1981年妇女生育活产生育进行登记,有活产生育者还要说明所生子女为第几胎。实际上,它要登记的是育龄妇女在登记日之前半年至一年半前生育的子女(1981年1月1日至12月31日),遗憾之处是,1982年1月1日至6月30日之间的初育信息未被登记。但我们认为,其中第一胎生育者的居住方式可对初育女性的居住类型有所揭示,借此可认识初育者的居住类型。1990年较1982年有了改进,调查时点为1990年7月1日,生育登记范围为1989年1月1日至1990年6月30日。2000年普查进行于2000年11月1日,女性生育范围被限定为1999年11月1日至2000年10月31日。不过2000年的生育信息也有不足之处,即它没有说明女性在该时段所生育子女为第几胎。我们若将观察对象限定为20—24岁组和25—29岁组,在城市,绝大多数生育女性应为初育;农村则有少部分为第二胎。为将二胎及以上生育者排除出去,我们只对有一个子女且生育行为发生在普查前一年者进行分析。由于没有得到2010年女性初育时的家户数据,初育女性的居住方式最新变动认识受到限制。

1. 城市初育女性居住方式

根据统计,城市生育第一胎者中,1982年,20—24岁组和25—29岁组分别占21.38%和68.75%,两者之和为90.13%;农村分别为49.30%和47.84%,两者之和为97.14%。1990年普查前一年生育第一胎女性中,城乡20—24岁组和25—29岁组女性合计分别为85.88%和78.04%,2000年分别为79.96%和78.58%。可见,初育者相对集中于这两个年龄组。她们是认识初育者居住方式的主要群体。

城市三个时期中,20—24岁组、25—29岁组初育者均以在核心家户生活为主,只有2000年20—24岁组初育者中的核心家户比例低于50%。还应看到,2000年20—24岁组和25—29岁组的直系家户较1990年明显增加,分别提高23.44%和16.58%(见表3-10)。这表明,2000年少生或独生子女初育时与父母(公婆)同住增多,以便获得照料帮助。值得注意的是,三个时期初育者所生活的复合家户明显高于城市总体水平,后者分别为2.66%、3.83%和1.72%。这或许因为已婚兄弟均有需父母照料的子女,在短期内形成共同生活单位。但也有可能仅为户籍在一起,实际生活单位是分开的。

1982年和1990年两个年龄组的标准核心家户均为最大二级家户,其中1982年20—24岁组的标准核心家户在核心家户中占比为81.78%,25—29岁组占78.47%;1990年20—24岁组占87.25%,25—29岁组为84.92%。2000年25—29岁组中的标准核心家户仍为最大二级家户,其在核心家户中所占比例为88.89%。这一时期20—24岁组则以三代直系家户为二级家户中最大类型。总的来说,城市三个时期20—24岁组和25—29岁组初育者与婴幼子女共同生活占主导地位,其中25—29岁组这一特征更为明显。但2000年数据显示,初育者与父母(公婆)同住占比出现增长,并且其直系家户占比高于同

表3-10 城市初育女性家户结构

单位:%

年份	年龄组(岁)	核心家户	其中:夫妇核心家户	标准核心家户	单亲核心家户	扩大核心家户	过渡核心家户	直系家户	其中:三代及以上直系家户	二代直系家户	隔代家户	复合家户	单人户	其他家户
1982	20—24	52.35	1.21	42.81	6.34	1.99	0.00	40.32	37.46	2.26	0.60	6.90	0.11	0.33
	25—29	60.71	1.25	47.64	9.10	2.71	0.01	30.40	28.57	1.16	0.67	7.97	0.39	0.52
1990	20—24	54.75	0.72	47.77	2.53	3.73	0.00	36.94	35.02	1.20	0.72	7.82	0.00	0.48
	25—29	57.35	1.02	48.70	3.80	3.79	0.04	33.23	31.56	0.68	0.99	9.00	0.26	0.17
2000	20—24	47.91	0.77	38.95	2.16	5.56	0.46	45.60	44.21	0.77	0.61	6.33	0.00	0.15
	25—29	57.61	0.99	50.33	2.48	3.31	0.50	38.74	38.08	0.41	0.25	3.40	0.00	0.25

期初婚者，这一提高很可能因需父母帮助其照看小孩所导致。

女性初育当年为什么会出现无新生子女在户内的夫妇核心家户和二代直系家户？其原因可能是夫妇为双职工，难以照料年幼子女，即生育女性休完产假即把婴幼儿送给外地的公婆或父母照看，女性初育当年就出现"空巢"现象。值得注意的是，随着时间后移，女性初育后所居这类家户在减少。

综上，就城市而言，这三个时期，除 2000 年 20—24 岁组外，城市初育女性与丈夫、婴幼儿组成标准核心家户（三口之家）是主流，独立承担照看小孩的责任；与公婆（父母）等组成三代及以上直系家户的比例仅次于标准核心家户，并成为 2000 年 20—24 岁组最大的二级家户，表明父母或公婆是初育女性照料小孩的重要帮手。

2. 农村初育女性居住方式

一般而言，相对于城市女性，农村女性初育之后与公婆（少数为与父母）同住的比例要高。实际情形如何？

表 3-11 显示，1982 年和 1990 年，同城市一样，农村女性初育后以在核心家户生活比例为最大，其中 1982 年 25—29 岁组和 1990 年 20—24 岁、25—29 岁两个年龄组核心家户比例均超过 50%，且 1990 年 25—29 岁组超过 60%。这两个年龄组的核心家户比例均高于城市。我们认为，此种状况形成的原因是，这两个年龄组女性的丈夫一般有多个兄弟姐妹且进入结婚高峰，他们婚后特别是生育后多与父母分爨，从而出现以核心家户为主要生活单位的局面。

至 2000 年，20—24 岁组女性初育后的核心家户占比明显降低，其中 2000 年较 1990 年减少 46.70%；直系家户占比大幅度上升，2000 年较 1990 年增加 68.80%。25—29 岁组女性的核心家户和直系家户也发生了相同方向的减增变动，但幅度较 20—24 岁组小。这一变动与 20 世纪 70 年代生育控制政策实施有关。在晚、稀、少政策之下，农村女性由四五个及以上的多胎生育向二三个左右的低生育水平转化，只有一个儿子的家户增多。至 2000 年他们进入婚育阶段，婚后和生育后更有可能与父母和公婆共同生活。

表 3-11　农村初育女性家户结构

单位：%

年份	年龄组（岁）	核心家户	其中：夫妇核心家户	标准核心家户	单亲核心家户	扩大核心家户	过渡核心家户	直系家户	其中：三代及以上直系家户	二代直系家户	隔代家户	复合家户	单人户	其他家户
1982	20—24	48.10	1.51	42.13	2.29	2.16	0.01	46.89	43.72	2.26	0.91	4.68	0.10	0.23
1982	25—29	52.77	1.01	44.16	5.72	1.88	0.00	41.45	39.02	1.88	0.55	5.37	0.16	0.24
1990	20—24	56.53	0.73	52.18	1.77	1.84	0.01	38.59	36.90	0.93	0.76	4.80	0.01	0.08
1990	25—29	67.42	0.31	62.47	2.68	1.95	0.01	28.81	27.91	0.35	0.55	3.62	0.04	0.10
2000	20—24	30.13	0.38	27.52	1.21	0.70	0.32	65.14	63.69	1.02	0.42	4.66	0.03	0.03
2000	25—29	47.07	0.43	42.44	3.17	0.93	0.10	49.28	48.08	0.83	0.37	3.54	0.03	0.07

另外，也应注意到这一点，2000年农村那些初婚时遵从惯习与父母（公婆）共同生活的夫妇，多数将这种居制维系下来，但有一部分至生育时已与父母（公婆）分爨生活，只是亲子分开生活的动能并不强。

由此可见，1982年至2000年间，城乡20—24岁组和25—29岁组女性初育后居住方式的变动既有共性也有差异。相同之处为，1982年和1990年，城乡两个年龄组初育女性均以在核心家户生活为主，这些出生在20世纪五六十年代的初育女性生长于多子女家庭，其结婚生育后组成核心家户成为较普遍做法。至2000年，当少子女或独生子女成年之后，农村出现明显的逆向变化，初育者在直系家户生活成为多数，城市只有20—24岁组初育者中的直系家户有所提升，25—29岁组仍保持着以核心家户为主的趋向。

四　抚养子女阶段的居住方式

夫妇在主要抚养子女阶段的居住方式是指生育完成后他们所生活的家户，对经历过多子女生育时代的夫妇来说这一考察更有意义。由于普查数据中的子女数量与妇女相联系，因而已婚者抚育子女阶段居住方式分析仍以妇女为对象。我们想知道，不同年龄组、不同子女数量妇女在主要抚养子女阶段居住方式有什么特征，是否因子女数量多或少而有差异？

（一）不同时期妇女抚养子女的数量构成

只有对不同时期妇女存活子女数量的构成有所认识，才能确定分析对象。我们知道，不同时期人口普查所登记的存活子女妇女的年龄范围不同。1982年、1990年和2010年为64岁以下妇女存活子女数量（其中1982年子女数量未区分性别）；2000年为50岁以下妇女。下面我们将四个时期30岁及以上组妇女存活子女数量构成加以统计（见表3-12）。

由表3-12可见，四个时期城乡不同年龄组妇女存活子女数量有很大差异。

表 3-12　　不同时期妇女存活子女数量构成　　单位:%

年龄组（岁）	子女数量构成(个)	1982年 城市	1982年 农村	1990年 城市	1990年 农村	2000年 城市	2000年 农村	2010年 城市	2010年 农村
30—34	1	34.14	8.00	90.89	20.88	80.45	41.60	81.02	46.67
	2	41.32	34.44	7.85	48.50	16.83	46.27	17.22	43.93
	3	17.84	35.80	0.97	22.67	2.32	10.11	1.57	7.75
	4	5.26	16.12	0.22	6.25	0.32	1.65	0.18	1.40
	5	1.18	4.50	0.06	1.37	0.05	0.31	0.01	0.24
	6+	0.27	1.13	0.02	0.33	0.02	0.06		
	3个及以上	24.55	57.55	1.27	30.62	2.71	12.13	1.76	9.39
	5个及以上	1.45	5.63	0.08	1.70	0.07	0.37	0.01	0.24
35—39	1	8.69	2.33	71.73	9.64	73.66	21.12	74.21	35.59
	2	38.74	13.75	23.10	42.17	21.25	53.00	22.59	51.51
	3	29.52	31.38	4.27	31.28	4.15	20.08	2.79	10.32
	4	15.35	29.69	0.71	11.98	0.76	4.62	0.35	2.02
	5	5.62	15.38	0.14	3.56	0.12	0.86	0.07	0.57
	6+	2.07	7.47	0.05	1.37	0.05	0.32		
	3个及以上	52.56	83.92	5.17	48.19	5.08	25.88	3.21	12.91
	5个及以上	7.69	22.85	0.19	4.93	0.16	1.18	0.07	0.57
40—44	1	4.42	2.08	27.69	3.03	70.86	13.87	70.05	28.77
	2	23.07	6.15	48.80	23.46	21.87	49.97	25.36	53.69
	3	32.00	18.67	17.74	36.59	5.44	25.68	3.98	13.87
	4	22.90	28.91	4.63	23.32	1.44	7.52	0.46	2.76
	5	11.16	24.16	0.86	9.28	0.25	2.15	0.15	0.91
	6+	6.45	20.02	0.28	4.32	0.14	0.81		
	3个及以上	72.51	91.76	23.51	73.51	7.27	36.15	4.59	17.54
	5个及以上	17.61	44.18	1.14	13.60	0.39	2.96	0.15	0.91
45—49	1	3.97	2.65	8.23	2.11	52.72	8.98	69.27	21.15
	2	13.09	5.00	40.24	9.36	34.38	43.11	24.69	52.93
	3	25.52	12.22	32.51	25.8	9.90	31.46	4.88	19.54
	4	26.85	22.14	13.58	30.65	2.46	11.77	0.97	4.82
	5	17.26	24.88	4.20	19.74	0.42	3.39	0.18	1.55

续表

年龄组（岁）	子女数量构成(个)	1982年 城市	1982年 农村	1990年 城市	1990年 农村	2000年 城市	2000年 农村	2010年 城市	2010年 农村
45—49	6+	13.32	33.11	1.24	12.35	0.12	1.30		
	3个及以上	82.95	92.35	51.53	88.54	12.90	47.91	6.04	25.91
	5个及以上	30.58	57.99	5.44	32.09	0.54	4.69	0.18	1.55
50—54	1	5.55	4.20	5.19	2.51	36.50	4.83	67.45	16.91
	2	9.03	6.71	23.02	5.99	40.92	33.45	24.44	49.52
	3	17.47	12.14	34.68	16.11	15.94	35.75	6.30	23.98
	4	24.35	19.54	23.14	26.26	5.22	17.69	1.51	7.38
	5	21.54	22.46	9.75	24.62	1.07	5.86	0.31	2.22
	6+	22.06	34.95	4.21	24.51	0.33	2.42		
	3个及以上	85.42	89.09	71.78	91.50	22.57	61.72	8.12	33.58
	5个及以上	43.60	57.41	13.96	49.13	1.41	8.28	0.31	2.22
55—59	1	8.74	7.16	5.73	3.39			54.50	12.40
	2	10.27	10.45	13.88	5.92			33.51	44.35
	3	14.39	15.33	25.85	12.29			9.26	29.14
	4	20.44	19.76	27.13	21.51			2.16	10.65
	5	20.06	19.61	16.90	23.92			0.57	3.46
	6+	26.10	27.70	10.50	32.97				
	3个及以上	80.99	82.40	80.38	90.69			11.99	43.25
	5个及以上	46.16	47.31	27.40	56.89			0.57	3.46
60—64	1	13.02	10.48	8.17	5.25			28.15	8.58
	2	13.29	14.54	10.87	8.49			43.27	29.71
	3	15.96	18.30	17.78	13.94			20.86	34.53
	4	18.55	20.30	24.20	20.08			6.05	18.90
	5	16.47	16.66	20.60	21.58			1.68	8.28
	6+	22.71	19.72	18.38	30.65				
	3个及以上	73.69	74.98	80.96	86.25			28.58	61.71
	5个及以上	39.18	36.38	38.98	52.23			1.68	8.28

注：我们将3个及以上子女视为多子女，将5个及以上子女视为超多子女。

应该说，1982年50岁以上组城乡妇女的生育行为受20世纪70

年代初开始推行的计划生育政策的影响很小,或者说计划生育政策推行之前她们已经生育了在当时看来理想的子女数量。由表 3-12 可见,其存活子女数量不仅 3 个及以上子女占比多超过 80%,而且 5 个及以上子女占比也高达 40%,农村则接近或超过 50%。40—44 岁组城乡出现差异,城市尽管 3 个及以上子女仍占 70% 以上,但 5 个及以上子女占比则降至 20% 以下,农村则接近 45%。35—39 岁组城乡 3 个及以上子女占比均在 50% 以上,30—34 岁组城市仅占 1/4,农村超过 50%。因而,我们说,1982 年妇女 3 个及以上多子女是主线,并且 45 岁以上组有 5 个及以上超多子女占较大比例。

1990 年,50 岁以上组,农村以超多子女为主,城市则以多子女为主。45—49 岁组为过渡段,城乡均为多子女。40—44 岁组农村仍以多子女为主,35—39 岁组和 30—34 岁组才有改变。

2000 年,农村只有 50 岁组以多子女为主。2010 年,农村只有 60—64 岁组以多子女为主。

可见,30—64 岁妇女中有多个子女者主要存在于 1982 年和 1990 年(2000 年没有 51 岁以上妇女存活子女信息)。

(二)四个时期有存活子女妇女的居住方式

1. 标准核心家户的变动

(1)城市。

1982 年、1990 年和 2000 年前三次普查时期,城市 25—29 岁组至 45—49 岁组的有子女妇女中,一半以上生活在标准核心家户,其中 1990 年 35—39 岁和 40—44 岁组的标准核心家户占比超过 70%。这说明城市有子女青年(20—24 岁组除外)和中年妇女多与丈夫及未成年子女共同生活,形成对家庭核心化水平维系和推动的力量。至 2010 年,标准核心家户比例超过 50% 的年龄组收窄,仅有 30—34 岁、35—39 岁和 40—44 岁三个年龄组,即以中年人为主。有子女青年夫妇中的标准核心家户占比有所降低。更进一步看,四个时期有子女妇女中的标准核心家户的峰值变动为:前两个时期均在 40—44 岁组,2000 年和 2010 年则在 35—39 岁组,其中 2010 年峰值水平低于 1990 年和 2000 年约 10 个百分点。这意味着,子女较少的妇女中，标准核心家户结束或向其他类型家户转化的时间更早（见图3-7）。

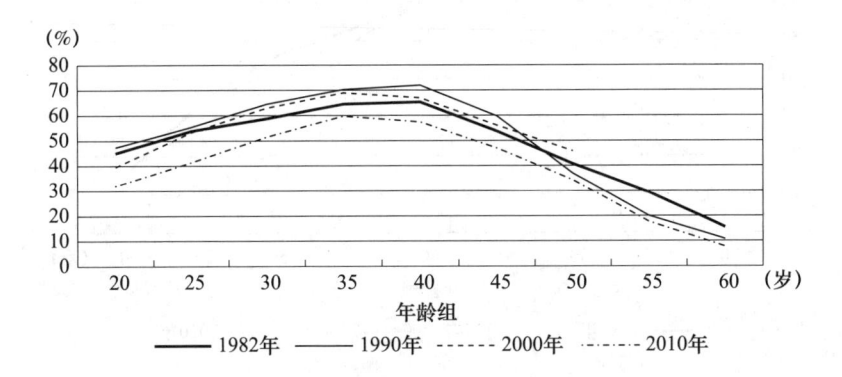

```
(%)
80
70
60
50
40
30
20
10
 0
   20    25    30    35    40    45    50    55    60 (岁)
                      年龄组
      ——1982年  ——1990年  ----2000年  -·-·2010年
```

图3-7 城市不同年龄组有子女妇女在标准核心家户中的构成

（2）农村。

将图3-7与图3-8进行对比可发现，农村有子女妇女在标准核心家户中生活比例与城市有差异。城市的曲线分布较为规范，农村则显得不规则。1982年，农村25—29岁至45—49岁5个年龄组有子女妇女在标准核心家户生活比例超过50%，其中30—34岁、35—39岁和40—44岁3个年龄组超过60%，峰值在35—39岁组。1990年超过50%的年龄组有6个，处于20—45岁组，其中30—34岁组、35—39岁组和40—44岁组标准核心家户构成超过60%，35—39岁组更超过70%，为峰值所在组。总体上，1982年和1990年农村25—45岁组有子女妇女多以标准核心家户为生活单位。2000年超过50%，且在60%以上的年龄组有30—34岁、35—39岁和40—44岁3个年龄组，其中35—39岁组达到70%，为峰值组。有子女妇女中的标准核心家户比例范围缩小。2010年，这一范围进一步降低和缩小，只有35—39岁组和40—44岁组超过50%，40—44岁组为峰值，并且其峰值（52.98%）比2000年（70.35%）降低17.37个百分点。

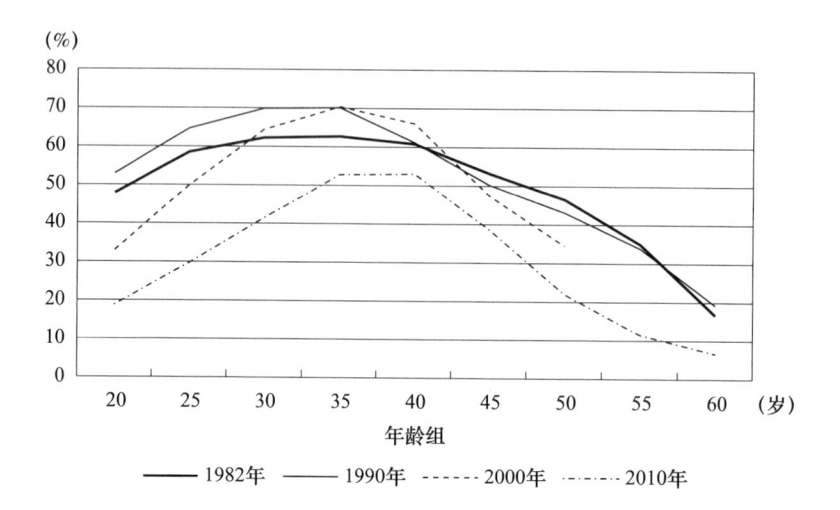

图 3-8　农村不同年龄组有子女妇女在标准核心家户中的构成

2. 三代及以上直系家户的变动

（1）城市。

根据图 3-9，城市四个时期有子女妇女中的三代及以上直系家户构成曲线具有较高的相似度。20—24 岁组、25—29 岁组低龄有子女妇女和 50 岁以上的中年组妇女相对较高，其中两端的 20—24 岁组和 60—64 岁组所占比例超过 30%；前三个时期谷值均在 40—44 岁组，后一个时期为 45—49 岁组，其中后三个时期谷值在 11%—12%。在前一

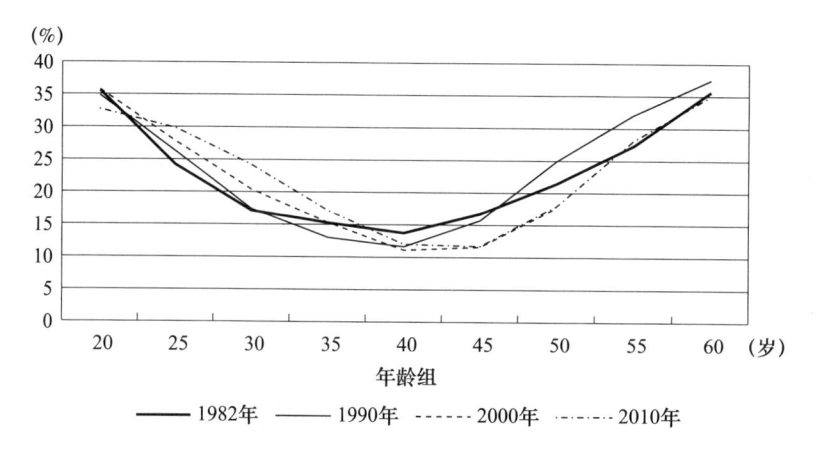

图 3-9　城市不同年龄组有子女妇女在三代及以上直系家户中的构成

个端点,即20—24岁组和25—29岁组,有子女妇女和公婆(父母)组成三代及以上直系家户,后一个端点则为有子女妇女与自己的已婚子女组成三代及以上直系家户,形式相同但代际关系类型不同。应该说,即使在两个端点,有子女妇女与公婆父母或已婚子女及孙子女组成的三代及以上直系家户比例并不高。

(2)农村。

农村有子女妇女的三代及以上直系家户构成曲线不如城市规整。这主要是由于20—24岁低龄组在该类家户所占比例较高,其中2000年和2010年超过50%,它意味着农村低龄组有子女妇女与公婆同住情况显著增多。1982年和1990年60—64岁组中的三代及以上直系家户超过40%,但2010年下降至36%。这表明,在同一时期,低龄初育妇女与父母(公婆)共同生活比例低于有子女中年妇女与已婚子女共同生活比例(见图3-10)。

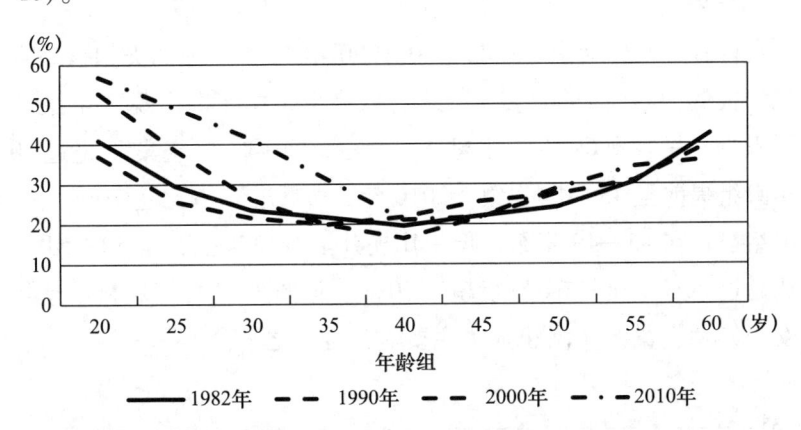

图3-10 农村不同年龄组有子女妇女在三代及以上直系家户中的构成

3. 夫妇核心家户的变动

(1)城市。

抚养子女阶段,城市妇女1982年在夫妇核心家户生活比例均较低,只有60—64岁组超过10%,它表明"空巢"只是少数有子女妇女的居住方式,从纵向年龄视角看来得很晚。1990年有子女妇女"空巢"比例超过10%的年龄提前至50—54岁组,至60—64岁组达到18%。2000年,超过10%的年龄再提前至45—49岁组,且达到

16%。2010年超过10%的年龄进一步提前到40—44岁组，45—49岁组以后均超过20%，60—64岁组更超过30%（见图3-11）。这是少子女、独生子女成年后离家增多所导致的。

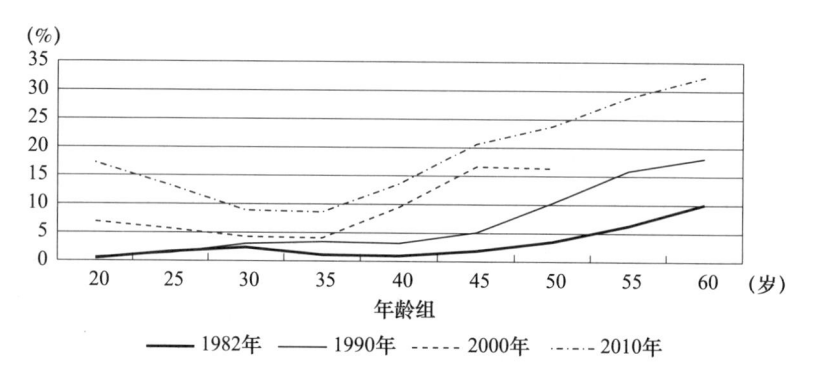

图3-11 城市不同年龄组有子女妇女在夫妇核心家户中的构成

（2）农村。

农村有子女妇女中，1982年和1990年40岁之前的夫妇核心家户占比均很低，不到1%。多子女生育状态下，中年即出现"空巢"的情形很少，只有到60岁组才超过10%。2000年，"空巢"超过10%的年龄组提前至45—49岁组。2010年，"空巢"占比达10%以上的年龄组虽仍在45—49岁组，但占比提升至16%以上，至50—54岁组占比超过20%，60—64岁组超过30%（见图3-12）。农村中老年有子女夫妇"空巢"生活也成为主要居住方式之一。

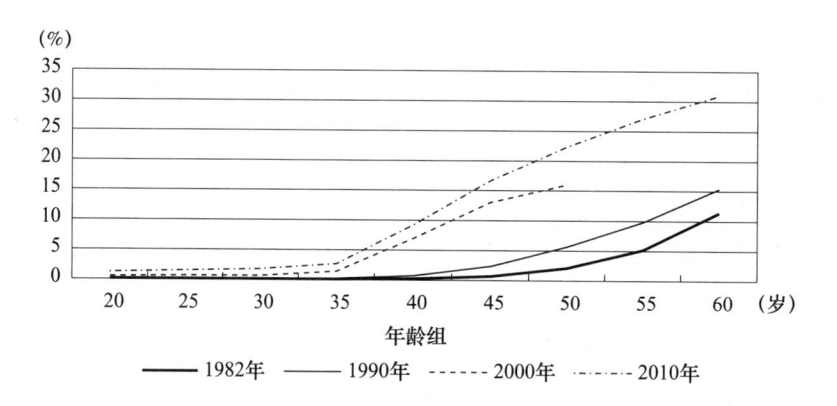

图3-12 农村不同年龄组有子女妇女在夫妇核心家户中的构成

4. 夫妇分居和单亲核心家户的变动

(1) 城市。

城市有子女妇女在夫妇分居和单亲核心家户中的占比只有1982年明显较高,且集中于30—34岁、35—39岁和40—44岁三个年龄组,均超过10%。这与当时的户籍政策和迁移控制有关(如丈夫在大城市工作,于中小城市生活的妻子和子女随迁难度较大,除非丈夫放弃大城市工作迁往妻子所在中小城市),由此形成较高比例的夫妇两地分居、夫妇一方在夫妇分居和单亲核心家户生活的现象。1990年这种现象明显减少(见图3-13),这是人口迁移限制政策弱化后的结果。

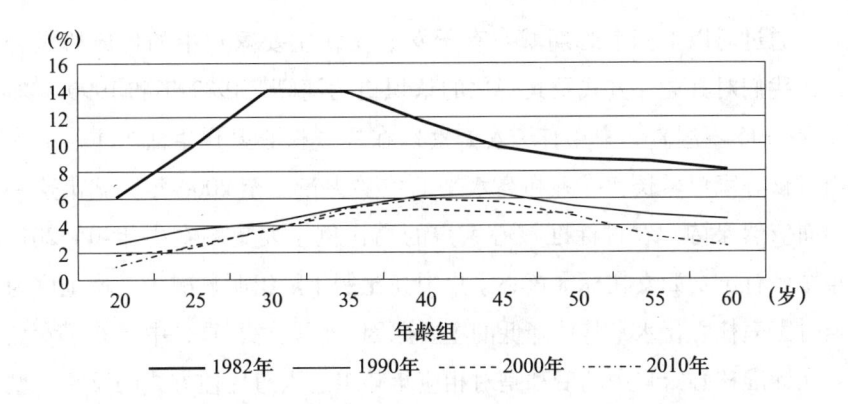

图3-13 城市不同年龄组有子女妇女在夫妇分居和单亲核心家户中的构成

(2) 农村。

农村有子女妇女在1982年30—34岁组、35—39岁组和40—44岁组也有超过10%的夫妇分居和单亲核心家户(其原因则多是在城市工作的丈夫不能将农村户籍的妻子、子女迁移过去,由此农村有相对高比例的夫妇分居和单亲核心家户),1990年及其后均低于10%。但值得注意的是,2010年35—39岁组和40—44岁组中,夫妇分居和单亲核心家户超过2000年(见图3-14),这多由已婚有子女的中年男性劳动力长期在城市务工所致。

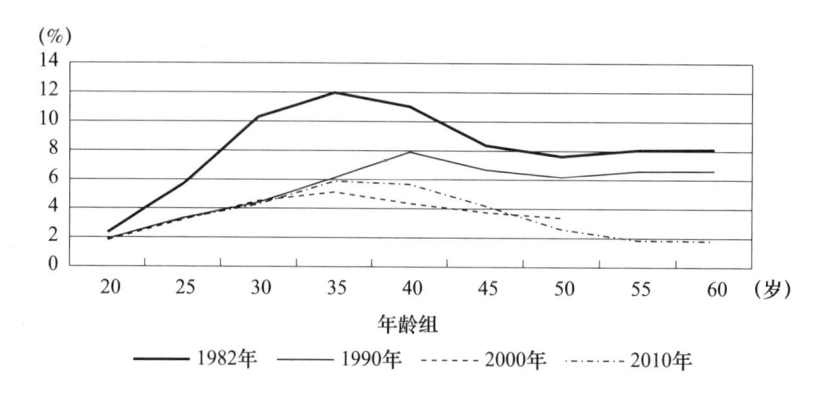

图 3-14　农村不同年龄组有子女妇女在夫妇分居和单亲核心家户中的构成

通过对以上四个时期城乡有子女妇女在主要家户中的构成所做分析,我们对其居住方式及其变化的认识更为清晰。1982 年和 1990 年城乡 30—45 岁组青、中年有子女妇女以在标准核心家户生活为主,成为当时核心家户增长和维系在高水平的主要力量。至 2000 年,城市这一局面依然保持,农村标准核心家户的高比例主要集中在中年组。2010 年城乡有子女妇女在标准核心家户中高比例年龄组明显减少,这也成为当时家庭核心化水平整体降低的主要原因。可以说,青、中年有子女妇女在标准核心家户中的变动是对相应年龄组总人口居住方式的反映。城乡三代及以上直系家户变动与标准核心家户有一定的对应性,青年初育妇女和 50 岁以上有子女妇女于其中生活比例高于 30—49 岁妇女,总体上城市四个时期不同年龄组妇女在三代及以上直系家户中的构成比较稳定。而农村 2000 年及之后 20—24 岁、25—29 岁低龄组有子女妇女中该指标明显高于 1982 年和 1990 年同龄组妇女,这表明农村少子女家庭的亲代和已婚子代更容易形成共同生活格局。城乡有子女妇女中的夫妇核心家户只有到 2010 年才在 50 岁及以上组表现出明显增长,少子女和独生子女对父母"空巢"居住方式的影响体现出来。有子女妇女中夫妇分居和单亲核心家户超过 10% 的时期和年龄组较少,城乡均集中在 1982 年 30—40 岁年龄组。这与当时实行相对严格的户籍迁移限制制度有直接关系。

(三) 有子女妇女子女数量与居住方式关系

上面仅对有子女妇女的整体居住方式进行了分析,而未对拥有不同子女数量妇女的居住方式分别进行考察。下面将从这一视角加以探讨。

就当代而言,夫妇抚养一个子女往往需亲属特别是直系亲属从旁协助,若有两三个子女,没有亲属帮助则是不可想象的。那么,在多子女生育时代,子女数量与夫妇分居住方式的关系如何?

1982 年以来的四个普查时期为中国妇女生育率发生较大变动的阶段,从表 3-12 我们已经看到,1982 年 45 岁及以上组生育且有存活子女的妇女中有 5 个及以上子女者达到或接近 50%,这些子女应多出生于 20 世纪六七十年代。2000 年,就 45—49 岁组来看,有 5 个及以上子女已成为个别现象。至 2010 年,城市 45—49 岁组有 3 个及以上子女者约为 6%,农村也仅占约 1/4。那么,同一时期之内,拥有不同子女数量妇女的居住方式有何差异? 不同时期拥有相同子女数量者居住方式有何变化? 这里我们主要针对 1982 年和 1990 年数据进行分析。

1. 1982 年城乡同龄组拥有不同子女数量妇女的居住方式

在前面的分析中我们已经发现,1982 年城乡 30—49 岁组有子女妇女在标准核心家户生活是主流,基本上都在 50% 以上。其次为二代及以上直系家户。在此主要对她们在这两种家户的居住构成进行分析。那么,她们之间在标准核心家户和二代及以上直系家户中的居住构成是否因子女的数量不同而有别?

(1) 城市。

1) 标准核心家户。

由图 3-15 我们看到,1982 年,在 35—39 岁和 40—44 岁年龄组内,除只有 1 个子女妇女在标准核心家户生活比例稍低外,有 2 个至 6 个及以上子女的妇女之间并无明显差异,甚至说基本一致。如 35—39 岁组有 2 个至 6 个及以上子女的妇女在标准核心家户所占比例分别为 65.61%、65.28%、65.85%、65.93% 和 65.94%,一致性非常高。40—44 岁组有 2 个至 6 个及以上子女的妇女占比稍有波动,分别为 67.97%、67.05%、64.43%、62.91%、59.18%。超多子女妇女中的标准核心家户占比有所降低，但并非明显下降，而是小幅减少。45—49岁组也有这种表现。由此，我们可以得出这样的结论，1982年城市多育妇女以夫妇独自抚养子女为主，至少从形式上看他们中多数人没有对直系和旁系亲属提供照料帮助形成依赖，而以独立承担抚养多个子女之责为主。

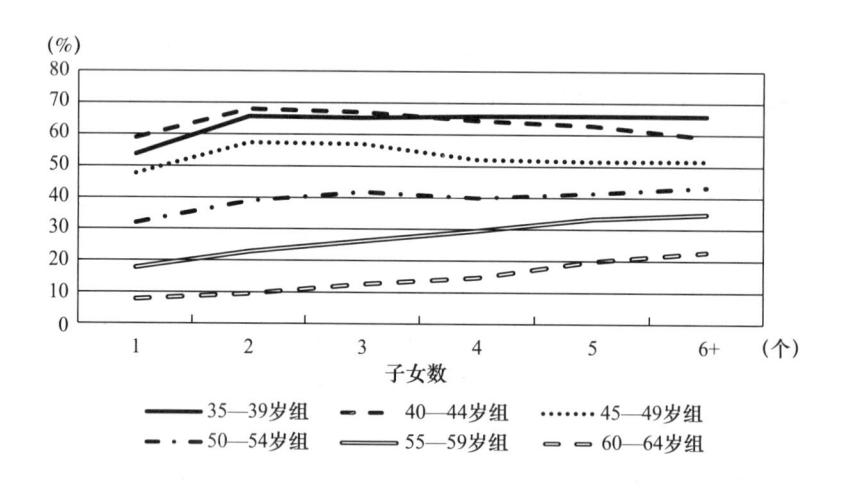

图3-15　1982年城市不同年龄组和拥有不同子女数量妇女在标准核心家户生活的比例

进一步看，相对于35—39岁和40—44岁年龄组，45岁及以上年龄组拥有不同子女数量妇女在标准核心家户生活比例呈逐渐递减之势。这种变动与中年以上夫妇的成年子女开始婚配有关，一些子女婚后与父母同住，该标准核心家户转化为直系家户等类型。以有4个子女者为例，40—44岁组在标准核心家户生活占比为64.43%，45—49岁组降至52.10%，降低12.33个百分点；50—54岁组为39.92%，降低12.18个百分点；55—59岁组为29.47%，降低10.45个百分点；60—64岁组为14.72%，降低14.75个百分点。整体看，随年龄组提高而递减，且递减层次比较清晰。

2）二代及以上直系家户。

我们上面曾提到，45岁及以上不同子女数量妇女在标准核心家户中的占比降低，其主要原因是一些子女长大成人并婚配，导致直系家户增加。实际情形如何？这里我们主要对二代及以上直系家户进行分析。

根据图 3-16，城市 49 岁及以下者中，拥有 5 个及以上子女妇女在二代及以上直系家户生活比例高于拥有 4 个子女及以下者。具体看，从 3 个子女开始呈递增之势，差异并不大，其曲线走势平稳即说明这一点。另外，从 45—49 岁组开始，二代及以上直系家户构成呈递增之势，亦即因有子女结婚而构成直系家户。这与标准核心家户递减具有对应性。

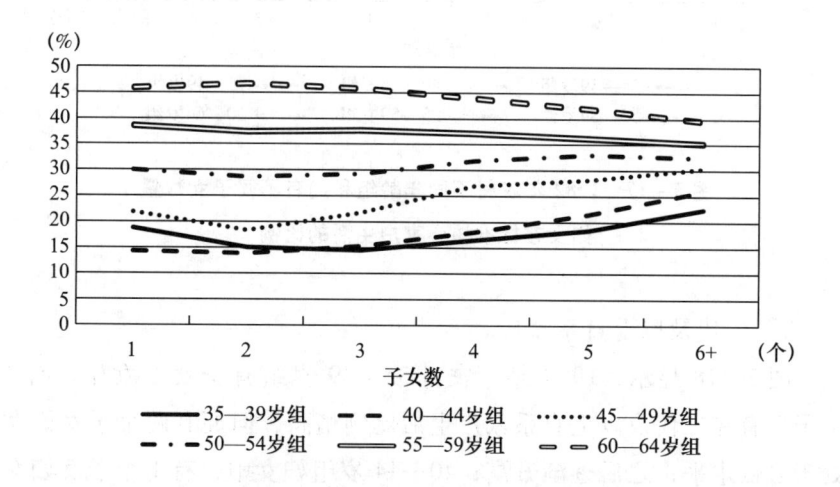

图 3-16 1982 年城市不同年龄组和拥有不同子女数量
妇女在二代及以上直系家户生活的比例

(2) 农村。

1) 标准核心家户。

根据图 3-17，就 35—39 岁组和 40—44 岁组而言，农村除有 1 个子女的妇女外，其他拥有不同子女数量妇女在标准核心家户居住构成之间的差异并不显著，这与城市的情形相似。如 40—44 岁组中，有 3 个、4 个、5 个、6 个及以上子女妇女所居标准核心家户比例分别为 60.5%、61.76%、61.61% 和 61.27%。这也说明，农村中年夫妇在抚养子女阶段，夫妇独立承担照料之责是主流。值得注意的是，农村50—54岁组拥有不同子女数量妇女在标准核心家户生活比例明显高于城市。

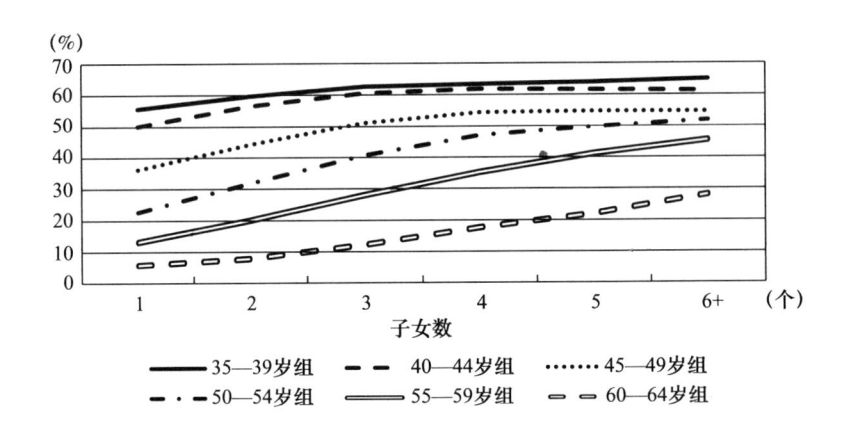

图3-17 1982年农村不同年龄组和拥有不同子女数量妇女在标准核心家户生活的比例

2）二代及以上直系家户。

图3-18显示，1982年，农村35—39岁组有子女妇女中，有1个子女者在二代及以上直系家户生活比例稍高，但拥有两个子女妇女处于最低水平，之后逐渐升高；40—44岁组妇女中，有1个子女妇女在二代及以上直系家户生活比例最高，3个子女最低，之后逐渐升高。从45—49岁组开始，有子女妇女在二代及以上直系家户中的构成随子女数量增多而减少，亦即有1个子女妇女在这些直系家户生活比例最高，6个及以上最低。城市则仅在60岁及以上组才一定程度上显示出这种趋向。农村的这一表现与少子女妇女，特别是只有1个儿子、该子婚后亲子代共同生活比例高有关，而多子女妇女更可能与子女分居各爨。另外，多子女妇女养育子女的过程较长，已婚子女离家后，他们继续与未婚子女共同生活。

可见，1982年，无论城市还是农村，在35—39岁组和40—44岁组主要养育子女的阶段，拥有不同子女数量妇女均以在标准核心家户生活为主，这意味着夫妇独立抚养子女是多子女生育时代的主要做法。而在45—49岁及以上年龄组，拥有不同子女数量妇女在标准核心家户生活比例呈逐渐递减之势。这种变动与中年以上夫妇的子女长大并开始结婚有关，一些子女婚后与父母同住，该标准核心家户转化为二代、三代直系家户等类型。

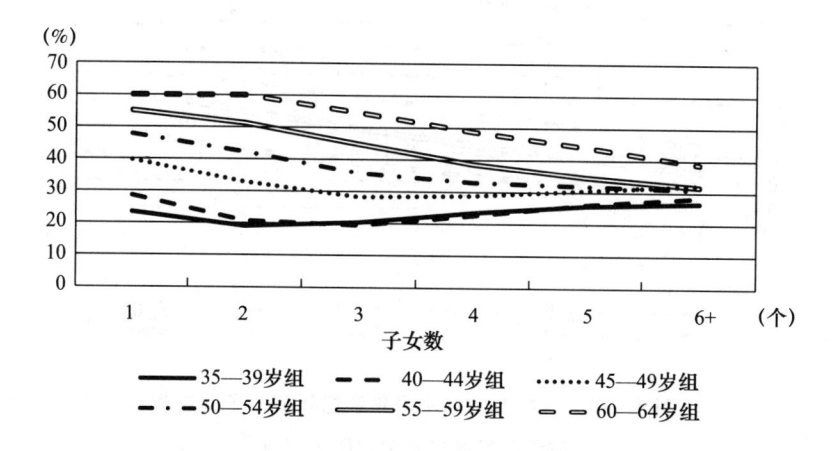

图3-18　1982年农村不同年龄组和拥有不同子女数量妇女在二代及以上直系家户生活的比例

2. 1990年城乡同龄组拥有不同子女数量妇女的居住方式

相对于1982年，1990年35—39岁组、40—44岁组妇女中多子女比例降低，城市尤其如此。

这里我们着重观察农村拥有不同子女数量妇女在标准核心家户和二代及以上直系家户的生活状况和变化。

（1）标准核心家户。

根据图3-19，我们看到，1990年35—39岁组拥有不同子女数量妇女在标准核心家户生活比例较1982年提高，其中有2—5个子女的妇女在标准核心家户生活比例均超过70%。40—44岁组妇女中，除有2个子女妇女中的标准核心家户稍高（达到63.38%）外，其他均在60%上下，具有较强的一致性，曲线走向也很平缓。45—49岁组、50—54岁组、55—59岁组和60岁及以上组妇女已有子女结婚，其在标准核心家户生活比例整体降低，而在同一年龄组内部，随子女数量增加而提高，亦即子女数量多的中年以上妇女在标准核心家户生活的可能性较大。

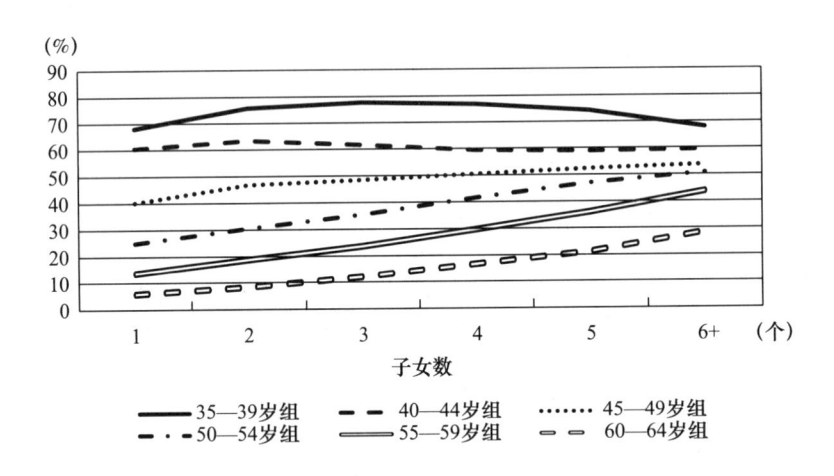

图 3 – 19　1990 年农村不同年龄组和不同子女数量妇女在标准核心家户所占比例

（2）二代及以上直系家户。

图 3—20 显示，35—39 岁组和 40—44 岁组中，拥有 3 个及以上多子女妇女在二代及以上直系家户生活比例高于有 1 个、2 个子女妇女，不过有 4 个、5 个和 6 个及以上子女妇女之间并无明显差异，这说明低龄多子女妇女对亲代照料子女的需求高于少子女者。而在 45—49 岁组妇女中，二代及以上直系家户较前两个年龄组提升，但其内部拥有不同子女数量的妇女之间差异并不大。至 50 岁以上组，少子女妇女与自己的成年已婚子女生活比例明显高于多子女妇女，或者说这些妇女中，二代及以上直系家户比例随子女增加而降低。值得注意的是，就 50 岁以上组而言，1990 年和 1982 年农村有子女妇女在二代及以上直系家户中的构成很相似，均表现为随子女数量增多所占比例降低的趋向。

(%)
70
60
50
40
30
20
10
0

　　　　1　　　　2　　　　3　　　　4　　　　5　　　　6+　　(个)
　　　　　　　　　　　　　子女数

——— 35—39岁组　　- - - 40—44岁组　　……… 45—49岁组
-·-·- 50—54岁组　　===== 55—59岁组　　- - - 60—64岁组

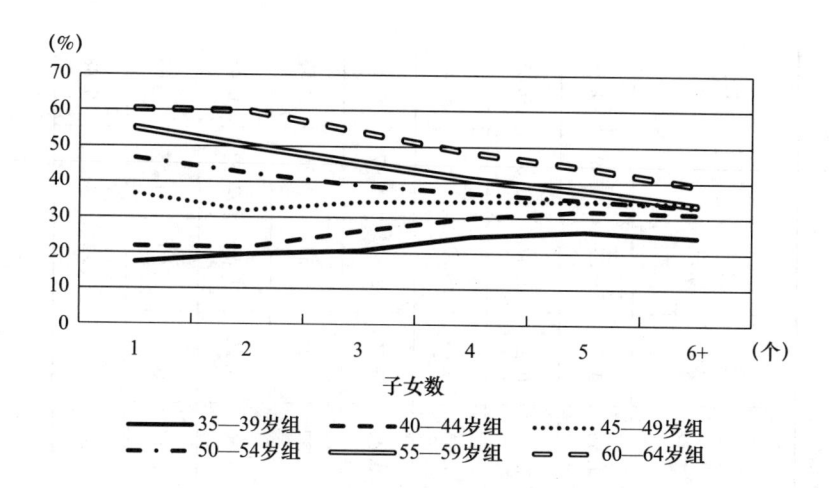

图3-20　1990年农村不同年龄组和子女数量妇女
在二代及以上直系家户生活的比例

总体上，20世纪70年代、80年代和90年代初期，在养育子女阶段，城乡有3个及以上子女的多子女夫妇，甚至有5个及以上子女的夫妇与少子女者相比，其于二代及以上直系家户生活的比例并未提升，而以在标准核心家户生活为主，表明他们对直系亲代所提供的子女照料帮助并未形成依赖。这与当时子女养育成本较低有关，也与幼儿园、小学和中学在居住村庄、家属区就近设置有关，当然还与竞争性教育制度和环境尚未形成有关。

（四）不同时期相同年龄组妇女居住方式比较

我们认为，就当代而言，夫妇养育子女的标准年龄应在35岁左右。这一阶段，小孩多已度过婴幼儿时期，开始上小学和中学。夫妇不必借助他人之手照料子女，故此在核心家户生活的比例应该进一步增加。

我们将35—39岁组已婚妇女视为处于养育子女阶段的标准群体。为避免孤立看待单个群组的不足，在此将30—34岁组作为参照组。

1. 城市

从表3-13我们看到，35—39岁组夫妇中的核心家户保持在高水平，且在1982年、1990年和2000年很稳定，占比在80%上下，2010年

表 3-13　城市 30—34 岁、35—39 岁组已婚妇女所生活家户构成

单位：%

年份	年龄组（岁）	核心家户	其中：夫妇核心家户	标准核心家户	夫妇分居和单亲核心家户	扩大核心家户	过渡核心家户	直系家户	其中：三代及以上直系家户	二代直系家户	隔代家户	复合家户	单人户	其他家户
1982	30—34	74.66	4.12	57.67	7.90	2.09	2.88	18.40	16.34	1.56	0.50	3.25	2.59	0.78
1982	35—39	79.27	1.95	65.02	8.56	0.84	2.90	16.24	15.36	0.63	0.25	1.07	2.64	0.63
1990	30—34	73.30	4.35	61.55	2.52	3.28	1.60	19.12	17.10	1.55	0.47	5.20	1.83	0.54
1990	35—39	80.85	4.08	69.30	3.40	3.36	0.71	14.33	13.19	0.84	0.30	2.42	1.97	0.42
2000	30—34	72.72	7.71	58.54	2.26	3.09	1.12	21.93	20.31	1.37	0.25	2.58	2.25	0.53
2000	35—39	79.01	5.08	67.46	3.18	2.68	0.61	16.87	16.01	0.66	0.20	1.58	2.09	0.46
2010	30—34	66.54	14.58	44.88	2.35	2.60	2.13	26.24	22.88	3.14	0.22	1.60	4.58	1.03
2010	35—39	74.15	10.52	56.64	3.30	2.60	1.09	19.37	17.62	1.59	0.16	1.22	4.37	0.88

稍有降低，但也处于74.15%的高位。核心家户内部，标准核心家户占比1990年最高，接近70%，整体看前三个时期比较接近。2010年降幅较大，比2000年下降16.04%。这种差异很大程度上是由2010年夫妇核心家户占比提高所致。我们认为，这与一些独生子女父母重视子女的教育，初高中阶段即开始择校并离家上学有关。

35—39岁组的直系家户在四个时期也比较稳定，所占比例处于15%—20%之间。其内部又以三代及以上直系家户为主。

需要指出的是，前三个时期这一年龄组的单人户所占比例较低，但2010年又有所上升。我们认为这与处于壮年的男性出外工作比例相对较高有关。

2. 农村

按照表3-14，农村35—39岁组夫妇在这四个时期均以在核心家户生活比例为最大，而前三个时期有逐渐增大的表现，2000年甚至高于城市，但2010年降至61.19%，比2000年减少25.35%。在其内部，标准核心家户是主要部分。

该年龄组中直系家户均占少数，而2010年比2000年增长129.86%，变动之后，直系家户提高至1/3。若结合这一时期直系家户的变动趋势，可见夫妇在初婚、初育时即有相对较高比例的直系家户，至35—39岁组，较低龄组已有明显降低。所以，该年龄组直系家户占比增大并非单个年龄组夫妇在此阶段与父母生活比例提高所致，而是该时期初婚、初育者整体上与父母共同生活提高。这些人的初婚时间在2000年前后，其与父母共同生活比例增多与20世纪70年代初期计划生育政策的效应有关。当时虽未实行独生子女政策，但晚、稀、少政策却开始被推行，农村总和生育率也因此下降，农民家庭中独子家庭比例提高（在农村一子一女或一子多女也属独子），至2000年前后，他们进入婚配阶段。然在农村习惯下，独子与父母分爨生活比例相对较低。这是该年龄组直系家户占比上升的重要原因。当然，因多数夫妇有多个儿子，故核心家户仍占多数。

表 3-14 农村 30—34 岁、35—39 岁组已婚妇女所生活家户构成

单位：%

年份	年龄组（岁）	核心家户	其中：夫妇核心家户	标准核心家户	夫妇分居和单亲核心家户	扩大核心家户	过渡核心家户	直系家户	其中：三代及以上直系家户	二代直系家户	隔代家户	复合家户	单人户	其他家户
1982	30—34	72.32	0.85	63.54	5.84	0.29	1.80	24.68	23.34	0.79	0.55	1.51	0.57	0.32
1982	35—39	74.87	0.43	65.28	7.05	0.23	1.88	23.37	22.36	0.70	0.31	0.54	0.59	0.37
1990	30—34	74.83	0.78	69.29	2.69	1.82	0.25	22.93	21.87	0.62	0.44	1.67	0.40	0.16
1990	35—39	77.26	0.48	70.91	3.90	1.80	0.17	21.53	20.57	0.63	0.33	0.64	0.42	0.13
2000	30—34	75.32	3.82	65.44	3.03	2.49	0.54	20.38	19.41	0.76	0.21	2.11	1.96	0.24
2000	35—39	81.97	3.44	72.33	3.31	2.69	0.20	15.04	14.50	0.34	0.20	0.96	1.83	0.22
2010	30—34	48.28	2.52	38.81	3.23	1.25	2.47	46.60	43.55	2.78	0.27	3.29	1.24	0.59
2010	35—39	61.19	2.86	51.15	4.46	1.58	1.14	35.55	33.33	1.94	0.28	1.52	1.34	0.39

(五) 相同年龄组拥有不同子女数量妇女的居住方式

我们前面以35—39岁组为基本年龄组分析了妇女养育子女阶段的居住方式，同时以45—49岁组、50—54岁组和55—59岁组为对象考察妇女在子女逐渐长大并开始离家时的居住方式。在此我们拟以35—39岁组为对象进一步观察拥有不同子女数量妇女的居住特征。

从表3-15可见，城市拥有不同子女数量妇女在标准核心家户中的构成特征是，1982年除有1个子女妇女稍低外，其他有2个及以上子女的妇女在标准核心家户中生活的比例均超过65%，亦即多子女和少子女之间没有差别，或者说多子女妇女没有对父母（公婆等）照料子女形成依赖。这种状况在1990年继续保持，有3个子女妇女在标准核心家户居住比例甚至超过拥有1个、2个子女妇女（1990年和2000年）。而拥有不同子女数量妇女在三代及以上直系家户中生活比例均不高，相对来说，1982年拥有4个及以上子女者较拥有2个、3个

表3-15 城乡35—39岁组妇女子女数量差异与居住方式　　　单位：%

	子女数（个）	标准核心家户				三代及以上直系家户			
		1982年	1990年	2000年	2010年	1982年	1990年	2000年	2010年
城市	1	53.69	68.14	68.75	60.22	17.21	13.66	16.20	18.50
	2	65.61	75.69	69.25	58.29	14.70	11.63	14.16	13.92
	3	65.28	77.62	71.46	59.02	14.37	10.00	10.02	13.14
	4	65.85				16.00			
	5	65.93				17.15			
	6+	65.94				20.15			
农村	1	55.60	69.27	65.59	48.84	21.96	17.07	21.20	32.76
	2	59.62	70.49	71.06	53.96	18.61	19.33	20.45	32.17
	3	62.69	71.08	73.52	58.72	20.02	19.88	18.39	27.45
	4	63.39	67.74	70.93	58.40	22.88	23.49	20.35	26.84
	5	64.08	67.53			24.57	24.57		
	6+	64.98				24.38			

注：1982年后多子女妇女比例逐渐减少，有些年龄组占比很低，不到1%。在此仅对子女数占比超过2%者进行分析。

子女有所提升。通过对数据进一步考察发现，这一升高与夫妇分居和单亲核心家户相对应，即多子女的单亲妇女对长辈协助需求增大。1990年以后三个时期有3个子女妇女在三代及以上直系家户生活比例均低于拥有1个、2个子女妇女，拥有2个子女妇女又低于拥有1个子女妇女。

农村情形与城市没有显著之别，但有小的差异。1982年农村妇女在标准核心家户生活比例有随着子女数增加而上升的表现，拥有5个及以上多子女妇女组成标准核心家户的可能性更大一些。1990年拥有3个子女妇女中的标准核心家户比例最高，拥有4个、5个子女妇女中该家户比例则有小幅下降。2000年也表现为拥有3个子女妇女中的标准核心家户占比最高，并且在四个时期占比最大。2010年拥有3个、4个子女妇女的标准核心家户明显高于拥有1个、2个子女妇女。三代及以上直系家户表现为，1982年拥有4个及以上多子女妇女在该家户所占比例高于相对少子女者，其原因也与夫妇分居和单亲核心家户收缩有关。1990年拥有4个及以上多子女妇女中三代及以上直系家户构成降低则是标准核心家户减小的结果，表明多子女者对亲代照料需求增大。2000年其特色不突出，2010年有相反表现，少子女妇女与亲代生活比例高于拥有3个及以上多子女者。

五　子女成年后的父母居住方式

——以50—54岁组、55—59岁组为观察对象

当夫妇进入中年，子女长大并逐渐离家。在多子女的核心家户中，子女离家尚不会使该类家户发生"转型"，但若在独生或少子女的核心家户，则有可能导致"空巢"现象出现。不过也存在另外一种可能，子女，特别是儿子进入婚配状态，并与父母共同生活。我们认为，这种状态是会有时期差异的。下面我们借助数据进行分析。

(一) 城乡中年夫妇居住方式

1. 城市

表 3-16 数据显示,城市四个时期 50—54 岁组、55—59 岁组夫妇均以在核心家户生活为主。若结合 45—49 岁组观察,可见每个时期的核心家户均为逐渐降低,即从占比 70% 以上的高位降至 65% 上下,再降至 55% 上下。其内部标准核心家户、夫妇分居和单亲核心家户等也呈现出这样的变动趋向。相反的情形为,夫妇核心家户("空巢")比例增大。这一特征以 2000 年和 2010 年最为突出。2000 年 55—59 岁组夫妇核心家户所占比例超过 1/4,2010 年则接近 30%,超过标准核心家户所占比例,成为核心家户中最大类型。

直系家户在四个时期的三个年龄组中则为逐渐提高,其共同点是,尽管在 55—59 岁组直系家户均有提升,但却低于 40%。

四个时期中年单人户基本上也表现为随年龄组增大而提升的状态,但 2010 年比较例外,各年龄组单人户比例明显高于其他时期。

复合家户均为逐渐增大,其中 1982 年和 1990 年年龄组之间增幅较大,这是一些有 2 个及以上儿子的夫妇由于住房等限制而与 2 个及以上已婚儿子共同生活所形成。

进一步看,这种变动的原因在于,50—54 岁、55—59 岁年龄组的夫妇,其子女逐渐进入婚配年龄,一部分婚后、生育后与父母住在一起,由此导致直系家户占比提升。另一部分则单独生活,提升了父母"空巢"比例。所以可以这样说,尽管四个时期 50—54 岁组和 55—59 岁组夫妇均有核心家户总体萎缩和直系家户总体扩大的表现,但相对来看,直系家户扩展比较稳定,而夫妇核心家户的增长特征更为突出。

2. 农村

根据表 3-17,农村中年夫妇所居家户的变动与城市有相似之处,四个时期核心家户随年龄组提高而降低,其中的标准核心家户也有这种表现,而夫妇核心家户为上升。直系家户亦如此。

但城乡之间也有差异。农村核心家户总体水平低于城市,至 2000 年和 2010 年,农村 55—59 岁组夫妇中的直系家户水平已与核心家户构成基本持平。这表明,农村中年夫妇的子女结婚后与父母共同生活比例提高。

表 3-16　城市不同时期中年夫妇居住方式

单位:%

年份	年龄组（岁）	核心家户	其中:夫妇核心家户	标准核心家户	夫妇分居和单亲核心家户	扩大核心家户	过渡核心家户	直系家户	其中:三代及以上直系家户	二代直系家户	隔代家户	复合家户	单人户	其他家户
1982	45—49	73.53	1.82	59.19	6.84	3.47	2.21	22.45	15.72	6.59	0.14	1.40	2.22	0.40
1982	50—54	65.35	3.53	47.23	6.51	6.03	2.05	28.74	19.16	9.08	0.50	3.18	2.38	0.35
1982	55—59	57.61	6.76	35.67	6.36	6.73	2.09	34.56	24.00	9.02	1.54	4.20	3.25	0.35
1990	45—49	78.77	4.56	65.01	4.73	2.89	1.58	18.04	13.82	4.00	0.22	1.16	1.84	0.20
1990	50—54	64.81	8.79	45.66	4.42	2.18	3.76	29.47	21.34	7.22	0.91	3.36	2.15	0.21
1990	55—59	52.28	14.90	27.10	3.72	1.84	4.72	38.99	28.42	7.71	2.86	5.45	3.06	0.23
2000	45—49	82.46	16.14	58.91	3.52	2.44	1.45	14.10	10.97	2.82	0.31	0.60	2.61	0.24
2000	50—54	68.67	19.23	41.27	3.05	1.79	3.33	27.05	20.66	5.02	1.37	1.18	2.84	0.27
2000	55—59	56.39	25.35	22.82	2.37	1.43	4.42	38.32	29.48	5.55	3.29	1.69	3.38	0.23
2010	45—49	78.01	20.47	49.10	4.06	1.82	2.56	15.66	11.63	3.68	0.35	0.62	5.00	0.73
2010	50—54	70.94	23.90	37.57	3.51	3.99	1.97	22.93	16.35	5.48	1.10	0.67	4.74	0.72
2010	55—59	59.61	28.95	21.51	2.43	5.07	1.65	34.30	25.93	5.99	2.38	0.95	4.52	0.62

表 3-17　农村不同时期中年夫妇居住方式

单位:%

年份	年龄组（岁）	核心家户	其中:夫妇核心家户	标准核心家户	夫妇分居和单亲核心家户	扩大核心家户	过渡核心家户	直系家户	其中:三代及以上直系家户	二代直系家户	隔代家户	复合家户	单人户	其他家户
1982	45—49	68.16	0.98	56.92	6.18	1.75	2.33	29.15	21.47	7.51	0.17	1.27	1.04	0.37
	50—54	63.24	2.56	49.33	6.13	2.25	2.97	32.51	23.29	8.91	0.31	2.25	1.63	0.38
	55—59	56.83	5.87	39.05	6.43	2.15	3.33	37.42	27.96	8.75	0.71	2.56	2.81	0.38
1990	45—49	64.65	2.11	54.52	4.92	1.87	1.23	32.56	24.84	7.51	0.21	1.84	0.84	0.11
	50—54	60.11	5.07	46.55	4.92	2.09	1.48	35.60	26.57	8.64	0.39	2.82	1.34	0.13
	55—59	56.23	9.70	37.33	5.31	2.35	1.54	38.37	29.23	8.40	0.74	2.92	2.34	0.14
2000	45—49	69.33	11.85	51.90	3.24	1.46	0.88	28.63	21.98	5.28	1.37	0.52	1.43	0.09
	50—54	54.95	18.48	31.14	2.81	1.33	1.19	41.67	31.05	6.77	3.85	1.20	2.12	0.06
	55—59	48.31	24.01	19.29	2.76	1.21	1.04	47.42	35.97	5.61	5.84	1.29	2.90	0.12
2010	45—49	65.49	15.95	41.55	3.55	3.04	1.40	30.27	22.60	5.91	1.76	0.79	2.81	0.65
	50—54	54.81	22.01	25.23	2.32	4.13	1.12	40.06	29.27	6.16	4.63	1.40	3.08	0.65
	55—59	47.03	26.63	14.00	1.86	3.65	0.89	46.88	34.12	5.26	7.50	1.49	3.92	0.67

(二) 子女数量差异的影响

1. 50—54 岁组妇女

由表 3-18 可见，城市 50—54 岁组拥有不同子女数量妇女在标准核心家户生活比例出现全面收缩，与此同时二代及以上直系家户（含过渡直系）全面扩大，"空巢"家户提升。不过具体看来，不同时期也有差异。1982 年、1990 年其向二代及以上直系家户转变趋向更强，2000 年和 2010 年向二代及以上直系和"空巢"家户转化均比较强。子女数量并没有表现出少子女者在直系家户生活的比例更高、夫妇家户更低的趋向，而是相反。

农村拥有不同子女数量妇女中的标准核心家户的转化与城市不同，1982 年和 1990 年表现为向二代及以上直系家户的转化表现为少子女者高于多子女者；2000 年也有这种表现，但不规范；2010 年只有 5 个及以上子女者在二代及以上直系家户居住比例稍低。另外，1982 年和 1990 年拥有 1 个子女妇女中"空巢"家户比例明显高于拥有 2 个及以上子女者，2000 年整体上少子女者的"空巢"比例更高，2010 年则为多子女者"空巢"比例更高。

我们认为，对 50—54 岁组多子女妇女来说，其第 5 个、第 6 个子女往往尚未成年，因而这一年龄组妇女居住方式的转化刚刚开始，尚有较高比例者在标准核心家户生活。

2. 60—64 岁组妇女

从表 3-19 可见，至 60—64 岁组，1982 年和 1990 年城乡多子女妇女与未婚子女共同生活的比例较高，1982 年拥有 6 个及以上子女者占比超过 20%，若将夫妇分居和单亲核心家户包括进来则更高。值得注意的是，1982 年和 1990 年城市 5 个及以上不同子女数量妇女与子女组成二代及以上直系家户的比例并无差异，2010 年拥有 4 个子女妇女占比稍高，但也并不存在明显差异。1982 年和 1990 年少子女妇女向夫妇核心家户转化的趋向更强一些，2010 年多子女妇女中夫妇核心家户比例相对较高，也并非有显著之别。

整体看，农村少子女妇女比多子女妇女向直系家户转化能力强，而向夫妇核心家户转化能力与子女数量的关系并不大。

表 3-18　四个时期城乡 50—54 岁组拥有不同子女数量妇女的家户类型

单位：%

	子女数(个)	标准核心家户				二代及以上直系家户（含过渡直系家户）				夫妇核心家户			
		1982年	1990年	2000年	2010年	1982年	1990年	2000年	2010年	1982年	1990年	2000年	2010年
城市	1	31.94	38.43	53.76	36.53	33.26	27.82	14.50	25.04	13.89	17.16	19.08	30.42
	2	38.88	38.72	42.88	30.21	33.72	33.93	32.25	35.64	8.08	12.72	15.88	28.16
	3	41.78	35.19	36.97	27.71	36.37	39.44	37.81	38.67	4.56	10.73	13.45	23.83
	4	39.92	35.23	38.46		39.68	40.52	34.62		3.01	8.80	12.82	
	5	41.46	40.25			40.54	38.38			1.49	5.55		
	6+	43.40	43.31			39.41	36.65			0.77	3.98		
农村	1	22.69	25.03	35.44	18.27	48.75	47.24	33.49	39.98	12.66	14.03	16.5	18.27
	2	31.80	30.34	30.50	20.62	43.66	43.89	39.69	42.26	7.70	11.62	18.79	20.62
	3	40.74	35.54	32.02	24.81	37.49	40.68	39.96	41.38	3.92	9.90	16.27	24.81
	4	47.05	41.61	39.79	26.90	35.15	38.34	35.81	39.60	1.60	6.45	13.93	26.90
	5	49.74	46.88	48.40	35.38	34.41	36.54	32.00	35.61	0.80	3.61	8.00	
	6+	51.92	50.77	51.46		33.65	34.66	25.24		0.18	1.63	5.83	

表 3-19 四个时期城乡 60—64 岁组拥有不同子女数量妇女的家户类型

单位：%

	子女数（个）	标准核心家户			二代及以上直系家户（含过渡直系家户）			夫妇核心家户		
		1982 年	1990 年	2010 年	1982 年	1990 年	2010 年	1982 年	1990 年	2010 年
城市	1	7.71	7.18	11.93	49.31	48.83	45.49	16.09	21.53	28.71
	2	9.48	9.16	6.69	51.59	47.31	45.43	13.67	20.33	34.26
	3	12.51	9.41	4.71	51.73	46.65	44.18	10.19	20.93	34.55
	4	14.72	9.80	5.42	50.91	49.56	47.40	9.99	18.69	30.70
	5	19.85	11.71		49.12	48.27		8.25	17.20	
	6+	22.83	14.91		47.79	48.63		5.73	12.93	
农村	1	5.77	5.75	9.28	60.47	60.91	46.48	14.89	17.02	26.72
	2	7.78	8.32	5.72	60.83	60.49	44.91	12.89	15.69	32.23
	3	12.12	12.01	5.91	55.94	55.13	44.85	12.52	16.85	31.65
	4	17.54	16.77	6.69	50.33	49.43	42.68	11.46	17.29	31.31
	5	22.05	21.09	10.16	46.08	45.44	43.41	10.42	16.05	27.44
	6+	28.11	28.42		41.19	40.93		7.99	12.52	

六 "夫妇"家户变动和峰值观察

"空巢"是否应视为已婚者的一个生命阶段？生有子女的夫妇待其子女长大，特别是子女出外上学、就业或婚配后不再与父母长期居住成为普遍现象，那么，它肯定是夫妇一个重要生命阶段。但就中国民众的经验来看，这只是部分已婚且有子女者的经历，不过这个"部分"也处在变化之中。

（一）"空巢"家户峰值的认识

一般来说，"空巢"仅指有子女者的家户状态。当所有子女长大离开父母，有子女之家变为无子女之户，故被人们形象地称为"空巢"。而对已婚但未生育子女、仅有夫妇二人生活的家户则不适合用"空巢"称之。由此看来，"空巢"指"后子女"家户，已婚尚未生育子女的家庭可被视为"前子女"家户而非"空巢"家户。

那么城乡夫妇"空巢"家户的峰值出现在何时？因普查数据中没有成年子女具体离家信息，我们在此将四次普查中20岁以上各年龄组已婚者形成的最大夫妇核心家户所在年龄组视为"空巢"峰值。

根据图3-21和图3-22，四个时期的普查数据显示，中国城市和农村家户的"空巢"峰值水平均出现在65岁年龄组，这是一个有趣的现象。当然不同时期之间"空巢"峰值差异很大，城市从1982年的

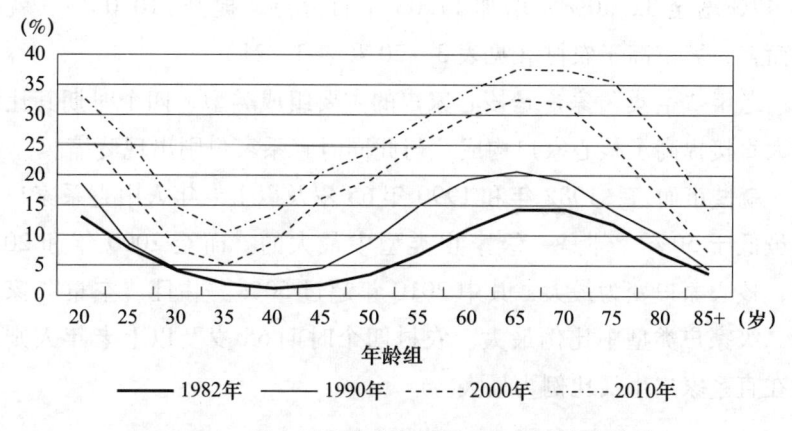

图3-21　城市不同年龄组已婚夫妇核心家户构成

14.27%，提高至 2010 年的 37.54%，增长 1.63 倍；农村从 15.47%增至 32.5%，提高 1.1 倍。我们认为，分析 65 岁及以上老年人"空巢"比例和他们实际生活的家户结构有助于认识中国城乡老年人的居住偏好和代际关系。

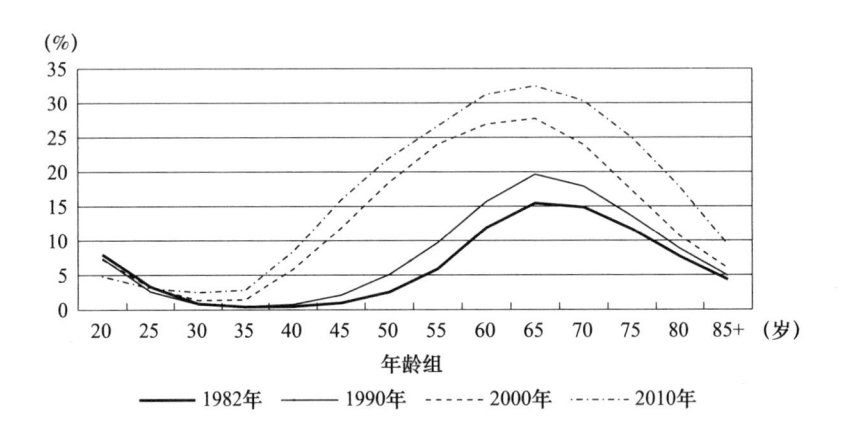

图 3-22　农村不同年龄组已婚夫妇核心家户构成

(二) 65 岁及以上老年人的居住方式

城乡 65 岁及以上老年人中"空巢"家户峰值的时期变动特征是，从 1982 年开始，峰值比例逐渐增大，城市由 1982 年的 14.27%升至 2010 年的 37.54%，净增 23.27 个百分点，提高 163.07%；农村由 15.47%增至 32.50%，增加 17.03 个百分点，提升 110.08%，就增幅而言，城市高于农村（见表 3-20 和表 3-21）。

老年"空巢"家户是核心家户的主要组成类型，四个时期其比例增大直接提高了核心家户构成，与此同时直系家户则出现萎缩。

就城市而言，1982 年和 1990 年 65 岁及以上老年人中直系家户比例虽低于 50%，却是一级家户类型中最大的。而至 2000 年和 2010 年，核心家户变为最大，其中 2010 年超过 50%。并且"空巢"家户在二级家户类型中比例最大。农村四个时期 65 岁及以上老年人则均以在直系家户生活比例为最大。

表3-20　城市不同时期65岁及以上老年人的居住方式

单位:%

年份	核心家户	其中:夫妇核心家户	标准核心家户	夫妇分居和单亲核心家户	扩大核心家户	过渡核心家户	直系家户	其中:三代及以上直系家户	二代直系家户	隔代家户	复合家户	单人户	其他家户
1982	37.53	14.27	11.83	4.30	5.44	1.69	49.06	38.30	5.77	4.99	3.19	9.14	0.54
1990	37.96	20.63	8.82	2.59	1.45	4.47	49.99	38.00	5.05	6.94	5.06	6.50	0.49
2000	46.29	32.51	7.79	2.10	0.90	2.99	44.84	36.36	3.43	5.05	1.44	7.17	0.26
2010	50.04	37.54	6.47	1.23	0.83	3.97	41.15	32.72	4.49	3.94	0.97	7.31	0.53

表3-21　农村不同时期65岁及以上老年人的居住方式

单位:%

年份	核心家户	其中:夫妇核心家户	标准核心家户	夫妇分居和单亲核心家户	扩大核心家户	过渡核心家户	直系家户	其中:三代及以上直系家户	二代直系家户	隔代家户	复合家户	单人户	其他家户
1982	35.86	15.47	11.5	5.43	1.22	2.24	52.73	45.78	4.76	2.19	1.42	8.58	0.43
1990	38.31	19.64	11.72	4.27	1.68	1.00	53.34	47.14	4.29	1.91	1.55	6.65	0.17
2000	40.42	27.71	7.72	3.30	0.79	0.90	52.22	43.13	3.58	5.51	0.81	6.45	0.11
2010	42.38	32.50	5.13	1.87	0.68	2.20	48.33	36.15	4.55	7.63	1.00	7.70	0.59

(三) 有偶老年人的居住方式

1. 不同时期已婚者中的有偶率

为了对老年已婚者有偶率及其变动有所认识,在此我们将20岁及以上组已婚者有偶率绘成图3-23。

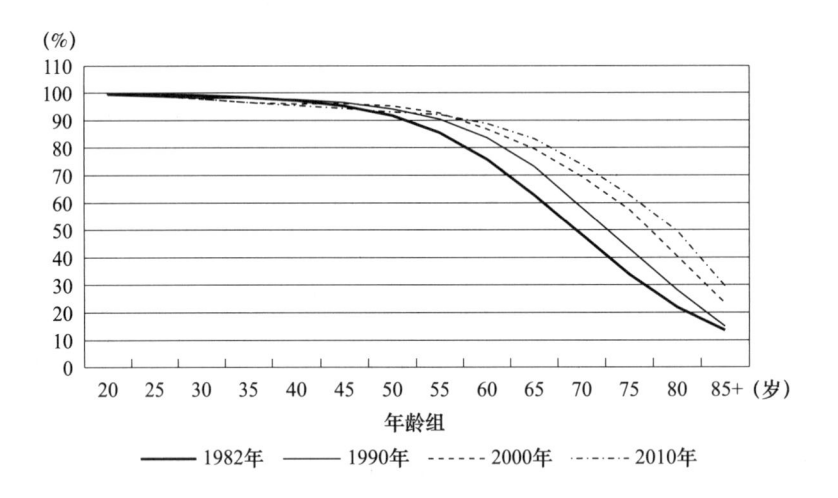

图3-23 城市不同年龄组已婚者有偶率

从图3-23我们看到,在45岁及以下组,四个时期已婚者有偶率差异不大,重合度很高;50岁及以上组,差异表现出来。具体来看,65—69岁组,1990年有偶率较1982年提升10.43个百分点,2000年较1990年提升6.45个百分点,2010年较2000年提升3.67个百分点。进一步看,四个时期65—69岁组已婚者中有偶率均在50%以上,至70—74岁组只有部分时期能达到这一比例。

根据图3-24,农村四个时期40岁及以下组已婚者中有偶率基本相同,45岁以上组开始出现差异,至65—69岁组差异扩大,但四个时期有偶率尚在50%以上。

2. 有偶老年人夫妇核心家户构成

夫妇健在是"空巢"家户形成的前提条件。我们认为,在亲代和已婚子代分爨生活不断增长的社会转型时期,老年人有偶率增加则会提高"空巢"家户的水平。实际情形究竟如何？

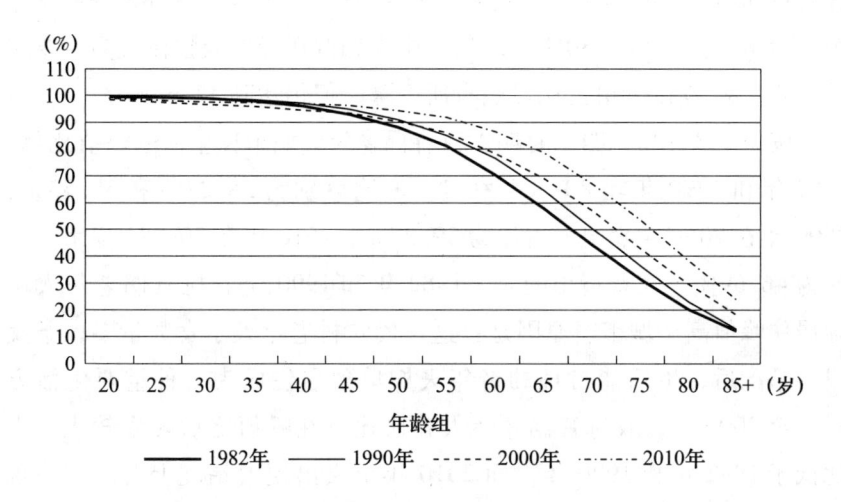

图 3-24 农村不同年龄组已婚者有偶率

图 3-25 显示，四个时期城市有偶老年夫妇单独生活比例随时间后移而逐渐升高，基本趋向是先上升至峰值年龄组再开始下降。各个时期峰值年龄组有所不同，1982 年为 75—79 岁组，1990 年为 80—84 岁组，占比分别为 34.85% 和 36.36%；2000 年提前至 70—74 岁组，

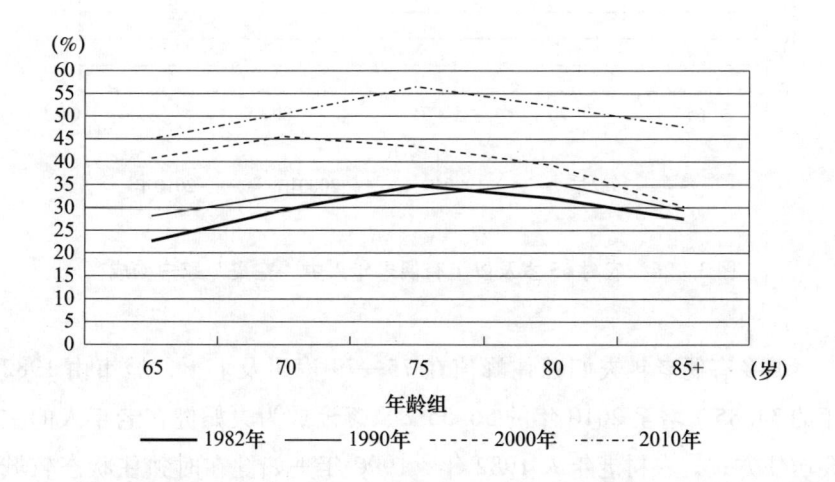

图 3-25 城市 65 岁及以上有偶老年人中"空巢"家户构成

占比超过40%（45.59%）；2010年峰值突出，位于75—79岁组，占比超过50%（56.55%），并且70—74岁、75—79岁和80—84岁三个年龄组占比均超过50%。老年人中夫妇健在者二人独住成为主要居住方式。85岁以上组占比虽然有所下降，但仍达到47.62%。

按照图3-26，四个时期农村有偶老年夫妇单独生活的峰值比例，1982年和1990年在80—84岁组，占比分别为38.28%和38.53%；2000年在70—74岁组，占比为39.27%；2010年在80—84岁组，占比为46.69%。需要指出的是，1982年和1990年农村有偶老年人单独居住峰值高于城市。原因是：这一代农村老年人子女数量多，子女成年婚配后，生活能自理的老年夫妇单独居住成为一种重要生活方式。至2000年，农村有偶老年人独居比例在峰值之后降幅较大，占比低于1982年和1990年，而2010年重又出现大幅度上升。这一现象值得关注。

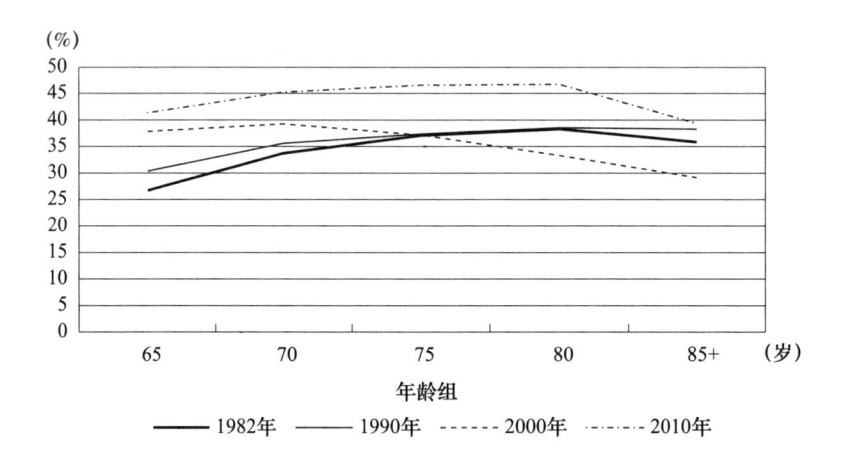

图3-26 农村65岁及以上有偶老年人中"空巢"家户构成

城乡有偶老年夫妇独住峰值在75—79岁组及上下，城市由1982年的34.85%增至2010年的56.55%，逐渐成为夫妇健在老年人的主要居住方式。农村老年人1982年、1990年夫妇健在时独住状态较城市高，这与他们与多个儿子广泛分爨生活有关，其所占比例由1982

年的 38.28% 提高至 2010 年的 46.69%，独居趋向也很突出。

3. 65 岁及以上夫妇健在老年人的其他居住方式

夫妇健在老年人中，夫妇二人生活比例逐渐增大，这种情形在城市的一些年龄组成为最大类型。但总体而言，老年人与已婚子女共居仍是不可忽视的现象。

由图 3-27 可见，城市夫妇健在的老年人 1982 年和 1990 年与已婚子女同住比例曲线有较强的重合特征，表明这两个时期夫妇健在老年人居住方式有较多共性；2000 年、2010 年有偶老年人与已婚子女同住构成相比之前出现差异，同住水平降低，至 2010 年各年龄组有偶老年人与已婚子女同住比例均降至 40% 以下。这与前面的夫妇二人"空巢"家户变动趋向具有相互对应表现。

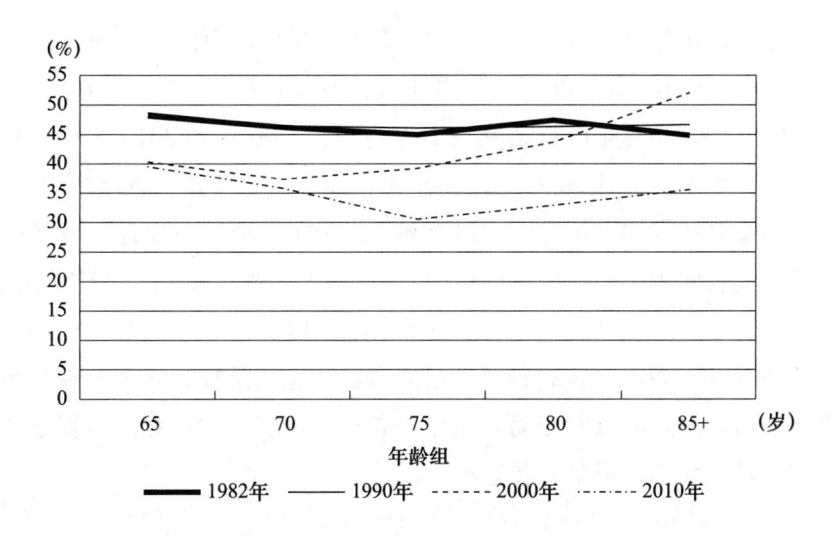

图 3-27 城市 65 岁及以上有偶老年人与已婚子女同住比例

农村四个时期健在老年夫妇与已婚子女同住构成曲线较城市更加平缓，稳定特征更突出，至 2010 年有整体下降趋势。其中 75—79 岁、80—84 岁和 85 岁及以上组分别较 2000 年降低 19.63%、20.95% 和 12.43%（见图 3-28）。

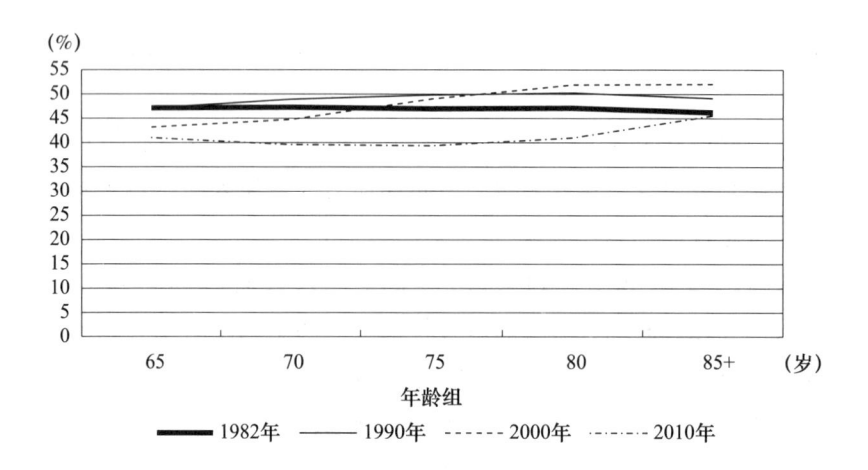

```
(%)
55
50
45
40
35
30
25
20
15
10
 5
 0
     65        70        75        80       85+    (岁)
                       年龄组
    ——1982年  ——1990年  ----2000年  ·-·-2010年
```

图 3-28　农村 65 岁及以上有偶老年人与已婚子女同住比例

综上，随着社会转型，城乡有偶老年人居住家户的"空巢"趋向逐渐增强。而 65 岁及以上有偶老年人的具体居住方式城乡有别，城市 1982 年和 1990 年以直系家户类型为主，2000 年和 2010 年变为以核心家户为主，并且 2010 年，夫妇核心家户成为最大二级家户类型。农村四个时期有偶老年人则均以直系家户为主。更进一步看，城市 65 岁及以上有偶老年人独居峰值由 1982 年的 1/3 强，提升至 2010 年的超过 55%；农村有偶老年人独居峰值则由 1982 年的 38.28% 提高至 2010 年的 46.69%，独居趋向也很突出。这应该是社会转型时期城乡老年人居住方式的重要变动。当然，老年人特别是农村高龄有偶老年人与已婚子女同住仍是主要选项。

七　丧偶者的居住方式

已婚老年人丧偶是其生命阶段后期的重要事件，在丧偶老年人再婚率低的中国社会更是如此，它直接影响丧偶老年人晚年的居住方式。按照西方家庭生命周期理论，丧偶便意味着家庭解体，对老年人尤其如此。这种解体体现为单人户成为丧偶老年人的基本居住形态，或者进入机构养老。中国人不仅婚姻缔结并非独立家庭建立之始,丧偶也往往并未导致家庭解体,因为其中很大一部分丧偶者仍与子女等亲属生活在一起。这只是我们的一般认识。那么在中国近30年的社会变革中,丧偶者,特别是丧偶老年人居住方式处于比较稳定的状态,还是有所变动?若有变动,变动原因是什么?下面通过数据加以分析。

(一) 不同年龄组已婚者丧偶构成

若将丧偶视为原有家庭解体的标志,可见城市丧偶率整体提高(超过10%)是在60岁年龄组之后,当然时期之间有不同。在我们看来,丧偶率可被分为三类,超过20%为较高丧偶率,超过30%为高丧偶率,超过50%为普遍丧偶率。

图3-29显示,城市较高丧偶率1982年出现于60—64岁组,1990年出现于65—69岁组,2000年接近65—69岁组,2010年为70—74岁组。高丧偶率四个时期分别出现在65—69岁组、70—74岁组、70—74岁组(接近)和75—79岁组;普遍丧偶率出现于70—74岁组、75—79岁组、80—84岁组、80—84岁组(接近)。时间越是后移,较高、高和普遍丧偶率的发生年龄越大。这与夫妇寿命提高有关。

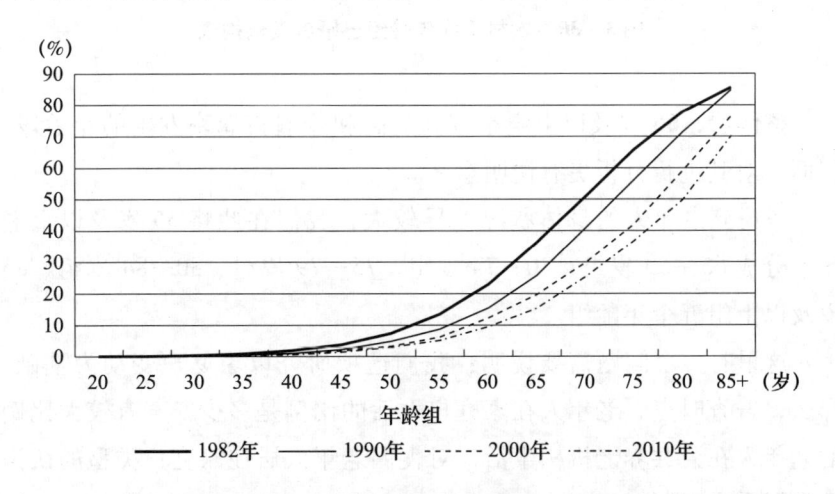

图3-29 城市不同年龄组已婚者丧偶构成

注:2010年20—64岁组数据来自"六普"人口普查长表1%抽样Excel数据,65岁及以上组数据为"六普"汇总数据(见国家统计局网站,"六普"长表5-3a、5-3c,下图同,http://www.stats.gov.cn/tjsj/pcsj/rkpc/6rp/indexch.htm)。

结合图 3-29 和图 3-30 可见,城乡之间已婚者丧偶构成虽有差异,但基本趋向相同。农村较高丧偶率四个时期出现的年龄组分别为 60—64 岁组、60—64 岁组、65—69 岁组和 65—69 岁组;高丧偶率分别为 65—69 岁组和 65—69 岁组 70—74 岁组和 70—74 岁组;普遍丧偶率分别为 70—74 岁组、70—74 岁组、75—79 岁组和 80—84 岁组。

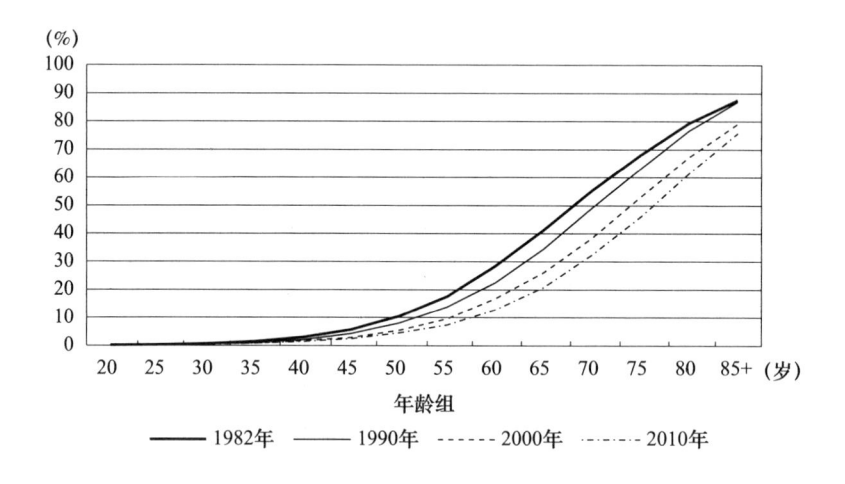

图 3-30 农村不同年龄组已婚者丧偶构成

整体看,65 岁及以上组是较高、高和普遍丧偶率发生的年龄段。因而,对其进行分析更有说明意义。

考虑到老年人的身体状况差异较大,我们在此将 65 岁及以上老年人分成 65—69 岁组、70—74 岁组、75—79 岁组、80—84 岁组、85 岁及以上组五个年龄组。

这里有一个问题需要说明:我们这项研究以家庭户变动为基础,那么,普查时点,老年人在家庭户生活的比例是多少?若有较大比例的老年人在公共养老机构生活,对丧偶老年人居住家庭户类型的认识和把握带来限制。

这里我们看一下 2000 年人口普查中的家庭户和集体户老年人所占比例。

从表 3-22 可见,城乡 65 岁及以上老年人 98% 以上在家庭户生活,农村更是达到99%以上。而一般来说,进入机构养老者中未婚者和无子女者所占比例相对高一些。所以,我们基于普查数据对家庭生命周期末端人群的考察涵盖了绝大多数老年人。

表 3-22 2000 年 65 岁及以上丧偶老年人家庭户和集体户构成

年龄组(岁)		城市		农村	
		家庭户	集体户	家庭户	集体户
男性	65—69	98.96	1.04	99.74	0.26
	70—74	99.51	0.49	99.75	0.25
	75—79	97.74	2.26	99.66	0.34
	80—84	98.71	1.29	99.73	0.27
	85+	99.32	0.68	99.42	0.58
	总体	98.82	1.18	99.7	0.30
女性	65—69	99.51	0.49	99.82	0.18
	70—74	99.76	0.24	99.81	0.19
	75—79	99.10	0.90	99.69	0.31
	80—84	99.68	0.32	99.61	0.39
	85+	99.59	0.41	99.79	0.21
	总体	99.52	0.48	99.75	0.25

注:根据 2000 年人口普查长表 1% 抽样数据库计算。

我们认为,对老年丧偶者居住方式的研究应以达到较大丧偶比例和较高年龄的群体为对象。即丧偶成为这一群体的重要现象,并且由于年龄较大,其再婚的可能性较小,最能表现其丧偶后的稳定居住方式。

(二)四个普查时期丧偶老年人居住方式

1. 城市

表 3-23 数据显示,四个时期,75 岁及以上丧偶老年人大多数生活在直系家户之中;在三个年龄组中,随着年龄增大,直系家户比例由此而提高。具体看来,1982 年、1990 年,老年人在直系家户生活比例明显高于 2000 年和 2010 年,即后两个时期丧偶老年人在直系家户生活比例呈明显降低趋势。以 75—79 岁组为例,2010 年较 1990 年

表 3-23　　城市丧偶老年人居住方式

单位:%

年份	年龄组（岁）	核心家户	其中:夫妇分居和单亲核心家户	扩大核心家户	过渡核心家户	直系家户	其中:三代直系家户	二代直系家户	四代直系家户	隔代家户	复合家户	单人户	其他
1982	75—79	6.61	3.88	1.62	1.11	71.03	56.28	2.26	3.88	8.61	1.29	19.95	1.11
	80—84	5.34	2.98	1.53	0.83	74.40	55.38	3.03	6.57	9.42	1.70	17.88	0.69
	85+	6.66	4.33	1.37	0.96	76.00	49.91	4.84	9.57	11.68	2.00	14.47	0.86
1990	75—79	6.50	3.35	1.11	2.04	71.86	53.01	5.08	4.27	9.50	2.06	18.25	1.36
	80—84	5.14	2.68	1.01	1.45	75.60	48.46	6.96	9.06	11.12	2.93	15.24	1.11
	85+	6.40	4.05	1.20	1.15	79.30	43.02	11.52	13.06	11.70	3.59	9.99	0.73
2000	75—79	7.72	4.72	1.05	1.95	65.52	49.40	6.82	3.00	6.30	0.75	24.66	1.35
	80—84	9.25	5.81	0.83	2.61	66.35	42.06	9.36	6.87	8.06	1.19	21.92	1.30
	85+	5.75	4.15	0.64	0.96	75.92	36.52	15.95	14.04	9.41	1.60	15.47	1.28
2010	75—79	8.05	5.32	0.27	2.46	51.97	36.37	9.70	2.01	3.89	0.89	37.58	1.52
	80—84	8.72	5.28	0.42	3.02	58.15	34.20	14.17	5.04	4.74	0.18	31.24	1.72
	85+	5.51	2.97	0.44	2.10	63.84	29.52	18.86	10.13	5.33	0.52	28.38	1.75

减少19.89个百分点，降低27.68%；85岁及以上组减少15.46个百分点，降低19.50%。

直系家户减少的老年人多数进入单人户中。2010年丧偶老年人中的单人户较1990年单人户提高19.33个百分点，增长105.92%。38%的75—79岁组丧偶老年人单独生活，在二级家户类型所占比重最大。85岁及以上组单人户增加18.39个百分点，提高184.08%。需要指出，这种状况并非75岁及以上组丧偶老年人在此时与已婚子女分爨生活所致，而是他们原本单独或与配偶生活，随着丧偶比例增大，将独立生活居制保持下去。当然也有一部分丧偶老年人与已婚子女组成共同生活单位，直系家户随年龄增大而扩大就是这种状况的反映。

我们可将表3-23按照亲缘关系进一步分类（见表3-24）。

表3-24　　　城市丧偶老年人同居成员类型　　　单位：%

年份	年龄组（岁）	与已婚子女	与未婚子女	与孙子女	与其他亲属/非亲属	独居
1982	75—79	63.71	3.88	8.61	3.84	19.95
	80—84	66.68	2.98	9.42	3.05	17.88
	85+	66.32	4.33	11.68	3.19	14.47
1990	75—79	64.41	3.35	9.50	4.51	18.25
	80—84	67.41	2.68	11.12	3.57	15.24
	85+	71.19	4.05	11.70	3.08	9.99
2000	75—79	59.97	4.72	6.30	4.35	24.66
	80—84	59.48	5.81	8.06	4.74	21.92
	85+	68.11	4.15	9.41	2.88	15.47
2010	75—79	48.97	5.32	3.89	4.25	37.58
	80—84	53.59	5.28	4.74	5.16	31.24
	85+	59.03	2.97	5.33	4.29	28.38

根据表3-24，四个时期城市丧偶老年人与已婚子女同居比例除2010年75—79岁组外，其他组均超过50%。从时期变动看，1990年在

相应年龄组中最高，2000年后逐渐降低。与75岁及以上丧偶父或母同居的未婚子女应该多是失婚者，父或母单亲由此获得了他们的照料支持；但其中也应该有一部分健康状况不好的子女（这是他们失婚的重要原因之一），反过来需要老年母亲照料。丧偶老年人与孙子女所组成的是隔代家户，相对来说，孙子女多为成年人，成为对老年祖父或祖母的照料者，当然也有少数靠祖父母照料的未成年孙子女。与亲属和非亲属所形成的家户中，主要是丧偶者与未婚兄弟、侄子等近亲以及保姆等同住，以此获得照顾。独居至少形式上表现为丧偶者自己形成生活单位，其中有的靠住在同地的子女提供一些日常帮助。这一独居情形在2000年后明显增多，至2010年75—79岁组超过1/3的丧偶老年人单独居住，80—84岁组仍达到30%以上。这一趋向值得关注。

2. 农村

由表3-25可见，农村四个时期75岁及以上丧偶老年人亦以生活在直系家户为主，从1982年至2000年三个年龄组表现为增长，但2010年则为降低，其中75—79岁组较2000年下降11.48个百分点，减少15.57%；85岁以上组减少7.05个百分点，降低9.15%。这种情况与本期65—69岁组老年人中直系家户的水平比较低有关，当"基数"低于其他时期时，其增长空间也是有限的。

2010年农村75岁及以上组丧偶老年人中单人户占比也有明显上升，其中75—79岁组较2000年提高11.5个百分点，增长66.17%；85岁及以上组增加7.17个百分点，提高52.60%。

下面再对农村丧偶老年人按亲缘关系类型分析其居住特征。

按照表3-26，农村老年人四个时期均以与已婚子女同住为主。与城市不同之处是，农村丧偶老年人与已婚子女同居构成在前三个时期为增长，至2010年较之前明显降低。与2000年相比，三个年龄组分别降低17.30%、12.99%和9.25%。丧偶老年人与未婚子女同住比例整体高于城市，表明农村大龄未婚（主要是男性）问题更突出，父母一方在世时与其组成生活单位，相互照料。2010年农村与孙子女同住的丧偶老年人比例也高于城市，而与其他亲属/非亲属同住则低于城市。

表 3-25　农村丧偶老年人居住方式

单位:%

年份	年龄组（岁）	核心家户	其中:夫妇分居和单亲核心家户	扩大核心家户	过渡核心家户	直系家户	其中:三代直系家户	二代直系家户	四代直系家户	隔代家户	复合家户	单人户	其他
1982	75—79	7.98	6.03	0.36	1.59	69.79	58.10	1.63	5.67	4.39	0.90	21.01	0.31
	80—84	7.10	5.19	0.34	1.57	70.44	52.20	2.36	9.65	6.23	1.21	20.96	0.30
	85+	6.68	4.82	0.35	1.51	70.76	44.00	4.33	14.11	8.32	1.50	20.78	0.28
1990	75—79	7.98	6.10	1.58	0.30	72.62	59.60	2.52	6.46	4.04	0.90	18.23	0.28
	80—84	7.52	5.74	1.46	0.32	72.66	53.02	3.88	10.63	5.13	1.39	18.16	0.27
	85+	7.67	6.11	1.24	0.32	72.59	42.74	7.14	15.11	7.60	1.86	17.62	0.26
2000	75—79	8.27	6.92	0.66	0.69	73.71	55.24	7.90	6.39	4.18	0.48	17.38	0.16
	80—84	8.35	6.87	0.63	0.85	74.64	45.25	12.54	11.61	5.24	0.52	16.19	0.30
	85+	8.21	6.64	0.61	0.96	77.09	34.92	18.50	16.17	7.50	0.81	13.63	0.25
2010	75—79	7.10	5.70	0.53	0.87	62.23	41.63	10.25	5.24	5.11	0.49	28.88	1.33
	80—84	6.28	5.26	0.45	0.57	65.65	37.05	14.45	8.68	5.47	0.83	25.05	2.19
	85+	5.63	4.92	0.43	0.28	70.04	28.05	20.34	15.08	6.57	1.01	20.80	2.52

表 3-26　　　　　　　农村丧偶老年人同居成员类型　　　　　单位:%

年份	年龄组（岁）	与已婚子女	与未婚子女	与孙子女	与其他亲属/非亲属	独居
1982	75—79	67.89	6.03	4.39	0.67	21.01
	80—84	66.99	5.19	6.23	0.64	20.96
	85+	65.45	4.82	8.32	0.63	20.78
1990	75—79	69.78	6.10	4.04	1.86	18.23
	80—84	69.24	5.74	5.13	1.73	18.16
	85+	67.17	6.11	7.60	1.50	17.62
2000	75—79	70.70	6.92	4.18	0.82	17.38
	80—84	70.77	6.87	5.24	0.93	16.19
	85+	71.36	6.64	7.50	0.86	13.63
2010	75—79	58.48	5.70	5.11	1.86	28.88
	80—84	61.58	5.26	5.47	2.64	25.05
	85+	64.76	4.92	6.57	2.95	20.80

（三）丧偶老年人居住方式的性别差异

1. 城市

表 3-27 显示，各个时期城市丧偶老年女性与已婚子女同住比例均高于男性，而男性独居比例高于女性。

2. 农村

农村老年丧偶男女之间的差异与城市相似（见表 3-28）。

四个时期数据均显示，城乡 75 岁及以上丧偶男性单人独居比例高于丧偶女性，而丧偶女性与已婚子女同居比例高于丧偶男性。以 2010 年为例，城市 85 岁及以上丧偶男女独居比例分别为 35.29% 和 25.67%，与已婚子女同居比例分别为 56.35% 和 63.01%；农村这两组数据分别为 25.76% 和 18.95%、60.23% 和 66.45%。可见，高龄丧偶男女居住方式虽有差异，但两者与子女，特别是与已婚子女同住为主的状况没有发生根本改变。

总之，四个时期中国城乡老年人中的普遍丧偶率（超过 50%）形成的年龄组不一，多出现在 75 岁及以上组。这些丧偶老年人以与已婚子女同住为主，但单人独居趋势增强，其中 2010 年城市男性丧偶老年人超过 1/3 单独居住，女性超过和接近 30%；农村男性丧偶老

表 3-27 城市丧偶老年人居住方式分性别比较

单位:%

年份	年龄组（岁）	男					女				
		与已婚子女	与未婚子女	与孙子女	与其他亲属/非亲属	独居	与已婚子女	与未婚子女	与孙子女	与其他亲属/非亲属	独居
1982	75—79	60.66	5.42	7.76	2.39	23.76	66.89	3.37	8.89	2.17	18.69
	80—84	64.21	2.32	8.00	1.89	23.58	69.40	3.18	9.86	1.41	16.15
	85+	64.62	3.49	10.72	2.68	18.50	68.52	4.56	11.94	1.58	13.39
1990	75—79	63.35	3.80	7.86	2.78	22.19	67.47	3.20	10.03	2.36	16.96
	80—84	66.93	2.33	9.20	1.82	19.72	69.51	2.79	11.74	2.20	13.77
	85+	69.26	2.53	10.70	2.72	14.79	73.19	4.48	11.98	1.69	8.64
2000	75—79	60.11	4.34	6.65	2.60	26.30	62.55	4.86	6.17	2.33	24.09
	80—84	59.56	3.04	6.96	3.03	27.39	63.03	6.68	8.47	1.95	19.87
	85+	67.35	1.36	4.76	2.72	23.81	69.59	5.00	10.83	1.67	12.92
2010	75—79	49.01	5.01	2.68	2.51	40.79	52.23	5.42	4.29	1.55	36.51
	80—84	52.62	6.15	3.87	3.65	33.71	58.02	4.97	5.05	1.60	30.37
	85+	56.35	3.10	4.02	1.24	35.29	63.01	2.92	5.84	2.56	25.67

表3-28 农村丧偶老年人居住方式分性别比较

单位:%

年份	年龄组（岁）	男					女				
		与已婚子女	与未婚子女	与孙子女	与其他亲属/非亲属	独居	与已婚子女	与未婚子女	与孙子女	与其他亲属/非亲属	独居
1982	75—79	64.91	5.46	3.90	1.90	23.84	67.34	6.25	4.59	1.90	19.90
	80—84	64.88	4.40	5.37	1.93	23.43	66.08	5.47	6.54	1.85	20.06
	85+	65.77	3.24	6.34	1.84	22.78	63.83	5.31	8.92	1.76	20.17
1990	75—79	67.70	5.57	3.84	1.82	21.07	70.62	6.31	4.12	1.88	17.07
	80—84	68.10	4.71	4.68	1.70	20.81	69.67	6.12	5.31	1.73	17.18
	85+	67.50	4.16	6.86	1.40	20.09	67.07	6.70	7.84	1.54	16.86
2000	75—79	68.47	6.08	4.20	1.14	20.11	71.73	7.30	4.17	0.67	16.14
	80—84	70.50	5.96	4.62	0.72	18.22	70.91	7.28	5.50	1.03	15.28
	85+	70.56	4.07	6.20	1.16	18.02	71.65	7.55	7.96	0.75	12.08
2010	75—79	53.54	5.59	4.52	2.18	34.17	60.65	5.74	5.37	1.70	26.52
	80—84	58.99	4.22	4.36	3.13	29.29	62.77	5.73	5.97	2.41	23.12
	85+	60.23	4.86	6.55	2.59	25.76	66.45	4.94	6.58	3.08	18.95

年人单独生活超过和接近30%。可见，夫妇生命历程后期真正的家庭"解体"虽未占多数，但也成为一种重要现象。

（四）城乡丧偶老年人在三代及以上直系家户户主中所占比例

中国当代家户中户主担当之人与传统时代由尊长为之的做法已有很大不同，一些户主只是户籍册上所登记的户主，并非日常生活主事之人；甚至有的为形式户主，没有生活自理能力的儿童也可能成为户主。不过，我们认为，在多代家庭中，户主之人并非随意确立，而以主事之人为主。

这里，我们着重观察三代及以上直系家户中的户主，以便把握75岁及以上丧偶老年人在这一多代家户中作为户主的状况。我们有这样一个认识，丧偶老年人，特别是75岁及以上丧偶高龄老年人若为三代及以上直系家户中的户主，并不意味着他们是该家户的主事之人，但却表明他们是现住房的产权所有人或福利住房分授人（20世纪90年代初期之前的城市有正规就业的居民多从单位分得住房），子代和孙代从属于他们生活，而非丧偶老年人依附子代生活。

从表3-29我们看到，总体而言，城乡75岁及以上丧偶老年人在三代及以上直系家户户主中并不占多数，但也要注意到时期之间有变化。1982年至2000年，城市丧偶老年人男性在三代及以上直系家

表3-29　　城乡丧偶老年人在三代及以上
直系家户户主中所占比例　　　　单位：%

年龄组（岁）		男			女		
		1982年	1990年	2000年	1982年	1990年	2000年
城市	75—79	36.63	46.30	41.95	22.27	33.33	30.31
	80—84	32.53	38.83	43.75	19.43	24.60	24.32
	85+	29.53	31.33	34.43	15.30	20.65	19.05
乡村	75—79	19.58	20.33	17.72	4.06	5.37	3.46
	80—84	14.25	14.15	13.22	3.45	4.57	3.19
	85+	11.33	12.54	10.99	3.18	3.93	4.41

户户主中的占比除 75—79 岁组外有随时间后移而上升的趋势，其中 80—84 岁组由 1982 年不足 1/3 至 2000 年提高到超过 40%，85 岁及以上组由不足 30% 增至超过 1/3。城市 75 岁及以上丧偶女性中的这一特征并不显著。

农村 75 岁及以上丧偶男性在三代及以上直系家户户主中占比明显低于城市，多在 20% 以下，85 岁及以上则在 10% 上下；农村丧偶老年女性为户主的比例更低。

八　结语与讨论

本章力图将同一时期不同年龄组已婚者所处主要生命阶段贯穿起来，进而将不同时期已婚者相同生命阶段组合在一起，认识其居住方式异同及其变动。由此得出以下认识：

2000 年和 2010 年新婚者居住方式城乡分异趋向突出，城市初婚者建立独立家户成为主导，这在一定程度上是对 20 世纪 80 年代以来新婚独居趋向的保持；同时表明，城市第一代独生子女进入婚娶阶段，婚后独住意愿和行为依然较强，而住房条件的改善更为新婚独居提供了物质基础。农村初婚夫妇与父母合住占主导，这既有惯习的作用，也与社会转型有关。这一时期新婚者来自少子女家庭增多，其与父母（公婆）同住可从亲代获得更多生活帮助。另外，农村已婚青壮年劳动力普遍出外务工，其对亲代在养育子女中的协助需求增多，这也会使直系家户占比提升。总体上，城市夫妇结婚即建立单独家户的做法逐渐成为主流，而农村则出现已婚子代与亲代共同生活增多的现象。

在 20—24 岁组和 25—29 岁组初育阶段，1982 年和 1990 年，城乡妇女均以在核心家户生活为主导。2000 年，城市 20—24 岁组初育妇女独居占比下降，却仍为与直系家户并存的类型，表明其对父母（公婆）协助抚育子女的需求增大；25—29 岁组继续保持独居为主的格局。2000 年农村这两个年龄组初育妇女独居比例均较之前明显下降。

它与已婚子代在非农就业为主时代对亲代的家务帮助需求增大有关。

在抚养子女阶段,城乡有子女妇女保持着较高比例的独居形式——以标准核心家户为基本生存载体。总体上,四个时期中,有子女妇女中的标准核心家户峰值在前两个时期均处于40—44岁组,2000年和2010年则在35—39岁组。这意味着,子女较少的妇女所生活的标准核心家户结束或向其他类型家户转化的时间提前。2010年农村有子女妇女中的标准核心家户构成峰值降低,而且峰值所覆盖的年龄组范围变窄。需要注意的是,城乡1982年和1990年同一时期拥有不同子女数量的妇女在标准核心家户中的构成差异不大。这意味着多数多子女夫妇并非依赖与公婆或父母同住获得抚育和照料协助。20世纪80年代和90年代中期之前是城乡标准核心家户增长的重要阶段。它反映了社会转型之前多子女生育和抚育时代民众的居住偏好和特征。我们认为,这与当时抚育子女的生活成本、教育成本低有直接关系,同时它也与多子女家庭在居住方式上具有较强的相互制约能力有关。当时亲代和子代都有相对较多的子女,亲代成年子女多,子代年幼子女多。亲代难以与一个中年子、媳形成稳定共居单位,或仅对一个子女提供抚幼帮助。当然,多子女妇女在抚育子女的初期,亲代的协助也是不能忽视的。

城乡四个时期不同年龄组已婚者中的"空巢"峰值均在65—69岁组。当然具体构成在时期之间差异很大,城市从1982年的14.27%提高至2010年的37.54%,增长1.63倍;农村从15.47%增至32.5%,提高1.1倍。中国当代老年人在"空巢"家户生活的趋向突出。

四个时期城乡有配偶老年夫妇独居峰值形成于75岁组及上下,其所占比例城市由1982年的34.85%增至2010年的56.55%,老年夫妇健在时二人单独生活逐渐成为主要居住方式。农村老年人1982年、1990年夫妇健在时独住比例较城市高,这与老年夫妇与多个儿子广泛分爨生活有关。其所占比例由1982年的38.28%提高至2010年的46.69%,独居趋向也很突出。

中国城乡老年已婚者中普遍丧偶率(超过50%)形成的年龄组

时期有别，多出现在75岁及以上组。城乡四个时期丧偶老年人以与已婚子女同住为主，不过单人独居趋势增强。2010年城市丧偶老年男性超过1/3单独居住，女性超过和接近30%；农村丧偶老年男性单独生活超过和接近30%。夫妇生命历程中真正的家庭"解体"并不占多数，但却呈现出逐渐增长之势。这不仅值得研究者关注，更需政府和社会相关机构采取有针对性的措施，为处于家庭"解体"状态的老年人提供切实帮助。

总之，1982年以来的四次人口普查数据显示，中国城乡夫妇不同生命历程中的居住方式具有多样性，并非循着一种模式演变。在城市，年轻夫妇新婚之初多建立了独立于双方父母的家户或生活单位，生育子女后则形成标准核心家户，当子女成年、结婚后健在老年夫妇中的"空巢"家户比例大幅度上升，丧偶老年人独居也呈增长趋向，但与已婚子女共同生活仍占较大比例。农村新婚夫妇2010年独居比例出现逆转，初育者中的核心家户下降，老年夫妇"空巢"、丧偶独居增长，与已婚子女同居占多数的局面尚未根本改变。可见，中国城市夫妇不同生活历程居住方式的现代特征比较突出，传统做法在夫妇初婚和年老之后尚有表现；农村夫妇在多育时代或多子女抚育阶段以在核心家户生活为主导，夫妇年老后呈现出"空巢"增多和"解体"状态提升的现代趋向，而2000年后少育时期所生子女长大后与父母同居增多，并且高龄老年夫妇和丧偶老年人与已婚子女同住的传统做法仍在很大程度上得到保留。这也是中国城乡夫妇与西方夫妇生命历程不同阶段居住方式的重要差异。它既与中国家庭代际关系的一些传统功能依然保持有关，也与社会转型初期城乡二元社会福利制度环境有关。我们相信，随着社会转型程度加深、社会福利制度日趋完善，中国城乡夫妇生命历程不同阶段的居住方式还将发生变化。

第四章　多代家户构成分析
——以三代直系家户为对象

中国当代复合家庭已经缩减成个别家庭现象，三代直系家庭则成为较复杂家庭的代表类型。1982年以来的人口普查数据显示，尽管中国家庭已表现出核心化趋向，但三代直系家庭所占份额仍保持着相对稳定的状态。我们想知道，在社会转型初步显现的当代中国，三代直系家庭有哪些新的变化。本章通过对第六次人口普查长表1%抽样数据的开发，并结合1982年、1990年和2000年普查数据，对此加以考察。

一　研究说明

三代直系家庭可定义为父母或父母一方同一个已婚子女及孙子女组成的家庭。就普遍状况而言，三代直系家庭一般包括亲代和子代两个婚姻单位（孙辈结婚后仍与祖、父两代人住在一起的情形相对较少）。

（一）三代直系家庭功能的理论认识

传统时代，三代直系家庭兼具抚幼、养老两种功能，并且不同代际已婚成员在这一家庭内建立起互助关系。在社会保障制度尚未建立、公共服务短缺的时期，这种代际合作型家庭形式非常重要。

从抚幼功能来看，普通民众家庭中，抚养子女的责任并非完全由孩子的父母承担，有很大一部分照料行为由祖父母，特别是中老年祖母负责。在多育时代，没有婆婆的帮助，儿媳养育多个子女的负担很沉重，或者说抚幼或协助子、媳照料孙辈是亲子代际关系或合作的重要形式。

三代直系等多代家庭形式的养老功能主要表现为，亲代年老，特别是生活不能自理之后，多依赖子、媳赡养和照料，传统时代这一点很突出。

当然三代直系家庭不同代际成员之间还有其他关系形式。我们认为，多代直系家庭不同代际之间关系有很强的交换特征。父母将子辈抚育成人，年老丧失劳动力后获得子代的赡养和照料，这是交换关系。而家庭内部姻缘关系成员中的婆婆对儿媳没有抚育之劳（传统时代的童养媳在现代社会已不存在），但婆婆通过帮助儿媳抚养孙辈付出了辛劳。鉴于这一点，至婆婆年老丧失劳动能力和生活自理能力后，儿媳会承担起赡养责任①。当然，从一般社会习惯和道德规范上看，婆婆即使没有这些付出，儿媳也应协助丈夫承担起对年老公婆的赡养和照料之责。

需要指出：三代直系家庭抚幼、养老和日常交换关系等功能与不同代际成员的年龄结构有关。

在笔者看来，因亲子代生命周期不同，三代直系家庭形成了多种类型，其功能因此而有差异（这里的子代均指已婚者）。具体可分为以下三种类型：

（1）中年亲代—青年子代—幼年孙辈。

（2）低龄老年亲代—中年子代—青少年孙辈。

（3）高龄老年亲代—中年以上子代—青年孙辈。

上面第一种类型具有抚幼功能，可称之为抚幼型三代直系家庭；第三种具有养老功能，可称之为养老型三代直系家庭；第二种类型因第一代尚未丧失劳动能力、第三代已基本成年，故这两种功能均不显著，这时的三代直系家庭具有日常生活互助功能。

这是从"家内"来认识代际关系和三代直系家庭所存在的功能类型。有些功能在"家际"也可发挥。如亲子分爨后所形成的两个生活

---

① 王跃生：《中国家庭代际关系的理论分析》，《人口研究》2008年第4期。

单位之间，当亲代年老但尚有生活自理能力时，子代不仅提供赡养费用（若老年父母没有退休金），而且将相对繁重的家务劳动承担下来；独立生活的子代夫妇出外务工或有其他事情时，将未成年子女临时交给父母或公婆照看。相对于亲子同居共爨的三代直系家庭，分爨后亲子代际关系功能的履行具有一定弹性，刚性程度较低。

（二）三代直系家庭研究综述

在当代家庭结构分析中，三代直系家庭逐渐受到研究者的重视。

1. 三代直系家庭得以维系的原因

笔者曾以2000年人口普查数据为基础，同时扩展至1982年和1990年普查数据，对三代直系家庭能够维系的原因加以探讨。我们的基本认识是，当代城市三代直系家庭中，父母和子、媳（或女儿、女婿）两个夫妇单位各自支配主要收入，成员间利益冲突减少，且共同居住还可对彼此生活产生互补作用，因而能够存在下来。一定程度上可以说，当代三代直系家庭虽然保持着成员同居之形，但与传统时代的直系家庭相比，已"形同而实异"，它实际是一个"共伙"单位。有收入的成员在家庭中共同消费部分则带有一定分摊性质，这使当代直系家庭"同居"中有"分异"，既有共同利益需要维护，又有一定"私人"空间。或者说，"集体生活"中包含着高度自主成分。因而，这种居制能将家庭矛盾降到最低，使两代夫妇找到"合作"生活的优势和基础[①]。在目前农村，三代直系家庭的已婚成员既有从事农耕活动者（中老年人），也有外出务工者（以中青年为主体），耕地投入和收益尚以家庭为基础，故此两代婚姻单位存在一定的"公共经济利益"。

总的来说，当代三代直系家庭多数已非严格意义的同居共财、完全由作为长辈的父母主导的家庭形式。两代已婚者有了更多对自己劳动或经营收入的支配权。即使在农村，同居的子代夫妇也并非完全受亲代管束，在经济和日常活动中有较大的自由度。甚至可以说，在不少三代直系家庭中，亲代在日常生活消费中的支出和家务劳作上的付

---

① 王跃生：《当代中国家庭结构变动分析》，《中国社会科学》2006年第1期。

出往往更多。

2. 三代直系家庭的未来趋向

黄宗智撰文认为：当代中国三代直系家庭及其延续应该引起注意。这种家庭赡养父母的功能不仅在现实社会得到体现，即"反哺"行为依然在民间保持着，而且其做法受到法律制度的保护。这表明中国家庭的发展方向与西方国家有重要不同①。但这一认识并非建立于实证研究基础之上，或者说其认识需要进行论证。

李银河根据当代城市抽样调查数据所得出的认识与黄宗智不同：反哺模式的改变已初露端倪，随着现代化进程的推进和计划生育政策的持续实施，中国城市居民的养老方式发生重大改变，从子女赡养为主变为靠自身和社会养老。她进一步推断：或许在几代人之后，传统家庭的反哺模式将得到彻底改变，而与西方的接力模式趋同②。

龚为纲认为，三代直系家庭本身的演变趋势是走向日益瓦解，特别是在日益增加的独子家庭中，分裂因素日渐强势并占据主导地位，三代直系家庭在未来将会顽强坚持的判断可能是靠不住的③。这一认识具有推断性质，主观意味较浓。

那么，在中国社会转型日益显现的当代，三代直系家庭有哪些新表现？上述一些具有推断性质的看法与当代三代直系家庭的实际状态是否一致？从趋向上看，三代直系家庭结构和功能是如何变化的？本章将试图回答这些问题。

3. 本章所使用的数据

本项研究以2010年人口普查长表1%抽样中的Excel表格数据为基本资料。为了从纵向视角认识当代三代直系家庭的变动及其趋向，我们还将1982年、1990年和2000年人口普查数据纳入分析视野。需

---

① 黄宗智：《中国的现代家庭：来自经济史和法律史的视角》，《开放时代》2011年第5期。
② 李银河：《家庭结构与家庭关系的变迁——基于兰州的调查分析》，《甘肃社会科学》2011年第1期。
③ 龚为纲：《农村分家类型与三代直系家庭的变动趋势——基于对全国人口普查数据的分析》，《南方人口》2013年第1期。

要说明的是，人口普查以家庭户为调查对象，故此对本章分析的三代直系家庭以"三代直系家户"称之。

二 三代直系家户基本构成和变动

三代直系家户是直系家户的一个类型。除三代直系家户外，直系家户还包含二代直系家户、四代及以上直系家户和隔代家户等。下面我们看一下三代直系家户在四个普查年份的构成和其在直系家户总体中的构成。

（一）不同时期三代直系家户

依据表 4-1，从构成上看，1982 年至 2010 年，三代直系家户构成表现得非常稳定。在人口城市化加速、人口流动相对频繁的当代，近 30 年间其能保持这种相对稳定的状态值得关注。

表 4-1 1982 年以来三代直系家户在所有直系家户中所占比例　　单位：%

年份	1982	1990	2000	2010
三代直系家户	16.43	16.48	16.62	16.54
所有直系家户	21.75	21.32	21.72	22.99
三代直系家户在所有直系家户中所占比例	75.54	77.30	76.52	71.94

注：本表 2010 年数据根据第六次全国人口普查长表 1% 抽样 Excel 表格数据整理得到；1982 年、1990 年和 2000 年数据根据我们整理加工后的 1982 年第三次全国人口普查 1% 抽样数据库、1990 年第四次全国人口普查 1% 抽样数据库和 2000 年第五次全国人口普查长表 1% 抽样数据库统计得到。本章以下各表、图资料来源除特别注明外同此。

进一步看，三代直系家户是直系家户的主体，在四个普查年份其所占比例均超过 70%。但需指出，2010 年三代直系家户于直系家户中占比在前三个时期稳定的基础上有所降低，较 2000 年减少 5.99%，这可谓稳中有降，并非明显减少。它意味着直系家户中的其他类型家户压缩了三代直系家户的存在空间。

(二) 三代直系家户的城乡差异

就家庭成员的生存环境看，中国当代社会仍具有较强的"城乡二元"表现。因而，考察中国家庭变动不能忽视这一认识视角。

表4-2　　　　　　1982年以来城乡直系家户构成比较　　　　　单位：%

	1982年		1990年		2000年		2010年	
	城市	农村	城市	农村	城市	农村	城市	农村
三代直系家户	13.21	17.5	13.43	17.51	12.51	18.98	11.27	20.27
所有直系家户	18.85	22.82	18.54	22.47	16.26	24.84	15.28	28.52
三代直系家户在所有直系家户中所占比例	70.08	76.69	72.44	77.93	76.94	76.41	73.76	71.07

如表4-2所示，各个时期三代直系家户构成均为农村高于城市，且相差幅度逐渐增大。这是因为1990年之后城市三代直系家户呈缩小之势，农村则为增大。至2010年，城市三代直系家户比1990年降低16.08%，农村在同期增加了15.76%，城乡"互异"变动使两者差异扩大。值得注意的是，农村三代直系家户在直系家户中所占比例1982年、1990年和2000年稳定于77%上下，而2010年降至71.07%；城市也比2000年有所下降，这应是直系家户中其他类型所占份额扩大所导致的。

由上可见，当代三代直系家户作为直系家户的主体，其构成既有总体稳定的一面，也有城乡趋向具有差异的另一面。可以说，城市三代直系家户的变动趋向与人们的一般认识是一致的，即1990年以来呈现减少之势。我们认为，城市社会养老保障制度比较完善，亲子代独立生活意识相对较强，少子女（特别是独生子女）家庭比例提高且子女成年后与父母异地居住比例增加，这成为三代直系家户维系和增长的限制条件。城市三代直系家户的实际变动也验证了这一点。但农村则有不同的趋向，1990年以来，直系家户及其中的三代直系家户均增加。需要指出，中国当代社会转型对此具有重要影响：劳动力就业非农化趋向突出，由初期以劳动力流动为主，至现在劳动力携全家外出现象增加；虽然独生子女政策在多数农村没有得到落实，少子女生育（二胎及以下）却已经形成主导。那么，为什么农村的三代直系家户不降反增呢？农村三代直系家户构成扩大有两方面的原因：一是独子家庭增多，以往多子家庭的利益纠葛大大降低；二是在社会转型时期，青年子代离家非农就业成为主导，婚后特别是生育后与父母同居，日常生活和家务多由其料理，子代从中"受益"明显。这是农村三代直系家户构成提升的主要原因。

三　城乡三代直系家户户主和成员年龄构成比较

对三代直系家户户主及所有成员的年龄构成进行分析，有助于进一步认识其组成和关系特征。

（一）三代直系家户户主年龄分布

这里，我们主要从城乡三代直系家户户主的年龄分布上考察其构成特征。户主是一家主事之人。尽管当代户主更多地体现在户籍登记上，有时只是一种"形式"或"名义"，但多数家庭的户主并非随意确立，多代家庭中更是如此，一般由家庭主事之人来担当。

从图4-1可见，1982年农村三代直系家户户主年龄分布的峰值为30—34岁组，25—59岁为相对集中年龄段，占69.81%；60岁及以上者占18.79%，其中65岁及以上者占10.91%；24岁及以下者占2.04%。可见，青年和中年人是农村三代直系家户户主的主体。城市三代直系家户户主峰值在50—54岁组，40—59岁者占46.64%（农村为41.6%）；60岁及以上者占33.51%，其中65岁及以上者占21.98%；24岁及以下者占0.52%，25—39岁者占19.33%（农村为37.55%）。由此，1982年城乡之间的最大差异是，城市三代直系家户户主中中年人所占比例最大，其次为低龄老年人，形成中年和低龄老年人为户主主体的格局，农村则下移至以25岁至59岁青年和中年为主体。两者有一个共同之处为，24岁及以下者所占比例较低，分别为0.52%和2.04%，表明未婚和初婚者不大可能成为户主。城市三代直系家户户主中低龄老年人约占1/3，这很大程度上与他们是所住福利房的分受者有关；当然也因为低龄老年人有一定的持家能力。城乡之间的另一共性是，80岁以上生活自理能力和管理家事能力低的高龄老年人成为户主的比例均不高。

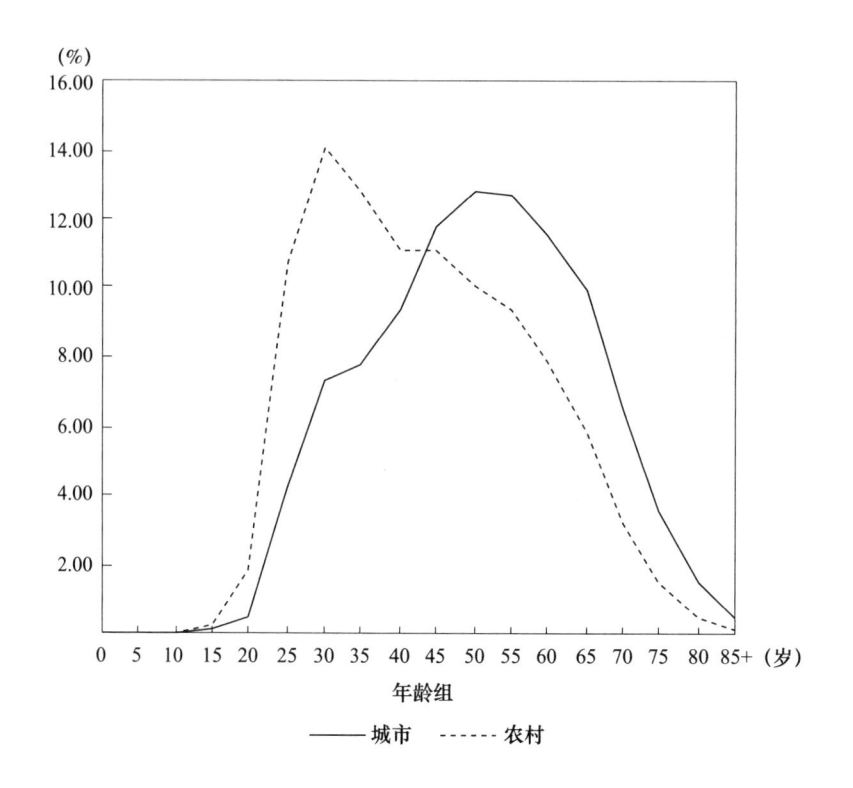

图4-1 1982年城乡三代直系家户户主年龄构成

2000年，城市三代直系家户户主年龄分布的峰值由50—54岁组提升至60—64岁组（14.15%），并且更为突出；农村仍为30—34岁组（15.05%）。城市25—59岁组户主所占比例合计为58.17%，农村为81.09%，其中40—59岁组城乡分别为36.74%和43.66%，城市较1982年（46.64%）明显降低，农村增加（1982年为41.60%）；60岁及以上组城市升至41.33%，农村略有减少（1982

年为17.64%）。可见，2000年三代直系家户户主构成出现一定变动，城市低龄老年人增加，中年人降低；农村中年人有所增加（见图4-2）。

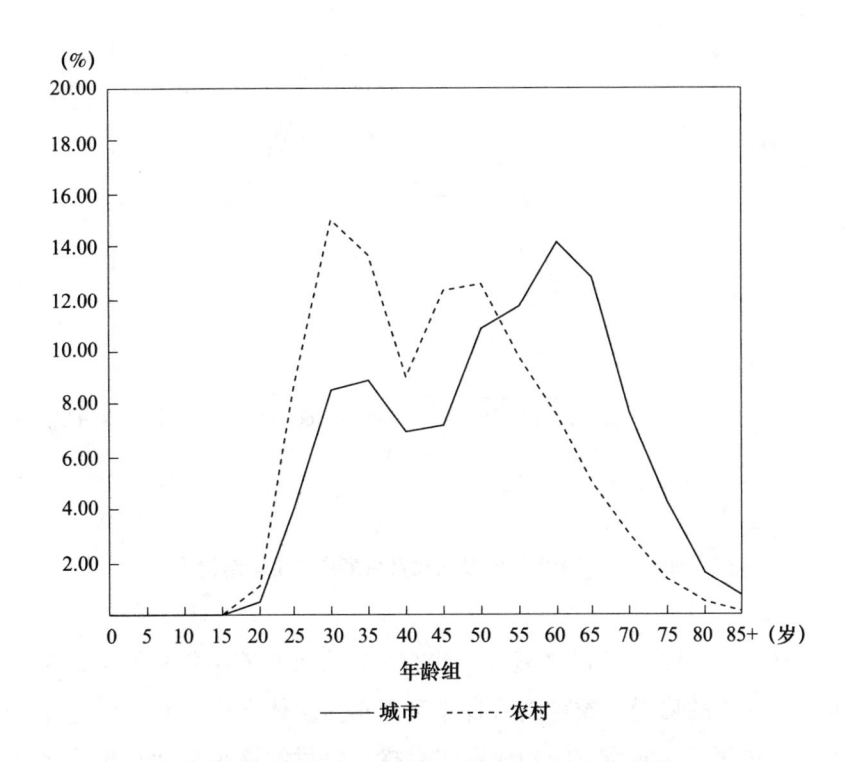

图4-2 2000年城乡三代直系家户户主年龄构成

根据图4-3，2010年城乡三代直系家户户主年龄构成曲线与1982年和2000年不同之处在于，两者年龄分布曲线基本上拟合在一起。不过中年组两者差异较大，城乡分别为40.05%和53.27%。城乡均有增加，但提升幅度有别，城市为9.01%，农村为22.01%。无疑，农村户主构成在中年组非常突出。另一值得注意的变化是，城市60岁以上户主的构成比例降低7.40%，农村则增长60.32%。可见，2010年，农村三代直系家户户主年龄构成也转变为以中年和低龄老年为主，特别是中年组之和超过半数，39岁以下户主不足20%；城市中年和低龄老年户主为主的格局没有发生实质性变化。

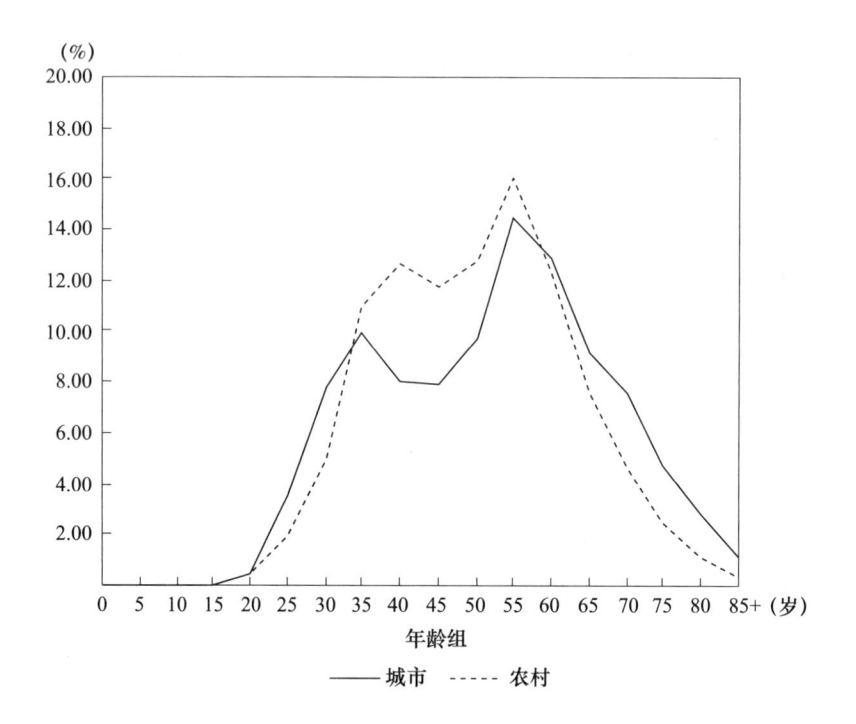

图 4-3　2010 年城乡三代直系家户户主年龄构成

整体看，1982 年以来城市三代直系家户维系着中年和低龄老年人为户主主体的格局，农村则从青年和中年为主体向中年和低龄老年人为主体转化，即向城市的构成形式靠拢。农村的这种变动与集体经济时代或后集体经济时代初期经济环境发生改变有关，三代直系家户户主多为具有较强劳动能力或养家糊口能力的青壮年成员。而至当代，对家庭的经济贡献和家庭资源的掌握能力最为重要，中年及低龄老年人具有这方面的优势。

（二）三代直系家户成员年龄构成

这里将三代直系家户全体成员作为考察对象，分析其在总家户成员中的年龄构成及时期变化。

1. 三代直系家户成员在总家户中的年龄构成变化

从图 4-4 曲线可以看出，1982 年和 1990 年三代直系家户成员年龄构成基本一致。65 岁以上年龄组成员在三代直系家户生活的比例明显高于其他年龄组，特别是70—74岁、75—79岁和80—84岁年龄组，接近或超过50%。2010年的表现是，三代直系家户中35岁及以下组成员比例较前三个时期上升，而60岁以上组降低，特别是70岁以上组下降明显，其中70—74岁组2010年较1982年减少32.71%，较2000年减少22.73%；75—84岁组分别减少36.68%和28.52%；80—84岁组分别减少35.70%和22.33%。对这种变动，我们的解释是，三代直系家户抚幼的功能有所增强，而养老的功能有所弱化。它表明，目前三代直系家户不同代际成员的年龄构成主流是：中年或低龄老年父母为第一代，青年子代为第二代，幼年孙辈为第三代。第一代父辈在家庭事务中起主导作用，并协助子辈抚育孙子女；第二代子辈依附尚具有劳动能力和家务操持能力的父母生活，并在这种居住方式中受益。它并非以老年父母和中年子代及青少年孙辈共居为主，子代赡养老年亲代的功能较弱。

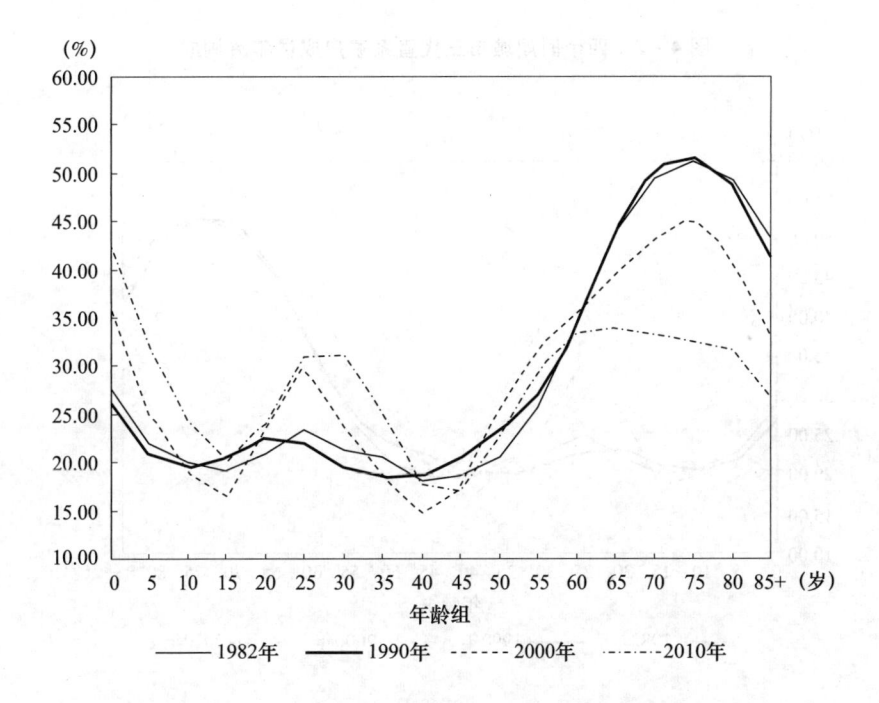

图4-4　四个时期三代直系家户成员在总家户中的年龄构成

下面我们再分城乡加以观察（见图4-5、图4-6）。

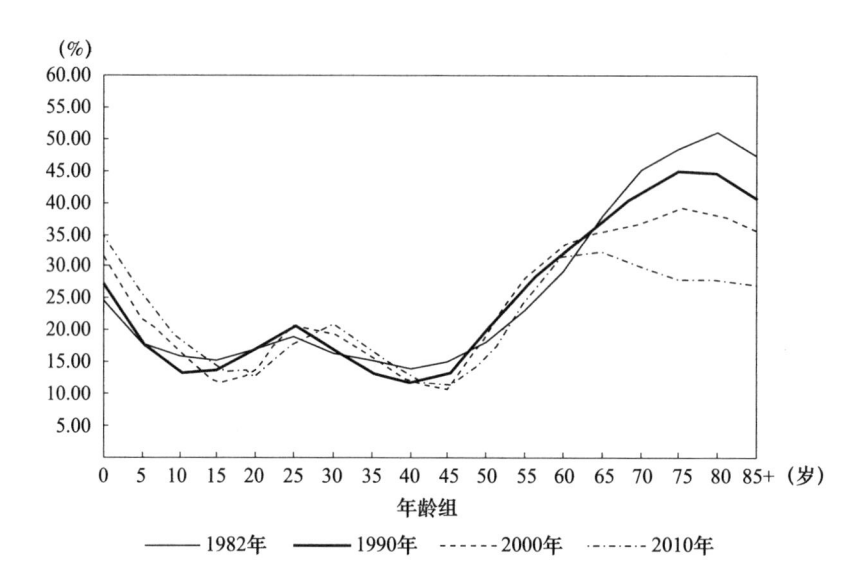

图4-5　四个时期城市三代直系家户成员年龄构成

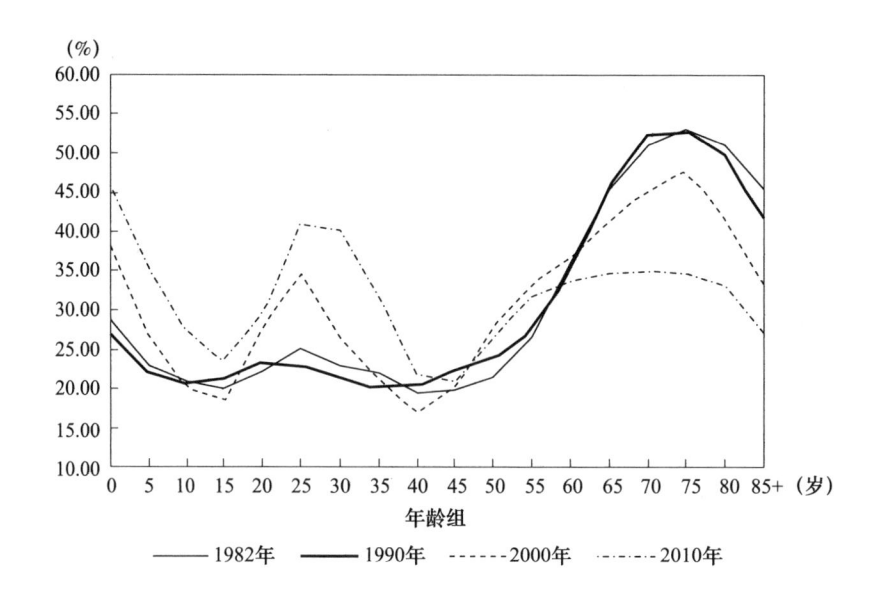

图4-6　四个时期农村三代直系家户成员年龄构成

图 4-5 显示，1982 年和 1990 年，城市三代直系家户成员年龄构成变动相对一致，25—29 岁组虽稍高，但没有形成明显的峰值。可以说除 0—4 岁组外，50 岁以下组比较稳定，至老年组开始升高，70 岁以上组均在 40% 以上。1982 年峰值高于 1990 年。2000 年和 2010 年，60 岁组以下，其走向与 1982 年和 1990 年相似，从 65 岁组开始较前两个时期降低，其中 2000 年峰值在 75—79 岁组，为 39.21%，较 1982 年峰值降低 23.24%；2010 年峰值不突出，最高值为 32.19%，比 1982 年降低 36.98%，比 2000 年降低 17.90%。

根据图 4-6，农村 1982 年和 1990 年三代直系家户成员构成分别在 25—29 岁组和 20—24 岁组形成一个小峰值，至 60—64 岁组陡然升高，峰值均在 75—79 岁组，分别为 51.95% 和 52.88%，亦即这一年龄组一半以上老年人在三代直系家户生活。2000 年和 2010 年与前两次普查年龄构成的最大差异是，25—29 岁组形成一个引人注目的峰值，分别为 34.72% 和 41.05%。值得一提的是，2010 年的这一峰值是一个主峰值，至老年阶段最高值为 34.94%（70 岁组），亦即仅有 1/3 强的老年人生活在三代直系家户。这一趋向表明，2010 年，低龄老年父母同已婚且处于青年阶段的儿子及婴幼孙辈共居成为农村三代直系家户维系和增长的力量。

2. 三代直系家户内部成员年龄构成和变化

由前可知，中年和低龄老年人成为三代直系家户形成的重要推动者，因而我们认为，观察其中 50—54 岁、55—59 岁和 60—64 岁组成员的构成变化有助于认识这一类型家庭的功能。

根据对 1982 年以来四次人口普查数据统计，三代直系家户中，城市 50—64 岁四个年龄组成员的构成分别为 11.48%、12.80%、15.89% 和 18.48%。2010 年较 1982 年提高 60.97%，比 2000 年增加 16.30%。在农村人口中，其比例分别为 11.2%、12.00%、15.30% 和 17.66%。2010 年比 1982 年提高 57.68%，较 2000 年增加 15.42%。

我们下面从三代直系家户内部分析不同年龄组成员的构成变化（见图 4-7）。

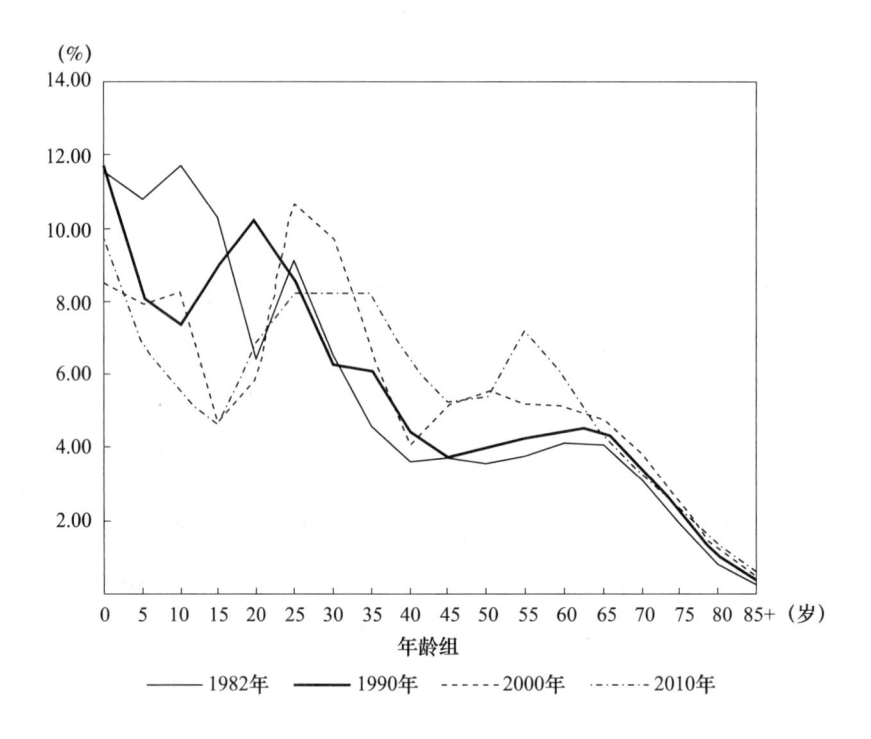

图 4-7　四个时期三代直系家户内部成员年龄构成

就 2010 年来看，0—14 岁组成员在三代直系家户所占比例最高，他们属于第三代；其次处于高位的是 25—29 岁、30—34 岁和 35—39 岁组等中青年组成员，为第二代；55—59 岁组也比较高，为第一代成员。这种构成应是目前三代直系家户最为标准的模式。有年幼子女的青年夫妇与中年和低龄老年父母组成同居家庭，亲子之间形成相互协助关系。由于亲代尚未年老，这种家庭多以第一代为户主。2000 年和 1990 年也有这种表现，差异是第一代峰值不突出。1982 年，由于严格的生育控制政策影响下的第三代人多已出生，第三代孙辈在三代直系家户中所占比例相对较高，这会挤压中老年人在其中所占份额。就具体构成看，1982 年、1990 年、2000 年和 2010 年三代直系家户中 14 岁以下未成年人所占比例分别为 34.05%、27.19%、24.63% 和 21.95%。

然而 2010 年 14 岁以下未成年人在三代直系家户中的比例降至仅

占20%多一点，50—60岁组成员由2000年的15.20%提高至17.66%，65岁以上老年人口构成则由2000年的12.68%下降为11.87%。这种构成特征表明中年和低龄老年人在三代直系家户组成中的作用增大。

四 三代直系家户的功能及其变化

通过上面三代直系家户户主和所有成员年龄分布分析，我们对三代直系家户的功能及其变化已有所认识。在此，着重从"养老"和"抚幼"两个视角再作探讨。一般来说，三代直系家户具有"上有老、下有小"的构成特征。对中间一代来说，"养老"的功能比较突出；然而，三代直系家户内，"抚幼"则非中间一代单独为之，第一代人也多有参与，这一点在前面的理论分析中已有涉及。那么，当代城乡社会中三代直系家户的这两个功能有何表现和变化？

（一）养老功能

1. 三代直系家户老年人数量构成

这里所言"养老"主要指65岁及以上老年人的赡养和照料问题，重点考察老年人所居住的家户类型，借以认识其以何种居住方式养老。三代直系家户养老功能的履行在于该类家庭有老年人生活其中，那么究竟多大比例的三代直系家户包含有65岁及以上老年人？

如表4-3所示，就城乡而言，1982年、1990年和2000年超过半数的三代直系家户有65岁及以上老年人。进一步看，1990年后，农村老年人构成有降低趋向。2010年城乡三代直系家户中的老年人比例均降至50%以下，与1982年相比，分别下降12.96%和16.77%；较2000年减少10.63%和11.21%。老年人在总人口和总家户人口中所占比例提升背景下，在三代直系家户生活的比例却下降了。这表明，老年人在其他类型的直系家户或非直系家户生活的比例提高了。

表4-3 1982年以来三代直系家户65岁及以上老年人数量构成变动　单位:%

老年人数量构成（个）	1982年		1990年		2000年		2010年	
	城市	农村	城市	农村	城市	农村	城市	农村
0	43.66	43.95	48.93	43.07	45.20	47.46	50.85	53.27
1	49.28	48.78	42.26	47.79	42.33	41.82	34.56	34.36
2	6.97	7.18	8.72	9.07	12.47	10.63	14.48	12.29
3+	0.09	0.09	0.08	0.08	0.07	0.09		
有老年人户合计	56.34	56.05	51.06	56.94	54.87	52.54	49.04	46.65

注：2010年有2个老年人的构成类别中包括2个以上老年人。

总之，2010年承担"养老"责任的三代直系家户已不到50%。农村有65岁及以上老年人的三代直系家户甚至低于城市。从这一角度看，"养老"已非城乡三代直系家户的普遍职责。

2. 老年人在三代直系家户生活比例的变化

在此，我们主要通过对75岁及以上老年人在三代直系家户与其他类型家户中的构成进行比较（重点考察老年人生活比例相对高的几类家户），进一步认识三代直系家户的养老功能及其变化。

根据表4-4，1982年，城市75岁及以上三个年龄组的老年人在三代直系家户中生活的比例最大，特别是75—79岁和80—84岁组接近或达到半数者在其中生活。2000年则明显降低，至2010年进一步下降。其中2010年三个年龄组的比例分别较1982年减少42.37%、44.79%和42.06%，比2000年减少29.30%、27.35%和23.40%。不过，变动之后，这三个年龄组老年人在三代直系家户生活的比例虽不占主导地位，却仍属最大的单项类型。

农村与城市有基本相似的变动轨迹。其中75岁及以上三个年龄组老年人2010年在三代直系家户生活比例较2000年分别降低27.39%、20.40%和18.53%。

由表4-4可见，无论城乡，2010年75岁及以上老年人在三代直系家户生活比例降低的同时，出现分流，一部分流向二代直系家户，

表 4-4　　　　　不同类型家户的养老功能比较

单位：%

	年龄组（岁）	1982年						2000年						2010年					
		单人户	夫妇核心家户	三代直系家户	二代直系家户	四代直系家户	隔代家户	单人户	夫妇核心家户	三代直系家户	二代直系家户	四代直系家户	隔代家户	单人户	夫妇核心家户	三代直系家户	二代直系家户	四代直系家户	隔代家户
城市	75—79	14.80	11.66	48.10	2.65	3.21	8.50	12.91	24.80	39.21	4.60	1.81	6.22	15.68	35.33	27.72	6.05	0.99	3.65
	80—84	15.03	6.96	50.59	3.01	6.12	9.36	14.61	15.80	38.07	8.35	4.45	7.38	17.27	25.87	27.93	10.36	2.94	4.44
	85+	13.49	3.76	46.72	4.48	8.86	11.66	13.49	7.05	35.48	14.22	12.52	8.38	21.08	13.93	27.07	15.38	7.81	5.21
农村	75—79	15.59	11.54	51.80	1.89	4.59	4.17	10.56	17.10	47.72	6.53	4.53	4.43	15.14	24.54	34.65	7.90	3.56	5.31
	80—84	17.66	7.62	48.95	2.32	8.49	5.74	11.86	10.60	41.67	11.70	9.43	5.30	16.74	17.52	33.17	11.85	6.60	5.05
	85+	18.73	4.29	42.54	4.24	13.01	8.05	11.80	5.92	33.29	16.73	14.86	7.11	16.94	9.22	27.12	18.16	12.98	6.08

另一部分流向夫妇核心家户和单人户。第一种流向在 85 岁及以上组比较突出。2010 年城市 85 岁及以上组老年人在二代直系家户生活的比例较 1982 年提高 243.30%，农村增长 328.30%；两者较 2000 年分别提高 8.16% 和 8.55%。这一流向形成的原因是，一些三代直系家户中的第三代人成年后离家或结婚分出，第二代中年人（子代）承担着对第一代高龄父母的赡养义务，亲子两代人同爨共居。第二种流向在三个年龄组均有表现，生活能够自理的老年人单独生活增多。2010 年城乡 75 岁及以上老年人在夫妇核心家户生活的比例较 2000 年提高的幅度均超过 40%，单人户增幅则多在 20% 以上。从中可见，当代老年人居住方式呈现出"传统"与"现代"新的"二元"格局。

综上所述，无论从三代直系家户所容纳的 65 岁及以上老年人数量构成，还是 75 岁及以上老年人生活的家户类型看，其传统养老功能有所削弱，一半及以上三代直系家户没有 65 岁及以上老年人，即从形式上看其"家内"没有"养老"责任。城市 85 岁及以上老年人夫妇二人和单人独居两类合计占比超过 1/3。当然，无论城乡，高龄老年人与子女和孙子女一起生活仍占主流，即生活自理能力降低的高龄老人尚难以摆脱对已婚子女等亲属照料的依赖。

（二）抚幼功能

我们认为，抚幼，即三代直系家户中第一代协助第二代抚育婴幼儿阶段的第三代是该类家庭的一项最主要功能。那么，从纵向视角看，这一功能究竟增强了，还是有所削弱？我们知道，在生育控制政策约束之下，城乡育龄夫妇生育子女数均相应减少，城市独生子女家庭增多。从第三代角度看，无论父母还是祖父母，抚幼的负担减轻了。不过，在第三代处于幼童阶段，家庭的抚幼功能和子女数量的多少关系不是很大。或许在第三代数量减少的情况下，祖辈对其抚育更为重视，形成三代直系家户的可能性增大。这是一种假设，那么实际情形如何？在此，我们对不同时期 5 岁及以下儿童生活的家户类型进行考察，以便对三代直系家户的抚幼功能及其变动有所认识。

依照表 4-5，标准核心家户和三代直系家户是婴幼儿生活家户的两个主要类型。需要注意的是，无论城乡，1982 年以来，婴幼儿在三

表4-5 不同类型家户的抚幼功能比较

单位：%

年份	幼儿年龄（岁）	城市						农村					
		标准核心家户	其他核心家户	三代直系家户	四代直系家户	隔代家户	复合家户	标准核心家户	其他核心家户	三代直系家户	四代直系家户	隔代家户	复合家户
1982	0	46.15	11.52	31.82	1.68	0.80	7.00	50.68	6.68	34.97	2.42	0.75	3.62
	1	52.67	12.86	25.92	1.03	1.03	5.46	56.26	7.12	30.36	1.70	0.77	2.94
	2	56.85	14.25	22.31	0.78	0.94	3.92	59.29	8.42	27.24	1.25	0.75	2.21
	3	58.37	15.13	20.86	0.56	1.10	3.00	60.73	9.34	25.42	0.96	0.73	1.82
	4	58.70	16.31	19.87	0.47	1.13	2.48	60.88	10.27	24.59	0.82	0.70	1.57
	5+	58.58	17.17	19.15	0.45	1.16	2.11	60.86	11.21	23.83	0.72	0.69	1.25
	0—5岁	54.81	14.41	23.71	0.87	1.01	4.13	58.07	8.85	27.76	1.32	0.73	2.24
2000	0	48.10	6.96	36.96	1.86	1.38	3.79	38.19	3.87	47.15	4.01	2.50	3.55
	1	49.98	7.44	34.85	1.73	1.64	3.72	42.18	4.97	41.67	3.46	4.01	2.88
	2	56.52	5.96	29.92	1.16	2.32	3.48	45.20	6.00	37.95	2.61	4.62	2.45
	3	57.38	5.56	30.60	1.09	2.10	2.74	48.65	5.85	34.31	2.29	5.26	2.15
	4	60.68	5.98	25.85	1.13	2.48	2.93	50.77	6.61	32.23	1.69	5.00	1.81
	5+	62.37	6.73	23.69	0.76	2.20	3.46	52.20	7.25	30.51	1.43	5.14	1.74
	0—5岁	56.06	6.43	30.10	1.27	2.03	3.35	52.20	7.25	30.51	1.43	5.14	1.74

续表

年份	幼儿年龄(岁)	城市						农村					
		标准核心家户	其他核心家户	三代直系家户	四代直系家户	隔代家户	复合家户	标准核心家户	其他核心家户	三代直系家户	四代直系家户	隔代家户	复合家户
2010	0	44.33	6.31	40.33	1.70	1.85	2.38	23.04	4.95	52.73	4.82	5.92	4.02
	1	46.22	7.20	37.43	1.46	3.02	2.27	25.92	5.58	48.62	3.96	7.79	3.51
	2	51.35	7.31	33.68	1.02	2.79	2.08	28.81	6.03	45.00	3.09	8.95	3.39
	3	50.36	7.30	34.64	1.10	2.69	2.00	30.77	6.59	42.72	2.92	9.19	3.15
	4	56.49	6.96	29.47	0.72	2.93	1.83	34.33	6.99	40.45	1.87	8.92	2.86
	5+	56.03	7.23	29.47	0.82	3.11	1.81	37.28	7.37	38.02	1.89	8.47	2.20
	0—5岁	50.93	7.08	34.03	1.13	2.76	2.05	30.07	6.26	44.51	3.07	8.25	3.19

注：表中略去了一些家户类型。

代直系家户生活的比例均有增大的趋向。

2000年，农村0岁婴儿在三代直系家户生活的比例超过标准核心家户。2010年，这一趋向更为突出：农村0—5岁各单岁婴幼儿在三代直系家户生活的比例最大，其中0—4岁婴儿一半以上在三代直系家户生活，而1982年只占1/3强。

如何解释这一现象？我们认为，就农村来说，1982年，生育年龄夫妇，特别是农村30岁以下者兄弟数量相对较多，结婚不久、生育之前就与父母分开生活的做法具有一定普遍性，因而其年幼子女在标准核心家户生活的比例相对较高。至2000年这种状况有了初步改变，2010年则出现根本性变化，即多数初婚、初育青年夫妇从男方看为独子（在农村习惯下，一子一女、一子二女等往往也被视为独子）。其婚后与父母组成二代直系家户，生育后则保持三代人同居共爨格局，由父母帮助照料子女。城市2010年婴幼儿在三代直系家户生活比例虽未成为主导类型，但其比例较1982年也有明显提升。我们认为，这种变化也与年轻夫妇中独生子女比例较大，其生育子女后，特别是小孩一二岁时，父母（公婆）帮助其照看子女有关。

当然，从年幼子女生活方式分析家庭的抚幼功能这一方法也有不足，因为一些亲子分爨家庭，父母也对其孙子女的照料付出辛劳，如城市夫妇在子女入托前每日送给已退休的父母照看，农村亲子分爨夫妇中出外务工者（包括短期或当天出外者）将年幼子女交由父母（公婆）照看者也非少数。但必须承认，相对于"家际"抚幼，"家内"（"三代同堂"）抚幼做法更为"规范"和具有稳定性。在这样的三代直系家户中，正值中年或低龄老年阶段的第一代多起主导作用，其对第二代的帮助更为直接。

五　结语与讨论

三代直系家户是当代中国较复杂家庭的代表类型，其在不同时期家户总体中的构成既有稳定的一面，也有城乡趋向具有差异的一面。

1982年以来城市三代直系家户表现为减少，至2010年降幅为18.94%；农村1982年和1990年相对稳定，1990年后逐渐增加，2010年较1990年提升26.92%。这种变动既与城乡民众不同的居住偏好有关，也与少生之下；子女成年后亲子异地生活增多现象有关。城市2000年后第一代独生子女逐渐长大，他们中婚前离开父母到外地求学、就业的比例增大，促使中年父母"空巢"现象增多；婚后特别是生育后与父母组成稳定的三代直系家户可能性降低（当然不排除一些中老年人在孙子女幼小时与子女组成短期或阶段性的三代直系家户）。农村三代直系家户构成提高的主要原因是独子比例增大和青年子代外出非农就业成为主导，他们婚后，特别是生育后与亲代同居共爨，从中"受益"较多。

整体看，1982年以来城市三代直系家户保持着中年和低龄老年人为户主主体的格局，农村则从青年和中年为户主主体向中年和低龄老年人为户主主体转化，表现为向城市的构成形式靠拢。农村的这种状态与集体经济时代或后集体经济时代初期经济环境发生改变有关，当时三代直系家户户主多为具有较强劳动能力或养家糊口能力的青壮年成员。而至当代，对家庭的经济贡献和家庭资源的掌握能力最被看重，中年及低龄老年亲代较青年子代更具有这方面的优势。

三代直系家户的养老功能有所削弱，表现为2010年一半以上的三代直系家户没有65岁及以上老年人。但85岁以上老年人与子女和孙子女一起生活者仍占多数，家庭成员对高龄老年人的照料功能依然保持着，农村的这一特征更为突出。城乡老年人在三代直系家户的构成降低的同时，婴幼儿于其中生活的比例呈现增长趋向，农村尤其突出。其原因在于，2010年多数初婚、初育青年夫妇为独生子女，或从男方看属于独子。其婚后，特别是生育后，三代人同居共爨，子代可获得父母在家务料理和子女照料方面的帮助。与多子家庭相比，父母与独子夫妇之间利益冲突相对较少。三代直系家户"家内"抚幼功能因此表现出增强的特征。城市虽然也有这种表现，但婴幼儿与父母形成不同形式的核心家户为主导的局面却没有根本改变。

城乡三代直系家户构成变动的不同趋向（城市减少、农村增长）表明，当代中国三代直系家户并非按照一种路径变动，不能简单推断其将保持现状或将处于持续缩减过程中。我们认为，这与社会转型初期中国社会仍保持着多重"二元"状态有关。

第五章 第一代独生子女家庭亲子居住方式

一 问题的提出及相关说明

20世纪80年代初期独生子女政策在中国城市广泛推行，直至2015年底才告终止。中国城市因此形成了规模庞大的独生子女家庭。由政策主导所形成的独生子女群体是中国空前的社会现象。对独生子女成年后亲子居住方式进行考察是认识中国当代城市家庭变动状态不可缺少的一部分，也是观察中国家庭未来走向、家庭代际关系及养老问题的重要内容。独生子女政策实施之初出生的独生子女目前已经长大成人（学界称之为第一代独生子女），其中多数人已经婚配或生育，亲子关系的多样性呈现出来。那么，第一代独生子女与其父母怎样组成生活单位？其居住方式受到哪些因素的影响？特征是什么？已经显现出哪些问题？在中国当代老龄化水平日益提高的当代，对此进行研究不仅有理论认识意义，且具社会实践价值。

（一）概念解释

一些研究者对独生子女做过说明。王树新、赵智伟将其定义为1984年及以前出生并领取了独生子女证的独生子女①；风笑天将其定义为1976—1986年出生的子女②；宋健、黄菲限定其为1975—

---

① 王树新、赵智伟：《第一代独生子女父母养老方式的选择与支持研究——以北京市为例》，《人口与经济》2007年第4期。
② 风笑天：《第一代独生子女婚后居住方式：一项12城市的调查分析》，《人口研究》2006年第5期。

1985出生者①。我们认为，第一代独生子女实际是"家系"之"代"（借用家庭成员所形成的亲子不同代际）和"社群"之"代"（宏观上的同批人）的混称。既然将其视为一代人，他们应该是年龄相近、生活时代和社会环境相似、行为趋向有较多共性的一批人。

可以说，第一代独生子女指独生子女政策最初实行时出生，并得到政府计划生育管理机构所认可（颁发独生子女证）的子女。而若结合当时社会实际，这一定义则有不完整之处。一些夫妇1980年前生育了一个子女，至1980年被限制生育二胎。他们所生子女也属于独生子女（被颁发了独生子女证），应被列入第一代独生子女群体之中。但需注意，由1980年向前上溯的时间不宜过长，否则会使第一代独生子女群体特征模糊。另外，我们还应明确第一代独生子女范围的下限。这里我们以1980年为基点，由此向其前后扩展，将1976—1985年出生，且其父母已从政府有关管理机构申领了独生子女证者视为标准的第一代独生子女群体。

（二）第一代独生子女及其家庭居住方式的含义

本章研究独生子女家庭亲子居住方式。这里的"家庭"和"居住方式"是什么关系？我们对家庭的定义为：由具有主要抚养、赡养义务和财产继承权利的成员所形成的亲属团体和经济单位②。"居住方式"是指具有血缘、姻缘和收养关系成员所形成的同居、共爨类型，可以"家户"称之。独生子女家庭亲子居住方式实际是考察原本生活在一起的父母和子女，当子女成年特别是婚配之后所组成的家户类型。

（三）第一代独生子女亲子居住方式可选择类型

就标准的第一代独生子女群体（1975—1985年出生者）而言，至2015年其年龄处于30—40岁，多数人已经结婚。在当代城市，第一代独生子女中也会有一定比例未婚者。虽然这个群体中的已婚、未婚者均应被关注，但若以居住方式为考察重点，已婚者对亲子两代人居住方式的影响更为显著，他们与其父母应该是主要分析对象。

---

① 宋健、黄菲：《中国第一代独生子女与其父母的代际互动——与非独生子女的比较研究》，《人口研究》2011年第3期。

② 王跃生：《中国当代家庭、家户和家的"分"与"合"》，《中国社会科学》2016年第4期。

1. 已婚独生子女居住方式的可能选择

（1）婚后独立居住，形成新的家户；

（2）与男方父母组成共同生活单位；

（3）与女方父母组成共同生活单位。

2. 独生子女父母居住方式选择

若亲子之间平均相差25岁，独生子女父母应以55—65岁者为主，即多在中年和低龄老年阶段，生活自理能力较强。他们也有三种可选择的居住方式：①子女结婚离家，父母以"空巢"方式生活（需注意，一些父母的"空巢"起始点则要提前至子女出外上中专、大学时）；②与已婚子（女）、媳（婿）共同生活；③与父母（公婆）共同生活。

那么，独生子女家庭亲子居住方式受到哪些因素的制约？独生子女亲子虽为两代人，同一时空中彼此居住方式选择所受影响也有差异，但共性之处更多，可概括为以下几点：

（1）居住偏好。与近代之前政府和社会主流价值对多代同居家庭的倡导不同，当代民众居住选择被视为一个"私人领域"的问题，只要父母和子女不存在对未成年人抚育、老人赡养等义务的摆脱行为，法律和政策并不干预亲子代采用何种家户、家庭居制。由此，民众形成了以自己偏好选择生活单位的做法，而这种制度环境是有利于核心型小家庭成长的[①]。那么，已婚独生子女本人和其父母又会偏好何种居住方式呢？因为偏好受一定时期社会群体的观念和行为影响，随时代演进而变化，这是本项研究所应关注的。

（2）家庭经济条件。无论从历史角度看，还是着眼于当代，居住方式都受到家庭经济条件的制约，表现为，它一定程度上受到家庭或父母对已婚子女住房等提供能力的影响。若子女有独立居住偏好，父母又能为其购置独立住房，由此独立生活单位才有可能形成；否则，将不得不约束自己的偏好，适应已有条件，形成共同生活格局。

（3）惯习。就居住方式而言，它是指特定地区民众婚后在居住安排（从夫还是从妻）、分爨分家方式或时机选择上所受区域性制度规

---

① 王跃生：《中国农村家庭的核心化分析》，《中国人口科学》2007年第5期。

则的影响。妻从夫居是中国社会的传统，绝大多数直系家户是由男方父母同子、媳及孙子女所形成。那么，在当代，特别是对成年独生子女来说，这一惯习是否还在发挥作用？

独生子女居住方式的推测：若按照中国传统，独子婚后与父母同居共爨比例相对较高（没有或较少财产分配矛盾，亲子合作从事经济活动具有优势）。但在当代城市社会，子代经济自立程度高，对独立生活有追求，这会抑制同居共爨比例上升；独生子女婚后双方父母都希望与子女保持往来关系，独立组成家庭更方便父母来往。

同样，上述对已婚独生子女居住方式选择的影响因素也适用于独生子女父母。在当代，独生子女父母居住方式受居住偏好、家庭经济条件和惯习的影响。但独生子女父母偏好独居时，他们不会将子女硬性留在身边，尊重子女出外生活的选择，并努力为其提供独立居住的物质条件。

（四）既有研究综述

随着第一代独生子女长大成人，独生子女亲子居住方式的研究逐渐受到重视。

较早的研究可谓具有推测性分析特征。谭琳提出"新空巢"家庭概念，指随着独生子女逐渐长大，其父母不到50岁即开始在"空巢"家庭生活，并长期延续这种格局（20—30年）[1]。宋健对"四二一"家庭概念（独生子女之间彼此婚配且只生育一个孩子）及其实现概率进行探讨，指出这类家庭实现的可能性没有人们想象的那么大[2]。

基于独生子女家庭居住方式的实证研究形成两种认识：一是独生子女婚后亲子以独居为主。风笑天五城市调查结果显示，已婚独生子女父母单独居住比例为64.7%[3]。对于独生子女本人婚后居住方式，风笑天12城市调查的结果是，小家单独居住占比为65.8%[4]。宋健、黄菲基于北京等四城市独生子女（20—34岁）调查得出双独夫妇相较于其他类型似乎

---

[1] 谭琳：《新"空巢"家庭：一个值得关注的社会人口现象》，《人口研究》2002年第4期。
[2] 宋健：《"四二一"结构形成及其发展趋势》，《中国人口科学》2000年第2期。
[3] 风笑天：《城市独生子女与父母的居住关系》，《学海》2009年第5期。
[4] 风笑天：《第一代独生子女婚后居住方式：一项12城市的调查分析》，《人口研究》2006年第5期。

更倾向于与父母分开居住的结论①。二是独生子女父母以直系家户为主要居住类型。包蕾萍、陈建强基于上海的调查发现，50.5%的独生子女父母所居住类型是三代直系家户，49.5%为二代直系家户，进而得出三代同堂是独生子女父母主要家庭模式的结论②。不过，该项研究的居住类型分类比较粗略。丁仁船、吴瑞君基于苏州的调查结果为：已婚独子夫妇单独居住比例为38.9%，独女该比例为40.5%，而与一方父母居住占比分别为53.5%和51.9%，其余为与双方父母同住。与父母同居已婚独生子女分别超过和接近60%③。这两种认识具有一定的对立性。

应该承认，既有研究对特定调查地区第一代独生子女家庭亲子居住方式和特征已有初步揭示。也应看到，实证类型的分析或样本量较少，或局限于大城市，整体性研究不足。另外，在亲子居住方式影响因素分析中多局限于人口性别、年龄等人口学指标，而缺少从惯习、民众意愿和现实、经济状况等视角的探讨，对指标的解释也多停留在数据本身，对表象背后的影响因素分析不够。

（五）本章研究目的及所依据的资料

上述对第一代独生子女家庭亲子居住方式的研究多基于2005年前后的调查数据。最近10年独生子女家庭亲子随着年龄增长，子代不仅多已婚配，且生育者也占多数；亲代则开始由中年向低龄老年阶段转化，居住方式上所显示的代际关系多样性也已呈现出来。因而，对其目前居住状态进行研究，不仅有现实意义，而且有理论价值。我们试图在已有研究基础上，从全国范围内确定调查地区并实施问卷调查，拓宽分析视角，较全面揭示第一代独生子女家庭亲子居住方式最新状态和特征；努力探寻哪些因素影响亲子居住方式；分析亲子居住方式的变动方向和问题。

本章以2015年五省市"城市第一代独生子女家庭状况调查"数据为

---

① 宋健、黄菲：《中国第一代独生子女与其父母的代际互动——与非独生子女的比较研究》，《人口研究》2011年第3期。
② 包蕾萍、陈建强：《中国"独生父母"婚育模式初探：以上海为例》，《人口研究》2005年第4期。
③ 丁仁船、吴瑞君：《已婚独生子女家庭人口与居住安排关系研究》，《人口与发展》2012年第5期。

基本分析资料。需要说明的是,这次调查未将非独生子女家庭纳入,由此缺少了相互比较的对象,是本项研究的不足之处。但也应指出,若在同一城市、同一社区中,匹配一定数量与第一代独生子女家庭亲子年龄相当的非独生子女及其父母样本是比较困难的(若容易获得,则说明该地独生子女政策的贯彻是失败的),而把生活背景差异较大者作为调查和比较对象,也将失去研究意义。在我们看来,关注一个时期主流群体的居住方式并将其现状和特征揭示出来,也是很有价值的。

二 亲子居住方式基本状态

这里,我们主要观察调查时点第一代独生子女家庭亲子的居住方式,着重认识子女婚否状况下及不同年龄组亲子的生活单位,同时对亲代意愿居住方式与实际家户类型加以比较,以便对两代人组成的家户结构有整体把握。

(一)亲子居住类型

1. 子女婚否对亲代居住方式的影响

我们知道,子女结婚为亲子代生命周期中的重要事件,它会对彼此的居住方式产生直接影响,对独生子女家庭来说尤其如此。在父母与多个未婚子女所形成的标准核心家庭中,若第一个子女结婚后离开父母,父母所生活的家庭仍保持着原来类型。当然,若有子女婚后与父母同居,那么这个核心家庭则会首先转变为二代直系家户,进而扩展为三代直系家户。对独生子女的父母来说,无论子女婚后采用哪种居住方式,都会使父母的居住类型发生转变。即或者因子女结婚离开父母,原来的共同生活单位进入"空巢"状态;或者因父母与子(女)及媳(婿)同居,父母之家变为二代直系家户。

本次调查的样本中,已婚独生子女占多数,为81.80%;未婚者占18.20%。

由表5-1可以看到,二级家户类型中,已婚独生子女父母以夫妇二人组成的"空巢"家户比例最大,达到44.03%;处于第二位者为三代及以上直系家户，占36.09%（只有1例为受访者与父母和祖父母所组成，与父母和已婚儿子所组成的有4例，占0.16%，其余均为与子、孙所组成，占35.89%）；再次为二代直系家户，占7.39%（其中3.16%为受访亲代与自己的父母所组成，4.23%为与自己的已婚子、媳所组成）。通过归成大类，可见父母与已婚子女及孙子女等直系亲属组成的直系家户所占比例最大，为48.66%，稍高于核心家户。而父母或父母一方单独居住（夫妇核心家户和单人户合计）占49.29%，与已婚子女（包括有离婚和丧偶等婚姻行为子女）同居占41.94%，另有3.36%为与上辈人所组成。第一代独生子女父母单独生活略占多数。

表5-1　　　　　　　　子女婚否与亲子居住方式　　　　　　单位:%

家户类型	亲代				子代			
	子女已婚	子女未婚	总体	样本量（个）	已婚子女	未婚子女	总体	样本量（个）
夫妇核心家户	44.03	24.51	40.48	1252	13.08	0.00	10.70	331
标准核心家户	0.00	52.58	9.57	296	32.21	52.58	35.92	1111
单亲核心家户	0.00	11.37	2.07	64	0.24	11.37	2.26	70
扩大核心家户	0.12	0.00	0.10	3				
过渡核心家户	1.82	0.00	1.48	46	1.82	0.00	1.48	46
核心家户小计	45.97	88.46	53.70	1661	47.35	63.95	50.36	1558
三代及以上直系家户	36.09	4.97	30.42	941	44.07	4.97	36.95	1143
二代直系家户	7.39	2.84	6.56	203	5.22	0.18	4.30	133
隔代家户	5.18	0.00	4.24	131				
直系家户小计	48.66	7.81	41.22	1275	49.29	7.99	41.77	1292
子女在校学习					0.00	2.84	0.52	16
单人户	5.26	3.73	4.98	154	3.36	28.06	7.86	243
其他	0.12	0.00	0.10	3				
样本量（个）	2530	563		3093	2530	563		3093
子女婚否样本构成	81.80	18.20	100		81.80	18.20	100	

注：①在调查样本中，有数十例为父母或父母一方与单个已婚或曾婚子女（离婚或丧偶，其中离婚者居多）同居，这类情形划入直系家户是不合适的，划入核心家户也勉强（它与核心家户的定义不完全符合），在此我们将其称为过渡核心家户。②本章的单亲核心家户中没有夫妇分居类型。

资料来源：五省市"城市第一代独生子女家庭状况调查"数据，本章其他表格资料来源同此。

若子女至调查时点尚未婚配，父母所生活的二级类型家户中标准核心家户占比最大，为52.58%（父母与未婚子女组成），其次为夫妇核心家户（子女离家），占24.51%，第三为单亲核心家户，这三类核心类型家户占88.46%。其与上辈人（父母或公婆）组成直系家户占7.81%。独生子女未婚时，父母在核心家户生活是主导方式。

2. 已婚、未婚子女居住方式

已婚子女居住类型中占比最大二级家户类型为三代及以上直系家户（44.07%），其次为标准核心家户（32.21%），第三为夫妇核心家户（13.08%）。这种格局与独生子女夫妇正处于抚养子女阶段有关，他们与父母（公婆）同住可获得照料子女帮助，但也有较大比例者为独自照看子女。直系家户中的已婚独生子女比例（49.29%）稍高于核心家户（47.35%），应该说两种家户类型是比较接近的（见表5-1）。

63.95%的未婚独生子女与父母或父母一方组成核心家户，但有28.06%的未婚者工作后因与父母不在一地居住等原因而单独生活。

（二）不同年龄组亲子居住方式比较

本项调查样本中，亲代年龄构成以60—64岁组为最大，占38.60%；其次为55—59岁组，占35.05%，两者之和为73.65%。这表明第一代独生子女父母以60岁上下者为主；另外有一部分54岁及以下和65岁及以上者，占比分别为14.45%和11.90%。子代年龄组构成较亲代更为集中，30—34岁年龄组超过60%（63.66%），其次为35—39岁组，占28.10%，两组合计为91.76%。29岁及以下和40岁及以上分别为4.75%和3.49%（见表5-2）。

那么，上述亲子代不同年龄组的居住方式有何异同呢？

表5-2　　　　　　不同年龄组亲代居住方式　　　　　单位:%

家户类型	亲代				子代			
	54岁及以下	55—59岁	60—64岁	65岁及以上	29岁及以下	30—34岁	35—39岁	40岁及以上
夫妇核心家户	30.65	42.34	42.13	41.58	9.52	12.09	7.94	9.26
标准核心家户	18.34	9.96	6.87	6.52	29.93	35.14	38.90	34.26

续表

家户类型	亲代				子代			
	54岁及以下	55—59岁	60—64岁	65岁及以上	29岁及以下	30—34岁	35—39岁	40岁及以上
单亲核心家户	3.13	2.49	1.51	1.36	1.36	2.95	1.04	0.93
扩大核心家户	0.22	0.00	0.17	0.00				
过渡核心家户	1.57	1.20	1.34	2.72	1.36	1.42	1.50	2.78
核心家户小计	53.91	55.99	52.02	52.18	42.17	51.60	49.38	47.23
三代及以上直系家户	30.2	28.14	31.91	32.61	39.46	33.98	42.35	44.44
二代直系家户	9.84	7.01	5.61	4.35	6.80	4.77	3.11	1.85
隔代家户	2.24	3.97	5.19	4.35				
直系家户小计	42.28	39.12	42.71	41.31	46.26	38.75	45.46	46.29
子女在校学习					0.68	0.76	0.00	0.00
单人户	3.80	4.70	5.19	6.52	10.88	8.89	5.18	6.48
其他	0.00	0.18	0.08	0.00				
样本量（个）	447	1084	1194	368	147	1969	869	108
年龄组构成	14.45	35.05	38.6	11.9	4.75	63.66	28.10	3.49

1. 亲代居住方式

我们看到，在核心家户和直系家户大类上，四个年龄组亲代居住方式并无明显差异，甚至很接近。仅有55—59岁组核心家户稍高、直系家户稍低。在小类上，由于54岁及以下组亲代中子女未婚比例高于其他年龄组，故其"空巢"状态较低，而与未婚子女组成的标准核心家户明显高于其他年龄组（见表5-2）。

通过对已婚子女的父母所做统计，我们发现，54岁及以下组核心家户占比明显较低，只有38.66%；其他三个年龄组比较接近，处于46%—48%。直系家户则相反，54岁及以下组较高，为56.87%，其他三个年龄组在47%上下。进一步考察发现，54岁及以下组中有较高比例的二代直系家户，这应该是由刚结婚但未生育的子代与亲代所组成的，且其三代及以上直系家户也高于其他三个年龄组。

2. 子代居住方式

依据表5-2，不同年龄组子代的家户构成为，30—34岁组及以上三个年龄组核心家户比例接近，占比在50%上下；29岁及以下组则只有42.17%。这一差异主要体现在标准核心家户上，30—34岁组及以上三个年龄组所占比例均为35%上下，29岁及以下组不足30%。这是因为，后者未婚比例较大，其所组成的标准核心家户是与父母所组成的；而30—34岁组则多为已婚且生育者，他们与自己的年幼子女组成标准核心家户。

本项调查表明，独生子女婚后，亲子代居住方式均表现出独立生活与彼此共同生活并存的特征。亲代既有独居并形成"空巢"居住的表现，又有与已婚子女及孙辈形成多代生活单位的做法；子代与其未成年子女形成核心家户和与亲代组成直系家户均占较大比例。就总体而言，难以据此得出第一代独生子女婚后亲子独居或同居为主导的认识。

正如前述，本次调查中未对非独生子女家庭进行调查，失去了比较对象。在此我们想借助2010年人口普查长表1%抽样数据中60—64岁组只有1个子女和2个及以上子女样本的妇女居住方式间接认识两者家户构成的异同。将重庆、湖北、山东、甘肃和黑龙江五省市长表数据合并计算，独生和非独生子女母亲中的核心家户占比分别为48.56%和51.22%，直系家户占比分别为45.43%和40.14%，单人户占比分别为4.96%和7.74%[①]。独生子女母亲中的核心家户占比稍低于非独生子女母亲，其直系家户占比稍高于非独生子女母亲。总体上，长表数据中独生子女母亲与非独生子女母亲主要居住方式虽有差异，但比较接近。表5-2中60—64岁组数据较长表五省市数据中的核心家户高7.13%，比其直系家户低5.99%，应该说两者是比较接近的。

（三）亲代意愿居住方式与实际居住方式比较

就当代而言，观念对居住方式的影响主要表现为意愿居住方式。意愿是一种偏好，是在不考虑现实约束下的一种理想，它能显示特定时代民众的群体期望。我们知道，20世纪60年代中期以后中国家庭即开始

---

① 根据第六次全国人口普查长表1%抽样Excel表格数据计算得到。

出现核心化趋向，至80年代末90年代初达到高峰①。这很大程度上是由家庭不同代际已婚成员独居愿望强化所推动。

表5-3数据显示，无论子女性别如何，已婚和未婚子女的父母60%以上希望子女婚后自己单独生活。子女已婚样本中，有女父母希望单独居住比例超过70%，高于有子父母10.57个百分点。我们认为，这种差异实际有惯习的作用因素，即独女父母或许认为女儿婚后即使与一方父母同住，现实环境下也以选择与男方父母同住为主，故对女儿婚后离家有心理预期，且能坦然接受。我们看到，即使有子父母，意愿上选择与已婚儿子同住者也不足1/3。子女未婚样本中，有子有女父母希望子女婚后自己独住比例均高于子女已婚父母。这组数据表明，独生子女父母对"空巢"状态不仅未心存不适，而且有较强的期待。这种意愿形成的原因是什么？我们认为，它与第一代独生子女父母生存背景有关。从上面对其年龄构成的统计可知，第一代独生子女父母多出生于20世纪50年代中后期和60年代前半期。他们成长于社会主流价值转变的时代，家长制等家庭传统受到批判。子女对父母等长辈的束缚有强烈的摆脱意识，独立生活观念浓厚。加上父母生育子女多，客观上家庭有限的住房条件也难容纳两个以上的已婚子女与父母共同生活。另外，第一代独生子女父母年轻时正值广泛就业的计划经济年代，尽管起初有些人上山下乡，但后来多返城就业，总体上他们在经济上有自立能力。这一经历潜移默化为一种生活态度，进而追求居住方式的独立。独生子女政策之下，他们适应了小家庭相对简单、闲适的生活。长期多代同堂的生活格局非其所愿。可以说，他们绝大多数没有受到多代同堂生活方式的熏陶。需要注意的是，在子女最初就业时工作地选择上，50.64%的父母对子女没有地点要求，希望子女在父母所在地工作的只占41.87%。而且有子父母和有女父母差异不大。这种观念均表现出独生子女父母一代重视子女发展，不太在意子女是否在自己身边工作。它实际是生活观念上一种乐观情绪的表达。

但也应注意父母居住意愿的另外一个视角，即对子女婚后所组成

---

① 王跃生：《中国农村家庭的核心化分析》，《中国人口科学》2007年第5期。

家户的理想距离范围。根据本项调查，距离构成上，已婚子女的父母希望与子女一起居住比例接近20%，希望住同一栋楼占7.14%。这可被视为有距离的共同生活，各自有相对独立的生活空间，却又能方便往来，甚至可以一定程度上异居同爨。住同一社区和街道合计为31.62%；住同一城市即可，占27.41%；持无所谓态度者为14.16%。可见，多数已婚子女父母既不愿意与子女同住一个屋檐下，又希望子女在近处安家。这一意愿是否与孩子最初就业地选择有矛盾？我们认为，这是父母对待子女"立业"和"成家"态度上的差别。子女最初寻求"立业"之地时父母不希望对其施加限制，而一旦要成家并长期稳定居住下来，父母更多地还是希望子女与自己同城居住，以便在日常生活上相互照应。

愿望与实际结果总是有区别的。下面仅对已婚独生子女父母的实际居住方式加以观察（见表5-3）。

表5-3 不同性别、婚姻状态下父母的居住意愿和实际居住方式　　单位:%

子女婚否	子女不同性别、婚姻状态下父母意愿居住方式				子女婚后父母实际居住方式				
		有子父母	有女父母	总体	样本量（个）		有子父母	有女父母	总体	样本量（个）
子女已婚	独居	63.77	74.34	68.51	1730	夫妇核心家户	35.80	54.14	44.03	1114
	与子女生活	30.84	20.90	26.38	666	扩大核心家户	0.07	0.18	0.12	3
	独居为主	5.39	4.76	5.11	129	单人户	4.09	6.69	5.26	133
	样本量（个）	1391	1134		2525	其他家户	0.22	0.00	0.12	3
	样本构成	55.09	44.91	100.00		无已婚子女家户小计	40.18	61.01	49.53	1253

续表

子女婚否	子女不同性别、婚姻状态下父母意愿居住方式				子女婚后父母实际居住方式				
		有子父母	有女父母	总体	样本量（个）		有子父母	有女父母	总体	样本量（个）
子女未婚	独居	71.39	84.82	76.16	409	过渡核心家户	1.58	2.11	1.82	46
	与子女生活	24.57	11.52	19.93	107	三代及以上直系家户	44.05	26.32	36.09	913
	独居为主	4.05	3.66	3.91	21	二代直系家户	8.82	5.63	7.39	187
	样本量（个）	346	191		537	有已婚子女家户小计	54.45	34.06	45.30	1146
	样本构成	64.43	35.57	100.00		隔代家户	5.38	4.93	5.18	131
						样本量	1394	1136		
						样本构成	55.10	44.90	100.00	2530

子女婚后父母的现住方式难以与上述意愿居住方式相互进行对应归类。我们在此主要看一下父母实际居住类型。表5-3中的单人户、其他家户、"空巢"家庭和不含子女的扩大核心家户可被视为父母独居的类型。有已婚儿子的父母独居比例只有40.18%，低于期望值23.59个百分点；有已婚女儿父母为61.01%，低于期望值13.33个百分点。这种差异可能由多种原因导致。我们认为，一是住房条件限制，比如没有能力为子女购置单独住房；二是出于功能性考虑，如子女有婴幼儿需要照看等。

另外，已婚子女所组成的家户与父母居住地的实际距离构成为，同居为38.26%，高于意愿同居比例很多；住同一社区和街道者合计为14.94%，明显低于意愿比例；住同一区和同一城市者合计为34.78%，高于意愿。而居住外地（包括本省其他地区和外省、国外等）占12.02%。可见，第一代独生子女多与父母在同城居住，这有利于亲子日常生活交换功能的维系。

我们认为，亲代高比例的独居意愿虽没有实现，但总体上约50%未与已婚子女同住（若将隔代家户算进来则更高），已婚独女父母独居超过60%。居住条件改善、功能性责任减少之后，亲代意愿的实现比例将会进一步提高。

总之，第一代独生子女家庭亲代和成年未婚子女以共同组成核心家户为主，而子女婚后则出现彼此分爨和同居共存状态。需要注意的是，第一代独生子女父母多处于中年向老年过渡阶段，其对"空巢"生活不仅未感不适，而且具有偏好。这表明，其现代生活观念已成为主导意识。

三 亲子居住方式影响因素分析

第一代独生子女家庭亲子实际居住方式受哪些因素制约和推动？在这一问题上，研究者可选择的分析视角很多。在此我们将从婚姻惯习、独生子女婚配类型、住房状况和受教育程度四个方面进行探讨。我们认为，在当代中国城市社会中，这些因素最具普遍意义。

（一）从已婚子女性别看婚姻惯习对亲子居住方式的作用

中国社会中，婚姻惯习对独生子女父母居住方式的影响表现为男娶女嫁，男方父母为新婚子、媳提供居住条件。传统时代，多数女性离开父母嫁入同地或异地另一村镇的夫家，与男方父母共同生活，至少在结婚初期如此。福利分房时代及其之后的当代城市，子女无论婚后是否与父母同住，婚配住房仍以男方父母提供为主，当然，一些年龄大、工龄长的子女可从自己工作单位获得住房。就当代而言，住房由男方提供的惯习尚无根本改变，惯习背后则是男系传承在民间社会的保留（当然现代法律对此不予承认）。若父母没有能力为新婚儿子购置住房，亲子则会组成同居共爨的直系家户。那么，对独生子女家庭来说，子女的性别差异是否仍然对亲子居住方式产生不同影响？

1. 不同性别子女婚否与父母居住方式

由表5-4可见，已婚独生子女的性别对其父母居住方式有明显影响。有子父母居住于直系家户的比例接近60%（58.25%），有女父母为36.88%，两者相差21.37个百分点，前者高于后者57.94%。与此相对应，有女父母在核心家户居住比例高于有子父母50.93%。需要指出，有子和有女父母（或父母一方）均有一定比例为夫妇"空巢"家户和单人户，其中有子父母占39.89%，有女父母占60.83%。这意味着，有女父母在独女婚后多单独居住，有子父母也有约40%独自生活。同时，有女父母中超过1/3与已婚独女组成直系家户。这提示我们，独生子女婚后虽然受到惯习影响，男娶女嫁方式下形成较高比例的妻随夫父母居住类型，但独子父母单独居住也占较大比例，独女父母与女、婿同住超过1/3。它表明，传统惯习的影响并非占绝对优势，独子、独女父母均选择独居也是不可忽视的一种现象，女方父母也并非只有"空巢"生活一种路径可以选择。

表5-4　　　　子女性别、婚否与亲子居住方式　　　　单位:%

家户类型	亲代				子代			
	已婚子女		未婚子女		已婚子女		未婚子女	
	儿子	女儿	儿子	女儿	儿子	女儿	儿子	女儿
夫妇核心家户	35.8	54.14	25.35	23.04	13.63	12.41	50.42	56.37
标准核心家户	0.07	0.18	50.14	56.86	28.05	37.32	13.93	6.86
单亲核心家户	0.00	0.00	13.93	6.86	0.36	0.09	0.00	0.00
过渡核心家户	1.58	2.11	0.00	0.00	1.57	2.11	0.00	0.00
核心家户小计	37.45	56.43	89.42	86.76	43.61	51.93	64.35	63.23
三代及以上直系家户	44.05	26.32	4.74	5.39	47.85	39.43	4.74	5.39
二代直系家户	8.82	5.63	2.51	3.43	5.74	4.58	0.28	0

续表

家户类型	亲代				子代			
	已婚子女		未婚子女		已婚子女		未婚子女	
	儿子	女儿	儿子	女儿	儿子	女儿	儿子	女儿
隔代家户	5.38	4.93	0.00	0.00				
直系家户小计	58.25	36.88	7.25	8.82	53.59	44.01	5.02	5.39
单人户	4.09	6.69	3.34	4.41	2.80	4.05	27.86	28.43
子女在校学习					0.00	0.00	2.79	2.94
其他家户	0.22	0.00	0.00	0.00				
样本量（个）	1394	1136	359	204	1394	1136	359	204
性别构成	55.10	44.90	63.77	36.23	55.1	44.9	63.77	36.23

儿女均未婚时有子有女父母居住方式的差异则不明显，甚至说基本一致。总体上，子女婚后，性别差异对父母居住方式的影响才表现出来。

2. 不同性别子女居住方式

根据表5-4，不同性别已婚子女居住方式有一定差异，但不如父母明显。

独子、独女婚后所生活的核心家户比例相差8.32个百分点（有子父母和有女父母之间相差19.98个百分点）；直系家户中独子与独女相差9.58个百分点（亲代相差21.37个百分点）。这种差别可从两个方面解释，无论亲代还是已婚子代，其居住方式并非仅与自己的子代、亲代有关。对亲代来说，除子女外，还与自己的父母（公婆）有关；对子代来说，除了自己的父母外，还受配偶亲代及其他直系成员状况的影响。

3. 从住房购置方式看惯习的影响

根据本项调查，独生子女初婚时独居且所住房为购置商品房的比例占38.13%。这些房屋的购买方式，由男方和男方父母出资或贷款占52.7%，主要由男方和男方父母出资、贷款占23.55%，两项合计为 76.25%；女方和其父母出资占 4.87%，女方和其父母出资为主占 1.24%，两项合计为 6.11%。另外，独生子女和配偶二人出资占 6.12%（双方父母没有资助），双方父母均出资占 11.51%。无疑，男方是新婚时所购住房的主要出资人。

若仅看独生女婚后所住房购买方式，男方和其父母出资占 48.16%，男方和其父母出资为主占 18.98%，合计为 67.14%；女方和其父母出资占 6.73%，女方和其父母出资为主占 2.24%，合计为 8.97%。男女本人出资占 8.78%，双方父母均出资占 15.10%。女方父母参与比例较混合统计高一些，但男方为主的格局没有改变。

这实际是婚姻惯习（男方准备住房）在总体上得到保持的表现。而若不购买新房，新婚夫妇则将以男方父母之家为居住载体。

(二) 子女婚配类型与亲子居住方式

这里的婚配类型指独生子女的配偶是独生子女还是非独生子女。中国独生子女政策实施时期，农村推行的多为一胎半、二胎等政策；城市夫妇所生子女有残疾者也可生育二胎，在中小城市，以违规方式生育二胎也非个别现象。因而，第一代独生子女还有与之相伴、规模庞大的同龄非独生子女。中国当代快速城市化过程中，农村非独生子女考上大中专院校毕业后多在城市就业，还有大量直接进城务工的农村青年，另外城市建设扩张过程中因占用周边农村土地而将占地农民转为非农人口（其中包含大量非独生子女）。这将使城市第一代独生子女配偶选择多样化。不过其组合方式只有两类：一是双独（双方均为独生子女）；二是单独（独生子女与非独生子女结婚）。我们将第二类再分为两种，即独生子与非独生女、独生女与非独生子。

那么，不同婚配类型对独生子女的居住方式有无影响？我们认为，若独生子女婚后已普遍形成与父母分开生活的格局，进行此项分析是没有意义的。但在中国现阶段，子女婚后即独住的格局并未完全形成。

独生子女婚配类型对亲子代居住方式的影响将表现为现代意识和传统惯习的双重作用。现代意识之下，若双独婚配，因双方父母均希望与子女保持方便往来的格局，故形成独居单位的可能性较大。单独婚配类型中与父母同住的比例要高一些。这些推断需要数据的支持。

根据本项调查，双独、男独女非和女独男非三种类型中，双独婚姻类型所占比例最大，但不到总数之半；独与非独婚配比例达到57.06%，其中男独女非比例超过1/3（见表5-5）。

表5-5　　　　　　　子女婚配类型与亲子居住方式　　　　　单位:%

家户类型	子女婚配类型与亲代居住方式			子代婚配类型与其居住方式		
	双独	男独女非	女独男非	双独	男独女非	女独男非
夫妇核心家户	52.26	30.68	52.04	18.06	11.00	9.20
标准核心家户				33.53	27.63	41.24
扩大核心家户	0.19	0.00	0.18			
单亲核心家户	0.00	0.00	0.00	0.10	0.00	0.00
过渡核心家户	1.06	0.61	0.88	1.06	0.61	0.88
核心家户小计	53.51	31.29	53.10	52.75	39.24	51.32
三代及以上直系家户	26.41	51.59	30.44	37.17	54.40	41.59
二代直系家户	8.65	7.46	6.02	6.72	4.28	4.60
隔代家户	4.71	5.87	4.78	0.00	0.00	0.00
直系家户小计	39.77	64.92	41.24	43.89	58.68	46.19
单人户	6.63	3.55	5.66	3.36	2.08	2.48
其他	0.10	0.24	0.00	0.00	0.00	0.00
样本量（个）	1041	818	565	1041	818	565
样本构成	42.95	33.75	23.31	42.95	33.75	23.31

居住方式上，双独类型中，亲子代在各类核心家户生活比例超过50%。需要注意的是，独女与非独男类型中亲子代的核心家户也超过半数。独男和非独女类型中亲代核心家户较低，不足1/3，而其直系家户合计接近65%，明显高于另外两种类型；子代也以核心家户为最低，直系家户最高。

由此可见，双独夫妇更希望婚后形成独立于双方父母的生活单位，多不希望"入住"任何一方家。而独女与非独男类型中独居比例与双独相近，独男与非独女类型中独子与父母组成高比例直系家户。

若基于双独类型或许可以得出这样的认识，独女较独男更希望组成独立生活单位，即不希望同公婆生活在一起；若独男与非独女结合，非独女对与公婆同住的接受度较高一些。

这种居住方式差异是否与独生子女配偶父母家的城乡差异有关？根据本项调查，双独婚配类型中，配偶来自城市占 85.38%，来自农村占 14.62%；男独女非类型中，配偶的城乡比例分别为 49.33% 和 60.67%；女独男非类型中，配偶城乡比例分别为 58.90% 和 41.10%。这组数据中，男独女非类型女方一半以上来自农村。而女独男非类型中，男方虽非独生子，但来自城市者居多。我们进一步对三种婚配类型中两家经济条件进行比较，结果显示，双独组合中两家差不多所占比例最高，为 55.97%；其次为男独女非，占 44.7%；女独男非最低，占 42.63%。男独女非类型中，男女方家分别高于对方家占 40.76% 和 14.53%；女独男非类型中，女男方家分别高于对方家占 21.05% 和 36.34%。这表明，城市独男所娶非独女性来自农村、家庭经济条件差于男方者比例较高，故此男方在居住方式上主导能力较大。女独男非类型中，非独男家庭经济条件整体较好，且本人来自外地的比例较高，与其父母组成直系家户的可能性较小。上面三种类型中，与独女组合的两种婚配类型均有高比例的核心家户，这一定程度上意味着，相对于独男，独女的居住偏好对居住方式的影响更大一些。当然，独女父母也更希望女儿单独居住。

（三）住房数量与亲子居住方式

住房是生活单位的物质载体，若亲子独居倾向比较强，那么家庭住房数量的多与少对两代人居住方式的影响便会体现出来。

本项调查数据中有受访亲代所拥有的住房数量信息，提供给我们进行这一观察的视角。

从表 5-6 可见，有 2 套及以上住房的亲代以核心家户为居住单位比例高于有 1 套房者 10.63 个百分点，而其在直系家户居住比例低于有 1 套房者 9.99 个百分点。这意味着亲代有多套房者，其已婚子女更有可能有条件出去单过，自己独住概率因此上升。子代居住方式也有这种表现，甚至较亲代更为显著。需要说明的是，亲代一般将自已拥有产权的住房视为其住房资源，而为子女结婚购买且已过户的住房往往不被计入。

表5-6　　　　亲代住房数量与亲子居住方式（子女婚后）　　　　单位：%

家户类型	亲代住房套数与亲子（女）居住方式						亲代住房套数与亲子居住方式					
	亲代			子代			亲代			子代		
	无房	1套房	2套及以上	无房	1套房	2套及以上	无房	1套房	2套及以上	无房	1套房	2套及以上
核心家户	36.45	42.72	53.35	40.19	43.29	55.98	32.14	22.67	53.54	33.93	30.52	58.31
直系家户	54.21	51.86	41.87	55.14	53.62	40.31	58.93	74.13	41.38	62.50	67.73	37.85
单人户	9.35	5.23	4.78	4.67	3.09	3.71	8.93	2.76	5.08	3.57	1.74	3.85
其他	0.00	0.19	0.00	0.00	0.00	0.00	0.00	0.44	0.00	0.00	0.00	0.00
样本量（个）	107	1587	836	107	1587	836	56	688	650	56	688	650
样本构成	4.23	62.73	33.04	4.23	62.73	33.04	4.02	49.35	46.63	4.02	49.35	46.63

注：无房包括承租福利房等。

若对已婚子女进行分性别考察，又有什么变化？因住房条件对儿子的婚配影响更大，故此处再考察有已婚儿子的亲代拥有住房数量对两代人居住方式的影响。表5-6数据显示，独子亲代拥有的住房数量多少对亲子居住方式的影响更为显著。亲代有2套及以上住房者单独居住比例高于有1套房者1.36倍，而只有1套房者在直系家户居住比例高出2套及以上住房者79.14%。亲代有2套及以上住房，其已婚儿子单独居住比例较有1套房儿子高91.05%；有1套房亲代之子在直系家户居住比例较有2套及以上住房者高78.94%。

可见，住房条件对第一代独生子女亲子居住方式具有较强的影响。它主要表现在数量多少上，对亲子独居愿望和行为形成约束和满足两种不同结果。

（四）受教育程度与亲子居住方式

亲子代受教育程度对居住方式的影响体现在多个方面：一是观念，二是经济能力，三是亲子居住地的区域分割。一般而言，受教育程度高者更倾向于独立生活，在当代城市其收入相对较高、改善住房条件的能力更强，与父母异地居住的可能性也高。这些都会对其居住方式带来影响。实际情形如何呢？

1. 亲代受教育程度与居住方式

独生子女父母的受教育程度以高中以下为主，占81.46%；中专以上者占18.54%（见表5-7）。

表5-7　　　　亲代受教育程度与居住方式（子女婚后）　　　单位:%

家户类型	小学及以下	初中	高中	中专/职高	大专及以上
夫妇核心家户	36.06	44.99	44.08	45.41	50.70
扩大核心家户	0.26	0.10	0.14	0.00	0.00
过渡核心家户	1.02	2.68	1.85	0.00	1.06
核心家户小计	37.34	47.77	46.07	45.41	51.76
三代及以上直系家户	47.82	35.71	32.81	34.05	30.63
二代直系家户	6.65	7.43	8.27	7.03	6.34
隔代家户	3.07	4.95	6.28	5.95	5.63
直系家户小计	57.54	48.09	47.36	47.03	42.60
单人户	5.12	4.13	6.28	7.03	5.63
其他	0.00	0.00	0.29	0.54	0.00
样本量（个）	391	969	701	185	284
样本构成	15.45	38.3	27.71	7.31	11.23

我们看到，子女婚后，仅有小学及以下受教育程度的亲代在核心家户生活比例最低，而其直系家户比例最高。初中、高中和中专三者之间相似，其核心家户比例高于小学及以下者，直系家户比例则低于小学及以下者。大专及以上者中核心家户比例最高，直系家户比例最低。这在一定程度上印证了我们的推断。

上文关于住房与居住方式关系的分析已经显示出亲代住房拥有量对亲子居住方式具有较强影响，那么亲代受教育程度与住房拥有量的关系怎样？将有已婚子女亲代受教育程度与住房数量交叉统计后的结果是，中专、大专及以上者拥有2套及以上住房比例分别为43.78%和

53.87%，而小学、初中、高中分别为 20.97%、30.75% 和 31.67%。这意味着受教育程度较高的亲代拥有较多的住房资源，进而独居的可能性更大；受教育程度较低者则相反。不过，本项数据对小学及以下和大专及以上亲代居住方式的揭示符合这一推断，初中、高中和中专受教育程度亲代在核心家户和直系家户居住的比例则差异不大。

2. 子代受教育程度与居住方式

已婚子代受教育程度则以大专及以上为主，占 60.04%，其中本科及以上占 37.39%。总体上其受教育程度明显高于亲代（见表 5-8）。

表 5-8　　　　已婚子女受教育程度与居住方式　　　　单位：%

家户类型	初中及以下	高中	中专/职高	大专	本科	研究生
夫妇核心家户	7.72	7.25	10.46	13.96	15.42	26.72
标准核心家户	27.41	29.95	31.38	34.21	33.13	34.48
单亲核心家户	0.39	0.97	0.18	0.17	0.12	0.00
过渡核心家户	1.54	2.42	2.94	2.62	0.60	0.86
核心家户小计	37.06	40.59	44.96	50.96	49.27	62.06
三代及以上直系家户	49.42	52.18	47.70	42.06	41.56	28.45
二代直系家户	8.88	2.90	5.69	4.54	5.06	3.45
直系家户小计	58.30	55.08	53.39	46.60	46.62	31.90
单人户	4.63	4.35	1.65	2.44	4.10	6.03
样本量（个）	259	207	545	573	830	116
样本构成	10.24	8.18	21.54	22.65	32.81	4.58

子代婚后居住方式基本呈现为随受教育程度提高，核心家户比例逐渐升高的趋向，大专及以上者接近和超过 50% 为核心家户，研究生则超过 60%；于直系家户生活比例从初中及以下逐渐降低，研究生不足 1/3。

那么，子代受教育程度与其安家地区有什么关系呢？本项调查总样本中，子代与父母同地居住占 85.57%，异地居住占 14.43%。而受教育程度为大学本科者中，两项比例分别为 79.90% 和 20.10%，研究生为 49.12% 和 50.88%，大专以下与父母异地居住均不足 10%。

可见，受教育程度高的子代与父母异地居住比例较高，一定程度上对与父母同住构成限制。不同受教育程度者婚后独住并购买商品房的比例也有差异，其中大专为76.67%，本科为81.40%，研究生为89.13%，高中和初中及以下分别为55.26%和60.67%。总体上，高受教育程度者房屋购买能力强，当然这不仅是指其本人，很大程度上也与父母的经济支持有关。由此，受教育程度高的子代容易实现独居目标。

通过以上分析，我们看到，第一代独生子女家庭亲子实际居住方式的形成和维持并非一种力量的约束和推动，而是多种因素影响的结果。这些因素表现为多种力量，既可以相互促进，也能彼此抵消。惯习使有子父母承担更多住房提供责任，在新房购置能力不足时，亲子同居共爨成为一种折中做法，进而客观上使直系家户得到一定程度的维系。然而，在当代，独生子女，特别是独女中存在对惯习中"从夫父母"居住的抵制力量，努力实现组成独立生活单位目标。这在双独和女独男非婚配类型中有所体现。亲代住房数量多者亲子代独居比例高，子代受教育程度高者有更大可能形成核心家户，这暗含着第一代独生子女和其父母中都蕴藏着较强的独居"势能"，只要居住条件许可就会"释放"出来，形成更高比例的亲子独居家户。

四　亲子代初婚、初育时居住方式比较

上面我们从同一时空视角分析了第一代独生子女家庭亲子居住方式，从而对两代人目前所形成的家户类型有了认识。这里我们再从纵向"历时"视角对两者在不同时空场域、相同生命事件中的家户类型进行考察，进而了解不同代际成员，特别是子代究竟延续了亲代居住方式，还是发生了逆转。所谓延续是指在主要家户类型上子代保持或基本保持了亲代水平，或有所提升或降低；逆转则为后者在同类指标上出现与亲代不同的升降变化。

（一）初婚时亲子居住方式

由于本次调查样本受访亲代之间和子代之间有十多年的年龄跨

度，故在此对其进行分组考察。

1. 亲代居住方式

从结婚年份构成看，亲代1980—1984年组所占比例最大，其次为1975—1979年组，再次为1985年及以后组，1974年及以前结婚者所占比例最小（见表5-9）。

表5-9　　　　　亲子代初婚时居住方式比较　　　　　单位：%

家户类型	亲代结婚时期				子代结婚时期		
	1974年及以前	1975—1979年	1980—1984年	1985年及以后	2004年及以前	2005—2009年	2010年及以后
核心家户	53.90	58.73	61.24	56.30	42.24	47.43	49.40
直系家户	36.17	34.13	34.38	40.90	57.08	51.77	47.36
复合家户	3.55	3.97	3.21	2.24	0.00	0.00	0.00
单人户	6.38	3.17	1.17	0.56	0.68	0.81	3.24
样本量（个）	141	882	1713	357	438	991	1079
样本构成	4.56	28.52	55.38	11.54	17.46	39.51	43.02

不同时期初婚亲代中的核心家户所占比例均在50%以上，其中1980—1984年组所占比例最高，超过60%。就趋势而言，基本表现为1974年及以前至1984年逐渐上升，1985年及以后出现下降。直系家户变动则与核心家户相对应。需要注意的是，亲代初婚时单人独居从1974年及以前较高比例开始明显降低，这与当时初婚职工两地分居较多、1985年后政府放宽夫妇两地分居者户籍变更和迁移限制有关。

2. 子代居住方式

子代初婚样本构成以2010年及以后为最大，其次为2005—2009年，2004年及以前最小。

子代初婚时居住方式与亲代最大不同是，直系家户占比增大，

2004年及以前和2005—2009年这一比例均超过50%，总体上三个时期有逐渐降低趋向。与此同时，其于核心家户生活比例逐渐上升。对于此项变动，我们的解释是，相对于年龄较大、早结婚的第一代独生子女，后结婚者由于住房条件改善，婚后独居愿望的满足率提高了。

那么，亲子代初婚时为什么会出现亲代独居比例高于子代、子代直系家户高于亲代的状况？关于这一点，前面的分析中已有涉及。即亲代独居比例高与其多生活在多兄弟姐妹家庭，特别是在多兄弟家庭有关。20世纪八九十年代是中国城乡家庭核心化最高的时期，子女结婚后即出去单过比较普遍。若家庭居住条件差，则在单位提供的单身宿舍栖身，或者租房。当然也有个别兄弟婚后短期同爨、形成复合家庭，表5-9数据对此已有揭示。子代初婚时与父母同住增多的原因在于，独生子女婚后独居还是与父母同居具有一定弹性，独生子女结婚时父母的住房多有改善，再加上只有一个子女，即使没有条件再为子女购买商品房，多数父母所居容纳已婚子女同住的能力也是具备的。

(二) 初育时亲子居住方式

在家庭生命周期演进过程中，初育是引起家庭扩展的重要事件。一般来说，多子女家庭即使某个子女，特别是长子女初婚时没有分出单过，初育或初育前分出去的可能性也比较大，由此其核心家户比例将增大。实际情形如何？独生子女初育会采取何种居住模式？

各个阶段亲代初育时，其核心家户较初婚时进一步上升，所占比例多在65%上下，直系家户则表现为降低。子代相反，其核心家户较初婚时进一步下降，而直系家户大多超过60% (见表5-10)。这种构成表明，亲代初婚时尚与父母同住者，生育后则有与父母分爨之举；子代初婚时单独生活者，因生育后需父母帮助而住在一起。当然，这种同住有两种情形：一是搬回父母家，可称之为"回巢"式同住；二是将父母接过来共同生活。

表 5-10　　　　　亲子初育、抚幼时居住方式比较　　　　　单位:%

家户类型	亲代初育时期				亲代子女3岁时	子代初育时期			子代目前子女3—5岁	子代目前子女6岁及以上
	1974年及以前	1975—1979年	1980—1984年	1985年及以后		2004年及以前	2005—2009年	2010年及以后		
核心家户	68.18	64.60	67.19	66.07	74.30	38.15	39.40	39.10	44.51	47.40
直系家户	22.73	31.21	29.94	31.84	23.60	61.45	60.33	60.27	54.10	50.66
复合家户	4.55	2.60	2.22	2.09	1.49					
单人户	4.55	1.59	0.64	0.00	0.61	0.40	0.27	0.63	1.39	1.94
样本量（个）	22	692	1710	669	3093	249	736	1110	647	981
样本构成	0.71	22.37	55.29	21.63		11.89	35.13	52.98		

（三）有 3 岁及以上子女时亲子居住方式

子女 3 岁时亲代的核心家户比例进一步上升至 70% 以上，与初育时变动方向相同。而子代目前孩子在 3—5 岁时，其直系家户比例从初育时 60% 以上下降至 55% 以下；孩子在 6 岁及以上者，子代直系家户进一步降至约 50%；与此同时，其核心家户则从初育时不足 40% 提高至 47.4%。它表现为，子代随着自己的子女长大，独住行为重新增多（见表 5-10）。但需注意，有子女的子代，与父母（公婆）同住比例仍保持在较高水平。

由上可见，不同时期亲子两代人在初婚、初育和子女年幼三个相同生命事件上居住方式出现异向变动，亲代初婚、初育和子女年幼时沿着核心化方向发展；子代初婚时居住方式则在较亲代家庭核心化变弱基础上，初育时出现逆核心化，直系家户则为上升，即亲子同居合爨比例提高。对亲代初婚时高核心化前面已有解释。初育时他们不大可能重新与父母组成共爨单位。客观上他们只生育一个孩子，加之当时工作单位多建有收费低廉甚至免费的托儿所，故其对长辈的照料依赖降低。独生子女一代婚后、生育后一方面有对独立居住方式的期盼，另一方面就业竞争激烈、公共福利性托幼机构大幅缩减，他们对"家内人力资源"——亲代的协助需求则变得迫切，因而会有意愿与亲代建立阶段性共同生活单位。亲代只有一个子女，将对其帮助视为应尽义务。这是子代核心家户变动趋向"逆转"、直系家户上升的重要原因。这一异向变动由家内代际关系格局和家外社会环境变动所促成。独生子女一代在居住方式上既有独立的"理想",也有务实的选择。为实现前一目标,希望亲代提供独立的住宅;后一目标则表现为当个人有功能性需求时不排斥与亲代同居共爨。可以说子代是此种灵活居住方式的受益者。这一居住安排下,不少亲代的独居意愿难以实现,不得不在现实情境下进行调整。而至子女3岁时,亲代家户核心化水平继续上升至新高度;子代在子女3—5岁和6岁及以上时直系家户占比开始降低,独居增多。这表明,一些子代初婚时"回归"父母之家,并非持续不变,但总体上直系家户仍维持在较高水平。我们认为,当子代的子女长大或家庭住房状况改善之后,这种状况才会发生根本改变。借此分析,亲子代初婚、生育和抚养子女阶段居住方式的差异已充分显现出来。

五 亲子生活单位边界的模糊表现

我们认为,相对于多子女家庭,独生子女家庭亲子所组成生活单位边界显得模糊了。其含义为,由于只有一个子女,他(她)成为父母财产的主要甚至唯一继承人;在日常生活上,一些家庭父母和已婚子女虽形成各自分爨生活单位,但居于同一城市亲子之间来往频繁,甚至子女常住父母家,乃至子女有婴幼儿需要照看时,彼此又形成合爨单位。这种状况在多子女家庭虽有,却比较少。正因为如此,本章分析中我们未将已婚独生子女和父母各自组成的生活单位用"家庭"表达,而使用"家户"。

那么,这种模糊性在本项调查数据中有哪些表现?

(一)已婚子女与父母"分中有合"

婚后组成独立生活单位的子女与父母保持着密切的日常生活关系。根据本项调查,与父母分住但又在同一城市的已婚子女,50%以上每周下班后常回父母家吃饭,其中每周回父母家三四次以上者接近

1/3（32.56%），且多数情况为夫妇一起来。这些已婚子女实际将父母居所作为其第二生活单位。

一些父母把婚后单过子女仍视为家户成员，本项调查中，有1.74%的父母在回答共同生活成员时将已婚子女算进来，却未把媳婿和孙子女计入。我们认为，这种情形很大程度上是由于已婚子女常回娘家，在情感上父母仍将他（她）视为共同生活成员。当然，对这些样本我们按照生活单位划分原则作了适当处理。不过，亲代的这种心理是值得关注的。

（二）已婚子女居住方式选择和"回归"空间较大

正如前文所言，独生子女婚后居住家户的核心化程度明显低于父母一代，而其生育后在核心家户生活的比例进一步降低，与父母组成直系家户比例上升。这可谓独生子女家庭的独特现象。独生子女婚后离开"娘家"后再"回归"为父母所接受，这在多子女家庭是不多见的。根本原因在于，独生子女与父母之间有较多利益一致之处，较少其他人介入的利害冲突。

另外，本项调查数据中有111例处于离婚状态的子女，在总样本中占3.59%。其居住方式为，一人独居占22.52%，与未成年子女生活占4.50%，与父母生活占30.63%，携带子女与父母等亲属组成三代以上直系家户占42.34%。单人与父母生活和与父母等亲属组成多代直系家户两类共占72.97%。当然，其中有的为离婚后回到父母家同住，有的原本就在一起生活，如儿子结婚后就与父母同住，离婚后将这种居制保持下去。需要注意的是，父母与子女组成的三口之家中，由父母与离婚子女组成的占8.19%；父母与子女、孙子女（没有媳婿）组成的四口之家中，子女离婚占44.57%。

若仅观察离婚女儿又有哪些特征？调查时点有60例女儿处于离婚状态，其中单独居住占23.33%，与未成年子女生活占1.67%，与父母生活占31.67%，与父母等亲属组成三代及以上直系家户占43.33%，离婚女儿与父母同住共占75%。可见，多数离异独生女与父母同住，娘家是其稳定的"回归"场所。而在多子女家庭，这种情形也有，却比较少。当父母与已婚兄弟住在一起时，兄嫂、弟媳对离婚姐妹长期回娘家居住的容忍度是有限的。

（三）家庭财产拥有权和使用权界限不够清晰

若从惯习上看，亲子不分家，仅有分爨之举，这会使家庭财产（以父母置办的房产为主）处于亲子"共有"状态。当然，法律上这些财产归属有清晰界定。而在民众日常行为中，独生子女家庭财产却有以惯习待之的做法，这就使家庭财产的占有和使用具有了模糊性。

这种模糊性的积极意义在于，亲子，特别是亲代不计较得失，代际关系和睦。由此，已婚子女离家和回家居住较为随意或有回旋余地。但它也有负面影响。子女会将父母的财产视为自己的准财产，或未来必得财产，因而可能会产生干预父母的一些行为，如阻止丧偶、离异父母再婚等，担心财产继承权丧失或继承份额减少。当然这种现象非独生子女家庭所特有，不过独生子女家庭这一问题则可能增多。

总之，相对于非独生子女家庭，独生子女家庭亲子的日常生活和财产具有较强的"分中有合"特征。我们在对其亲子居住方式的分析中既应从家庭结构着眼，观察亲子所组成的不同生活单位的类型；同时应注意从代际关系视角去认识亲子行为。相对于非独生子女，独生子女代际关系功能具有单线条和唯一性特征，彼此为高度依赖的利益共同体。这在一定程度上使两代人组成的生活单位界限变得模糊了，实际主要是父母生活单位对子女来说界限模糊了。作为子代，应将这一关系特征建立在"互助"基础上，减少"啃老"行为。

六　结语与讨论

第一代独生子女婚后，亲子的居住方式并未表现出独居为主导或倾向于同居共爨的特征，相反，两种情形并存。这与以往研究结果不同。不过，从居住意愿上看，多数独生子女父母有较强的独居偏好，而非畏惧"空巢"状态。由此表明，第一代独生子女家庭亲子之间既有"依存"行为，又有"疏离"倾向。"依存"包含着代际互助功能的发挥，"疏离"则是对独立生存方式的追求。这或许是社会转型中代际关系新变动的反映。

从对亲子居住方式的影响因素看，"男娶女嫁"、婚房由男方提供的惯习在城市仍有较大作用空间，由此独子父母中的直系家户比例明显高于独女父母，独女父母以"空巢"方式生活则显著高于独子父母。子女婚配类型影响亲子居住方式。双独中亲子代中的核心家户比例最高，直系家户最低；其次是女独男非；男独女非中亲子直系家户比例最大，核心家户最小。亲代住房数量影响亲子居住方式。有多套住房者，亲代和已婚子代独居比例显著高于仅有 1 套房者；有 1 套房者，亲子组成直系家户比例又明显高于有多套房者。受教育程度对亲子居住方式均有影响，但与子代关系最为密切，受教育程度越高，核心家户比例越高，而直系家户比例越低。需要注意，这些因素相互间既形成合力，又彼此抵消。传统惯习受到现代意识的冲击，已婚独女在居住方式选择中的作用较大；住房条件对亲子代独居偏好存在制约。这意味着当住房条件改善，子代对亲子在抚幼等方面的功能性需求降低之后，亲子独居现象将进一步增多。

从纵向生命历程看，亲子代初婚、初育时和子女 3 岁及以上阶段的居住方式有明显不同。亲代初婚、初育和孩子 3 岁时核心化趋向突出；子代不仅初婚、初育时独居状态低于亲代，且初育时有逆核心化表现，而与亲代组成直系家户增加。子代居住方式的这一变动多有从亲代获得帮助的功能考虑。这提示我们，即使在当代，不同代际成员的居住方式也并非完全沿着单向路径发展。但也应看到，在孩子 3—5 岁和 6 岁及以上时，子代中的直系家户降低，核心家户增加。那么，独生子女家庭亲子居住方式这一变动是否会对特定时期全国和区域家庭结构产生影响？根据普查长表数据，2010 年城市核心家户较 2000 年下降，但直系家户并没有上升，单人户却提高了。分年龄组看，三代直系家户中 0—4 岁组、55—59 岁组较 2000 年明显提高，它正值独生子女家庭亲代和所抚育的孙辈子女相近的年龄组。而这一提高没有使直系家户总比例上升，因为其他年龄组如 65 岁以上老年人在其中的构成降低了①。这说明,尽管独生子女生育后与父母同居情况增加,却未使城市家庭小型化的总趋向发生变化。我们认为,亲子只有阶段性短时同居、长时各自生活才会形成这种家户构成格局。

与多子女家庭不同,独生子女家庭亲子生活单位界限具有一定的模糊性。分爨单过,但同地居住子女与父母有较多共爨行为,视父母的家户为第二生活单位。离异子女多与父母组成共居单位。子女对父母的生活依赖有所增强。也应看到,这种生活单位边界的模糊性使亲代和已婚子代在某一阶段有组成同居共爨单位的可能性,对代际关系功能发挥有积极意义。应该承认,子代是亲子生活单位"模糊"性的主要受益方,理应注意关照亲代所需,这是良好家庭代际关系建立和持续维系的基本前提。进一步看,这种模糊性主要存在于亲代和血缘关系子代之间,而非姻缘关系媳婿之间,子(媳)、女(婿)组成的独立家户及其财产与姻缘亲代有很强"分"的特征,由此形成"合中有分"关系。这也是子女婚后亲子(女)小家庭生活意愿强烈的潜在因素。

本次调查中第一代独生子女父母多数尚未年老,独居生活意愿较强,并且将来年老但生活能够自理时,超过75%的受访者仍希望独住;至生活不能自理时选择机构养老占39.02%,超过与儿子同住比例(35.01%),希望居家或居家雇人照料占17.75%。可见,这一代独生子女父母多有居家养老(生活能自理时)之念,却又不愿与子女同住。因此,完善适合独居老年人居家养老的社区生活、医疗服务非常重要。生活不能自理之后,他们又对入住机构养老有较大需求,这或许是他们意识到自己只有一个子女,他(她)难以承受对其长期照料之责。因而政府应关注这一缺少家庭养老人力资源群体的期望,及早谋划,加大对公共养老机构的建设和相关人员培训,使其老有所养。

---

① 王跃生:《中国城乡家庭结构变动分析——基于2010年人口普查数据》,《中国社会科学》2013年第12期。

第六章　家庭代际关系内容与功能变动分析

家庭代际关系并非抽象的概念，而有具体的内容。这些内容都包含着特定功能。可以说，代际关系内容与功能是体现代际关系状态和水平、揭示代际关系变化趋向的核心问题。代际关系内容及其功能往往随着社会变革、转型而发生改变。不同社会发展阶段的制度演变，将影响代际关系内容及其功能发挥。代际关系的一些内容及功能在制度变迁和社会转型之中依然得到保持，有些则发生变动并使代际关系改善，有些变动导致代际关系削弱，乃至出现代际关系功能失衡状况。我们认为，以制度变迁和社会转型为切入点，认识中国代际关系内容与功能，探讨代际关系演变方式和问题产生的原因，寻求改善代际关系的途径，是一项具有理论和现实意义的课题。本章对此作一尝试性分析。

一　研究说明

家庭代际关系内容与功能研究一向受到学者的重视。费孝通对此多有论述。他将中国代际关系的主要形式——亲子关系概括为一种反馈模式：甲代抚育乙代，乙代赡养甲代，乙代抚育丙代，丙代又赡养乙代。这是下一代对上一代都要反馈的模式[1]。它是中国亲子代际关系功能的重要认识范式，在家庭代际关系研究中影响深远。

近年来，中国家庭代际关系研究的突出之处在于，不少学者关注

---

[1]　费孝通：《家庭结构变动中的老年赡养问题——再论中国家庭结构的变动》，《北京大学学报》1983年第3期。

改革开放以来城乡代际关系内容与功能变化。此类研究多以单个村庄或局部地区为考察对象,通过收集个案,展现代际关系状态和问题,特别对子代赡养功能弱化着力甚多①。这些研究有一个共同的观点是:相对以往的、传统的代际关系,当代农村代际关系出现功能失衡状况,亲代地位和实际境遇大大降低,乃至代际关系危机产生。也有学者对特定城市代际关系在社会变革时代所发生的变动进行了考察②。笔者认为,已有研究的一个重要贡献是:从新的视角认识和解释代际关系内容与功能变动,如代际交换关系,拓展了对当代代际关系内涵和形式的认识③。

但也要看到,目前代际关系研究存在着一些不足,主要表现为:对代际关系内容与功能的整体考察欠缺,代际关系功能变动的脉络梳理得不够清晰,代际关系功能的理论探讨尚显不足。

所谓整体研究欠缺有两层含义:一是多关注代际关系的某一方面内容,如代际抚育—赡养关系,甚至有将抚育—赡养关系等同代际关系内容与功能的倾向;二是多为分城乡研究,尤以农村分析居多,不利于认识中国当代人口城市化过程中代际关系功能的变动特征。

代际关系功能变化脉络梳理不清晰,意指尽管一些研究试图对代际关系功能的演进进行纵向考察,但只是简单追溯,没有进行阶段特征分析,缺少过程认识。

理论研究不够与前两项不足有关。代际关系功能及变动的理论认

---

① 阎云祥:《私人生活的变革:一个中国村庄里的爱情、家庭与亲密关系1949—1999》,上海书店出版社2005年版,第207—208页;郭于华:《代际关系中的公平逻辑及其变迁——对河北农村养老事件的分析》,《中国学术》2001年第4期;贺雪峰:《农村家庭代际关系的变动及其影响》,《江海学刊》2008年第4期;王跃生:《农村家庭代际关系理论和经验分析》,《社会科学研究》2010年第4期。

② John R. Logan and Fuqin Bian, "Parents' Needs, Family Structure, and Regular Intergenerational Financial Exchange in Chinese Cities", *Sociological Forum*, Vol. 18, No. 1, Mar., 2003, pp. 85 – 101; Judith Treas and Jieming Chen, "Living Arrangements, Income Pooling, and the Life Course in Urban Chinese Families", *Research on Aging*, Vol. 22, May 2000, pp. 238 – 261.

③ 郭于华:《代际关系中的公平逻辑及其变迁——对河北农村养老事件的分析》,《中国学术》2001年第4期;陈皆明:《投资与赡养——关于城市居民代际交换的因果分析》,《中国社会科学》1998年第6期。

识需要借助整体研究意识和从历史变动考察。局部且以个案为素材的研究有助于认识特定区域和群体中的代际关系功能变动状况，要获得理论提升，尚需有整体研究意识并以历史变动考察作为基础。

应该承认，代际关系内容与功能的经验分析和实证研究是非常必要的。众多的区域分析和个案研究组合起来，将使代际关系整体状况更加清晰，并成为理论研究的基础。笔者认为，当代际关系的区域和经验研究进行到一定程度时，就有必要进行整体分析、提炼和概括。当然，这不仅有学理价值，而且对代际关系问题的认识和改善途径的探求有积极意义。

需要说明的是，与前面几章基于1982年以来人口普查数据和课题组所做调查的数据为基础的分析稍有不同，本章试图将社会变革、制度变迁和社会转型结合起来，而若局限于1982年以来的中国当代社会，将会在一定程度上限制对不同所有制类型下代际关系状况和变动的认识，更难以从中提炼、概括出理论性认识。我们认为，中国20世纪40年代以来的社会变革具有较强的制度变迁特征，20世纪80年代中期以来社会转型的特征开始显现。把这一社会变革时期的代际关系纳入考察视野，将有助于深化代际关系研究。

二 代际关系内容与功能阐释

（一）代际关系内容

目前研究者多将代际关系内容概括为经济支持、生活照料和情感交流①。无疑，这三者已把代际关系的主要内容揭示出来，但对不同代际成员的义务、责任、权利和情感关系表述不清，并且漏掉了一些重要的关系类型。

---

① 张文娟、李树茁：《子女的代际支持行为对农村老年人生活满意度的影响研究》，《人口研究》2005年第5期；王跃生：《中国家庭代际关系的理论分析》，《人口研究》2008年第4期；杨菊华、李路路：《代际互动与家庭凝聚力——东亚国家和地区比较研究》，《社会学研究》2009年第3期。

笔者认为，代际关系内容涉及代际成员之间复杂的生活、生存互助行为和精神需求。从不同社会发展阶段综合的角度着眼，代际关系基本内容应包括以下几个方面：

1. 代际义务关系

家庭代际义务是不同代际成员在法律约束下彼此为对方所应做出的价值付出。不履行义务者会受到法律的干预乃至被惩处。

代际义务主要体现为中青年父母抚育未成年子女，包括为其提供生活费用，约束和引导其日常行为，安排其接受基础教育并进行相应投入；中青年子女赡养和照料老年父母。这些都是代际最为重要的关系内容。从历史角度看，代际义务也处于变动之中，如安排子女接受基础教育在新中国成立前并非父母的义务，真正转化为义务是在《中华人民共和国义务教育法》出台之后。不过，严格说来，为子女接受高等教育进行投入并非亲代的义务。考虑到当代子女的教育是一个整体，故将其（为子女接受非义务教育进行投入）也列入父母的义务之中。

2. 代际责任关系

责任的一般定义是指个人分内应做之事，家庭代际责任指不同代际成员为满足彼此需求所应做出的贡献。

家庭代际责任关系更多地受民俗、惯习、宗规族训约束，而不受或很少受法律干预。

在亲子之间，父母对子女的责任主要是操办子女婚嫁事宜，它是约定俗成之责；而未尽到此项责任的父母不会受到法律追究，子代也不能以此控告父母失职。子女对父母的责任有：父母去世时为其治丧；对已故父母及先人进行祭祀；传承嗣续，免使血胤中断（这一责任在传统时代比较突出）。

需要指出，在民间社会或历史视野中，代际义务和责任界限显得模糊，或者说义务中包含着责任，责任中有义务性质。我们对其区分主要建立在现代法律基础上：有法律制约的代际应为之事为"义务"，无法律约束的代际应为之事为"责任"。从这一点看，子女的教育投入对父母来说是"义务"和"责任"兼有的内容，本章更多地将该项"责任"归入"义务"之中去考察。

3. 代际权利关系

一般性的权利指人在特定的社会关系中应该得到的价值回报。家庭代际权利关系主要表现为亲子享有继承对方财产或遗产的权利。这一权利是受法律保护的。

4. 代际交换关系

它主要指有行为能力的亲子及其配偶之间在生产经营、日常生活中所发生的互助、合作关系。

5. 代际亲情关系

代际亲情关系是亲子之间所形成的生活关心、情感沟通与慰藉等关系；不在一地居住者相互探视、联络也是亲情关系形式。不仅如此，亲情关系还贯穿于代际义务、责任履行过程以及交换行为中。可见，代际亲情关系既有独立性表现，同时也借助其他代际关系内容显示其存在。如子代履行赡养义务时，若有亲情蕴含其中，则会更主动、尽心且有耐心；无亲情或亲情较少者则会视此为负担，乃至出现敷衍、推诿行为。

综合以上，我们认为，家庭代际关系是义务、责任、权利、交换和亲情行为等内容的复合体，体现了亲子之间抚幼养老、婚丧嫁娶等家庭核心功能。它表明亲代和子代是全方位的利益共同体，亲子关系是家庭成员中最基本的关系纽带。

我们可将以上诸种关系内容概括为表6-1。

表6-1　　　　　　　　代际关系基本内容

功能关系履行主体和内容	功能关系类型								
	义务关系				责任关系				权利关系	交换关系	亲情关系
功能关系履行主体	父母义务		子女义务		父母责任	子女责任			亲子相互	亲子相互	亲子相互
功能关系内容	抚养子女	教育投入	为老年父母提供赡养费用	照料失能老年父母	为子女创造婚嫁物质条件	为去世父母治丧	祭祀已故父母及先人	嗣续传承	亲子互为财产继承者	亲子间经济、生活互助	亲子间相互关照

可见，代际关系内容中既有与亲子代成员生存状态密切相关、物质特色比较突出的需求，也有属于精神层级的内容。代际关系主要存在于两代生者之间，尤其是代际义务关系，有施与者和接受者之分。而责任关系则有不同，子代责任中的治丧和祭祀为生者与死者之间所存在的关系，这实际也是亲代生前亲子之间所做出的约定，是亲代的期望。代际权利关系从形式看也是生者与死者之间的关系。不过，传统时代继承行为在财产所有者生前多已完成，多子家庭尤其如此。当代社会，亲子之间，特别是亲代生前即开始向子代转移财产。

代际关系所包含的具体内容均与其在代际的作用和价值相联系，某项内容没有作用和价值，其存在的理由就会失去。代际关系功能将具体内容的作用程度和强弱状态体现出来。

代际关系内容及功能在两代成员之间有很强的生命周期特征（见图6-1）。

关系内容	抚养和教育义务	婚姻责任	交换行为	赡养义务	治丧责任	继承权利	祭祀责任
亲代生命阶段	1.青年和中年父母	2.中年父母	3.中老年父母	4.老年父母	去世父母	去世父母	去世父母
功能履行方式	⇓	⇓	⇕	⇑	⇑	⇑	⇑
子代生命阶段	1.未成年子女	2.青年子女	3.青中年子女	4.中年子女	4.中年子女	4.中年子女	4.中年子女

图6-1 代际关系内容在亲子双方不同生命阶段的功能体现

注：图中单箭头方向的始点为承担相应义务、责任和具有权利的一方，双箭头为具有交换行为的亲子方。

我们将亲子之间具有关系的生命周期分为四个阶段：抚育子女阶段（抚育子女和为子女进行教育投入），亲代多处于青年和中年，对应未成年子女；亲代为子女完婚时已步入中年，对应青年子女；亲代中年和低龄老年阶段与青年和中年子女发生交换关系；亲代老年阶段被中年子女赡养。另外，子代在中年阶段承担去世父母的治丧、祭祀责任，并享有继承父母财产权利。这一划分是就一般状况而论，实际情形复杂多样。比如多育时代，亲代生育期较长，子女年龄相差较大。排行靠后的子女青年时即开始承担赡养老年父母义务。为父母治丧理论上可能发生于亲子关系形成后的任何时期，但当代多数父母于年老后去世。

亲子生命周期过程中，亲代经历了从青年到老年的变化，子代则有从婴幼儿向成年的转变；就体力而言，亲代由强健转为衰老，子代由弱到强；从义务和责任来看，亲代由多变少，子代则由无到有。由此我们感到，完整的代际关系是一种功能平衡关系，不同生命阶段体现出此有彼无、此虚彼盈的特征。

我们认为，代际亲情关系是不分生命阶段的，即它贯穿于亲子代所有生命阶段。不过它相对集中于亲代养育子女和子代赡养老年亲代阶段，而独立的亲情关系主要体现在成年子女与中老年父母之间。

以上是对不同时期代际所存在关系内容的汇集，其中有些关系，传统时代并不明显，在当代社会则被强化了；有些关系正好相反，传统时代比较重要，在现代社会中已经弱化。立足于社会变革，从具体内容及功能上探讨代际关系状态和变动，是认识不同时期代际关系及其特征的主要途径。

（二）代际关系内容与功能分析框架

本项研究力求探讨代际关系内容与功能如何在制度变迁和社会转型中发生变动，家庭代际关系内容与功能受制度变迁和社会转型的影响方式如图6-2所示。

制度变迁对代际关系内容与功能的影响体现为两种：间接性制度变迁与直接性制度变迁。前者指与个人、家庭生存条件和方式有关的社会、经济制度发生改变进而影响代际关系。新中国成立以来，城乡基本生产资料、生产组织形式和分配制度多次变革，对家庭财产范围、亲子支配资源能力、家庭成员生存方式和水平具有重要的作用。后者对代际关系内容与功能的影响表现在三个方面：一是代际地位、义

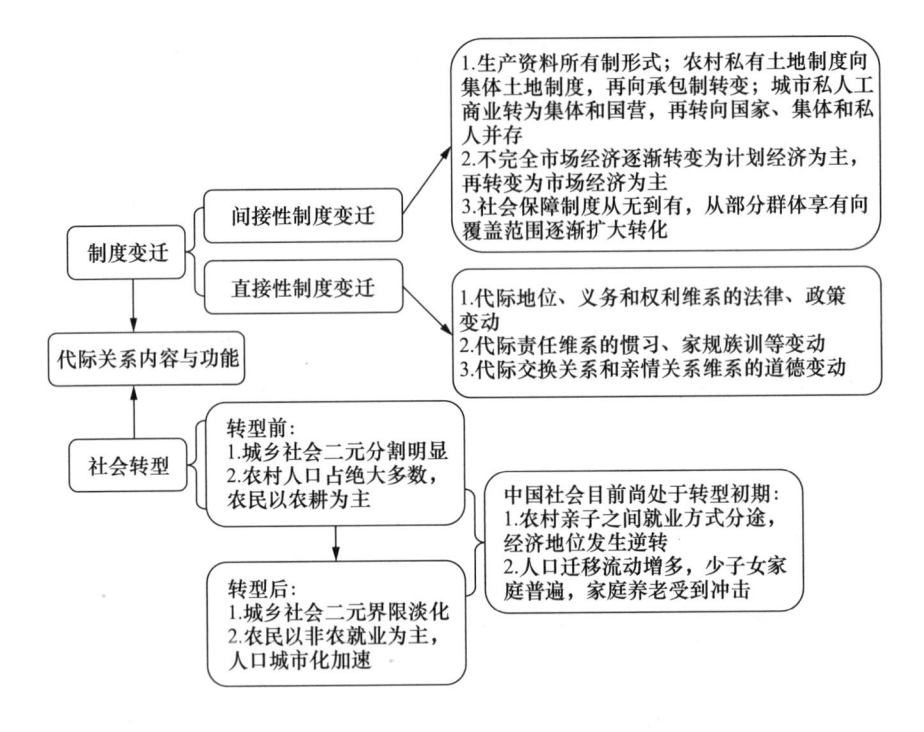

```
制度变迁 ──┬── 间接性制度变迁 ── 1.生产资料所有制形式：农村私有土地制度向集体土地制度，再向承包制转变；城市私人工商业转为集体和国营，再转向国家、集体和私人并存
           │                      2.不完全市场经济逐渐转变为计划经济为主，再转变为市场经济为主
           │                      3.社会保障制度从无到有，从部分群体享有向覆盖范围逐渐扩大转化
           └── 直接性制度变迁 ── 1.代际地位、义务和权利维系的法律、政策变动
                                  2.代际责任维系的惯习、家规族训等变动
                                  3.代际交换关系和亲情关系维系的道德变动

代际关系内容与功能
   ↑
社会转型 ──┬── 转型前：1.城乡社会二元分割明显  2.农村人口占绝大多数，农民以农耕为主
           │
           │    中国社会目前尚处于转型初期：
           │    1.农村亲子之间就业方式分途，经济地位发生逆转
           │    2.人口迁移流动增多，少子女家庭普遍，家庭养老受到冲击
           │
           └── 转型后：1.城乡社会二元界限淡化  2.农民以非农就业为主，人口城市化加速
```

图6-2　家庭代际关系内容与功能受制度变迁和社会转型的影响方式

务和权利维系的法律、政策变动；二是代际责任维系的惯习、家规族训等变动；三是代际交换关系和亲情关系维系的道德变动。间接性和直接性制度变迁只体现在影响方式，而非影响强度上。这两种制度变迁对代际关系内容与功能的作用都不可忽视。

社会转型中的"社会"是指影响代际关系内容与功能存在和作用发挥的环境。社会转型之前，在中国，农民被固着于土地之上，以耕作为业，农村人口在全社会中占大多数；城市人口发展受到限制，城乡社会二元特征突出。社会转型发生后，城乡社会二元界限逐渐淡化，农民非农就业成为主流，农村人口城市化加速。社会转型初期代际关系所受影响表现为，农村亲代以务农为主，子代则进城从事非农活动，中青年子代收入高于老年亲代，亲子支配资源能力发生逆转；人口迁移和家庭少子女化背景下，传统的家庭养老模式受到冲击。

一般说来，代际关系内容与功能在制度变迁和社会转型尚未发生的时期将持续保持下去。但"变迁"和"转型"已经发生的社会中，代际关系内容则可能出现有无变化；代际关系功能既会发生强弱之变，也会发生有无之变。

三 代际关系内容与功能演变

依赖制度维系、受社会环境制约的代际关系内容与功能随制度变迁和社会转型发生变动。那么，不同制度和社会环境下的家庭代际关系内容与功能处于什么状态？制度变迁和社会转型之下它将发生哪些变动？对此加以分析，不仅有助于全面把握代际关系的演变轨迹和特征，而且会对当代代际关系中的问题加深理解。

下面主要对近代以来中国几个有代表性时期代际关系的内容和功能的强弱变化进行考察。在此我们将近代以来社会发展阶段划分为三个时期五种类型：第一时期为新中国成立前传统农业为主体的社会；第二时期有两种类型：新中国成立后集体经济时期的农村和计划经济时期的城市；第三时期即转型社会也有两种类型：市场经济时期的城市和非农化时期的农村。

（一）不同制度环境下代际关系功能状态

不同时期的制度环境和代际关系功能状态最能反映代际关系的水平和变动。在此主要从生产资料所有制类型、家庭管理方式、家庭成员就业方式、家庭老年成员的生存保障方式、财产继承方式、子女的婚姻安排方式等方面加以探讨。

表6-2是对不同制度环境下代际关系功能状态及其变动所做汇总。其中生产资料所有制类型、子女婚姻形式、财产继承、嗣续传承等都与制度变迁有关，赡养方式则与社会保障制度是否建立有关，时期特征比较突出。其他关系方式类型受制度变迁的影响并非很直接，但却受到了其间接影响；同时社会转型中它们也在发生变动。

表 6-2　不同制度类型与代际关系内容和功能的时期差异

	第一时期	第二时期		第三时期	
制度类型及代际关系内容	传统农业为主体的社会（20世纪40年代之前）	新中国成立后农村集体经济时期（20世纪50年代中后期至80年代初期）	新中国成立后城市计划经济时期（20世纪50年代中后期至90年代初期）	农村非农化时期（20世纪80年代中期至今）	城市市场经济时期（20世纪90年代初期以来）
生产资料所有制类型	私有	集体所有	公有	土地以外生产资料属个人所有	公有与个人所有并存
家庭成员主要就业方式	以家庭为单位经营土地	集体经济组织内经营土地为主	企事业单位工作为主	非农谋生为主、经营承包土地为辅	企事业单位工作为主
家庭管理方式	父家长控制家庭财产，统一收支	共同生活成员统一收支	家庭已婚成员各自掌管主要收入	家庭已婚成员各自掌管主要收入	家庭已婚成员各自掌管主要收入
亲代和已婚子代生活方式	同爨与分爨并存	分爨为主	分爨为主	普遍分爨	普遍分爨
亲代和已婚子代关系形式	家内为主	家内家际并存	家际为主	家际为主	家际为主
父母为子女教育投入	很少	较少	较少	较多	多
子女婚姻形式	父母包办择偶和婚姻物质准备	子女婚姻自主，家长为子女准备婚姻物质条件	子女婚姻自主，家长和子女准备婚姻物质条件相结合	子女婚姻自主，家长为子女准备婚姻物质条件	子女婚姻自主，家长和子女准备婚姻物质条件相结合
赡养方式	子女和家庭积累相结合	子女为主	有业者以退休金为主，无业者依赖子女、配偶	子女为主	有业者以退休金为主，无业者依赖子女、配偶

续表

制度类型及代际关系内容	第一时期	第二时期		第三时期	
	传统农业为主体的社会（20世纪40年代之前）	新中国成立后农村集体经济时期（20世纪50年代中后期至80年代初期）	新中国成立后城市计划经济时期（20世纪50年代中后期至90年代初期）	农村非农化时期（20世纪80年代中期至今）	城市市场经济时期（20世纪90年代初期以来）
老年父母照料	子媳	子媳为主	子女为主	子女为主	子女和雇人照料相结合
财产继承	儿子单系继承为主	儿子单系继承为主	子女共同继承	儿子单系继承为主	子女共同继承
嗣续传承	重视	较重视	不太重视	较重视	不太重视
丧事花费	较多	丧事简化	丧事简化	增多	增多
祭祀父母及先人	重视	简化	简化	简化	简化
交换行为	多	多	较多	较多	较少
亲情沟通	较重视	较重视	较重视	重视不够	较重视

（二）不同时期代际关系功能强弱判断

这里将代际关系功能在特定时期的表现分为强、较强、较弱、弱四个层级，以亲代和子代在义务、责任、权利、交换和亲情等关系内容中的付出为依据，认识其功能强弱变动。

下面对表6-3代际关系各项内容及功能的时期表现和变动分别予以解释。

1. 义务关系

（1）父母义务。

1）抚养子女。在已经经历的三个时期、五种类型社会中，抚养子女的义务一直未变，它是父母花费精力和财力最大的方面，各个时期其功能均属于"强"。

表 6-3　　　　　　　　　　不同时期代际关系功能状态

时期	社会阶段类型	义务关系				责任关系				权利关系	交换关系	亲情关系
		父母义务		子女义务		父母责任		子女责任				
		抚养子女	教育投入	为老年父母提供赡养费用	照料失能老年父母	为子女创造婚嫁物质条件	为去世父母治丧	祭祀已故父母及先人	嗣续传承	亲子互为财产继承者	亲子间经济、生活互助	亲子间相互关照
第一时期	传统农业社会	强	弱	强	强	强	强	强	强	强	强	较强
第二时期	农村集体经济时期	强	较弱	强	强	较强	较弱	较强	较强	弱	强	较强
	城市计划经济时期	强	较强	弱	强	较弱	较弱	弱	较弱	弱	较强	较强
第三时期	农村非农化时期	强	较强	强	强	强	较弱	较强	较弱	弱	较弱	较弱
	城市市场经济时期	强	强	弱	较强	较强	较弱	弱	较弱	强	较弱	较强

2）教育投入。近代之前传统时期，少数经济水平在中等及以上的家庭为子弟铺就科考之路，需要一定财力付出，但仅限于儿子；多数中下层家庭没有这项支出。当然，民国以后，现代教育开始在城乡建立，而除城镇地区和农村中农以上家庭子弟外，入学接受教育的比例并不高。总体来看为"弱"功能。

新中国成立后农村集体经济时期，我国多数地区普及了小学教育，中东部则逐渐普及了初中教育。这些基础教育收费很低。若不考虑子女上学导致家庭劳动力减少、影响收入这一因素，父母直接花在子女教育上的费用并不多，故属于"较弱"关系。

城市计划经济时期，特别是20世纪六七十年代，初中教育基本普及，学杂费较低，父母花费并不多。与农村不同，城市子弟多数都能受到初中以上教育，且不到16岁不能参加工作。子女上学时间较长，父母投入相对较多，为"较强"功能。

农村非农化时期，父母为子女教育择校增多，且子女接受中等以上教育比例增大，父母投入提高，为"较强"功能。

城市市场经济时期，父母为子女的教育投入因择校、课外补习普遍而大幅度上升；子女接受高等教育比例扩大，当代多数亲代具有这项投入，故此它成为"强"功能。

（2）子女义务。

1）为老年父母提供赡养费用。

对农村来说，无论新中国成立前还是新中国成立后，老年赡养均主要由家庭承担。年老父母的生活费多由子女，特别是儿子供给。但新中国成立前一些有产家庭，父家长掌握土地等生产资料，组织家庭劳动力或雇用劳动力进行生产，或出租土地，其生活费用并非儿子直接提供。一些家庭父家长去世、儿子分家后，老年母亲被留有养老地，由此也降低了对儿子养老的依赖①。不过，多数自耕农及以下家庭老年父母基本靠儿子赡养。新中国成立后集体经济时期，除了无子女老人可享受"五保户"待遇外，其他老年人少有积蓄，丧失劳动能力后则靠儿子赡养。集体经济组织解体后，特别是20世纪80年代中期以后，亲子代经济地位发生变化。老年亲代以农业种植为主，收入有限；中青年子代则开始进入非农领域就业或谋生，收入高于亲代。父母丧失劳动能力后，基本靠子女赡养。故此，农村三个时期均属"强"功能。

城市计划经济时期，行政和企事业单位即建立了退休金制度，原

---

① 民国热河一带：甲、乙二人分析家产，因有老亲在堂，应提一分以养亲，名之曰"养老地"。亲在，则以之赡养；亲殁，则以之变价作埋葬费。见前南京国民政府司法行政部编：《民事习惯调查报告录》（上册），中国政法大学出版社1999年版，第408页。直隶清苑县：分家时，父母使其子各居另爨，自己酌留财产以为养赡之需。父殁，母有管理之权，自不容其子主张均分。见前南京国民政府司法行政部编：《民事习惯调查报告录》（下册），中国政法大学出版社1999年版，第761页。福建政和、建阳等县：兄弟分家时先抽父母膳尝。见前南京国民政府司法行政部编：《民事习惯调查报告录》（下册），中国政法大学出版社1999年版，第921页。

来有职业的老年父母基本摆脱了对子女的赡养依赖；城市进入市场经济时期后，社会保障制度进一步完善。对当代多数领退休金的老年父母来说，生活费用自理基本不存在问题。两个时期均属于"弱"功能。而对相当一部分城市家庭来说，子女的赡养功能已处于消失状态。

2）老年父母生活照料。

农村各个时期老年亲代丧失生活自理能力后对子女有高度依赖，均为"强"功能。

而在城市，计划经济时期多数失能老年父母要靠子女照料；市场经济制度实行之后，雇用他人照料逐渐增多。两个时期分别为"强"和"较强"功能。

2. 责任关系

（1）父母责任——为子女创造婚嫁物质条件。

中华人民共和国国成立前传统时期，子女婚姻处于父母高度包办状态，即所谓父母之命、媒妁之言。子女没有配偶选择权和婚嫁事宜决策权。由于相对早婚，并且子女婚前多依附父母生活，出外就业相对较少，没有独立的经济收入，因而婚嫁的物质条件也完全由父母操持。其责任功能为"强"。

中华人民共和国国成立后，无论城乡，子女婚姻自主得到法律支持。

在农村，婚嫁费用仍主要由父母承担，儿子的婚房由父母准备。但集体经济时期，彩礼不高，儿子结婚时建新房并非必需之举，故属"较强"责任。而20世纪80年代后，多数父母要为结婚儿子准备新房，标准越来越高；彩礼费用不断上涨，父母积攒多年才能应付。当然，这其中也有出外务工儿子的贡献。整体来看父母责任功能为"强"。

在城市，计划经济时期，超过50%的从业者由外地迁入[①]，且相

[①] 我们根据对第五次全国人口普查长表1%抽样数据库统计，城市55岁组以上人口中，出生外地的比例均超过50%，60—75岁年龄组更在60%以上。它表明20世纪六七十年代之前，城市劳动年龄人口主要来自外地。

当部分来自农村。他们与父母分处两地，其宿舍由单位提供；择偶多能自主，而且婚事操办简单，基本上不用父母负担。城市职工的儿子结婚时则需父母提供住房，父母多从所分福利房中挤出一间作为其婚房，花费不多。责任功能"较弱"。市场经济时期的城市，福利分房逐渐取消。对多数家庭来说，儿子结婚用房需从市场购买，这加重了父母的负担。不仅如此，彩礼标准提高。当然，那些受过正规高等教育、得到好的就业岗位者，因收入高不必过度依赖父母，但父母的经济支持仍是不可缺少的。整体看，责任功能为"较强"。

(2) 子女责任。

1) 为去世父母治丧。

传统社会，对一般中等及以上家庭来说，去世父母丧事料理花费不菲，自耕农家庭常常为此卖田鬻产①。不仅如此，儿子要服三年（多为二十七个月）之孝，丧期内不得婚配、参加科考等；近代之前，为官之子要辞职回家守孝三年，时称"丁忧"。可见亲代丧事活动对子代影响之大。因而，该时期子代治丧责任为"强"。

中华人民共和国成立后，丧事从简风尚逐渐形成。特别是实行火化地区，丧事花费降低。但为去世父母治丧仍是子代应承担的一项主要责任。农村集体经济时期和城市计划经济时期该责任为"较弱"。

城市市场经济时期和农村非农化时期，对丧葬活动重视程度有所增强。城市治丧费用和购买墓地费用上升，农村传统治丧方式重现。它意味着子代付出增加。不过重视程度难与传统社会比拟。故属"较强"责任。

2) 祭祀已故父母及先人。

传统时期，祭祀已故父母及先人是子代一项重要责任，是本家或

---

① 清代山东临清县：俗向重丧礼，往往破产以葬其亲。见民国《临清县志》，礼俗志，婚丧。河北万全县：丧礼最烦琐，习俗多尚厚葬，然尤以父母之丧为甚，以为不如此，不足以示孝也。至中资以下者，亦行之惟谨，虽厚葬无著，以至售产、借债，亦不能从俭也，非贫至家徒四壁、贫无立锥之地者，不能薄葬也。见民国《万全县志》卷9，礼俗。福建仙游县：民间奢于治丧，买山葬亲。见陈盛韶：《问俗录》卷3，书目文献出版社1983年版，第79页。

本支派香火不断的标志。一年之中有多项祭祀活动。北方地区元旦、清明、七月十五、十月初一和父母生死忌辰，为坟祭。此外，对已故先人还有家祭。建有家庙、祠堂者，祭于庙堂；无者，家室中设一龛奉神主，逢节祭拜，朔望焚祝，出入祇告，四时供鲜。生子、娶妇诸事必祭之①。南方地区往往以宗族为单位合祀于家庙，无家庙者祀于堂寝。四时以岁朝、清明、中元、冬至、除夕致祀，唯清明扫墓。凡子姓娶妇、举嗣、登科，俱告庙；拜生、忌日，展像设供，专致其思②。

中华人民共和国成立后，祭祀活动简化。但清明、十月初一和父母忌日等祭祀活动仍被保留。

整体来看，新中国成立前传统时期该责任为"强"。新中国成立后农村为"较强"；而城市两个时期则为"弱"。

3）嗣续传承。

传统社会以男系为中心的家庭嗣续延绵不断是人们的追求，生育行为中有明显的男孩偏好。无子者则要过继兄弟之子及近支族人昭穆相当者为嗣，称为立嗣。每一代男性都承担着这样的使命。

中华人民共和国成立后农村集体经济时期，这一观念有所削弱，但并未被消除。由于死亡率降低，多数家庭能实现有子愿望③。而计划生育，特别是独生子女政策推行之后，自然状态下有子的可能性降低，人为干预妊娠和选择性流产行为增多。这种做法仍表现出很强的男嗣追求。

中华人民共和国成立后城市不同时期这种观念相对淡薄，但并非没有男孩偏好行为。只是因为有相对严格的单位控制制度，追求男嗣的行为受到抑制。

因而，中华人民共和国成立前这一责任为"强"；新中国成立后

---

① 民国《良乡县志》卷4，《风俗》。
② 光绪《曲江县志》卷3，《风俗》。
③ 根据对1990年第四次人口普查1%抽样数据库统计，农村50岁、55岁和60岁三个年龄组已婚妇女有儿子比例分别为95.73%、95.14%和93.11%。见王跃生《农村老年人生存方式分析——一个宏观与微观相结合的视角》，《中国人口科学》2009年第1期。

农村均为"较强",城市属"较弱"。

3. 权利关系——财产继承

新中国成立前传统时期,财产继承主要是儿子对父母所掌管家产的继承。因为父母在世时,子代很少累积所有权属于自己的土地和房屋等财产。

农村集体经济时期,家庭私有财产范围缩小,主要是住房。而儿子结婚时,住房的归属即已基本明确;亲代去世后子代所能继承的财产份额十分有限。农村非农化时期,亲代所承包土地的使用权可由子女继承。但因土地收益有限,对子女来说,土地的继承价值并不大;作为私有财产的住房,子代结婚时多有约定,继承意义不大。

计划经济时期的城市,亲代所支配的财产范围更小,房屋产权为单位所有。子代所能继承的是住房的使用权。而市场经济时期,亲代福利房多数被私有化,并开始购买商品房,子女得以合法继承;父母的储蓄、股票等资产形式增多,这也成为重要的继承对象。

鉴于此,新中国成立前此项权利属"强",新中国成立后农村两个时期和城市计划经济时期为"弱",城市市场经济时期为"强"。

4. 交换关系

交换关系主要体现在中老年父母与青年和中年儿子之间。亲子之间的交换关系属非义务性行为。农村父母与已婚儿子同居所组成的家庭,中老年母亲在家操持家务、照料小孩;青、中年儿子从事耕作活动。这是一种生存手段交换。

在城市,亲代与已婚子代分居生活已比较普遍。但同地生活的亲子之间,家务上互相协助仍不可缺少。异地生活的亲子之间,生存性交换关系降低,日常生活协助较少。而子代为没有退休金的亲代提供赡养费用并不是交换,是应尽义务。

当代城市中亲代和已婚子代之间在义务和责任之外,一方向另一方提供经济帮助,从而使代际亲情得到加强。笔者认为,这也是一种交换关系。

家庭养老为主的时期,亲子交换关系的存在有助于子代更好地承担赡养义务。特别是赡养、照料义务不仅需儿子去履行,还要靠儿媳付出辛劳。儿媳更看重公婆有劳动能力时对自己的帮助①。一些亲代也意识到，只有自己平时对子、媳帮助较多，将来才会获得其赡养和照料②。

应该说，传统时期亲子同居比例高，生产和生活性交换行为较多；集体经济时期农村子代生育数量多，代际协助的必要性增强。这两个时期均为"强"关系。农村非农化时期，子代生育子女数量减少，但子代就业非农化后则需亲代帮助耕作承包土地，交换关系为"较强"。城市两个时期亲子均有一定的交换行为，前期家务协助较多，后期有经济协助行为。然而后期亲子分居，甚至分处两地较普遍，子代生育子女数量减少，日常生活中的交换行为除同地居住者外并不多。故前期为"较强"，后期为"较弱"。

5. 亲情关系

从一般意义上讲，代际亲情关系最深厚。父母对年幼子女尽心养育、呵护备至；子女感念父母养育之恩，心存报答之情。

在笔者看来，当代际义务和责任较强时，亲情关系单独体现的形式较少，主要附着于义务、责任的履行过程中；而当义务和责任有所降低时，独立的亲情关系就显得重要了。

笔者认为，亲情关系也有时期差异。新中国成立前代际亲情关系受传统道德影响较大，亲子之间尊卑有别，父母对子女往往严厉有余，亲密不足，亲子之间平等沟通不够；子女对父母须以"孝顺"、服从为重，亲子义务和责任关系在这种环境中得到维系。但就亲情关系而言，它并非最理想的状态，故此其关系程度属"较强"。新中国成立后城市亲子关系有所改善，抚育阶段，亲子之间交流增多；父母老年阶段，由于赡养和照料义务减少，亲子之间矛盾降低，亲子代亲情慰藉有所增强，总体状况为"较强"。农村集体经济时代和非农化时代亲子亲情关系中平和成分增多，不过子代与处于被赡养状态的老

---

① 王跃生：《中国家庭代际关系的理论分析》，《人口研究》2008 年第 4 期。
② 笑冬：《最后一代传统婆婆》，《社会学研究》2002 年第 3 期。

年亲代之间日常沟通较少①。当然，血缘关系成员之间与姻缘关系成员之间亲情慰藉是有区别的。就总体看，集体经济时期为"较强"，当代则为"较弱"。实际上，在代际关系各项内容的功能考察中，亲情关系最为复杂。它有明显的生命阶段之别和血缘、姻缘关系成员之不同。

上面代际关系状况判断既以制度变迁、社会转型为基础，同时又建立于多数家庭不同代际成员生活和生存实践基础上。而作为一项概括性研究，旨在对代际关系演变的共性和一般状态有所把握。当然，我们也承认，各个家庭内部代际关系功能的多样性特征很突出。不过，制度变迁和社会转型的影响在多数家庭代际关系功能中均有所体现。

总的来看，从时期演变看，代际关系的基本内容在当代均被保存下来，然而功能强弱变化则很显著，并非以一种模式演变。

亲子义务、责任变动趋向不同，亲代义务、责任继续保持并有所增强，子代义务、责任则呈现出弱化之势。这一变动既与家庭功能变动有关，更是制度变迁的结果。

城乡代际关系功能变动趋向不同，"二元"社会特征比较突出。乡村社会保留了较多的传统关系功能；城市作为移民社会和公共福利制度已基本建立的社会，嗣续传承意识淡化，老年亲代对子代赡养依赖度降低。

以家内为主的代际关系功能向以"家际"为主转化。这一点，城乡社会有共同趋向。由于家庭核心化，中老年父母与年轻已婚子女分爨生活普遍，亲代与已婚儿子由生活单位、居住单位和收支单位三者一体为主变为各自独立或至少收支独立成为主流。这对子代履行赡养、照料义务以及亲子交换关系带来影响。

代际关系功能在亲子与子亲之间具有双向性，因而对这一关系强

---

① 郭于华在《代际关系中的公平逻辑及其变迁——对河北农村养老事件的分析》（《中国学术》2001年第4期）一文中，阎云翔在《私人生活的变革：一个中国村庄里的爱情、家庭与亲密关系1949—1999》（上海书店出版社2005年版）一书中，对中青年子代与老年亲代情感关系缺失都有论及。

弱的认识也应有双向视角。纵向看，传统社会代际关系功能中除亲代教育投入为弱关系外，其他双向功能多表现为"强"。故此当时的代际关系属强关系，即双向"强强（亲子与子亲）"关系。亲子之间义务、责任、权利、交换关系体现出平衡特征。新中国成立后农村集体经济时期子代功能有所弱化，由家内履行为主向家际履行为主转化，但基本功能依然保持下来，代际关系为亲子强关系和子亲较强关系。农村非农化时期，亲代基本义务、责任不仅保持，并且有所增强；子代基本义务仍得到履行，不过强度减弱。且亲情和交换关系削弱。代际关系表现为"强（亲子）与较弱（子亲）"关系。城市计划经济时期，亲代义务和责任处于强和较强状态，子代赡养功能因社会保障制度建立而有所削弱，照料义务仍然保持；但亲情和交换关系受到重视。代际关系为"双较强（亲子与子亲）"关系。市场经济时期，城市亲代义务、责任进一步增强，子代义务则因雇佣性照料服务出现进一步削弱。亲代为子代付出为主导，子代不仅付出较少，还可享受对亲代不断增大的财产继承权利。由于子女数量减少，亲情沟通被父母所重视。代际关系为"强（亲子）与较弱（子亲）"关系。

以功能为认识视角的代际关系与代际整体关系既有等同之处，也有不同之处。代际双向强功能将使代际整体关系表现为强关系。若代际为单向而非双向强功能，那么代际整体关系也难以概括为强关系。

但应注意，代际关系是复杂的，它虽是一个整体，然又非单项功能的累积；某一功能减弱，可能使代际整体关系削弱，却并非必然。各种功能之间也会此消彼长。如社会保障制度建立后，子代赡养义务减少，若代际亲情关系得到强化，代际整体关系水平并不至于降低。另一种情形同样存在，即从形式上看，代际关系各项内容依然保持，其功能则被削弱，代际整体关系处于松弛和弱化状态，当代农村即有这种表现。代际关系内容与功能考察可以使我们对代际关系功能强弱和整体关系状态有具体把握，进而对代际整体关系水平的认识更为清楚。

代际关系功能中亲代义务、责任等功能强化与子代相应功能弱化的一个结果是，代际财富整体流向由子代流向亲代，变为亲代流向子代，亲代养育子女的愿望降低①。当然，这是基于经济性回报而言的。对多数人来说，生育子女的情感慰藉、交换关系、财产继承等功能仍不可替代；子代所承担的嗣续传承、治丧和祭祀责任虽然明显弱化，但在亲代意识中它们还是不可缺少的。这意味着，从整体看，尽管生育子女数量减少，代际基本功能性关系链条却不会中断，只不过侧重点存在差异。

四 代际关系功能承担主体的差异和时期变化

代际关系功能都有具体的承担主体。前面的分析中只对代际关系内容与功能自身的时期变化有所认识，而代际关系的多数内容及功能要依赖于亲子双方的具体行为来落实。亲子之间在义务、责任履行和权利享有等方面又有所不同，并且同样具有时代差异。因此，对代际关系内容与功能进行整体分析时，这一点不能忽视。

（一）亲子义务、责任履行和权利享有的时期差异

1. 亲子义务、责任和权利主体的性别差异

（1）代际嗣续传承存在性别差异。这一点传统时期最为突出。中国绝大多数地区嗣续传承建立于父系基础上，儿子在家娶媳，女儿嫁人为妻。没有儿子者，要过继兄弟等近支成员的男孩为嗣②。个别地区女孩虽可在家招婿，但父母仍应立昭穆相当族人为嗣，承奉祭祀。嗣子与其女平分家产③。由于存在这种差异，亲代重男轻女观念突出。

---

① ［澳大利亚］约翰·C. 考德威尔：《生育率下降的财富流理论》，载顾宝昌编《社会人口学的视野》，商务印书馆1992年版，第270—289页。

② 清朝规定："民人无子许立同宗昭穆相当侄为嗣；先尽同父周亲，次及五服之内。如俱无，准择立远户，或择立贤能及所亲爱者，于昭穆伦序不失。"光绪《大清会典》卷17，《户籍》。

③ 如招养老女婿者，仍立同宗应继者一人承奉祭祀，家产均分。沈之奇撰：《大清律辑注》卷5，《户律》，法律出版社2000年版，第255页。

20世纪30年代初期颁布的《民法》已不承认过继行为，非亲生子女一律视为收养。新中国成立以后，法律上子女已无婚嫁之别，均为结婚。不过，农村男系继承的观念还很浓厚，对女性招赘婚姻的歧视尚未完全消除。

（2）赡养义务和财产继承以儿子为主。这种做法在中华人民共和国成立后出现城乡之别。农村无论传统时期还是当代，赡养父母的义务多由儿子承担，亲代所积累的财产也主要由儿子继承。随着家庭核心化，已婚女儿在自己小家庭中的经济支配能力提高，从而主动对娘家父母提供经济支持的比例增加。在农村习惯下，这是女儿自愿之举，并非义务驱使。城市亲代与已婚子女同地生活时，个别地区仍有以儿子为主承担赡养和继承财产的习惯，但这种做法在当代已经明显弱化。

（3）儿子娶妻花费由男方父母负担，并且具有硬性约束；女儿出嫁妆奁费用因习俗和家庭经济状况而异。有些地方名义上由女方承担，但往往用男方父母支付的彩礼或聘金来购置。

应该承认，从传统社会到当代，随着制度变迁和社会转型，代际义务、责任和权利上的性别差异呈减弱趋势。

2. 亲子义务、责任履行方式差异

在亲子义务、责任关系中，刚性与弹性之别很突出。"刚性"既因法律制约所形成，也为民俗所促就。

抚育子女对亲代来说是刚性义务，为儿子办婚事则属亲代的刚性责任。以家庭养老为主的农村，赡养和照料亲代则是子代的刚性义务。代际亲情关系虽很重要，但它却属弹性关系。

不过，刚性和弹性并非凝固不变，其随社会变革而转化。社会保障制度基本建立起来的城市，赡养父母义务虽为法律所强调，但多数家庭子代的这一义务已不具刚性；即使子代对老年父母有所资助，也只起补充作用，是一种亲情慰藉，并非不可替代。

我们可以通过表6-4具体考察代际关系功能的刚性和弹性表现。

表 6-4　　　　　　　　不同时期代际关系功能程度评判

时期	社会阶段类型	义务关系				责任关系				权利关系	交换关系	亲情关系
		父母义务		子女义务		父母责任		子女责任				
		抚养子女	教育投入	为老年父母提供赡养费用	照料失能老年父母	为子女创造婚嫁物质条件	为去世父母治丧	祭祀已故父母及先人	嗣续传承	亲子互为财产继承者	亲子间经济、生活互助	亲子间相互关照
第一时期	传统农业社会	刚性	弹性	刚性	刚性	刚性	刚性	刚性	刚性	刚性	刚性	弹性
第二时期	农村集体经济时期	刚性	弹性	刚性	刚性	刚性	刚性	刚性	刚性	刚性	刚性	弹性
	城市计划经济时期	刚性	刚性	弹性	刚性	弹性	刚性	刚性	弹性	刚性	弹性	弹性
第三时期	农村非农化时期	刚性	刚性	弹性	刚性	刚性	刚性	刚性	刚性	刚性	刚性	弹性
	城市市场经济时期	刚性	刚性	弹性	弹性	刚性、弹性兼有	刚性	刚性	弹性	刚性	弹性	弹性

3. 亲子地位差异

传统社会代际关系与中华人民共和国成立后各个时期代际关系有一个重要不同是：近代之前亲代与子代家庭、社会地位不同。这在传统法律中有规定，其突出特点是亲子发生冲突造成伤害时，刑罚标准不同[1]。并且，家庭事务中，亲代支配财产、管束子代的权利得到法律支持。这种差异民国之后因新的法律制度而逐渐改变，中华人民共

---

[1] 根据传统时期法律，凡子孙，殴祖父母、父母者，皆斩；杀者，皆凌迟处死。子孙过失杀者，杖一百，流三千里；伤者，杖一百，徒三年。其子孙违反教令，而祖父母、父母非理殴杀者，杖一百；故杀者，杖六十，徒一年。见沈之奇撰：《大清律辑注》卷20，《刑律》，法律出版社2000年版，第767页。不仅如此，凡骂祖父母、父母，及妻妾骂夫之祖父母、父母者，并绞。须亲告乃坐。见沈之奇撰：《大清律辑注》卷21，法律出版社2000年版，第792页。

和国成立后亲子之间的家庭地位是平等的。

（二）亲子义务、责任履行存在主动与被动之不同

这在代际义务上表现得很明确。亲子生命周期差异决定了父母养育子女在前，子女赡养、照料老年父母在后。中青年亲代对未成年子代的抚育多能尽心为之，而子代对亲代赡养和照料则有被动表现。并且，未成年子女的抚养多在家内进行，是家庭生活的重要组成部分。子代成年后，有的则分出单过，与亲代形成两个生活和经济单位，赡养和照料往往需要财力和时间付出，被动特征比较突出。

（三）亲子义务、责任履行和权利享有存在阶层之分

除了中华人民共和国成立后农村集体经济时期和城市计划经济时期外，家庭财富水平多存在阶层之别，中华人民共和国成立前最突出。当代城乡家庭收入差异逐渐显著并会通过代际义务关系、责任关系履行和财产继承表现出来。尽管无论家庭贫富，亲子代际义务、责任不容推托，但实际履行方式是存在阶层差异的。

传统时期子女的教育投资，特别是入私塾和接受科举教育，中上层家庭比较重视，但多数下层家庭没有这项花费。女儿结婚时中等以上家庭有丰厚嫁妆陪送，贫穷之户不仅陪嫁很少，有的还会借嫁女从男方获得彩礼等并沉淀为收入。集体经济时期的农村和计划经济时期的城市阶层差异缩小，家庭之间代际义务、责任履行无显著差别，呈现趋同特征。但当代城乡家庭阶层差异又逐渐显著，在子女教育、婚姻安排、财产继承等方面均有体现。

（四）子代义务承担存在血缘、姻缘成员差异

在以家庭养老为主的社会中，子代对亲代的赡养、照料义务由儿子、儿媳共同承担。男主外、女主内模式下，儿媳照料老年亲代之责重于儿子。在夫唱妇随、家庭就业、安土重迁的环境中，子代夫妇的这一分工得到较好的贯彻。儿子即使出外谋生，也多将妻子留在家中照料父母（公婆）。但现代社会，城市子代夫妇均以社会就业为主，不少人远离亲代所生活的家乡。农村集体经济时期，已婚女性家庭地位提高，且在生产中的作用增大；农村非农化时期，女性的经济能力进一步增强。无论城乡，专门伺候失能公婆生活的儿媳已经不多。不

仅如此，儿媳在家庭事务中的决策能力增强，她们更希望独立生活。家庭养老由家内向家际转化逐渐普遍，其所起作用很大。

在代际关系中，亲子互为对方承担义务、责任，并享受权利。中国传统代际关系以男系为传承链条，尽管亲代义务、责任没有差异，但子代则以儿子为承担主体；另一特征是亲子关系中强调父权。在制度变迁和社会转型中，民间社会男系传承形式得到保留，而子代义务承担和权利享有中的性别差异在法律上已被消除，并且城市中子女义务共担和权利共享的局面基本形成。这些变化体现出社会的发展和进步，也是衡量和评估代际关系水平时不可缺少的视角。

五 当代代际关系水平评价

前面已指出，代际关系内容与功能是代际关系状态和水平的主要体现。通过考察近代以来不同制度和社会环境下代际关系内容、代际关系功能、功能承担主体的变动，我们尝试对当代代际关系水平加以评价。

(一) 代际关系进步表现

代际关系进步评价的着眼点是社会变革之下代际关系有哪些适应社会发展要求的变动。

亲子家庭地位平等基本实现。新中国成立以来新颁布制度的一个重要作用在于推进代际平等。新的法律和政策中不同代际家庭成员平等的原则被强调。不仅如此，农村土地私有制的废除、集体经济制度的建立和承包责任制实行后的非农就业行为增多，城市成年子代就业普遍社会化，均使亲代对子代生存资料的控制受到削弱，为代际经济平等创造了条件。

亲代和已婚女儿之间义务、责任关系得到加强，城市尤其如此。在城市，子女共同承担赡养和照料父母义务的行为逐渐普遍，家庭财产由子女并非只有儿子继承的法律成为多数家庭的实践，亲代和女儿的关系因此而紧密。生育中的性别偏好意识弱化。

亲代对成年子代行为控制降低，各自经济独立成为主流。在农村，随着新中国成立后土地等基本生产资料所有制的变更，亲代控制的财产范围缩小。当代农村，已婚子代离家在非农领域就业逐渐普遍，经济积累能力增强。亲代和已婚子代各自支配收入成为主流。当代城市子代社会就业、自我支配收入的状况更为普遍。子代在婚姻等行为中也有更多的自主权利。代际束缚，主要是亲代控制成年子代行为的做法失去了政治、法律和经济基础。

亲子生存空间扩大，代际矛盾减少。以往家庭代际矛盾很多产生于财产冲突，特别是表现在已婚儿子、儿媳与父母分爨、与兄弟分家行为受到限制之时。当代亲代能够顺应社会发展要求，听任已婚子代另立门户，满足其独自生活的愿望，从而将家庭代际冲突降至最低。当代代际矛盾减少的另一个不可忽视的因素是，子代子女数量减少，城市独生子女家庭已经普遍化；农村 60 岁以下夫妇只有一子者已占多数。家庭财产继承中多子分割易造成的冲突在当代被降至最低。

总体来看，代际关系变动的最大进步是不同代际成员约束减少、自由度增大；亲子地位平等、儿女在代际义务和权益上共担与共享基本得到落实，城市尤其如此。

(二) 当代代际关系存在的问题

这里，主要分析代际关系现状中的问题，而非变动过程中的问题。代际关系目前的状态是以往变动的结果，其问题也与制度变迁和社会转型有关。

(1) 子代教育高期望、高投入与务实性短期行为并存，亲代主导或"包办"特征突出，功利色彩浓厚。由于家庭子女数量减少，生存条件改善，亲代对子女教育的关注程度、投入力度整体提高。社会中等及以上收入家庭对子女教育进行高投入做法普遍存在。城乡低收入家庭（特别是农村低收入且多生育家庭）对子女则采取务实教育：若有考上大学的可能则投入，无希望则放弃或减少投入。无论哪种类型，子女的选择余地均很小。这成为转型社会的重要现象。

(2) 因履行子代完婚责任，亲子代基本生存条件发生逆转。前文已指出，中国绝大多数父母将操办子女婚事视为应尽责任。由于不同时期代际观念和地位有别，亲代生存方式所受影响也有不同。就居住条件看，亲子住房有这样一个变化过程：新中国成立前传统社会，父母与已婚儿子多住一院。父母居于建筑质量相对较好、较宽大的正房之中，已婚儿子住在低矮的厢房里。子代所住房屋条件可概括为源于父母，低于父母。农村集体经济时期，特别是20世纪五六十年代，父母财力有限，为结婚儿子建新房的比例不高，亲子居住条件基本相同，即源于父母，等于父母。当代子代婚姻建立在婚后即能独立生活基础上，而独立生活的物质基础靠父母奠定。在农村，儿子婚后有宽敞的新宅，父母则于矮旧之屋栖身。当代子代住房条件可谓源于父母，高于父母。它表现出亲代生存条件的"劣化"状态和过程。

城市，特别是大都市，结婚之子要有独立的住房，需父母为其备办，至少要负担购房首付款。不仅如此，一些新婚者还要有轿车（既有以自己积蓄购买的，也有靠父母援助所得）。父母一代明显逊色，他们多居于旧有福利房（通过房改变为私房）中。这或许是独生或少生子女父母在家庭消费中以子代为中心做法的延续，即尽已所能为子女创造高于自己的教育、生活条件，使其婚后即享受到优于自己的现代生活。但这是社会或世俗压力下的一种选择。

（3）子代对亲代财产继承权前移，亲代支配资源能力下降。在农村，亲代需要多年积累才能为儿子完成婚事。有多个儿子的父母，儿子均婚后已很少有价值较大的资产可供支配。这意味着子代财产继承由父母晚年或去世之后提前至结婚时。财力单薄的老年父母对子代依赖程度增大。城市独生子女政策对代际关系的影响在于，亲代所积累财产的最终归宿和继承者非常明确。父母的行为逻辑是，自己所积累财产迟早将为子女所有，故在子女婚姻、买房等主要事件中会不惜代价。这实际也是向子代提前转移财产的方式。不过，多数父母不得不因此而压缩自己的消费。

（4）抚育与赡养义务、责任、亲情和交换关系失衡。只有哺育（父母履行抚育义务）而无反哺（子代不承担或较少承担赡养、照料义务）的代际关系接力模式已经出现，城市比较突出。这本应被视为社会发展的一种结果，可谓具有进步意义。但与西方社会有所不同的是，中国父母仍承担着儿子婚姻所需费用的主要部分，它对中老年父母的财力形成侵蚀，进而对其生存条件产生负面影响。父母从子女那里所能获得的为亲情回馈。一些家庭亲情"回馈"往往为子代所忽视。整体看，当代代际关系存在亲代履行"过度"、子代回馈则有"不足"的现象。

在家庭养老社会中，赡养义务维系往往需亲代具有制约子代的能力。子代依赖家庭生产资料就业，亲代尽可能延长对家产的控制时间。老年亲代虽靠子代提供照料，却并非完全依赖。此外，还有软性约束，即在民间社会形成"孝道"氛围。二者相结合，构成约束合力，子代赡养义务因此得以履行。农村集体经济时期、城市计划经济时期亲代靠生存性财产制约子代的能力降低，孝道对子代行为的约束力减小。但城市退休金制度和公费医疗制度建立后，亲代丧失劳动能力后经济上仍可以独立，不必依赖子女。多子女家庭，照料父母的义务并不繁重，多数老人从生活不能自理到去世平均间隔时间并不长[①]。农村集体经济时期，新的制度和道德仍强调子代应尽赡养义务。老年亲代若缺少自立能力和能留给子女的财富，子代则会视赡养为净"负担"。

当然，社会转型过程中，代际关系义务和责任履行受到客观制约：如农村，代际成员由世代居于一地变为两地或多地分居，传统代际关系功能的发挥方式很大程度上被改变；城市少子生育且成年子女不在身边的比例增大。子代照料老年亲代义务受到限制。

（5）多代家庭面临着养老与抚幼双重压力。随着人口预期寿命延长，多数家庭能实现三代同存一世，四代同存一世家庭也在增加。以三代家庭为例，若第一代仍依赖家庭养老，第二代则要上养父母、下抚子女。这种情况下，第二代往往更关注抚幼义务，而无力高标准地履行养老义务。这是目前农村的普遍状况。当然，多数子代能满足老

---

① 根据我们2008年在冀东农村的调查，父亲从生活不能自理到去世在一年以内的占78.51%，1—2年占5.79%，2年以上占15.7%；母亲的相应比例分别为66.11%、7.44%、26.45%。

年亲代吃穿等基本需求。

整体上看，中国当代代际关系只是部分实现了现代转向。因而，亲子代具有不同的生存感受。处于不同生命周期的亲代普遍感受到生存压力。独生和少生子女政策减轻了亲代抚养负担，但却增大了教育花费，负担未减实增；视子女婚姻操持为义不容辞之责；老年赡养有城乡之别。可见，亲代仍以传统方式履行自己的义务和责任，子代则已经或希望以现代方式行事。当代代际关系实际是"传统"成分和"现代"因素的杂糅。传统部分体现为"惯性"延续，现代特色则与制度变迁有关。

当代代际关系功能具有"不变"与"变"共存的特征。一般来说，在稳定的传统社会，代际关系功能处于定型状态，矛盾和问题较少；已经实现现代化的社会，代际关系功能进入新的境界，并适应了新的要求。处于"转型"的社会中，代际关系问题较多。其突出表现是功能不协调。代际关系基本内容虽被保持下来，却存在功能履行缺位、原有功能弱化或失效问题。农村子代赡养亲代中的矛盾就是由此所导致的。传统社会家庭养老建立于父母掌握家庭资源基础上，现代城市老年亲代依赖退休金作为生活费用来源。当代农村老年人则处于两种力量都无法完全依赖的境地。解决之道只能是完善社会养老保障制度建设。当然，农村家庭消费和保障方式的调整也是不能忽视的。比如，一些父母为儿子结婚不惜投入，却不接受购买社会养老保险的做法，对自身年老后自我支配财力资源培植的意识也不强。客观上，在农村集体经济时期度过主要劳动年龄阶段的亲代可能不具有这个能力，但改革开放后步入非农劳动领域的成员是具备这一能力的。

六　代际关系功能变动趋向与发展引导

通过以上考察，我们对中国近代以来代际关系内容、功能变动及其进步和问题已有了解。中国社会的变革仍在持续，家庭代际关系功能也将继续发生变动。

(一) 代际关系功能变动趋向

随着社会保障制度逐步完善，未来亲子代际义务关系功能不平衡现象会更为突出，这是社会发展使然，并非落后行为。亲代抚育子女的功能不会发生改变；在家庭经济条件改进过程中，亲代对子代教育的投入还将增加。而当社会养老保障和医疗保障等福利制度逐渐健全之后，不仅城市，农村子代对亲代的赡养付出也将降低。以义务履行为评价标准的代际关系失衡现象将继续保持。

亲情交流是子代回馈父母的主要方式，交换关系仍不可缺少。亲代对子代的物质回报要求减少，而与其进行亲情沟通、相互慰藉的愿望将增强。由于亲子关系是各种社会关系中最密切的类型，亲代和成年子代遇到困难时彼此仍是最主要的求助对象。

子女数量较少，继承亲代财产在子代财富积累和增值中的作用增大。20世纪90年代中期以来，随着住房制度改革和个人普遍购买商品房，住宅成为城市家庭的重要财产。今后一个较长时期内，城市独生子女从亲代那里继承的住房等财产份额将增大，进而将会对其就业行为、消费观念等产生影响。

从义务、责任和交换等功能角度看，中国社会的现代转向增加了代际义务关系的不平衡，即子代对亲代应履行的赡养义务减轻，降低了代际关系的功能束缚。当然，少生子女，特别是独生子女减轻了亲代养育子女的负担，但抚育成本实际并未降低。另外，由于子女数量减少，特别是只有一个子女家庭增多，家庭代际延伸的风险增大。"失独"亲代对社会保障制度的依赖则会成为刚性需求。

(二) 代际关系功能变动的引导

家庭代际关系本质上是"家庭"内的关系。尽管亲子各自组成家庭使亲子关系的"家际"特色变得显著起来，它仍然是亲缘网络家庭内的关系。家庭关系功能失调、履行缺失的问题也多局限于私人领域。但正如前述，家庭代际关系规则由社会制定，其中的问题也往往需要社会组织和机构去调节。更重要的是，在就业社会化、养老保障和医疗保障制度普遍建立、生育行为受政策干预之后，家庭代际关系功能强弱变动与公共政策密切相关，很大程度上变为公共问题。

既然代际关系功能中的问题与制度变迁和社会转型有关，那么在对代际关系功能现有问题寻求解决思路时，也要从制度着眼，从发展的角度去思考。

代际关系中亲子抚育—赡养功能失衡问题、子代对老年亲代照料缺位问题，不应一味指责子代。这实际由制度变迁和社会转型所导致。它只有通过新的制度建设来解决：全面推行社会保障制度，增强老年人在代际关系中的交换能力和自立能力，从根本上降低亲代对子代赡养的依赖。城市有退休金的老年人就没有或较少感到失衡导致生存困难。可见，现代福利社会中，抚育—赡养失衡问题具有必然性，但在完善的社会保障制度下，它并不会导致老年亲代生存质量降低。

继续推动子代义务、责任和权利由单系向双系代际发展。城市社会中，亲代和子、女之间在义务、责任和权利上的平等要求基本实现。但农村赡养照料义务履行、财产继承和嗣续传承，以儿子为主的做法并未发生实质性改变。社会组织应注意引导民众改变单性别子女义务履行和权利享有方式，落实现有法律原则、矫正习俗做法是实现这一目标的主要方式。

注意化解代际财产传承多元化所出现的问题。随着城市独生和少生子女长大成人，中等收入的亲代群体扩大，其财产继承仍以子代为主，子代获得住房等财产继承权的机会增多。在城市化进程加速的过程中，农民工子女迁入城市居住的愿望和可能性均有所提高，而其亲代于乡村所建房产的使用意义和继承价值降低。另外，无论城乡，多数成年子代依赖亲代提供婚姻的物质条件，它实际是提前继承亲代所支配的财产，亲代自我赡养能力因此可能降低。作为私有财产，亲子之间传承方式和数量的多样化使子代具有不同的现实和未来生活条件。社会应引导和激励子代的自我创业和奋斗意识，倡导自己积累婚嫁物质条件的做法，避免依赖家长提供所产生的攀比行为，以免增加亲代的生存压力。

加强社会公共组织在代际关系维系和功能替代中的作用。人口城市化、独生子女家庭增多、家庭成员地区分割增多、人口老龄化程度提高，这些都对传统代际关系功能保持带来冲击。它需要社会公共服务增加，完善社会保障制度和福利体系，适度替代家庭不同代际成员所承担的义务和责任。但在未来，要保持和强化代际关系中的亲情沟通功能，同时子代对老年亲代的适度照料仍应受到鼓励，并在制度规则上给予支持。

家庭是代际关系功能的基本承载体。笔者认为，在家庭内强化道德力量是代际亲情关系维护中不可缺少的。中国当代亲子抚育—赡养关系在失衡中已经或正走向接力模式，它难以退回到两者功能相互平衡的传统模式中。亲代抚育子女所能获得的主要回报是亲情沟通和不同形式交换行为的保持。应通过道德教化使子代理解亲代的这种需求。但应注意，将传统道德对亲子关系行为所做规范搬至当代，或者将缺乏亲情感化和伦理要求的现代口号式宣传加以弘扬，并非善策。而应以代际平等、彼此尊重、相互理解、索取有度、遇困相助、减少束缚为原则，形成新的代际关系道德内涵。

就当代来看，代际关系诸多内容及功能中，子代赡养、照料父母义务，治丧、祭祀和嗣续传承责任表现为削弱，即子代不必像传统社会那样为此投入更多的财力和精力。在社会替代形式健全的情况下，子代直接赡养和照料弱化是社会发展的结果，治丧和祭祀投入降低、嗣续传承意识淡化均可被视为进步。在社会替代形式不健全，亲代失去约束子代的能力的情况下，赡养和照料功能削弱则会使老年亲代生存困难。然而，恢复传统做法是不现实的。可行的做法是推行社会养老保障制度，这是政府的责任；对亲代来说，提高自我赡养能力也是变革的必要之举。

七　结语与讨论

（一）结论性认识

本章从代际关系内容与功能演变、代际关系功能承担主体等方面对近代以来制度变迁和社会转型下的中国代际关系进行了探讨，形成了以下认识：

家庭代际关系是亲子代际义务、责任、权利、交换和亲情诸种内容及功能的复合体。义务是亲子关系的核心，分为亲代抚养、教育子代义务和子代赡养、照料老年亲代义务；责任中亲代所承担的主要是为子代完婚创造物质条件，子代则负有为去世亲代治丧、祭祀及传承嗣续之使命；权利是亲子互相继承财产；交换行为和亲情互动在亲子代日常关系行为中具有重要作用。

代际关系内容与功能处于不同类型的制度维系之中。随着制度变迁和社会转型，代际关系内容与功能也在发生改变。从新中国成立前传统时期到新中国成立后农村集体经济时期、城市计划经济时期，再到城市市场经济推行和农村社会普遍非农化时期，亲代义务、责任和亲情付出不仅没有减少或弱化，而且有的方面如教育投入、婚姻费用提供等还有被强化的趋向。子代义务和责任则呈现弱化之势。这一变动是制度变迁和社会转型的结果。

当代代际关系的进步表现为：亲子家庭地位平等基本实现；亲女之间义务、责任和权利关系增强，在城市尤其如此；亲代对成年子代行为控制降低，各自经济独立成为主流；亲子生存空间扩大，代际矛盾减少。代际关系中的问题体现为：抚育与赡养、照料义务失衡，只有哺育（父母履行抚育义务）而无反哺（子代不承担或较少承担赡养、照料义务）的接力模式已经出现，城市比较突出；子代教育投入务实性短期行为与高期望、高投入并存；亲子代基本生存条件发生逆转；子代对亲代财产继承权前移，老年亲代支配资产能力下降。

中国家庭代际关系功能的未来走向为：随着社会保障制度逐步完善，亲子义务关系不平衡现象将更为突出；亲情交流是子代回馈父母的主要方式，交换关系仍不可缺少；子女数量较少，继承亲代财产在子代财富积累和增值中的作用增大。社会组织应注意引导代际关系的发展方向：继续推动子代义务、责任和权利由单系向双系代际发展；强化道德力量在代际亲情关系维系中的作用；注意化解代际财产传承多元化所出现的家庭和社会问题。

（二）中国代际关系功能变动认识的国际视野

在人口城市化、社会福利制度相对完善的现代社会中，亲代抚育子代功能并无实质变化，即父母的义务和责任没有减轻，而子代赡养义务减少，这实际是世界各国家庭代际关系发展的共同趋向。那么代际的其他关系处于什么状态呢？

杨菊华、李路路对东亚国家和地区调查数据（2007年）分析表明，尽管与中国相比，韩国亲子同住的概率偏低，但他们在情感联络、亲子之间的经济和非经济支持方面都明显超过中国。日本的亲子同住、亲子联络、子女对父母的经济和非经济支持的比例和概率较中国为低，而父母在经济上大量支持子女[①]。

与中国文化传统差异较大，且较早进入现代化社会的欧美国家代际关系功能又有哪些独特之处？按照当代西方国家法律，子女在18岁之后就可独立生活，并且赡养和照料老年父母也非子代应尽义务。这并不意味着其代际关系普遍处于疏远状态。根据边馥琴、约翰·罗根的研究，在美国，尽管父母与成年子女同住不普遍，但家庭代际关系的联系却是强有力的。大多数美国年青一代认为，自己应该照顾父母，而不应该依赖社会。美国住养老院的老人（其中50%为无子女者）仅占老人总数的5%。尽管美国人口流动和职业流动率很高，却有57%的子女居住在父母住地行程30分钟之内的地方；45%的家长至少每周能见到子女一次；27%的家长从子女那里获得过帮助；58%的家长曾给予子女帮助[②]。

这些研究告诉我们，已经或基本实现经济现代化的国家尽管其社会福利水平远高于中国，但不同形式的代际关系功能依然得到维系，特别是代际的经济支持（亲代对子代）和互助、情感慰藉、财产继承等关系并没有受到实质削弱。

由此我们得到的启示是：代际关系某种功能随时代发展而变乃至削弱和消失都属正常状况。但代际整体关系不应被削弱，它是和睦、融洽的家庭生活状态保持的重要条件，也是正常、稳定的社会关系维系的基础。这有赖于社会组织和家庭成员对代际关系复合体内部功能进行适时调整。

---

① 杨菊华、李路路：《代际互动与家庭凝聚力——东亚国家和地区比较研究》，《社会学研究》2009年第3期。
② 边馥琴、约翰·罗根：《中美家庭代际关系比较研究》，《社会学研究》2001年第2期。

第七章 社会转型时期家庭代际功能关系及新变动

第六章采用制度变迁和社会转型结合的方法从宏观的视角分析了代际关系的诸种表现和变动。本章进一步从功能视角分析当代社会转型时期代际关系的新变动。正如前面所述，以亲子关系为基础的家庭代际关系本质上是一种功能关系，这种功能具有亲子双向互动或彼此履行特征。家庭代际关系的功能有多种形式，为突出亲代与子代之间功能上的相互履行意义，在此我们将代际关系细化为代际功能关系。家庭代际功能关系尽管从古至今一直保持着，但一些功能形式却存在着强弱变动，这一点在制度变迁、民众生存方式发生深度改变的时期最为突出。中国当前正处于前所未有的社会转型时期①，家庭代际功能关系的发挥和维系均受到不同程度的影响。本章尝试从功能视角全面考察这一时期代际关系的状态和变动，提升代际关系理论认识，进而揭示代际功能关系履行中的问题，探讨应对之策，使家庭不同代际成员的生存质量得到保证。

一 现有研究回顾

中国当代的社会转型深刻影响着民众的生存方式和家庭代际关

---

① 我们认为，社会转型是指社会形态所发生的基本变化，在中国现阶段表现为农业社会向工业社会转化，以农业经营为主的社会向以非农经营为主的社会转化，以农村人口为主的社会向以城市工商业人口为主的社会转化。参见拙文：《中国城乡家庭结构变动分析》，《中国社会科学》2013年第12期。

系。也应看到，尽管社会福利制度和生活方式的城乡趋同状况已初步显现，但"二元"特征并未消除，并在代际功能关系上表现出来。当前的代际关系研究多注意到这一现象，多视角认识代际功能关系的变动。尽管不少研究没有使用代际功能关系这一概念，但其所分析的对象和内容却是从功能着眼的。

中国传统社会存在相对平衡的代际关系，但当代出现了平衡被打破的局面，不少学者有此认识。贺雪峰认为，农村这种代际关系平衡改革开放以来被打破，子女不孝普遍且严重发生，而父母依然为子女婚配耗尽心血。他同时认为，农村失衡的代际关系只是一种过渡现象，它将被一种更加理性化、较少亲情友好的相对平衡的代际关系所代替[1]。范成杰基于湖北农村所做调查获得的认识与贺雪峰基本相同[2]。朱静辉、朱巧燕对转型时期浙江农村代际关系所做考察发现：当地农村以"理性"方式应对工业化、市场化和城镇化的冲击，出现代际冲突少、父母与子女权责平衡、适度操心、互惠逻辑与工具性交换并存等特点。作者认为，较早的市场化应对策略、父代与子代空间上的重合、父辈权威的延续以及老年人生活重心的弥散化是当地保持代际关系平衡的原因[3]。当地农村家庭的亲代和子代成员对代际关系理性应对策略具有借鉴意义，值得进一步考察。

转型社会代际关系的另一表现是家庭不同代际成员出现乡城流动，使代际功能关系出现新变化。靳小怡、崔烨和郭秋菊基于代际团结模式并利用深圳调查数据分析当地农村随迁父母与子女的关系。父母随外出务工子女到城市共同居住，增进了流动家庭的代际团结和家庭凝聚力，随迁父母与子女在功能性交换上具有典型的短期互惠交换模式。在传统的"养儿防老"观念影响下，随迁父母为支持子女外出务工而更愿意与儿子同住，而随迁父母一般与儿子在情感上更为疏

---

[1] 贺雪峰：《农村家庭代际关系的变动及其影响》，《江海学刊》2008 年第 4 期。
[2] 范成杰：《代际关系的下位运行及其对农村家庭养老影响》，《华中农业大学学报》2013 年第 1 期。
[3] 朱静辉、朱巧燕：《温和的理性——当代浙江农村家庭代际关系研究》，《浙江社会科学》2013 年第 10 期。

远,并没有感受到儿子更多的孝心①。本调查中的随迁父母只是短时进城与子女同居,并非农村家庭成员一同城市化的表现,但这也是现阶段原本来自农村的子代与临时进城亲代之间的互动方式。

关于城市代际关系的变动,蒋晓平注意到城市从业青年中所存在的隐性啃老行为,将其称为逆向代际关系。子女虽已就业却无法应对日常生活成本或提高生活质量,因而接受父辈提供的各种补贴。家庭代际关系不是子辈对父辈的赡养支持,而是父辈对子辈、孙辈的持续投入与支出②。这实际是父母对子女养育功能履行时间延长的表现,在当代社会,特别是城市独生子女家庭的亲子中,它并非个别现象。

在代际关系理论研究上,陈皆明运用理性选择理论分析当代中国的养老模式,从亲子间互动的角度解释中国社会的代际关系及由此引出的家庭养老模式。他认为,虽然中国的社会结构性变化削弱了家庭中长辈的权威,然而维持良好并持久的亲子关系的客观经济需求却仍然存在;父母通过投入大量家庭资源以建立强有力的亲子关系③。这一研究对认识当代代际关系状态具有重要价值,不过尚缺少经验数据支持。王跃生认为,现阶段中国家庭代际的抚育—赡养关系具有交换关系的形式,但这种交换关系并非以抚养为前提。亲代若仅仅将子女抚养大,没有在此基础上发生具有互助、互惠性质的交换关系,亲子关系将会被削弱④。

杨菊华、李路路使用东亚社会调查中的家庭主题调查数据,分析了中国大陆、日本、韩国、中国台湾地区家庭凝聚力的现状、特点及相关因素异同。其模型分析结果表明,现代化进程并没有导致家庭功能衰落,亲子之间在日常照料、经济支持、情感慰藉等方面依然存在密切的互动。家庭凝聚力具有强大的抗逆力性和适应性,深厚的文化

---

① 靳小怡、崔烨、郭秋菊:《城镇化背景下农村随迁父母的代际关系——基于代际团结模式的分析》,《人口学刊》2015年第1期。
② 蒋晓平:《逆向代际关系:城市从业青年隐性啃老行为分析》,《中国青年研究》2012年第2期。
③ 陈皆明:《中国养老模式:传统文化、家庭边界和代际关系》,《西安交通大学学报》2010年第6期。
④ 王跃生:《中国家庭代际关系的理论分析》,《人口研究》2008年第4期。

积淀超越了现代化的作用。① 这一研究具有较强的启示意义。

就目前来看,当代代际关系的实证研究受到重视,不少学者借助村落、社区、区域调查数据分析家庭代际关系状态,并对其中存在的问题和原因加以探讨,有助于增强对当代家庭代际关系水平的把握。但就总体而言,现有研究对代际关系的系统性理论分析比较缺乏,从整体视角探讨代际功能关系更显薄弱,多针对代际关系的某一方面进行考察,难以把握社会转型时期代际功能关系的变动特征。一些理论分析尚缺乏实证材料的支持。

本章试图较全面认识中国当代家庭代际功能关系的形式、履行方式及其变动,并将这一考察置于社会转型环境之中;同时借助第六次人口普查长表1%数据和笔者主持的2010年七省区"城乡家庭结构与代际关系调查"数据,揭示当代家庭关系所发生的变动,进而印证理论认识。

二 中国代际功能关系的平衡认识

一般来说,只要有生育行为发生且所生育子女存活下来,血缘性代际关系便产生或形成了,甚至可以说血缘性代际关系先于家庭存在。不过,我们认为,规范的代际关系是在家庭产生、亲子秩序明确之后。这种代际关系并非形式,而有具体的功能。亲子在不同生命阶段对对方的需求有所付出,也从对方那里获得物质和精神回馈。

(一)代际关系功能履行主体认识

在前面的分析中,我们将中国家庭代际关系的功能归纳为五种:义务关系、责任关系、权利关系、交换关系和亲情关系②(见表7-1)。在此,我们进一步看一下这些功能履行主体的差异。

---

① 杨菊华、李路路:《代际互动与家庭凝聚力——东亚国家和地区比较研究》,《社会学研究》2009年第3期。
② 王跃生:《中国家庭代际关系内容及其时期差异——历史与现实相结合的考察》,《中国社会科学院研究生院学报》2011年第3期。

表 7-1　　　　　　中国家庭代际功能关系基本内容

关系类型 亲子之间义务、责任之别	义务关系		责任关系		权利关系	交换关系	亲情关系
	父母义务	子女义务	父母责任	子女责任			
责任、义务	抚养子女	教育投入	为老年父母提供赡养费用 / 照料失能老年父母	为子女创造婚嫁物质条件 / 为去世父母治丧	祭祀已故父母及先人 / 嗣续传承			
功能主体	⇩	⇩	⇧	⇧	⇩	⇧	⇧	⇕	⇕	⇕

注：本表中的向下箭头表示由亲代履行，向上为子代履行，双向箭头为亲子互相履行。

以上五种代际功能关系是我们基于传统和现代社会制度（法律、惯习等）和民众的经验表现所做的概括。它们构成了一个代际关系的功能体系。

这些功能关系中，义务关系和权利关系受法律保护；责任关系为惯习所维护，法律也在一定程度上予以约束；交换关系以亲子之间经济、日常生活等需求方面的互助为表现形式，亲情关系体现为亲子之间相互关心，不过它们较少受外部制度的影响，很大程度上是义务、责任内化后的结果。不过，当代法律也开始介入这一代际功能关系。比如新修订的《老年人权益保障法》（2015 年）中写入"与老年人分开居住的家庭成员，应当经常看望或者问候老年人"条款。

也应看到，五种代际关系是代际功能关系的完整状态，以亲子经历过主要的生命周期为基础。而在具体的家庭中，并非所有这些代际功能关系均存在。如传统社会，人口预期寿命低，若亲代中年时即去世，子代则没有养老义务需要履行。

代际关系诸种功能在相同的社会发展阶段比较稳定，而在不同社会发展阶段如农业社会向工商业社会、传统社会向现代社会转变时期，不同代际成员打破了世代相守于一地、一业的格局，家庭成员自我保障制度开始发生向社会保障制度的转化，代际功能关系往往会受到影响。其中既可能发生某种功能由以往的"弱"变为当代的"强"，也会发生"有→无"或"无→有"的变化。如传统社会中社会福利制度和措施缺乏，多数老年亲代的养老主要依赖子女，子女的这一义务是刚性的；然当代因养老保障制度建立且日趋完善，城市享受退休金的父母则不必依赖子女提供赡养费用。

不过，在传统和现代社会之间将存在一个过渡阶段，即城乡"二元"社会特征比较突出的时期。我国正处于这样一个阶段。因而，目前中国家庭的代际功能关系在城乡民众之间表现出一定甚至较大差异。

(二) 关于代际关系平衡性的认识

当代亲代与子代之间抚育—反馈这一代际功能关系的不平衡表现常为人们所诟病。其认识基础是，亲代为养育子女付出较多，而子代回馈予亲代的很少或达不到期望水平。

一般来说，亲子之间代际关系的诸种功能均被履行或得到体现会被认为具有平衡性。但实际生活中代际关系是否平衡并非指每一项功能都得到履行。或者说，代际关系平衡并非单项功能的平衡，而是多种功能综合下的平衡。

实际生活中，人们对代际功能关系是否平衡进行判断时更多的是从亲代抚育未成年子代、子代赡养老年亲代着眼。即社会评价似乎更看重亲代在财力、体力、精力付出后是否从子代那里获得相应回报。这一定程度上可被视为物质性付出和回馈，当然它包含着义务和责任意识的作用。

不过，物质关系功能的不平衡可通过精神性关系的强化和维系来弥补。只有当物质回馈和精神回馈都丧失时，代际关系的不平衡才会真正出现。

现实生活中，不同生存状态和条件的人，特别是亲代，对代际功能关系是否平衡的要求和感受并不一样。生存资料短缺的老年人若得不到儿子的赡养供给，则会有强烈的不平衡感，将儿子视为"白养"

之人。在男嗣偏好意识和行为仍有很强表现的农村，尚未见到孙辈的父母对儿子、儿媳生出孙子、家系传承得以维系有很高的期盼，视此为最大追求和满足。当代城市中"空巢"居住的不少老年人因有退休金，并不指望子女予以物质支持，而更看重子女平时或节假日回来探视、团聚和其他方式的情感沟通，否则会心生怨望。

若着眼于物质性代际功能关系履行，那么社会养老保障制度建立之后，代际功能关系肯定存在不平衡性。但若子代重视亲代对精神慰藉的需求，增强情感沟通，那么这种不平衡感则会降低。

三 当代代际义务关系的变动

亲代抚育未成年子代、子代赡养老年亲代是亲子代的基本义务，是代际关系的一个基础。费孝通将此视为抚育—反馈关系，它成为代际关系观察和分析的核心内容。当代这种义务关系从履行方式和程度上看发生了哪些变动？我们借助 2010 年人口普查数据和七省区"城乡家庭结构与代际关系调查"数据对此进行探讨。

（一）亲代义务关系履行的变动

亲代抚育子女义务中，为未成年子女提供生活资料，无论传统社会还是当代均属刚性义务，不容推辞。近代之前中国社会的食物资料短缺问题比较突出，多数家庭，特别是占人口多数的中下层民众能解决子女的温饱问题已属不易。现代社会由于生育子女数量减少，加之普遍的食物短缺问题在 20 世纪 80 年代中期之后已基本解决，对父母来说，为子女提供基本生活资料的养育压力明显减轻。但也应看到，当代父母抚养子女的花费在收入中所占比例超过以往，整体言之，抚养子女的压力并未减轻，城市更为突出。我们认为，与传统时期相比，当代抚育义务的强弱变动更多地表现在亲代对子代的教育投入增大方面。

父母为子女教育投入的变动有多种体现方式，在此我们主要从子女受教育程度提高上来认识。对父母来说，子女受教育程度提高往往与受教育年数增加相联系，父母相应的花费会同步上涨；同时，子女受教育程度和年限增加，意味着其成为家庭劳动力的时间延后，相应增加了父母养育子女的成本。

1982年人口普查数据显示，农村50岁以上者（其学龄主要处于新中国成立前）中不识字或识字很少者所占比例超过70%[①]。这说明当时多数父母对子女没有或较少有教育投入。不过，普查数据中家庭亲子信息并不完整（不少子女没有在户内居住），我们只能分年龄组粗略认识人口的受教育程度，而无法掌握以家庭为单位所有子女的受教育状况。

2010年七省区"城乡家庭结构与代际关系调查"数据涉及子女的教育信息（见表7-2），对普查数据中的不足有所弥补。我们主要看一下20岁以上子女的受教育程度，他们多数已完成主要学龄阶段的教育，其中20-24岁组中尚有在读的大学生，这不影响对其受教育程度基本构成的认识。

表7-2　2010年七省区城乡受访者的子女受教育程度变动　　单位：%

城乡别	年龄组（岁）	未上过学	小学	初中	高中	大专	大学本科	研究生	大专及以上	样本量
城市	20—24	0.81	3.23	21.24	18.28	25.00	30.11	1.34	56.45	372
	25—29	1.25	4.67	23.99	22.43	17.76	26.48	3.43	47.67	321
	30—34	0.27	8.58	32.71	24.40	13.14	19.57	1.34	34.05	373
	35—39	0.80	6.43	42.90	28.69	9.92	10.19	1.07	21.18	373
	40—44	0.30	11.71	44.44	26.43	6.91	9.31	0.90	17.12	333
	45—49	0	12.15	27.13	39.68	9.72	9.31	2.02	21.05	247
	50—54	1.67	15.00	32.50	42.50	3.33	4.17	0.83	8.33	120
农村	20—24	0.45	7.09	45.09	19.27	13.36	14.09	0.64	28.09	1100
	25—29	0.53	10.73	51.63	14.93	9.99	10.83	1.37	22.19	951
	30—34	1.93	19.32	54.38	13.37	6.09	4.61	0.30	11.00	673

---

① 根据1982年全国人口普查1%抽样数据库计算得到。

续表

城乡别	年龄组（岁）	未上过学	小学	初中	高中	大专	大学本科	研究生	大专及以上	样本量
农村	35—39	4.18	29.09	48.78	9.93	4.53	3.14	0.35	8.02	574
	40—44	4.29	33.84	47.47	8.84	2.78	2.53	0.25	5.56	396
	45—49	4.21	35.98	39.25	14.02	2.80	3.74	0	6.54	214
	50—54	17.72	36.71	30.38	15.19	0	0	0	0	79

资料来源：2010年七省区"城乡家庭结构与代际关系调查"数据。

表7-2中，2010年城乡20—24岁组和25—29岁组子女的受教育程度最能体现当代父母在子女教育上的投入增大的状况。城市一半以上的子女接受了大专以上教育；农村为28.09%，初中和高中毕业者是主体。40—44岁、45—49岁组子女的受教育程度是20世纪80年代初期的反映。城市受访者的子女当时以初中、高中教育程度为主；农村也有此表现，但较城市为低。城乡子女在20—24岁组和25—29岁组所表现出的差异或许与城市多为独生子女，父母对子女的教育更为重视有关。随着社会转型的全面展开，农村父母为子女的教育投入也逐渐提高，这种趋势已初步呈现出来。

（二）子女义务关系履行的变动

子代对亲代所应履行的义务主要是父母年老、丧失劳动能力时给予赡养和照料。而当代社会福利制度发展的一个重要内容是养老金制度的建立。新中国成立后直至20世纪90年代初，获享者主要为有正规就业身份者，即以在行政、事业单位和公有企业就业者为主，以后逐渐扩展。因这些人员相对集中于城市，故此城乡老年人的生活来源表现出差异。有离退休金的父母摆脱了对子女等家庭成员的赡养依赖，从而使子代为亲代养老的经济压力大大减轻。

1. 子女赡养义务的城乡差异

我们的基本认识是，社会转型时期子代对亲代赡养义务实际履行的城乡"二元"特征尚比较突出。这不仅是一种经验认识，而且表现在数据上（见表7-3）。

表7-3　2010年城乡65岁及以上老年人生活来源构成比较　　单位:%

生活来源	城市	农村
劳动收入	3.35	28.26
离退休金、养老金	66.88	4.93
最低生活保障金	2.75	5.35
财产性收入	0.64	0.18
家庭其他成员供养	24.67	59.31
其他	1.72	1.98

资料来源：依据2010年人口普查长表1%抽样数据计算得到。

2010年第六次人口普查长表数据显示：在城市，靠离退休金生活的老年人已占多数，超过65%；农村约60%的老年人靠子女等家庭成员提供生活费用。城乡社会福利制度的"二元"特征比较明显。由此，城市多数老年父母不必依赖子女提供生活费用，子代的这项义务由实际"负担"变为形式"负担"。而在农村，社会养老保障体系尚处于初步建立阶段，多数地区养老金水平尚不能满足老年人生活消费所需，子女仍需提供；老年人靠劳动自养比例仍接近30%。

2010年七省区"城乡家庭结构与代际关系调查"数据对此揭示得更为清晰（见表7-4）。

表7-4　　2010年七省区城乡65岁及以上老年人口生活费用供给方式　　单位:%

类型	城市	农村
儿子	10.20	43.87
女儿	0.99	3.72
子女	4.28	10.41
配偶	4.28	3.35
孙子女	0.00	0.37
自己工作	4.93	22.68
离退休金	67.11	9.29
政府低保	1.97	0.74

续表

类型	城市	农村
其他	6.25	5.58
样本量	304	269

资料来源：2010年七省区"城乡家庭结构与代际关系调查"数据。

表7-4中，城市老年人以离退休金为生活来源的比例与人口普查数据基本一致；农村则以子女提供为主（占58.00%），而子女中儿子是主要供养者，即使在城市靠子女供养者中（15.47%），儿子明显高于女儿。农村子、女供养水平的差异与子娶女嫁这一婚姻方式的保留有关，城市的这一差异一定程度上与有子有女的父母更可能选择与儿子同住有关。

2. 照料义务履行方式

一般来说，对老年父母的照料，特别是对自理能力丧失或降低的老年父母的照顾，很大程度上须以同居共爨为前提。这里我们以2010年人口普查数据为基础考察不同年龄组老年人的居住方式（见表7-5）。

表7-5　　2010年不同年龄组老年人居住家庭类型比较　　单位：%

城乡别	年龄组（岁）	夫妇独居	单人居住	夫妇核心家户和单人户合计	与已婚子女同住	与子女同住
城市	65—69	37.31	7.67	44.98	41.90	54.40
	70—79	36.43	12.97	49.40	39.89	49.70
	80+	21.96	18.52	40.48	47.81	56.65
农村	65—69	31.67	9.08	40.75	43.06	53.05
	70—79	27.49	13.29	40.78	46.13	53.87
	80+	14.53	16.81	31.34	56.53	62.97

资料来源：依据2010年人口普查长表1%抽样数据计算得到。

老年人夫妇独居和丧偶后（包括离异和终身未娶）单人居住都属于独立生活方式。"与已婚子女同住"指同该子女组成不同形式的直系家户，"与子女同住"指与已婚、未婚子女共同生活。表7-5中，老年人夫妇独居和单人居住是未与子女同居共爨的类型（2010 年 65 岁及以上老年人绝大多数有存活子女，同时人口普查数据中没有 65 岁及以上老年人生育或存活子女信息，故在此难以将无子女者分离出来）。在 65—69 岁和 70—79 岁组城市老年人中，独立居住的老年人超过与已婚子女同住者；只有在 80 岁以上组，与已婚子女同住比例高于独立生活者，而独立居住的高龄老年人仍超过 40%。农村 65—69 岁和 70—79 岁组老年人独立生活比例均在 40% 以上。可见，2010 年城乡老年人独立生活成为一种重要居住方式。单独生活的父母虽然也有可能获得子女从旁协助，但日常生活起居主要并非靠子女。当然，若将与子女特别是与已婚子女同居共爨视为一种照料表现的话（实际上，与已婚子女同住的老年人也有相当部分承担着家务料理），目前的情形为两种状况并存。

不仅如此，那些健康状况不佳的老年人单独居住的比例也比较高（见表 7-6）。

表 7-6　　　2010 年城乡 65 岁及以上不同健康状况老年人所居住家庭类型　　　单位：%

城乡别	健康状况	夫妇核心家户	单人户	夫妇核心家户和单人户合计	与已婚子女同住
城市	不健康但生活能自理	29.84	17.04	46.88	40.80
	生活不能自理	24.83	11.04	35.87	49.33
农村	不健康但生活能自理	22.21	16.00	38.21	47.97
	生活不能自理	17.49	12.29	29.78	55.24

资料来源：依据 2010 年人口普查长表 1% 抽样数据计算得到。

城市不健康但生活能自理的老年人独居比例超过与已婚子女同居者，而生活不能自理者中尽管与已婚子女同居比例接近 50%，不过独居者仍在 1/3 以上。农村两种类型均以与已婚子女同居为最大，独居者也超过或接近 30%。

结合以上两种统计可以看到，子女通过与老年父母同住的方式履行赡养义务者只有在高龄和生活不能自理时才占多数；不过高龄和生活不能自理时独居比例并不低，城乡多接近或超过30%。

我们再以七省区"城乡家庭结构与代际关系调查"数据为基础看一下受访者65岁及以上老年父母去世前被子女照料的状况（见表7－7）。

表7－7   2010年七省区城乡65岁及以上
老年父母去世前被照料类型   单位：%

城乡别	父母	基本无须照料	短期需人照料	无须照料和短期需人照料合计	中短期需人照料	中长期需人照料	长期需人照料	中长期和长期需人照料合计	样本量（个）
城市	父亲	29.44	23.18	52.62	17.09	19.12	11.17	30.29	591
	母亲	30.34	23.55	53.89	16.57	19.36	10.18	29.54	533
农村	父亲	21.97	30.47	52.44	17.44	19.93	10.20	30.13	883
	母亲	19.48	31.66	51.14	19.34	17.76	11.75	29.51	742

注：基本无须照料为老年父母突然生病，当天去世；短期需人照料为照料时间不足三个月；中短期需人照料为照料期3个月以上不足一年；中长期需人照料为一年以上不足三年；长期需人照料为三年以上。

资料来源：2010年七省区"城乡家庭结构与代际关系调查"数据。

表7－7表明，2010年调查地区基本无须照料和短期需人照料两类合计城乡均超过50%，即这些老年人并没有给子女带来很大照料压力。中长期者则在30%左右，对一部分子代来说则需承受一定照料压力。不过，在当代，特别是城市，以雇人方式照料长期生病的父母也非个别现象，甚至雇人所需费用也从父母的退休金中支付。因而，可以说，多数家庭子代对亲代的直接性照料付出并不多。独生子女父母年老之后的情形如何则需进一步观察。

由上可见，在代际义务关系上，当代社会亲代对子女的教育投入明显增大。而子代对亲代的赡养义务履行城乡有别，城市子代的这一义务明显减弱，甚至仅存"形式"。与此同时，城市老年父母通过与已婚子女同居共爨获得照料的做法已不占多数。不过也应看到，无论城乡，高龄和生活不能自理的老年父母以与已婚子女同居来获得照料的做法仍占多数，但并非占绝大多数。这说明，子代对老年亲代的传统照料方式在现阶段有所保留，老年亲代自我照料或采用替代方式（雇人照料等）的做法也占一定比例。

四 当代子女数量和性别构成变化对代际功能关系履行的影响

（一）亲子和亲女代际功能关系的差异表现

代际关系的形成和维系很大程度以亲—子链条而非亲—子女链条为基础。中国社会中，特别是传统时期，儿子和女儿在代际关系中的功能是有区别的。具体来说，儿子和父母之间的五项关系功能均具备，而女儿与父母之间的主要关系表现为，父母对女儿的抚育义务和婚姻责任，女儿对父母的关系价值为情感沟通的维系。我们可通过表7-8对亲—子和亲—女之间代际功能关系的差异加以认识。

表7-8　　不同时期代际功能关系强弱变动比较

类型	义务关系				责任关系				权利关系	交换关系	亲情关系
	父母义务		子女义务		父母责任	子女责任					
	抚养子女	教育投入	为老年父母提供赡养费用	照料失能老年父母	为子女创造婚嫁物质条件	为去世父母治丧	祭祀已故父母及先人	嗣续传承	亲子互为财产继承者	亲子间经济、生活互助	亲子间相互关照
亲—子之间	有	弱	有	有	有	有	有	有	有	有	有
亲—女之间	有	无	无	无	有	无	无	无	无	无	有

表7-8中儿子和女儿在代际关系中的功能差异可简化为表7-9。

表 7-9　　　中国传统时期亲—子与亲—女代际功能关系差别

	义务关系	责任关系	权利关系	交换关系	亲情关系
亲—子之间	⇕	⇕	⇕	⇕	⇕
亲—女之间	⇓	⇓			⇕

注：双箭头表示存在亲—子双向关系，单箭头为仅有亲代或子代履行的关系。

传统社会中，女儿只有当父母无子并由父母安排在家招婿时才具有履行五项功能的条件。不过，有些功能并非招婿的女儿所能代行，如嗣续传承、祭祀等在传统时期强调以男系传承和参与为原则。按照明清法律，无子者若让女儿在家招赘，仍需在同宗近亲中立嗣，该嗣子并不承担对嗣父母的具体赡养义务，但却获得与招赘女平分家产的权利。另外，不少地区民间又排斥招赘方式履行这些功能，而采用在同父周亲等近亲后代中过继来建立完整的功能关系。这使女儿在代际关系中的功能受到限制。

当代社会，儿子和女儿与父母之间的义务、责任和权利关系在法律上是相同的。但在民间惯习中，差异依然存在，农村尤其如此。有儿有女之家，婚姻方式的主导形式仍为男娶女嫁，父母为子和女的婚姻花费往往也有不同。

（二）子女数量减少和独女家庭增加对代际功能关系履行的影响

1. 由亲代与多子所维持的功能关系向独子、独女转变

中国传统社会代际功能关系维持需要有至少一个存活儿子，无子、无后为人所惧，而只有一个儿子也令人心存不安，故拥有至少两个儿子，家系传承和养老安排的保险系数才能提高。就中国近代之前看，尽管婴幼儿死亡率较高，有两个及以上存活儿子的家庭占多数。根据我们对 18 世纪个案所做汇总研究，有儿子家庭中，拥有 2 个及以上成年儿子的家庭占 65.90%[①]。还应考虑到近代之前约有 20% 的

[①] 王跃生：《十八世纪中后期的中国家庭结构》，《中国社会科学》2000 年第 2 期。

家庭没有儿子①。为了代际关系的功能有人承担，无嗣者或者从兄弟等近亲之子中过继，或者由侄辈兼祧（实际仅作为"形式"嗣续传人），或者无子有女则让女儿招婿上门。穷苦无子人家，过继、招婿的条件都不具备，只能听任代际传承中断。

中华人民共和国成立后，随着死亡率降低，无子家庭比例降低。1990年人口普查数据显示，农村45—64岁组妇女无子比例均在10%以下。有2个及以上儿子的妇女比例则超过66%，其中50—54岁、55—59岁组超过70%。进一步看，50—64岁组妇女中，有3个及以上儿子者的类别最大，超过40%；2个以上在4个年龄组中均超过65%。城市50岁及以上组有2个及以上儿子的妇女比例超过50%，无子者仅约占10%。

表7-10　　　　1990年城乡妇女存活儿子构成　　　　单位：%

城乡别	年龄组（岁）	儿子构成				
		1子	2子	3子及以上	无子有女	无子无女
城市	45—49	43.19	31.16	10.04	14.81	0.80
	50—54	36.57	34.70	18.13	9.70	0.91
	55—59	30.39	34.10	26.40	7.67	1.44
	60—64	26.17	30.41	32.64	7.70	3.08
农村	45—49	27.19	36.78	30.15	4.70	1.18
	50—54	21.00	33.36	40.17	3.92	1.54
	55—59	18.87	29.46	45.37	4.12	2.18
	60—64	21.00	27.67	42.31	5.42	3.60

资料来源：依据1990年第四次人口普查1%抽样数据库整理计算。

这种儿子构成状况意味着，理论上多数家庭子代一方履行父母养老和家系传承责任的人力资源相对丰富。

不过，20世纪70年代以来由于计划生育政策，特别是1980年独生子女政策的推行和生育观念改变，多子家庭和有子家庭比例大幅度降低。这种状况在2010年人口普查数据中体现出来（见表7-11）。

---

① 刘翠溶：《明清时期家族人口与社会经济变迁》，台北"中研院"经济研究所1992年版，第279页。

表 7-11　　　　　2010 年城乡妇女存活儿子构成　　　　单位:%

城乡别	年龄组（岁）	儿子构成			
		1子	2子	无子有女	无子无女
城市	45—49	55.96	7.31	33.98	2.74
	50—54	55.84	8.63	33.34	2.20
	55—59	56.44	12.88	28.32	2.35
	60—64	53.30	25.00	19.34	2.36
农村	45—49	58.69	24.64	15.10	1.56
	50—54	56.53	29.66	12.27	1.54
	55—59	51.45	35.96	10.64	1.95
	60—64	43.02	46.38	7.48	3.11

资料来源：依据 2010 年人口普查长表 1% 抽样数据计算得到。

根据表 7-11，城市 45—64 岁四个年龄组中，只有 1 子的妇女比例超过 50%，2 子比例除 60—64 岁组稍高外，其他均在 15% 以下，45—59 岁三个年龄组更有超过 30% 的妇女没有儿子，其中多数为有女无子。这意味着中国当代代际关系的功能逐渐进入由独子和独女履行的阶段。当然现阶段还存在城乡差异，45—64 岁四个年龄组农村妇女至少有一个儿子者所占比例均在 80% 以上。城市除 60—64 岁组外，其他年龄组无儿有女妇女比例超过或接近 30%。这使亲—女类型的代际关系大量存在。

2. 独生子女家庭的代际关系

当代规模庞大的独生子女家庭形成亲代与单个子女之间的代际关系。其中亲代与独女之间的代际功能关系尤其值得注意（见表 7-12）。

表 7-12　　　当代亲—子与亲—女之间新型关系功能的建立

类型	义务关系	责任关系	权利关系	交换关系	亲情关系
亲—子之间	⇕	⇕	⇕	⇕	⇕
亲—女之间	⇕	⇑⇑	⇕	⇕	⇕

注：表中亲—女之间责任关系用两个相异方向箭头表示，其意为民间惯习中这种责任关系与亲子之间尚有一些差异。

我们知道，中华人民共和国成立后，法律和政策等正式制度中亲一子、亲一女之间的义务、权利已无差别，但在民间社会，特别是有子有女之家，婚姻中的男娶女嫁做法导致这些义务、权利的落实存在城乡和地区之别。

在独生子女家庭，特别是城市，子代已无与亲代之间建立和维持功能关系的替代之人，独女也成为所有子代功能的唯一承担者。不过基于民间惯习的责任履行仍有男女差别，如儿子和女儿婚事操办上，特别是从亲代看传统做法仍占主导。有儿之家的"娶家"负担住房的购置或准备，有女父母的"嫁家"则在住房之外的妆奁购置上投入较多。相对来说，男方父母的经济压力更大一些。另一差异是，生育子女仍随父姓，在城市这应该是一种文化现象的保留，并非歧视女性，当然一些有女之家也视此为憾事。而在农村以男嗣为传承者的意识仍比较浓厚。

与非独生子女家庭相比，亲代与独生子或女之间形成"无替代"代际关系，家庭传承中断的风险高，即一旦子女死亡，这一代际功能关系就失去存在和履行的条件。这需要社会和公共帮扶服务跟进，不仅有照料提供，而且需要亲子（女）情感空白的填补。

需要看到，当代独生子女中也存在对关系功能履行忽视的现象，特别是一些子代对与亲代的情感沟通比较被动，这将加重独居父母的孤寂情绪。

当独生子女一代成人后，若社会养老保障等制度进一步完善，其赡养义务不会增大，就如目前城市享受退休金的老年人多数不需子女赡养一样。但独生子女父母进入高龄时子代的照料义务有增大可能。而且一些责任也有履行困难，如丧葬料理。传统时期这往往要靠庞大的亲属组织成员协助，独生子女家庭的旁系亲属关系资源不足，已很难借助这种形式的亲属组织。这就需要相应的社会组织给予帮助。

五 预期寿命延长，直系成员存世代数增加下的代际关系

对父母健在且自己也有子女的成年人来说，其同时将形成两种代际关系，一是向上的"子亲关系"，二是向下的"亲子关系"。其对向上的亲代要履行赡养和照料义务，向下则是抚育义务。这是三代直系成员并存情况下的关系形式。人口预期寿命延长，直系成员存世代数将增加，多类型代际功能关系将增加，出现低龄老年子代对高龄亲代的照料和赡养。根据 2010 年七省区"城乡家庭结构和代际关系"调查数据，子代 60—64 岁和 65—69 岁组父母及父母健在者分别为 26.43% 和 15.78%。

下面再依据七省区"城乡家庭结构与代际关系调查"数据看一下中年以上受访者直系亲属的存世代际（见表 7-13）。

表 7-13 2010 年七省区城乡中年以上受访者存世代际构成 单位：%

城乡别	年龄组(岁)	一代	二代	三代	四代	五代	样本量(个)
城市	45—49	1.28	32.34	58.72	7.23	0.43	235
	50—54	0	27.33	58.39	14.29	0	161
	55—59	0	14.02	63.08	22.90	0	214
	60—64	0.57	11.36	67.61	20.45	0	176
	65—69	0.78	5.43	86.05	7.75	0	129
	70—74	0	0	88.42	10.53	1.05	95
	75—79	0	0	76.79	23.21	0	56
	80+	0	0	51.85	40.74	7.41	27
	总体	0.46	16.19	67.52	15.46	0.37	1093
农村	45—49	0.26	22.82	57.69	18.97	0.26	390
	50—54	0	15.08	58.36	26.56	0	305
	55—59	0.66	13.49	65.13	20.72	0	304

续表

城乡别	年龄组(岁)	一代	二代	三代	四代	五代	样本量(个)
农村	60—64	1.22	5.69	81.3	11.79	0	246
	65—69	0.68	3.38	81.08	14.19	0.68	148
	70—74	1.35	2.70	78.38	17.57	0	74
	75—79	0	0	63.89	36.11	0	36
	80+	5.88	0	47.06	47.06	0	17
	总体	0.59	12.96	66.45	19.87	0.13	1520
不分城乡		0.54	14.43	66.82	17.99	0.23	2613

资料来源：2010年七省区"城乡家庭结构与代际关系调查"数据。

依据表7-13，城市中老年受访者中，直系成员四代及以上存世比例占15.83%，农村占20.00%。分年龄组看，城市45—49岁组至60—64岁组受访者四代及以上直系成员存世比例逐渐上升，其构成为受访者本人成为祖父母或外祖父母，其上父母或公婆健在。至60—64岁组这一四代存世类型达到峰值，为20.45%。而至65—69岁组，其父母（公婆）离世增多，四代存世比例明显降低。之后，随着年龄增大，受访者的孙子女逐渐进入婚配、生育年龄，其成为第一代的四代存世类型比例逐渐增加，80岁及以上组中1/3以上为四代存世。农村中老年受访者四代存世变动轨迹与城市类似，不同点为其第一个峰值在50—54岁组；第二阶段80岁及以上组的峰值更高，四代存世比例超过了45%。

直系成员四代同存一世比例提高，往往意味着更多的中年人甚至低龄老年人上有高龄老年父母或父母一方在世，代际之间的互助、需求情形也将增多，"家内""家际"赡养、照料负担会加大；同时，上有老、下有小的代际结构比例也会扩大，中青年需同时面对义务、交换和情感沟通这些代际功能关系。当然这些功能关系并非都只需要付出，也会获得帮助。但应该承认，存世直系成员代数增加，客观上需要子辈、孙辈关注和关照的亲辈、祖辈也增多了。

一般而言，亲代预期寿命延长，亲子代际关系维系的时间也会相应增加。亲代对子女回馈的需求时间也会延长。在子代中独子、独女增多或少子女普遍的当代，一旦家庭中有超过一个老年人需要照料，子代将很难应付。福利性、商业性等社会养老服务亟须增强和改进。

六　代际功能关系与生育意愿和行为

正如前述，亲子（女）代际功能关系的形成以生育行为发生并有子女存活下来为前提；而完整的代际功能关系建立需要有一个过程。这些功能形式对夫妇的生育意愿和生育行为具有不同的影响。

在中国社会中，它首先表现为亲代须履行对未成年子女的抚育义务，还要承担为其完婚的责任。对亲代来说，这些义务和责任的履行意味着财力、体力、时间和精神付出。子女被抚育成人，父母将获得子女的赡养和照料，去世时将由其料理丧事，进而有人祭祀。可以说，这是传统时期父母生育、抚育子女的主要动力所在。子女履行赡养和照料责任对父母来说则是抚育投入的一种回报。若付出的义务、责任较小，回报较大，会增强父母的生育愿望；若父母为子女完婚付出较多，会对育龄夫妇的生育行为产生抑制作用。

当代社会中，父母对子女的抚育义务、完婚责任依然保持，在某些方面甚至增大；而子女对父母的赡养和照料义务履行减少或有了替代形式，责任功能也弱化了。这会使夫妇的生育意愿降低。

在子女性别上，若儿子在为去世父母治丧、祭祀已故先人和嗣续传承方面负有不可替代的使命（责任），夫妇生育儿子的愿望则比较强烈。若女儿在这些功能履行中的责任增大，育龄夫妇对儿子的追求则会变弱。更进一步，若夫妇对子女在治丧、祭祀、嗣续传承方面的功能不再看重，那么，生育行为也会减弱。

传统社会与当代亲子功能关系状态对生育行为的影响见表7-14。

表 7-14　　　　　代际功能关系变动对生育行为的影响

时期	义务关系				责任关系				权利关系	交换关系	亲情关系
	父母义务		子女义务		父母责任	子女责任					
	抚养子女	教育投入	为老年父母提供赡养费用	照料失能老年父母	为子女创造婚嫁物质条件	为去世父母治丧	祭祀已故父母及先人	嗣续传承	亲子互为财产继承者	亲子间经济、生活互助	亲子间相互关照
传统农业社会	压力有小有大	低	主要承担者	主要承担者	花费多少并存	责任大	责任大	责任大	作用大	作用大	作用大
对生育的影响	+-	+	+	+	+-	+	+	+	+	+	+
转型社会（城市）	压力较大	高	非主要承担者	承担、替代并存	花费高	责任降低	刚性变弹性	重视与否并存	作用大小并存	作用减小	作用大
对生育的影响	-	-	-	-+	-	-	-+	-+	-	-	+

注："+"表示对生育的影响为促进作用，"-"表示对生育的影响为抑制作用，"+-""-+"表示两种影响作用均存在。

根据表 7-14，传统社会代际功能关系对生育的影响多表现为正向功能。多数家庭对子女的教育投入较小，不会产生对生育行为的抑制。子女在赡养、照料父母方面具有不可替代的作用，故会增强父母的生育愿望。从责任上看，子女在治丧、祭祀和嗣续传承中的作用也为父母所看重，故会提高生育意愿。抚育方面父母的压力我们的判断是有大有小，对中等及以上家庭来说，压力并不很大，而穷苦人家则有较大压力。不过当时社会由于没有有效避孕手段，故其对生育行为的直接抑制作用是有限的。所以，我们将抚育的作用视为正向（+）和负向（-）并存。在为子女完婚方面，整体来看，穷家父母的压力相对较大，富裕家庭则无很大压力，因而这一责任对生育的影响有正有负。

在当代，代际功能关系的变化对生育行为的影响在不少方面是颠覆性的，城市尤其如此。亲代抚养子女的综合投入增大，教育费用提高，相反对子女的赡养依赖度降低；子女也非老年父母照料功能履行的唯一选项。这使育龄夫妇的生育意愿降低。为子女完婚压力有性别差异，养儿家庭负担较重，从而对二孩生育乃至多育行为形成抑制。子女在为父母治丧、祭祀已故父母及先人中的作用虽仍存在，但随着观念变化，对其重视程度下降，特别是祭祀方面有此表现。城市嗣续传承的责任功能整体削弱。子代的这些责任降低对夫妇的生育意愿和行为也具有抑制作用。

我们认为，上述功能关系的当代变动对生育行为的抑制作用将更多地表现在二孩及以上生育上。

七 家庭代际功能关系变动中的问题及其应对

(一) 转型社会代际功能关系履行条件及环境的变化

当代社会变革或转型突出体现在这些方面：城市化进程加速，人口迁移流动频度空前提高，人口老龄化水平不断提升，独子或少子家庭逐渐成为多数。不仅如此，在转型社会初期，城乡之间在社会福利制度、惯习和观念上仍有较强的"二元"特征。这些都对代际关系履行带来了影响。

代际功能关系履行受到限制。当代亲代和成年子代就业和居住方式的地域分割现象明显增加，代际关系的履行受到制约。在社会转型发生之前的20世纪80年代，尽管当时中国家庭即出现核心化、小型化趋向，但亲代和已婚子代即使分居别爨，同村、同城居住却仍占多数。子代对亲代的照料需求仍可及时提供，亲代和子代在日常生活中相互需求的交换行为得以进行。而当代异地居住现象增多，都在很大程度上限制了这些功能关系的履行。另外，当代老龄化程度提高与家庭生育中的独子和少子现象相伴随。城市独生子女成人后在外求学、就业逐渐成为普遍现象。其父母处于"空巢"状态不仅时间提前，而且随着预期寿命提高，这种居住方式持续时间也将延长。子女与其异地居住增多，难以对其进行照料，交换关系因此减少。子女在排遣独居父母孤寂情绪中的作用也降低了。

代际功能履行的主观忽视。这一点主要表现在子代身上。城乡"二元"福利社会格局之下，农村社会养老保障水平尚低，老年人可支配的经济资源不足，他们仍需依赖子代赡养。尽管有法律等外部约束制度存在，但不少居家养老的父母并没有真正享受到有尊严的晚年生活。

维系代际功能关系履行的制度弱化。传统时期，代际功能关系实际靠一系列不同层级的制度形式（包括法律、政策、礼仪、宗规族训、惯习和道德）进行维系和矫正。这表明，家庭代际关系一定程度上讲是靠外在力量"建立"的。而在现代社会中，维系子代对亲代赡养、照料的道德、惯习作用降低，法律成为最后可借助的手段，但它会往往使亲子情感关系受到伤害。

(二) 应采取的制度性措施

对社会转型时期家庭代际功能关系中亲子之间强弱变动不同方向要有客观认识，不仅从亲子双方功能履行角度寻求改进之道，还要从改进代际功能关系存在和维系的环境上采取措施。

在转型社会初期，家庭不同代际成员异地就业、居住行为增多，这在客观上会削弱代际关系中一些功能的履行。而随着社会的发展，政府应对有意愿和条件的异地亲子在新地区的"重聚"提供户籍变动、养老和医疗手续变更、子女上学等帮扶政策。

适应社会核心化、小型化的发展形势和趋向，通过建立和完善社会服务和保障制度，对代际功能关系中相对弱化的"家内"育儿功能、老年照料功能，通过加大公共投入予以补充和扶持。

采取制度性措施，引导异地居住的不同代际成员加强联络——如探亲制度的完善和落实，并为成年子代与老年亲代同地居住提供政策上的协助（就业、变更户籍、住房购置等）。

通过政策和法律进一步加大对农村男系传承模式和习俗的矫正力度，使子、女在代际功能关系中的作用同样受到重视，将政策和法律条文沉淀为新的习俗和风尚，约束和引导民众的实践。

鉴于完全依赖家庭成员或社会养老均存在不足，故应推动个人、家庭和社会多元养老体系的建立，在农村尤其如此。

制定专项政策，对以往响应政府号召只生育一个孩子的独生子女父母在居家养老、机构养老及丧葬中予以切实帮助，以弥补子女在这些功能履行上的不足。

第八章　城乡养老中的家庭代际关系

中国人口老龄化正在以较快的速度提升[①]，而当代绝大多数老年人从进入老龄至去世仍主要生活在家庭之中，亦即以居家养老为主。目前65岁以上老年人多有成年子女，老年亲代与子代的关系值得关注。养老中的代际关系有多种表现方式，本章将主要从老年人居住方式、生活费用来源和生活照料角度考察代际关系及其变动，以便对当代家庭养老压力和负担水平有所认识。

一　研究说明

（一）子代养老行为的逻辑

代际关系是亲子双方之间具有互动表现的关系，当然互动的形式有别。从家庭生命周期角度看，亲代进入老年，多数人退出劳动或财富创造领域，支配资源的能力下降，成为"弱势"代。而子代则正值中青年，是家庭主要劳动力，可谓"强势"代。那么，亲子之间养老型代际关系建立的逻辑前提是什么？

1. 传统"报恩"观念

中国传统中一向有父母养育子代成人，有恩于子女，子女理应报答的观念。所谓"父母之恩，昊天罔极，虽竭尽其力，不能报于万一

[①] 1982年65岁以上老年人口在总人口中占4.91%；1990年为5.57%，提高13.44%；2000年65岁以上老年人口占6.96%，提高24.96%；2010年65岁以上老年人口占8.87%，提高27.44%。根据各次全国人口普查数据计算。

也"①。类似表述在近代之前宗族组织所制定的家规之中可谓比比皆是，表明这是传统社会重要的为子之道。

2. 当代学者认识

当代学者对养老型代际关系逻辑前提的分析相对比较理性一些。

费孝通将中国的亲子代际关系概括为抚育—反馈模式②。它意味着养老是代际关系的主要内容。

也有学者将代际关系视为交换关系。郭于华认为，中国家庭以"哺育"和"反哺"为表现形式的反馈型代际关系，表明代际之间一种交换逻辑的存在。传统社会中代际传承和亲子间的互动依循着一种交换原则，它所包含的既有物质、经济的有形交换，也有情感和象征方面的无形交换③。

我们认为，中国的代际关系是抚育—赡养关系和交换关系两种关系并存且互补的关系。在一定情形下，青壮年时期两代之间（青年儿子、儿媳与中年父亲和母亲）只有存在交换关系，才能为中年（儿子、儿媳）和老年（父母）之间赡养关系的维持打下基础。由于家庭血缘关系成员中加入了婚姻关系成员，家庭代际关系的交换意义得以凸显出来④。

以上无论哪一种代际关系形式都表明，养老功能是代际关系的重要内容。当然养老的方式因社会发展阶段和程度而有别。

养老的传统含义是子代对老年亲代（也包括祖辈）的赡养、照料，这些功能多以同籍、合居、共财的方式来履行。近代之前国家法律甚至禁止父母在世时子代分财别居的行为⑤，当然它并没有完全抑

---

① 民国三十八年江阴《东沙王氏支谱》，光绪三年所定家规。
② 费孝通：《家庭结构变动中的老年赡养问题——再论中国家庭结构的变动》，见上海社会科学院家庭研究中心编：《中国家庭研究》，上海社会科学院出版社2006年版，第4页。
③ 郭于华：《代际关系中的公平逻辑及其变迁——对河北农村养老事件的分析》，《中国学术》2001年第4期。
④ 王跃生：《中国家庭代际关系的理论分析》，《人口研究》2008年第4期。
⑤ 按照唐律，不孝包括：祖父母父母在，别籍、异财、供养有阙。见《唐律疏议》卷1，《名例》。明律规定：凡子孙违犯祖父母父母教令及奉养有缺者，杖一百。见《大明律》卷22，《刑律》5。

制住亲子析产异居做法①,但其所营造的同居养老环境对直系家户甚至复合家庭维系所起作用不可忽视。而当代社会养老的形式已经或正在发生变化。不仅存在生活方式和环境具有差异的城乡二元社会,还有养老保障制度有别的二元社会。养老的含义被拓展,有依赖子女的"他养",依靠个人退休金和年老后继续劳作形式的"自养",还有社会提供养老服务的"机构之养"。这使不同家庭成员对养老压力的感受和实际负担水平出现差别。当代国家法律仍然强调子代对老年亲代具有赡养义务,对亲子代,特别是子代选择什么样的居住形式并不干预。

传统时期子代对亲代的行为主要由儿子承担,新的法律则要求子女均承担赡养父母之责,但惯习在农村仍未根本改变,城市则发生了初步变动。有学者对养老代际关系由"子"单系向"子女"的双系变动进行实证研究和理论分析②。这一研究拓宽了养老型代际关系的认识范围。

(二) 本章关照和切入点

那么,在现代社会中,养老中的代际关系有哪些新的表现?子代养老负担水平如何?城乡二元养老保障制度下,家庭养老功能的差异体现在哪些方面?在子女负有同等赡养老年亲代义务的法律环境中,民间社会实践有何特征?本章将对此进行探讨。

对养老中代际关系的认识视角很多,我们将从三个方面入手。

老年人居住方式:老年人居住方式是养老代际关系的一个重要体现指标。已有不少学者对老年人居住的家庭类型进行过全国或区域性考察③。本章将探讨其最新表现,并且力图从代际视角进行考察。

---

① 王跃生:《个体家庭、网络家庭和亲属圈家庭分析——历史与现实相结合的视角》,《开放时代》2010年第4期。

② 徐安琪:《家庭结构与代际关系研究——以上海为例的实证分析》,《江苏社会科学》2001年第2期;王跃生:《个体家庭、网络家庭和亲属圈家庭分析——历史与现实相结合的视角》,《开放时代》2010年第4期。

③ 曾毅、王正联:《中国家庭与老年人居住安排的变化》,《中国人口科学》2004年第5期;郭志刚:《关于中国家庭户变化的探讨与分析》,《中国人口科学》2008年第3期;王跃生:《农村老年人口生存方式分析——一个"宏观"与"微观"相结合的视角》,《中国人口科学》2009年第1期。

老年人生活费用来源：本章将从代际视角分析城乡二元社会下老年人生活费用来源的差异。

老年人生活照料：本章将考察老年亲代生活自理程度和从生活不能自理至去世所持续的时间，从而对子代所承受的照料负担有所认识。对老年人生活自理能力的定义学界并无一致的看法。有的研究者将其细化为具体指标来测定，如吃饭、穿衣、洗澡、上厕所、室内活动和控制大小便等①。我们认为，生活自理能力应包括购物（主要指购买日常生活所需物品）、做饭等指标。对老年人来说，这是其能否独立居住、生活的基本能力要求。

（三）数据说明

在本项研究中，我们将主要使用以下数据：

（1）七省区"城乡家庭结构与代际关系调查"数据。

（2）1982年以来的四次全国人口普查数据。为从总体上认识当代老年人生存状况及其变动，本章将利用1982年第三次全国人口普查1%抽样数据库、1990年第四次全国人口普查1%抽样数据库、2000年第五次人口普查长表1%抽样数据库和2010年第六次人口普查长表1%抽样Excel数据。这些数据将主要用来追溯养老代际关系的发展演变。

（3）其他调查数据。中国老龄科学研究中心组织的"2006年中国城乡老年人口状况追踪调查"数据集提供了较新的家庭养老信息。此外，为对传统与现代子代不同生命周期亲代存殁状况差异有所把握，本章还使用了一些历史数据。

二 养老型代际关系的形成条件

一般来说，只要有生育行为发生，亲子代际关系即可形成。当然

---

① 顾大男、曾毅：《1992—2002年中国老年人生活自理能力变化研究》，《人口与经济》2006年第4期。

虽未生育却有收养行为或近代之前的过继做法,将会产生拟制亲子关系。具有养老内容的代际关系并非每个家庭都存在。父母老年之前去世,子代的养老义务则会免除①。随着人口预期寿命延长,老年人口增多,这不仅体现在社会人口结构中,而且也会在家庭人口结构中表现出来,养老型代际关系产生的概率大大提高。

(一)传统时期透视

我们从已出版的《清嘉庆朝刑科题本社会史料辑刊》中收集了1200多个19世纪初期子代(均为男性)和亲代存殁信息相对完整的个案②,建立数据库。从中可对近代之前不同年龄组子代与亲代存殁构成关系有所认识。

图8-1显示,35—39岁组子代中,父母均故比例超过1/3,为35.17%。若以26岁作为当时的代差来衡量(根据已有研究,明清时期儿子与亲代代际差平均水平为26—27岁③),可知当时1/3以上子代没有赡养老年亲代之责;45—49岁组子代中,无父母占比为59.81%;50—54岁组子代中,无父母占比为73.91%;55—59岁组子代中,无父母占比为79.21%;60—64岁组子代中,96%无父母。若将45—49岁组视为当时中年阶段的代表类型,那么可知,约60%的子代没有养老责任。

不同年龄组子代中,单母存在占比明显高于单父存在比例。35—39岁组子代中,单母存在占比为35.17%,单父存在占比为12.29%,父母均存占比为17.37%;45—49岁组亲代中,三类占比分别为26.17%、5.61%和8.41%。

---

① 根据王丰、李中清对18世纪清代皇族人口的研究,当时有一半父亲活不到45岁。见李中清、郭松义主编:《清代皇族人口行为和社会环境》,北京大学出版社1994年版,第25页。
② 杜家骥主编:《清嘉庆朝刑科题本社会史料辑刊》,天津古籍出版社2008年版。
③ 王跃生:《十八世纪中国婚姻家庭研究》,法律出版社2000年版,第301页。

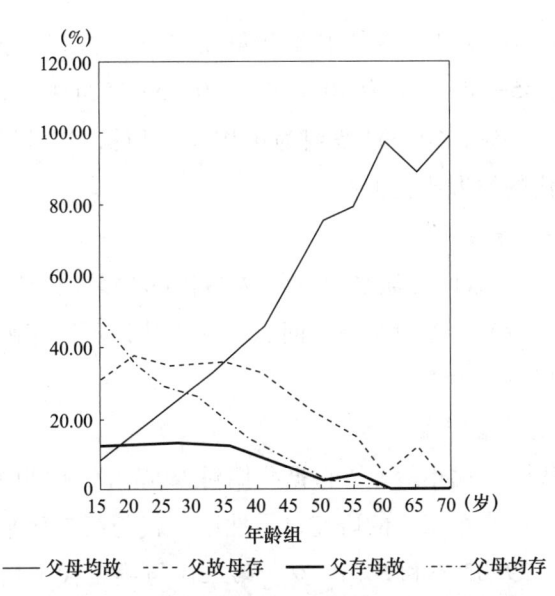

图 8-1 19 世纪初期不同年龄组受访者父母存殁状况（1）

(N=1252)

若将父母健在与单父、单母存世三种类型合并，不同年龄组子代与亲代存殁结构图像将更为清晰（见图 8-2）。

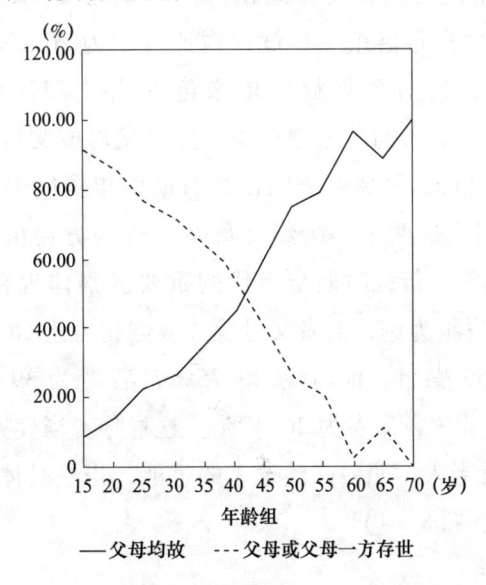

图 8-2 19 世纪初期不同年龄组受访者父母存殁状况（2）

(N=1252)

子代 40—44 岁组应该是老年父母及父母一方存世占比最高的，为 55.06%，45—49 岁组为 40.19%，50—54 岁组为 26.09%，55—59 岁组为 20.75%，60—64 岁组为 4.0%。可见，当时低龄老年子代赡养高龄亲代的情形比较少见。

（二）当代表现

在 2010 年七省区"城乡家庭结构与代际关系调查"问卷中，我们设计了受访者父母存殁状态的问题，这为认识不同年龄组受访者亲代生存状况提供了可能。

1. 男性受访者视角

关于当代亲子代年龄差，根据我们对 1982 年、1990 年和 2000 年普查数据中三代直系家户的研究，男性第一代与第二代平均年龄差分别 28.50 岁、29.02 岁和 28.17 岁；第二代与第三代平均年龄差分别为 25.74 岁、25.17 岁和 25.22 岁。不分代位，亲子平均年龄差分别为 27.12 岁、27.10 岁和 26.70 岁[1]。可见，这与近代之前基本相同。

由代际年龄差可知，子代 35—39 岁组和 40—44 岁组是亲代进入老年状态较密集的时期，父母健在占比分别为 60.13% 和 50.41%；而 19 世纪初这两个年龄组父母健在占比分别为 26.09% 和 17.37%。不过传统时期，这两个年龄组单亲健在占比却比较高，分别为 47.46% 和 42.4%，若与父母健在类合并，父母或父母一方存世占比分别为 64.83% 和 55.06%，表明传统时期中年男性中 60% 左右有赡养老年之责。当代这两个年龄组父母及父母一方存世占比则分别为 91.5% 和 86.48%。传统时期与当代的重要区别体现在 50 岁及以上组，以 50—54 岁组为例，前者父母及一方健在占比 26.09%，后者为 55.49%；55—59 岁组，前者为 20.75%，后者为 39.53%；60—64 岁组，前者为 4.0%，后者为 26.43%。这意味着当代男性中超过 1/4 人存在赡养低龄老人、照料高龄老人的可能，当然具体情形也会有差异（见图 8-3、图 8-4）。

---

[1] 王跃生：《中国当代家庭结构变动分析》，中国社会科学出版社 2009 年版，第 283 页。

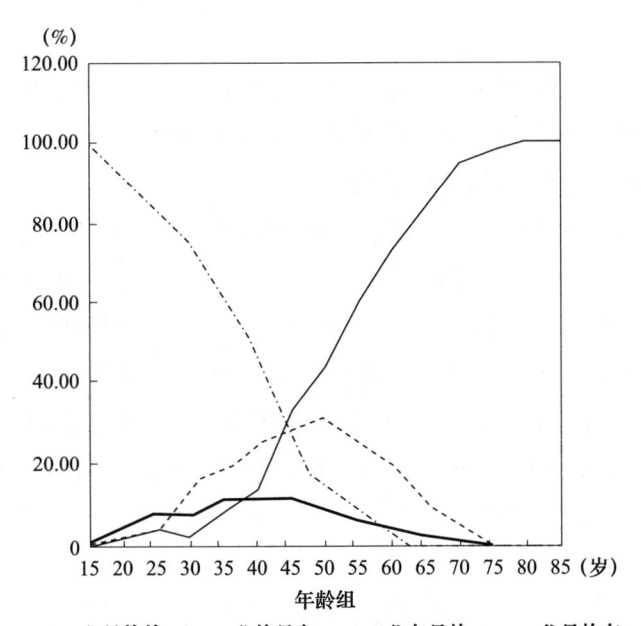

图 8-3　不同年龄组受访男性父母存殁状况（1）

资料来源：2010 年七省区"城乡家庭结构与代际关系调查"数据。

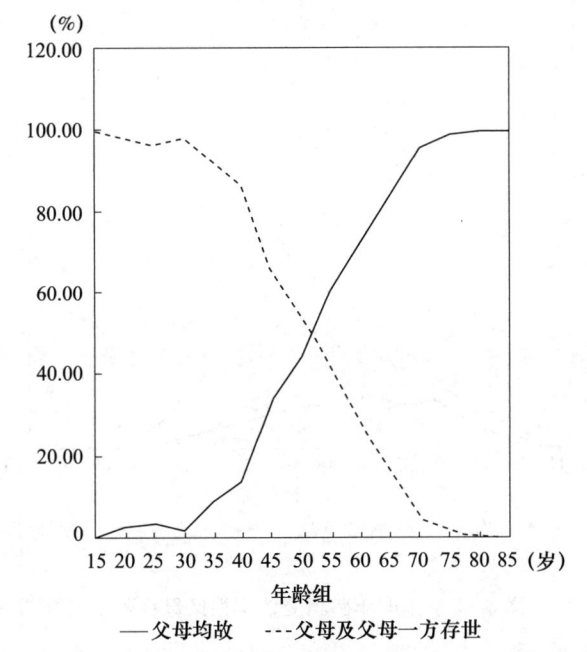

图例：—— 父母均故　---- 父故母存　━━ 父存母故　-·-·- 父母均存

图 8-4　不同年龄组受访男性父母存殁状况（2）

资料来源：同图 8-3。

图例：—— 父母均故　---- 父母及父母一方存世

2. 女性受访者视角

当代法律消除了子女在赡养父母义务上的差异，女儿对娘家父母所承担的赡养和照料行为也在增多。这里我们想从受访女性角度考察其年龄构成与亲代存活构成状况。

从基本走向看，与受访男性相比，不同年龄组受访女性与亲代存活构成没有明显不同，但小的差异是存在的。以35—39岁组和40—44岁组为例，女性父母健在占比分别为68.94%和45.81%，而男性分别为60.13%和50.41%。50—54岁、55—59岁和60—64岁组女性父母及父母一方健在占比分别为56.53%、42.04%和29.31%，男性则分别为55.49%、39.53%和26.43%。可见，两者虽有差异，然总体看比较接近（见图8-5）。

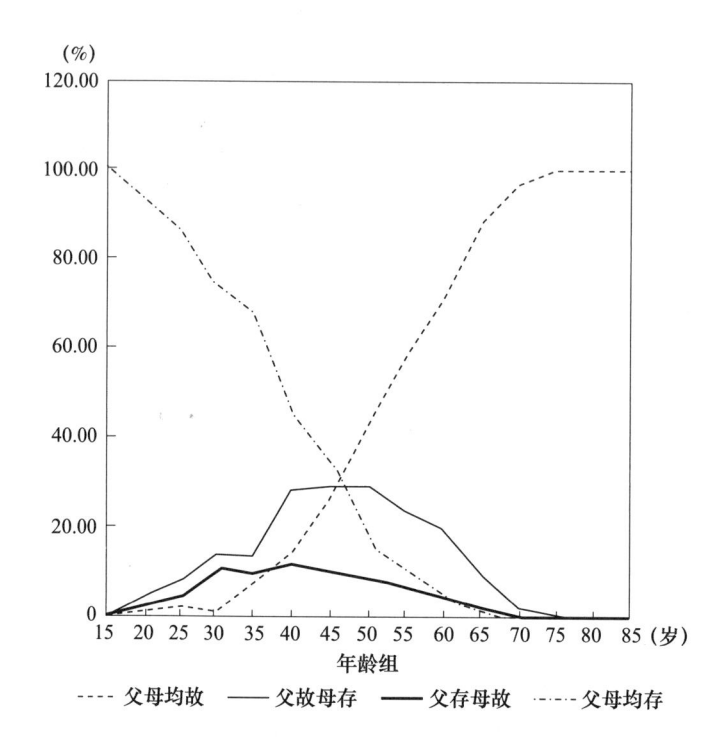

图8-5 不同年龄组受访女性父母存殁状况

资料来源：同图8-3。

从下面亲代父母及父母一方存世合并后的趋向走向可以看得更清楚（见图8-6）。

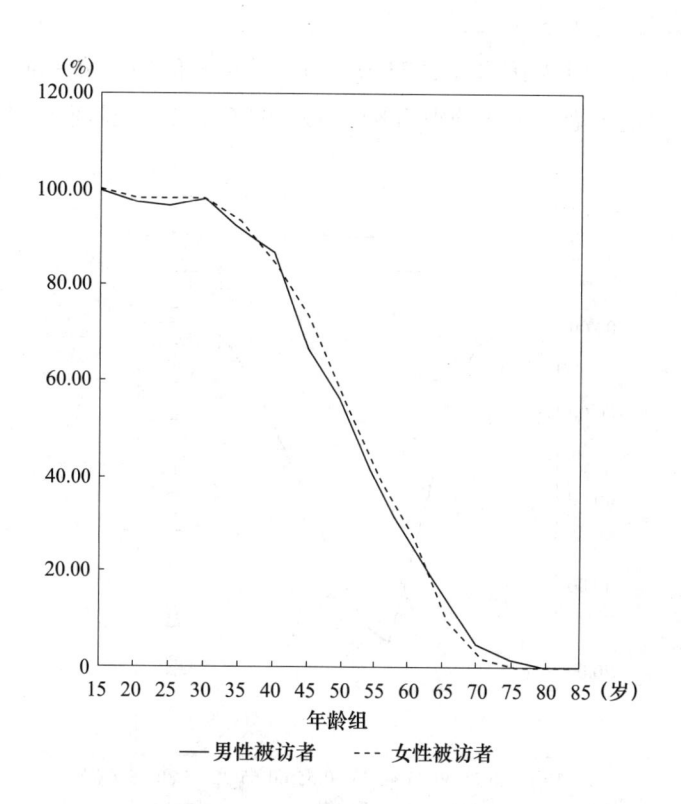

图8-6 男女受访者父母及父母一方存世状况比较

资料来源：同图8-3。

3. 不同年龄组受访者65岁及以上亲代构成

通过上面分析，我们对不同年龄组受访者亲代存殁状况有所认识。但我们尚不清楚调查时65岁及以上的老年亲代所对应的子代年龄组有哪些？分布特征是什么？集中程度如何？弄清这一点有助于把握不同年龄组子代的养老负担水平，故再作探讨。考虑到男女受访者年龄结构与亲代存殁状况有基本形似的表现，故将两种样本合并，统称为子代。

亲代有1人在65岁及以上，40—44岁组占比最高，为46.01%；

亲代有 2 人在 65 岁及以上，45—49 岁组最高，为 29.90%。有 65 岁及以上老人合计，也以 40—44 岁组占比最高，为 73.59%；其次为 45—49 岁组，占比 69.51%。

60—64 岁组受访者中，73.08% 已无老人健在，65—69 岁组和 70—74 岁组无老人占比分别为 87.29% 和 96.15%（见图 8-7）。

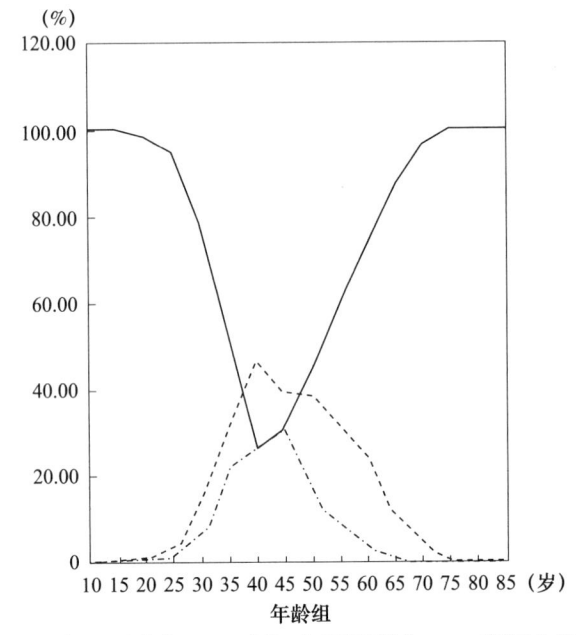

图 8-7 不同年龄组受访者有 65 岁及以上亲代构成（1）

资料来源：同图 8-3。

由图 8-8 可知，子代中无 65 岁及以上老人有着鲜明的生命周期特征。25 岁及以下子代中父母多数尚未年老。35—39 岁组有 65 岁及以上亲代占比升至 51.41%；40—44 岁组达到 73.59%，为峰值；45—49 岁组仍保持在 69.51%；50—54 岁组为 55.08%；55—59 岁组降至 40.44%；60—64 岁组为 26.92%；65—69 岁组为 12.71%；70—79 岁组为 3.85%。因而，相对来说，40—44 岁组和 45—49 岁组子代面临的养老压力最大。60—64 岁组子代中有老年父母及父母一方的比例超过 1/4，可见，当代社会以子代低龄之老赡养亲代高龄之老并非个别现象。

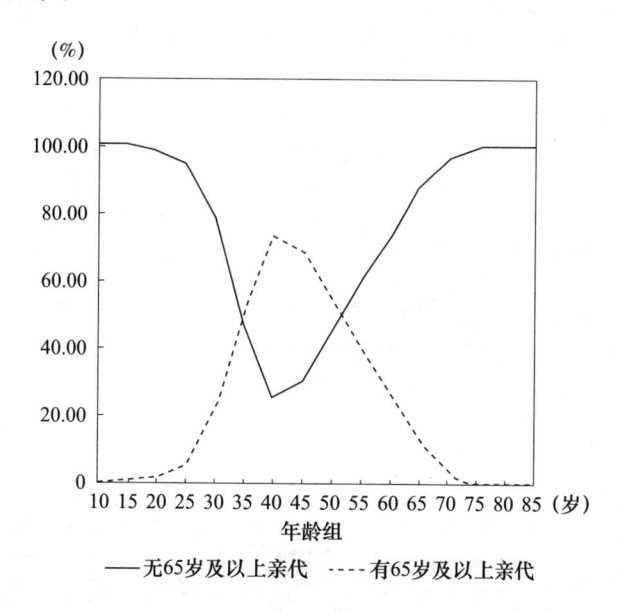

图 8-8　不同年龄组受访者有 65 岁及以上亲代构成（2）

资料来源：同图 8-3。

受访者有 65 岁及以上父母及父母一方的样本中，父母均存占 33.61%，父母一方存世占 66.39%。根据图 8-9，除 20—24 岁组受访者外，均以父母单方存世为主。

而在 65 岁及以上单亲中，农村和城市受访者单母存在占比分别为 74.78% 和 72.29%，单父存在占比分别为 25.22% 和 27.71%。这表明，丧偶母亲是 65 岁及以上老年亲代的主体。

综上所述，无论传统时期还是当代，亲代存殁构成都表现出随着子代年龄组提高，父母存活比例降低、死亡比例上升的特征，但前者子代有老年亲代的年龄组相对集中于 35—39 岁和 40—44 岁组，而当代则推迟至 45—49 岁和 50—54 岁年龄组。当代子代至 60 岁时，亲代双方和一方健在比例仍超过 1/4，低龄子代赡养高龄亲代的可能性明显提高。

这一分析是从纯粹生命历程角度考察的，而亲代存活比例提升是否增加了家庭养老负担，与有无社会养老保障制度、老年人的居住方式和身体状况有直接关系。我们在下面将逐一探讨这些问题，以期对家庭养老状况和老年人对子女的依赖程度有所认识。

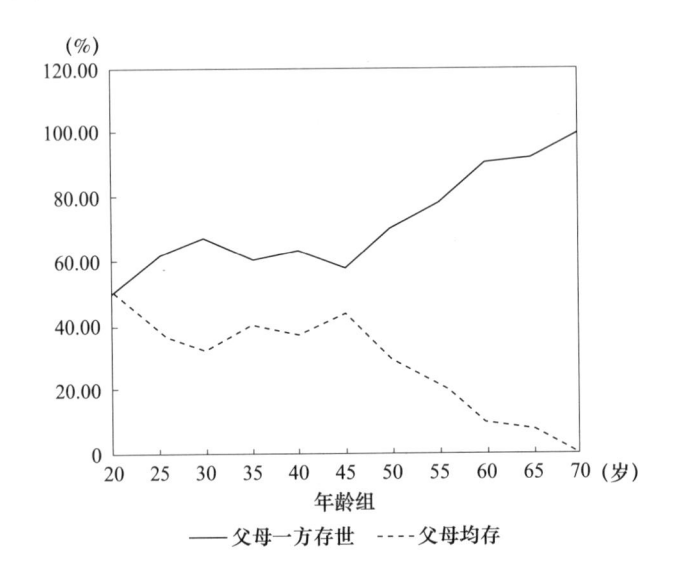

图 8-9　不同年龄组受访者父母均存与父母一方存世构成比较

资料来源：同图 8-3。

三　从老年人居住方式看亲子日常生活依存度

亲子之间，特别是老年亲代和已婚子女是同居共爨，还是各自形成生活单位？它是代际关系的重要体现形式。一般来说，在没有建立社会保障制度、家庭就业为主、亲子同村或同城居住比例高、亲代掌握家庭经济资源的时期，老年亲代与成年子代共同生活的比例较高。而在社会就业为主、迁移流动行为增多、社会养老保障制度建立的时期，亲代失去劳动能力后可以退休金维持晚年生活所需，亲子对独立生活的追求增强，分爨生活、各立门户比例增大。

当然，我们不能以老年父母是否与子女共同生活作为衡量代际关系质量高低或子代履行赡养责任强弱的标准。根据我们以往的研究，当代家庭养老已出现从"家内"向"家际"变动的趋向①。而且，对低龄老年人来说，当子女均婚之后，单独居住往往是其主动选择。这是城乡社会的共同趋向，多子家庭尤其如此。在人口迁移流动就业增多的当代，亲子异地居住比例提高，有的老年父母因此失去与子女同居共爨的基本条件。

我们认为，若无外部规则和条件约束，同居和分爨完全由亲子代根据自己的偏好决定和选择的话，老年父母与已婚子代共同生活具有这样的指向性：彼此相容程度较高，亲子及其配偶之间相对和睦。同时，相对于有距离的单立门户，亲子共同生活便于子代对自理能力降低的老年父母提供照料。

（一）1982 年以来四次人口普查数据结果参照

1982 年中国尚处于改革开放初期，农村土地家庭承包制刚刚起步。1990 年是农村劳动力向非农领域转移增多的时期；在城市，计划经济制度尚处于主导地位。2000 年，城市市场经济制度已经确立，居民所享受的福利分房制度基本上被取消；农村劳动力非农化就业已成普遍之势。而城乡户籍藩篱并未取消，不同类型的福利水平差异依然存在。1982 年以来的四次人口普查数据可对不同社会经济背景下的老年人口居住特征有所揭示。

根据表 8-1，与一个已婚子女共同生活形成直系家户是 65 岁及以上老年人最主要的居住类型。1982 年和 1990 年，城乡之间基本上没有差异，甚至城市老年人与已婚子女同住比例稍高于农村。2000 年农村基本未变，城市下降至 51.07%。与此同时，城市老年人在核心家户、单人户等小家庭中生活的比例达到 47.73%，农村为 41.15%。2000 年城市老年人中超过 1/3（38.42%）为完全独立居住。2010 年，城乡夫妇核心家户和单人户合计占比分别为 46.41% 和 39.08%。

---

① 王跃生：《个体家庭、网络家庭和亲属圈家庭分析——历史与现实相结合的视角》，《开放时代》2010 年第 4 期。

与已婚子女共同生活者（不含隔代家户）城乡分别为37.44%和43.99%。可见，城市单独生活老年人超过与已婚子女共居比例；农村虽以与已婚子女共居为高，但老年人独立生活也成为重要居住方式。另外，2010年老年人与子女（包括已婚和未婚子女）同住比例仍为最高，不过在城市已不占多数。需要指出，与老年人同住的未婚子女，多数需父母，特别是母亲帮其料理日常生活，而非履行赡养和照料老年父母之责。

表8-1 1982年以来四个时期全国城乡65岁及以上老年人居住方式   单位：%

年份	城乡别	核心家户	其中：夫妇核心家户	直系家户	复合家户	单人户	残缺家户	其他家户	夫妇核心家户和单人户合计
1982	城市	24.93	12.77	60.07	2.37	11.86	0.56	0.21	24.63
	农村	27.47	13.58	58.49	1.17	12.33	0.28	0.25	25.91
1990	城市	26.79	17.47	59.81	3.95	8.76	0.47	0.23	26.23
	农村	29.15	16.41	59.41	1.29	9.88	0.23	0.05	26.29
2000	城市	37.33	28.51	51.07	1.20	9.91	0.08	0.41	38.42
	农村	31.62	21.73	58.18	0.67	9.28	0.12	0.13	31.01
2010	城市	41.43	34.27	44.84	0.74	12.14	0.07	0.78	46.41
	农村	33.39	26.63	52.20	0.80	12.45	0.21	0.95	39.08

资料来源：根据1982年第三次全国人口普查1%抽样数据库、1990年第四次全国人口普查1%抽样数据库、2000年第五次全国人口普查长表1%抽样数据库、2010年第六次全国人口普查长表1%抽样Excel表格数据整理计算。

（二）2010年七省区"城乡家庭结构与代际关系调查"数据中的老年人居住方式

在此，我们想从两个视角加以考察，一是受访者户内65岁及以上老年人居住方式；二是受访者65岁及以上老年父母居住方式（第一种统计中缺少未与受访者共同生活老年父母的信息，特别是已婚女性多未与父母共同生活。后一视角可弥补其缺陷）。

第二种方式是从子女角度观察其老年父母的居住方式。这种方法可以避免不能接受访谈老年人（如失能靠人照料者，有交流障碍者等）信息缺失的问题，有助于认识居住方式中的代际关系。其不足是，无法收集到那些没有子女的老年人的信息。但目前65岁及以上的老年人绝大多数有子女，根据1990年人口普查数据1%抽样数据库统计，当时农村45—49岁组妇女有儿占比为94.1%，有女无儿占比为4.71%，无儿无女占比为0.92%，50—54岁组三项指标分别为94.51%、4.71%和1.19%；55—59岁组分别为93.68%、4.12%和2.19%。20年后的2010年，这些人正是老年人的主体。

城市受访者父母并不一定都住在城市（多数在城镇居住），即使如此，其父母与农村受访者父母的居住区别也有明显不同（亲子异地居住会使父母独立生活增多）。

如表8-2、表8-3所示，这两个视角的结果有相似之处。特别是老年人在直系家户生活比例基本相同，且为最主要居住方式。不过单人户差距较大。或许由于前者中低龄老年人占比较大，后者中高龄父母比例较高。根据本调查数据，农村家庭户65岁及以上老年人中男女平均年龄分别为72.20岁和73.62岁，城市分别为72.61岁和73.13岁。受访者65岁及以上父母平均年龄农村分别为74.15岁和75.33岁，城市为75.18岁和76.23岁。两个视角男女老年人指标整体相差3—4岁，应该说差别不是很大。或者后者中丧偶者增多，从而导致单独生活占比提高。

表8-2 2010年七省区城乡家庭户65岁及以上老年人居住方式　　单位：%

城乡别	核心家户	其中：夫妇核心家户	直系家户	复合家户	单人户	轮养家户	其他家户	夫妇核心家户和单人户合计
城市	42.11	34.15	50.19	0.90	5.39	1.41	0	39.54
农村	28.49	22.55	62.93	1.10	4.73	2.64	0.11	27.28
总体	34.77	27.9	57.05	1.01	5.04	2.07	0.06	32.94

资料来源：2010年七省区"城乡家庭结构与代际关系调查"数据。

表8-3　2010年七省区城乡受访者65岁及以上父母居住方式　　单位:%

城乡别	核心家户	其中:夫妇核心家户	直系家户	单人户	轮养家户	其他家户	夫妇核心家户和单人户合计
城市	26.81	25.04	49.28	20.06	2.57	1.28	45.10
农村	20.49	17.97	60.29	14.78	3.78	0.67	32.75
总体	22.66	20.40	56.50	16.59	3.36	0.88	36.99

资料来源：同表8-2。

这里我们着重从第二个视角对数据进行分析。

根据表8-3，2010年，城市老年人居住类型中直系家户与非直系家户基本上持平。具体来看，直系家户占比最大；核心家户居于第二位，其主体是老年夫妇核心家户；单人户居第三位。这三类家户是老年人生活的主要家庭形式。农村老年人在直系家户生活的比例超过60%，而在夫妇核心家户和单人户生活的比例则低于城市。若将这一调查结果与2000年第五次人口普查数据相比，老年人单独居住（包括夫妇核心家户和单人户）占比稍有上升，直系家户城市略有降低，农村则小幅增长。总体看，间隔十年之后，城乡老年人居住方式变动并不很大，表现出一定程度的稳定。相对于2000年普查数据，2010年为区域抽样数据，并且分类也有小的差异（后者分出轮养家户，普查数据则可能将其计入直系家户，形成虚拟直系家户）。

轮养是多子家庭的一种养老形式，我国不少地区有这种习惯。2000年"中国老年人口状况一次性抽样调查"和2006年"中国城乡老年人口状况追踪调查"组织者注意到这种现象。按照2006年调查数据，农村轮养老人占5.09%，城市为4.60%[1]。我们组织的调查数据中，轮养占比稍低一些。轮养与地方习俗有很大关系。2008年我们在冀东调查发现，65岁及以上老年人被轮养者为15.62%[2]。就当代

---

[1] 郭平、陈刚编著：《2006年中国城乡老年人口状况追踪调查数据分析》，中国社会出版社2009年版，第152—153页。

[2] 王跃生：《农村老年人口生存方式分析——一个"宏观"与"微观"相结合的视角》，《中国人口科学》2009年第1期。

而言,随着70岁以上多子老年人逐渐去世,这种现象将会大大减少。

受访者65岁及以上老年父母的居住方式与父母存殁构成有一定关系(见表8-4)。

表8-4　　2010年七省区城乡不同生存状态65岁及以上老年人居住方式　　单位:%

城乡别	父母存殁构成	核心家户	其中:夫妇核心家户	直系家户	单人户	轮养家户	其他家户	夫妇核心家户和单人户合计
城市	父存母故	1.02	0	56.12	39.80	2.04	1.02	39.80
	父故母存	0.78	0	58.98	33.59	4.30	2.34	33.59
	父母健在均为65岁以上	61.31	58.79	37.19	0	1.01	0.50	58.79
	父母健在一方为65岁以上	60	55.71	38.57	0	1.43	0	55.71
农村	父存母故	2.30	0	62.07	27.59	4.60	3.45	27.59
	父故母存	2.55	0	65.69	25.10	6.27	0.39	25.10
	父母健在均为65岁以上	44.31	42.22	54.19	0	1.50	0	42.22
	父母健在一方为65岁以上	45.66	42.20	54.34	0	0	0	42.20

资料来源:同表8-2。

相对来看,丧偶父亲或母亲与已婚子女生活的比例高于父母健在者。这表明,对老年人来说,丧偶直接降低了其生活自理能力。城市老年父母健在时,多选择单独生活,形成夫妇核心家户居制。这种选择差异是否与父母年龄有关,即父母一方健在类型中父母及父母一方年龄高于父母双方健在类型,前者因年龄大而倾向于选择与一个已婚子女共同生活。根据对父母亲年龄统计,城市父亲一方健在类型中,父亲平均年龄为76.90岁,父母双方健在类型中,父亲平均年龄为76.15岁;农村父亲这两项的平均年龄分别为77.36岁和76.76岁。可见后者稍低于前者,但差距很小。母亲样本中,城市两项平均年龄分别为77.81岁和73.76岁,农村79.20岁和73.31岁,后者低于前者5岁左右。可见,两者中,两类父亲中的平均年龄差异很小,母亲之间虽有差异,却非高龄和低龄之别。

农村老年父母无论双方健在还是丧偶，均以同一个已婚子女生活为主。不过，父母健在时，老年夫妇单独生活占比超过40%。

根据2010年七省区调查数据，我们可以得出这样的认识：受访者老年父母的居住方式，农村以与已婚子女组成直系家户为主，单人户和夫妇核心家户为辅；而城市则呈现出老年父母与已婚子女同住和单独居住并存的局面。

（三）老年人去世前居住方式

以往的家庭调查对老年父母去世前夕的居住方式较少关注。我们认为，这是老年人生活历程的末端。从家庭生命周期角度看，这一阶段其子女多已结婚，分出单过占多数。与此同时，老年父母去世前又是相对体弱多病阶段，其对子女的赡养、照料依赖也较强。对此加以研究，将加深我们对老年人生存方式和亲子依存程度的认识。

考察不同时期去世的老年亲代居住方式会有差异，这里，我们将受访者父母去世年代分为四个时期。

1. 受访者老年父亲去世前居住方式

根据表8-5，在农村，受访者老年父亲不同时段去世前均以与一个已婚子女共生活为主。单独生活1990年及以前约占1/4，2000年后则超过30%。1990年及以前去世父亲同未婚子女生活占一定比例，这可能与该组人生育高峰期处于20世纪五六十年代，生育子女多有关。其中一部分父亲去世时，尚有子女未婚。

城市，1990年及以前和1991—2000年去世老年父亲与已婚子女组成直系家户占比最大，以后两个时期则单独生活比例最高。1990年及以前去世老年父亲与未婚子女共同生活所形成的核心家户占比较高，其原因与农村相似。

总体来看，农村受访者老年父亲去世前与已婚子女共同生活为主，而城市老年父亲去世前则形成与子女共同生活和单独生活并存的局面。

2. 受访者老年母亲去世前居住方式

如表8-6所示，整体看，在农村，相对于老年父亲，老年母亲去世前更倾向于与已婚儿子生活在一起。城市也有这种表现。各时期

表8-5　城乡受访者65岁及以上父亲去世前居住方式　　单位:%

城乡别	父亲去世时间	单人户和夫妇核心家户合计	核心家户	直系家户	轮养家户	其他家户
城市	1990年及以前	35.23	12.95	49.74	1.55	0.52
	1991—2000年	44.02	2.72	48.91	4.35	0
	2001—2005年	48.89	1.11	46.67	3.33	0
	2006—2010年	50	1.82	45.45	2.73	0
	总体	42.98	5.72	48.18	2.95	0.17
农村	1990年及以前	24.79	8.55	63.25	3.42	0
	1991—2000年	32.26	3.94	59.86	3.94	0
	2001—2005年	33.33	2.26	61.02	3.39	0
	2006—2010年	32.98	1.60	58.51	6.38	0.53
	总体	30.64	4.33	60.71	4.21	0.11

资料来源:同表8-2。

表8-6　城乡受访者65岁及以上母亲去世前居住方式　　单位:%

城乡别	母亲去世时间	单人户和夫妇核心家户合计	核心家户	直系家户	轮养家户	其他家户
城市	1990年及以前	35.61	10.61	50.76	2.27	0.76
	1991—2000年	28.57	3.17	65.08	3.17	0
	2001—2005年	34.19	3.42	51.28	10.26	0.85
	2006—2010年	37.70	0.82	59.02	1.64	0.82
	总体	34	4.63	56.54	4.23	0.60
农村	1990年及以前	29.93	6.12	61.22	2.72	0
	1991—2000年	23.75	2.50	68.75	4.58	0.42
	2001—2005年	29.37	2.10	65.03	3.50	0
	2006—2010年	23.27	1.89	69.81	5.03	0
	总体	26.12	3.05	66.62	4.06	0.15

资料来源:同表8-2。

老年母亲去世与已婚儿子同住占比最大。这种状况与家庭生命周期中,父亲相对母亲去世要早有关。父亲去世前多处于夫妇健在阶段,独立愿望较强。而父亲去世后，丧偶年迈的老年母亲生活自理能力下降，更有可能与已婚子女共同生活。

根据以上分析，我们可以得出这样的认识：就农村而言，从1982年以来至现在，65岁以上老年父母与一个已婚子女（主要是儿子）共同生活形成直系家户是其主要的居住方式。城市1990年及以前65岁以上老年人的居住方式也以同已婚子女共同生活为主，2000年后独居倾向增强，至目前基本形成单独居住和与已婚子女同住并存的局面。

中国当代老年人在生命周期最后阶段以空巢和家庭解体的方式（单人独居）生活的占比尽管在上升，并且在城市老年人中超过了40%，但整体看，尚没有成为主流行为。

我们认为，老年父母与子女，特别是与一个已婚子女保持同居共爨生活形式，其积极作用在于，亲子之间日常互助功能得以保持，老年人孤寂状态将会减少。当然，这应建立在亲子代均为主动选择且较少矛盾冲突的基础上。

中国目前65岁及以上老年人中绝大多数有两个以上子女，并且多有1个及以上儿子。这是老年人与已婚子女组成直系家户基本的"人力资源"条件。随着独生子女父母进入老年，这一基础将被大大削弱。即使不考虑子女离开父母到外地工作这一因素，结婚子女仍依照传统的"妻随夫居""子随父居"方式安排居住，理论上也只有50%老年人有组成直系家户的可能。而将居住偏好（独立生活倾向增强）和子女到外地工作比例提高这些因素考虑在内，不难看出，未来老年人与已婚子女共同生活的比例将会进一步降低。居家养老的老年人对社会服务的需求将明显增强。

四　老年人赡养和照料

老年人赡养主要指其维持生存所需生活费用的来源，照料则为老年人失去生活自理能力之后他人为其提供的生活起居帮助。

(一) 老年人生活费用来源

中国当代社会养老保障制度具有明显的二元特征,亦即社会保障体系相对完整的城市和尚未真正建立健全保障制度的农村。这一制度环境会对城乡老年人的赡养方式带来影响。

1. 2010 年人口普查数据对城乡老年人赡养方式的揭示

城乡之间最大的差异是,城市以领取退休金为生活来源的老年人占比最大,而农村则以依赖家庭成员供养为主。

需注意,在农村,不少低龄老年人并没有退出劳动领域。表 8-7 数据显示,2010 年农村 65 岁及以上老年人仍从事有收入工作的占比达 28.26%,而 65—69 岁组低龄老年人中这一占比会更高。这在一定程度上降低了老年人对子女赡养的经济依赖程度。

表 8-7　　　　2010 年全国 65 岁及以上老年人生活费用来源　　　单位:%

城乡别	劳动收入	退休金	最低生活保障金	财产性收入	家庭其他成员供养	其他
城市	3.35	66.88	2.75	0.64	24.67	1.72
农村	28.26	4.93	5.35	0.18	59.31	1.98

资料来源:根据 2010 年第六次人口普查长表 1% 抽样 Excel 数据整理计算。

2006 年"中国城乡老年人口状况追踪调查"数据显示,农村 65—69 岁组老年男性仍从事农业生产者占 56.78%,70—74 岁组占 41.11%;老年女性这两个年龄组占比分别为 36.52% 和 22.22%;城市老年男性 65—69 岁、70—74 岁组从事有收入劳动的占比分别为 9.57% 和 5.60%,女性占比分别为 3.37% 和 2.13%[①]。农村老年男性在 69 岁以下仍参加农业生产的比例超过 50%,乃至可以自食其力,客观上降低了对子女特别是儿子的生存依赖度。当然,这与社会养老保障制度的缺失有直接关系。

---

① 郭平、陈刚编著:《2006 年中国城乡老年人口状况追踪调查数据分析》,中国社会出版社 2009 年版,第 49—51 页。

2. 2010年七省区"城乡家庭结构与代际关系调查"数据对老年人生活费用来源的反映

如表8-8所示，农村65岁及以上老年父母靠儿子提供生活费用所占比例最大，若将"女儿"和"子女"两类包括在内，子女供养占55.26%；子女以外亲属供养占3.52%；自养接近1/4，退休金不足10%，非亲属供养超过40%（含自养）。可见，即使在农村，子女供养虽占多数，但并非绝大多数。目前享受社会养老保障者仅为少数。正因如此，为降低对子女的依赖度，才会有较高比例的农村老年人勉为其难，继续劳作，以免或推迟成为吃"闲饭"者。城市65岁以上老年人中65%以上以退休金为生，而靠子女赡养者约为15%。

表8-8　2010年七省区城乡65岁及以上老年人生活费用来源　　单位：%

城乡别	儿子	女儿	子女	配偶	孙子女	自己工作	退休金	其他亲属	政府低保	其他
城市	9.91	0.90	4.20	4.20		5.11	67.57		6.31	1.80
农村	41.21	4.15	9.90	2.88	0.32	24.60	9.27	0.32	5.11	2.24

资料来源：同表8-2。

还应看到，我国目前65岁及以上老年人能否享受正规养老保障与户口性质有很大关系。城市中有一部分人的户口性质为农业人口，农村则有少量非农业人口。因而，从户口性质角度考察，更有助于认识城乡养老保障的制度性差异。当然，相对来说，非农业人口多居于城市，农业人口多在农村，由此着眼，也可加深对城乡福利水平差异的理解。

如表8-9所示，非农业人口中靠退休金生活的比例明显较城市统计口径为高，依赖子女供养占9.93%；农业人口中这两项指标则分别为5.69%和57.48%。

城市靠退休金生活的老年人占2/3，但仍有约1/3没有进入正规养老保障体系之中；依赖子女供养占15.01%；靠子女等亲属赡养共占19.21%。可见城市老年人依赖家庭成员赡养占比并不低。

表 8-9　　2010 年七省区农业非农业人口中 65 岁及以上老年人生活费用来源　　单位:%

户口性质	儿子	女儿	子女	配偶	孙子女	自己工作	退休金	其他亲属	政府低保	其他
非农业	5.77	1.28	2.88	4.17		2.56	75.32		6.41	1.60
农业	43.11	3.59	10.78	2.99	0.30	25.75	5.69	0.30	5.09	2.40

资料来源:同表 8-2。

下面再看一下老年人分性别后生活费用来源的差异(见表 8-10)。

表 8-10　　2010 年七省区城乡 65 岁及以上老年人生活费用来源分性别统计　　单位:%

性别	城乡别	儿子	女儿	子女	配偶	孙子女	自己工作	退休金	其他亲属	政府低保	其他
男性	城市	9.64	0	1.81	1.20	0	9.04	74.70		2.41	1.20
男性	农村	37.89	4.21	8.95	0.53	0.53	31.05	10.53		4.21	2.11
女性	城市	10.18	1.80	6.59	7.19		1.20	60.48	0	10.18	2.40
女性	农村	46.34	4.07	11.38	6.50		14.63	7.32	0.81	6.50	2.44

资料来源:同表 8-2。

尽管城市老年人中靠退休金生活的占比较高,但若分性别看,女性中有近 40% 享受不到退休金;农村则有 30% 以上的老年男性靠自己劳动来挣得生活费用,而在 70 岁以下低龄老人中这一占比还要增加。

根据表 8-11,农业人口中老年男性靠自己劳动为生者占 1/3,子女供应占 52.53%,亦即近一半 65 岁及以上父亲并非依赖子女赡养;女性老人中靠劳动为生者接近 15%,子女供养占 64.71%,子女和其他亲属供养占 71.33%,对子女和亲属养老依赖度较高。非农业人口老年男性靠退休金生活的比例高于城市统计口径约 9 个百分点,靠子女者占7.59%；女性靠退休金超过65%，靠子女者占12.34%，即有1/3非农业人口老年女性没有进入正规养老保障体系之中。

表8-11　　2010年七省区农业非农业人口65岁及以上老年生活费用来源分性别统计　　单位:%

性别	户口性质	儿子	女儿	子女	配偶	孙子女	自己工作	退休金	其他亲属	政府低保	其他
男性	非农	5.06	0.63	1.90	1.27	0	5.06	83.54		1.90	0.63
	农业	40.40	3.54	8.59	0.51	0.51	33.33	6.06		4.55	2.53
女性	非农	6.49	1.95	3.90	7.14			66.88	0	11.04	2.60
	农业	47.06	3.68	13.97	6.62		14.71	5.15	0.74	5.88	2.21

资料来源：同表8-2。

由以上数据可以看出，中国目前65岁以上老年人生活费来源具有明显的城乡二元社会表现。农村老年人多数靠子女提供生活费用，而老年男性，特别是低龄男性有高比例者通过参加劳动来自我赡养。城镇内部也有性别差异，约1/3老年妇女没有被纳入正规的社会保障体系之内。

（二）老年人生活自理能力

认识老年人生活自理能力，可对家庭照料负担有所把握。

对于老年人生活自理能力的判断有两个视角，一是老年人自己，二是老年人子女。后者的判断或许较为客观，它还有助于获得一些不方便接受调查老年人的信息。

第一种类型"能自理能劳动"，对农村老年男性来说，包括从事有收入的农业、非农业劳动；女性则主要指能够从事家务劳作。对城市男性而言，有些人尚从事不同类型有收入的工作，未工作但能从事各种家务活动也被视为能劳动；女性则主要指基本不依赖他人则可以完成主要家务工作、能够照看孙子女等。第二种类型"能自理但不能劳动"，主要指彻底退出劳动领域，一日三餐尚可自己解决，基本不需要子女或他人照料。第三种类型为"不能自理需人照料"，指丧做饭等基本生活自理能力，依赖他人照料起居。

根据表8-12，74岁及以下老年父亲处于第一、第二类型中的比例超过90%。不能自理生活靠人照料者75—79岁组超过10%；85岁及以上组，不能自理需人照料者占比仍不足15%。

表8-12　2010年七省区受访者65岁及以上老年父母生活自理能力　单位：%

父母别	年龄组（岁）	能自理能劳动	能自理但不能劳动	不能自理需人照料	其他
父亲	65—69	66.40	30.04	3.56	0
	70—74	55.02	40.14	4.50	0.35
	75—79	41.91	47.30	10.79	0
	80—84	23.08	63.31	13.61	0
	85及以上	15.66	71.08	13.25	0
	总体	46.38	45.60	7.92	0.10
母亲	65-69	54.63	40.58	4.47	0.32
	70—74	44.16	47.01	8.55	0.28
	75—79	33.33	56.49	9.47	0.70
	80—84	24.81	63.91	10.90	0.38
	85及以上	15.82	63.28	20.90	0
	总体	37	52.80	9.84	0.36

资料来源：同表8-2。

老年母亲与父亲有基本相同的表现，只有85岁及以上组不能自理比例稍高，达到20.90%。这可能与老年女性预期寿命长，高龄者丧失自理能力也相应提高有关。本调查数据显示：老年父亲中，85岁及以上者占7.94%；老年母亲中，85岁及以上者占12.75%。

（三）老年人从生活不能自理到去世间隔时间

老年人从生活不能自理到去世间隔时间长短，直接反映家庭照料负担的轻重。

一般来说，65岁及以上老年人去世前可能会有多个生活不能自理的阶段，而对多数老年人来说，去世前生活不能自理应该是程度最重、延续时间相对最长的。其对家庭成员的照料需求最大,子代也最为重视。故对此加以考察,有助于认识子代的照料负担。

如图 8-10 所示,就基本趋向而言,农村受访者老年父母从生活不能自理至去世的时间构成相似。具体来看,有如下表现。

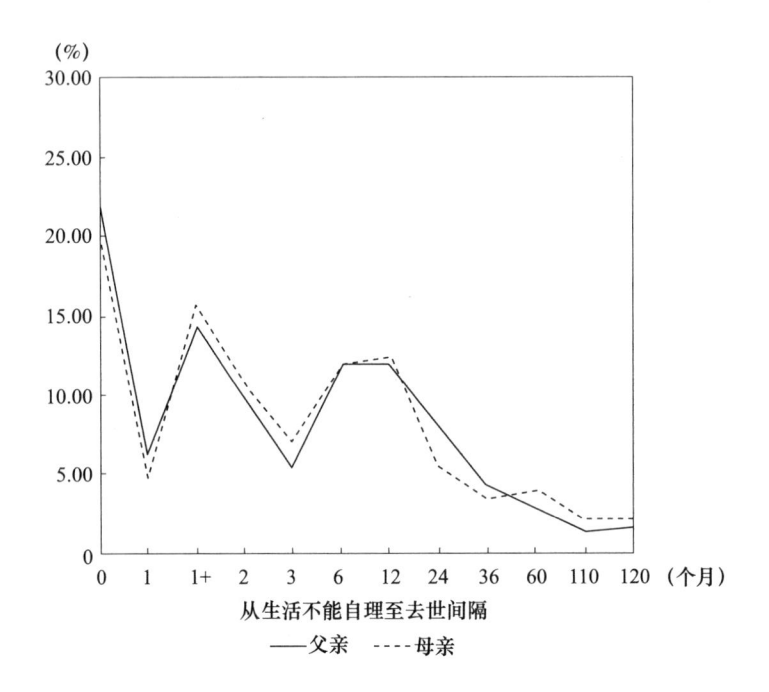

图 8-10 农村受访者 65 岁及以上父母从生活不能自理至去世延续时间

资料来源:同图 8-3。

单项指标中,父母当天去世占比最大,分别为 21.97% 和 19.48%。这意味着约 1/5 的老年父母因突发疾病去世。

父亲不足三个月去世者占 52.44%,3 个月以上不足一年去世者占 17.44%,一年以内合计占 69.88%;1 年以上不足 3 年占 19.93%,3 年以上占 10.20%。

母亲不足三个月去世者占 51.14%,3 个月以上不足一年去世者占 19.34%,一年以内合计占 70.48%;1 年以上不足 3 年占 17.76%,3 年以上占 11.75%。

如图 8-11 所示，城市受访者 65 岁及以上老年父母从生活不能自理至去世的时间间隔有相似的表现，不过也有值得注意的差异，即城市受访者的老年父母当天去世占比高于农村，分别为 29.44% 和 30.34%。

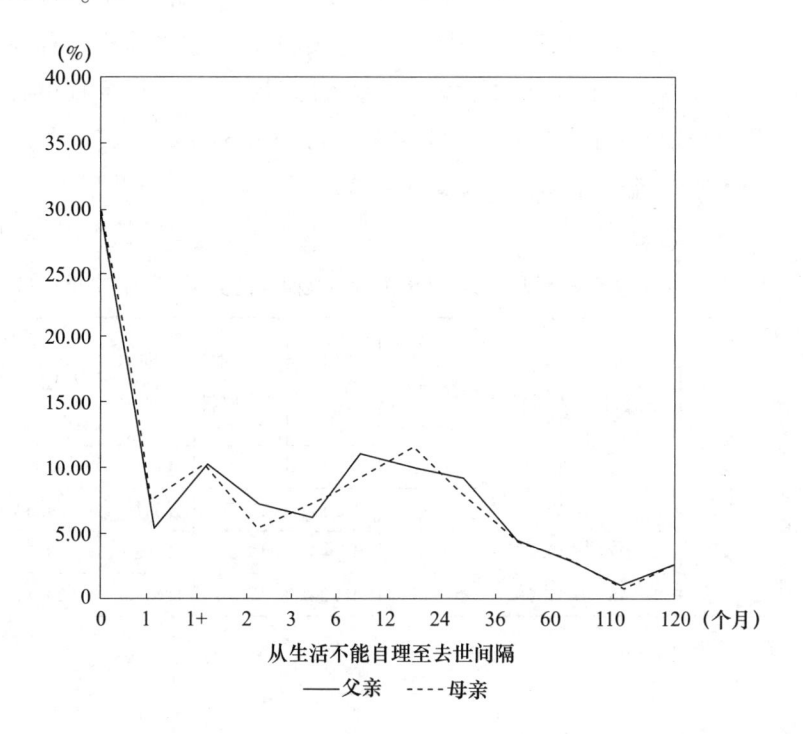

图 8-11　城镇受访者 65 岁及以上父母从生活不能自理至去世延续时间

资料来源：同图 8-3。

城市受访者 65 岁及以上父亲不足三个月去世占 52.62%，3 个月以上不足一年去世占 17.09%，一年以内合计为 69.71%；1 年以上不足 3 年去世占 19.12%；3 年以上去世占 11.17%。

母亲不足三个月去世占 53.89%，3 个月以上不足一年去世占 16.57%，一年以内合计占 70.46%；1 年以上不足 3 年去世占 19.36%；3 年以上去世占 10.18%。

我们可将老年父母去世前生活不能自理时间分为以下几种类型，基本无须照料（当天去世）、短期需人照料（3 个月以内）、中短期需人照料（3个月以上不足一年）、中长期需人照料（一年以上不足三年）和长期需人照料（三年以上）。

受访者65岁及以上老年父母中，50%以上从生活不能自理至去世的间隔不足三个月，并非长期卧床，靠子女所照料。这意味着一半以上老年人并未给子代带来照料压力。一般来说，去世前不能自理生活在一年以内者，也不会对子女造成很大的照料压力。城乡真正需要子女相对长期照料的65岁及以上老年父母约占30%，而其中久病在床、需人照料者仅占10%（见表8-13）。

表8-13　　65岁及以上老年父母去世前被照料的类型　　单位:%

城乡别	父母	基本无须照料	短期需人照料	无须照料和短期需人照料合计	中短期需人照料	中长期需人照料	长期需人照料	中长期和长期需人照料合计
城市	父亲	29.44	23.18	52.62	17.09	19.12	11.17	30.29
	母亲	30.34	23.55	53.89	16.57	19.36	10.18	29.54
农村	父亲	21.97	30.47	52.44	17.44	19.93	10.20	30.13
	母亲	19.48	31.66	51.14	19.34	17.76	11.75	29.51

资料来源：同表8-2。

（四）老年父母养老主要承担人

这一问题也是从子代受访者角度来考察的。这里"养老"的含义既有综合指向，包括与谁同住、由谁提供生活费用和照料起居；也有单项指向，如老年人自己虽有退休金，但需依赖子女照料。

我们将其分为"父母自己""受访者本人（包括其配偶）""受访者兄弟""受访者姐妹""受访者兄弟姐妹"。这里将养老承担者分成兄弟、姐妹和兄弟姐妹三类，主要是为了了解承担养老义务的子代内部性别差异状况。

根据表8-14，男女受访者老年亲代有一个共同表现是，城市父母双亲在世时，靠自己养老占比较高。从男性受访者角度看，父母自己养老占48.51%；而从女性角度看则为58.45%。这与双亲健在时年龄相对较轻、独立生活能力较强有关。但农村父母健在时自己养老比例不足 1/4。

农村男性受访者本人和兄弟为父母养老承担者所占比例为 67.74%,只有姐妹参与养老的比例仅占 1.01%,兄弟姐妹共同参与占 16.53%;城市受访男性本人和兄弟参与养老占 51.77%,只有姐妹参与养老占 1.96%,兄弟姐妹共同参与占 12.55%。

表 8-14　　　　受访者 65 岁及以上父母养老承担者　　　　单位:%

受访者性别	城乡别	父母生存类型	父母自己	受访者本人	受访者兄弟	受访者姐妹	受访者兄弟姐妹	其他
男	城市	父母单亲在世	19.48	45.45	16.23	2.60	13.64	2.60
		父母双亲在世	48.51	15.84	20.79	0.99	10.89	2.97
		总体	30.98	33.73	18.04	1.96	12.55	2.75
	农村	父母单亲在世	7.42	37.10	35.48	1.29	16.45	2.26
		父母双亲在世	22.58	35.48	24.19	0.54	16.67	0.54
		总体	13.10	36.49	31.25	1.01	16.53	1.61
女	城市	父母单亲在世	35.18	12.25	30.04	2.37	18.18	1.98
		父母双亲在世	58.45	4.35	19.32	3.38	13.53	0.97
		总体	45.65	8.70	25.22	2.83	16.09	1.52
	农村	父母单亲在世	13.40	8.10	53.89	3.74	18.38	2.49
		父母双亲在世	24.47	4.26	51.06	4.26	14.89	1.06
		总体	18.57	6.30	52.57	3.98	16.75	1.82

资料来源:同表 8-2。

女性受访者独立承担父母养老的比例城乡均不足 10%。将受访女性与其姐妹承担父母养老两项指标合计,农村和城市分别为 10.28% 和 11.53%。若进一步将兄弟姐妹共同参与父母养老指标合在一起,农村为 27.03%,城市为 27.62%。

整体看,老年养老方式,城乡差别表现为,城市老年父母均健在时自我养老占比在 50% 左右,明显高于农村。当父母生活不能自理时,无论城乡,儿子均是老年父母照料的主要承担者,女儿独自照料的比例略微超过10%,但女儿参与照料的比例超过1/4。

这种状况与目前老年人的子女构成和民间惯习有关。

我们可通过1990年人口普查数据中64岁以下妇女存活子女构成状况透视2010年老年人和即将进入老年者的存活子女构成。

如表8-15所示,无论城乡,1990年45岁及以上调查对象(2010年65岁及以上老年人)的儿女双全比例均比较高,农村超过83%,城市也在60%以上。若将所有有儿子家庭合计,农村65岁及以

表8-15　　　　1990年64岁及以下妇女存活子女构成　　　　单位:%

市镇县别	年龄组(岁)	有儿有女	有女无儿	有儿无女	有儿家庭合计	无儿无女
市	30—34	4.99	43.56	48.35	53.34	3.10
	35—39	16.20	38.65	43.61	59.81	1.54
	40—44	44.31	24.45	30.17	74.48	1.07
	45—49	63.81	14.81	20.58	84.39	0.80
	50—54	73.60	9.70	15.79	89.39	0.91
	55—59	77.96	7.67	12.93	90.89	1.44
	60—64	77.23	7.70	11.99	89.22	3.08
镇	30—34	37.41	25.65	35.63	73.04	1.31
	35—39	52.32	18.46	28.45	80.77	0.76
	40—44	69.29	11.11	18.85	88.14	0.76
	45—49	79.59	6.74	12.73	92.32	0.94
	50—54	84.07	4.75	9.77	93.84	1.41
	55—59	85.02	4.40	8.58	93.6	2
	60—64	81.47	5.60	9.34	90.81	3.59
县	30—34	53.68	16.84	28.26	81.94	1.22
	35—39	65.18	11.86	22.10	87.28	0.85
	40—44	76.75	7.16	15.17	91.92	0.91
	45—49	83.90	4.70	10.22	94.12	1.18
	50—54	86.32	3.92	8.21	94.53	1.54
	55—59	85.93	4.12	7.77	93.7	2.18
	60—64	81.40	5.42	9.58	90.98	3.60

资料来源:根据1990年第四次人口普查1%抽样数据库整理计算。

上老年人有儿子比例超过90%，城市接近85%。目前城乡65岁及以上老年人多数为儿女双全，在男娶女嫁的习俗下，他们年老之后更多地依赖儿子养老。根据七省区调查数据，农村65岁及以上老年人所生活的直系家户中，与已婚儿子组成直系家户占93.81%，与已婚女儿组成直系家户只占6.19%；城市分别为87.25%和12.75%。

而按照1990年普查数据，当时30—34岁组（相当于2010年的50—54岁组）和35—39岁组（相当于2010年的55—59岁组）调查对象中儿女双全比例分别降至5%以下和20%以下，单性别子女成为主流。其中有女无儿比例分别为43.56%和38.65%。这预示着未来10年后，中国老年人，特别是城市老年人单独居住、自养的比例将进一步上升。

五　结语与讨论

（一）结论性认识

（1）随着人口预期寿命延长，当代多数家庭子代与亲代之间存在养老型代际关系。但子代对老年亲代的实际赡养有明显的城乡分野。

1）城市，子代的"实质"性赡养责任逐渐被"形式"养老所取代，"刚性"供养变为"弹性"支持，亦即老年亲代对子代的供养需求大大减少，子代的赡养压力明显降低。社会养老保障制度逐步完善是形成这种局面的主要原因。

2）在养老保障制度尚未建立起来的农村，子代仍是老年父母的主要赡养者。但老年父母，特别是父亲，尽可能延长参加农耕及其他有收入劳动的时间，提高自养能力，以便减少子代的赡养负担，他们甚至承担了对外出就业子代所留下的土地的耕作。整体看，当代城乡，功能性养老代际关系已经被削弱，甚至在某一方面基本不存在（如城市子代不必为有退休金的老年亲代提供生活费用）。

（2）老年人居住方式，城市已形成独立居住与同子女共同居住并存的格局；农村老年人则与子女同居共爨为主、单独居住为辅。没有外部约束的家庭居住类型之下，独立居住与同子女合爨各有优长。前者使老年人得以享受安静的老年生活，减少了家务操持之累；后者则可保持代际互助，特别是使高龄父母得到及时关照。我们不应将老年人独立生活所可能带来的"孤独"扩大化，视"空巢"为凄凉结局。

（3）老年人从生活不能自理至去世时间间隔表明，70%的老年人从生病至去世在一年之内，多数老年人并没有给子代带来很大照料压力。

（4）子代养老中的性别差异在城市已经弱化，但相对来说儿子赡养的比例要高于女儿；在农村，儿子仍是父母养老的主要承担者，女儿仅起补充作用。这种差异实际上仍由"男娶女嫁"和"从夫居"这种婚姻方式所导致，农村嫁入外村的女儿不具有承担照料老年父母日常生活的条件，当然她们在生活费用和医疗费用方面给予父母的支持在增大。城市婚姻方式中"从夫居"的色彩已经淡化，同城居住的已婚女儿与老年父母保持着相对强的互动关系。

（5）当代亲代与子代之间抚育与反哺之间的平衡已经或正在被打破，当然传统时期父母早逝（未到老年去世）占比较高也使不少家庭亲代投入与"收益"之间的平衡难以保持。这表明，亲代与子代之间虽存在交换的形式和抚育与反哺关系，但两者之间的平衡并非每个家庭都能保持。就当代城市而言，社会养老保障制度和社会服务的引入是这种状态形成的直接原因。

（二）值得关注的问题

当代不同年龄组子代与老年亲代存殁构成变动表明：传统的中青年子代养老为主向中年子代养老为主转变。在农村，不仅青年子代，中年子代也多离村从事非农活动，老年人获得家庭成员照料的人力资源萎缩，而且不得不更多地参与对孙子女的照料，以这种"付出"来"交换"自己高龄时子代所给予的照料。代际互助中老年亲代付出过多。在农村加快推行社会养老保障制度建设和社会服务体系建立，是提高老年亲代晚年生活水准的根本途径。

城市老年人独居增多，其对社会养老服务特别是社区服务的需求增多，更多地借助非亲属成员来解决生活中的困难。与以往多子女老年人独居不同，目前第一代独生子女老年父母中出现无子女同城居住者，即子代"缺位"现象增多。亲代难以从子代获得实质性的照料，对社区等公共服务的需求由弹性变为刚性。完善和规范社区养老服务不仅有助于减轻其子代照料负担，且对提高老年人生存质量具有重要作用。然而目前老年人所需社会服务或者缺乏；或者虽有，但远非优质和规范的。

需要指出的是，在农村，亲代对子代养老负担的减轻很大程度上建立在老年人主动和被动降低生活水准、延长亲身劳作时间基础上，尚未达到"体面"养老的状态。建立和完善社会养老保障制度是提高农村老年人生存质量的必然途径。但从代际关系角度看，一些惯习有待改变：亲代在中年阶段倾其所有为子代建房、办婚事，提前将个人积累的财富转移给子代，削弱了支配财产的能力和自我养老能力。建立社会养老保障制度，有助于促使亲代从将财富完全转移给子代模式转变为自我积累养老资源与向子代转移财产相结合的模式。

当功能性养老关系削弱之后，情感型养老关系应得到更多关注。这是老年亲代获得"精神慰藉"的重要形式，也是现代社会良好代际关系维系的重要途径和必要条件。

家庭养老压力降低，便意味着社会养老压力增加。中国从传统时期社会力量基本不承担养老责任（除鳏寡等无直系亲属老年人外），逐步过渡到以养老金形式支付城镇就业离退休老年人的生活费用和以福利救助制度为城乡困难老年人、无子女老年人提供低保、养老费用，目前正在推进和完善农村养老保障体系建设。这也是一个重要的社会转型。面对不同的老年人口群体，社会的养老承受压力也会有所不同。而对社会养老方式的过度依赖也非其所能承受。在我们看来，增强老年人自己养老能力，支持老年人子代协助养老，完善社会养老服务体系，将三个方面的力量结合起来，将是应对老龄化问题的可行之道。

第九章　第一代独生子女家庭代际关系

前面已经指出，家庭代际关系是一种功能关系，它包括多方面的内容。代际关系的具体功能往往随社会发展而产生变化。社会不同发展阶段，代际功能关系虽然总体上得到维系，但也应看到一些功能会发生强弱变动。在中国社会的大部分时期，代际功能关系的履行往往与子女数量和性别存在密切关联。中国当代城市有数量庞大的独生子女家庭，那么，这类家庭的代际功能关系表现和特征是什么？有哪些值得关注的问题？客观而言，目前第一代独生子女已长大成人，亲子彼此间的主要功能关系也已形成，这为观察和研究其功能关系状态和特征提供了可能。本章将以2015年的调查数据为基础，试图比较全面地分析第一代独生子女家庭亲子代际功能关系，探寻维系和建立现代代际关系的途径。

一　研究说明

（一）独生子女家庭代际关系的独特之处

独生子女家庭代际关系的独特之处在于，亲代只有单性别子女。中国传统的代际功能关系履行具有很强的性别差异特征。例如，子女到了婚娶年龄，亲代的责任是为儿子娶妻，将女儿嫁出，由此子女婚事操办方式有别，花费有多少之分。一般来说，娶媳之家花费明显高于嫁女之家（当然也有高妆奁惯习流行地区）。子代所尽赡养、照料老年亲代义务也多由儿子、儿媳承担，至于家系传承、丧葬操办和祭祀活动更是男系之下的儿子之责。同样，亲代所积累的财产也主要由儿子继承。独生子女家庭中"亲子家庭"代际功能关系不存在"脱节"问题，那么"亲女家庭"代际关系有哪些表现，与亲子相比共性和差异是什么？虽然法律上亲子、亲女代际功能关系已无差异，实际生活中两者究竟依然受到传统和惯习约束，还是遵照现行法律，或者兼而有之，这也需要借助调查数据来回答。

笔者在前面对代际功能关系的五种内容（义务关系、责任关系、权利关系、交换关系和亲情关系）或表现做了分析。我们认为，这五种关系是认识中国家庭代际功能关系的基本内容。那么在第一代独生子女家庭中，这些功能形式的代际关系是依然得到保持，还是有所变化？若有变化，是向增强方面转化，还是具有被弱化的趋向？对此只有通过实地调查，才能得出结论。

（二）既有研究

就目前来看，当代家庭代际关系的研究逐渐受到重视，而专门针对第一代独生子女家庭代际功能关系的分析也有一些。

独生子女父母的养老问题为人们所关注，属于代际功能关系中赡养义务的内容。由于只有一个儿子或女儿，赡养义务履行人力短缺，其父母的老年赡养为人们所忧虑。风笑天认为独生子女父母应该转变赡养观念，即在养老模式转变的现实面前，改变对子女赡养的依靠与期望的传统观念，变"依赖养老"为"独立养老"，变"依靠子女"为"依靠自己"。[①] 那么，独生子女父母是否还保持着对子女的赡养观念？程度如何？风笑天的研究非实证分析，没有回答这个问题。

对独生子女家庭代际关系的独特性问题，笔者认为，城市独生子女家庭子代已无与亲代之间建立和维持功能关系的替代之人，独女也成为所有子代功能的唯一承担者。若社会养老保障等制度进一步完善，其赡养义务不会增大，就如目前城市享受退休金的老年人多数不需子女赡养一样，但独生子女父母进入高龄时子代的照料义务有增大

---

① 风笑天：《从"依赖养老"到"独立养老"——独生子女家庭养老观念的重要转变》，《河北学刊》2006年第3期。

可能，而且一些责任也有履行困难。①

在情感关系方面，宋健、范文婷基于 2009 年北京、保定、黄石和西安的一项针对 20—34 岁无同胞兄弟姐妹的独生子女调查数据所做分析发现，相对于非独生子女，城市独生子女与父母的代际情感交流更密切，但交流方式与强度受到居住距离和流动特征的影响；就业、婚育事件虽会降低子女与父母同住的可能性，但也会增加见面和通信频率。父母的资源和需求等特征对代际情感交流有显著影响。②这是以子女为调查对象所得出的认识，若兼顾亲代视角，则会显得更为客观一些。

在经济关系方面，蒋晓平注意到城市从业青年中所存在的隐性啃老行为，将其称为逆向代际关系。子女虽就业却无法应对日常生活成本或提高生活质量，因而接受父辈提供的各种补贴。家庭代际关系不是子辈对父辈的赡养支持，而是父辈对子辈、孙辈的持续投入与支出。③ 这一研究虽未明言分析对象为独生子女，但目前城市家庭青年子代的主体无疑是独生子女。一般来说，对子代的"啃老"行为，人们多持贬抑态度，钟晓慧、何式凝对此有不同看法。他们通过对 2010—2011 年广州 22 个家庭作深度访谈所获资料研究发现，父母不认为自己是"被啃"的受害者；相反，他们是子女购房的主动发起者或积极参与者。在他们看来，父母的行为是为了与成年子女建立协商式亲密关系。这种关系涉及金钱、感情和集体决策三种要素，与西方强调倾诉和表达的"纯粹关系"不同。同时反映了在中国个体化进程中，这一代父母既获得自由，又感知到风险。他们积极构建新的家庭关系，是一种重新嵌入社会的努力。④ 这一研究对当代城市代际关系认识具有独到之处。他们实际强调亲子之间根本利益的一致性，亲代

---

① 王跃生：《中国家庭代际功能关系及其新变动》，《人口研究》2016 年第 5 期。
② 宋健、范文婷：《中国城市家庭的代际情感交流——基于独生子女生命历程视角的实证分析》，《南方人口》2016 年第 2 期。
③ 蒋晓平：《逆向代际关系：城市从业青年隐性啃老行为分析》，《中国青年研究》2012 年第 2 期。
④ 钟晓慧、何式凝：《协商式亲密关系：独生子女父母对家庭关系和孝道的期待》，《开放时代》2014 年第 1 期。

为子代"付出"并未导致家庭整体利益的损失。不过，这似乎又与人们对"啃老"认识的基本出发点不同，并且混淆了代际义务、责任、权利、情感等功能，对子女与其配偶所组成家庭或家户的独立性缺少考虑。另外，钟晓慧、何式凝的研究试图以有限的案例来揭示宏大的问题，有待进行更多调查加以论证。

目前独生子女家庭代际关系问题尽管在学界内外常被提及，然就国内已有相关文献看，在研究层面却显得比较薄弱，表现为有感而发的定性认识占据主导地位，规范性的实证分析较少。即使有基于调查数据的分析，但样本较小，说明意义不足。性别视角缺乏，未将亲子、亲女代际关系特征揭示出来。另外，深入的、具有理论支撑的阐述不多，分析内容显得混乱。

二 独生子女家庭代际义务和责任关系

按照笔者对代际义务关系的定义，亲代的义务主要是养育子女，包括为子女提供受教育条件；子代则为赡养和照料父母，主要是对丧失劳动能力、生活自理能力的老年父母予以赡养和照料。代际责任关系指，亲代为子女提供完婚的物质条件，子代则承担着家系传承等多项使命。第一代独生子女父母尚处于中年或低龄老年阶段，加之随着社会转型，代际义务和责任关系也在发生变化。这里我们择要考察。

（一）亲代对独生子女的教育责任和义务履行

从家庭角度看，亲代对子代的教育投入近代之前甚至20世纪80年代之前都是责任而非法律意义上的义务，即不具有外部强制性，多为父母根据家庭经济条件、子女学习能力和家庭所在地学校设置状况来决定子女接受教育的程度和年限。不过，新中国成立后特别是20世纪六七十年代，政府加大对小学和中学建设的投入，小学、初中在城市得到普及，加之企业等用人单位招工有年龄限制，多数父母会让子女读完初中，甚至高中，个别学习优异的子女还有上大学的机会。1986年中国第一部义务教育法制定出台，其中第二条为：国家实行九年制义务教育；第十一条：父母或者其他监护人必须使适龄的子女或者被监护人按时入学，接受规定年限的义务教育。[①] 这意味着高中以上的教育仍非义务教育，父母更多地将其视为自己对子女应尽的一项责任。从独生子女的出生年份和义务教育法的出台时间可见，对其父母来说，为子代提供受教育机会和条件是义务和责任的混合行为，当然有阶段之分，即小学、初中为对义务的履行，高中及以上则是为责任而付出。那么，在第一代独生子女家庭，亲代是如何履行这一义务和责任的呢？我们通过子代的受教育程度来认识。同时为进行比较，将亲代受教育程度也一并列出（见表9-1）。

表9-1　　　　　　亲代在子代教育中的投入情况　　　　　　单位：%

亲代			子代				
受教育程度	总体	样本量(个)	受教育程度	子	女	总体	样本量(个)
小学及以下	14.06	435					
初中	37.63	1164	初中及以下	12.10	7.09	9.93	307
高中	29.68	918	高中	8.79	7.24	8.12	251
中专/职高	7.15	221	中专/职高	21.00	18.37	19.86	614
大专及以上	11.48	355	大专	22.72	23.90	23.23	718
			本科	30.76	36.67	33.32	1030
			研究生	4.62	6.72	5.53	171
合计	100.00	3093		100.00	100.00	100.00	3091

资料来源：五省市"城市第一代独生子女家庭状况调查"数据，本章其他表格资料来源同此。

亲代求学多在20世纪80年代之前，甚至可以说以70年代之前为主。由表9-1可见，80%以上的亲代接受了初中及以上的教育，达到了后来义务教育法所规定的标准。另外，应看到，当时不仅大学本科，大专招生人数也很有限，能进一步深造者是少数，被调查的亲代获得大专及以上学历者刚过10%。总体看，亲代受教育时期，竞争

[①] 《中华人民共和国义务教育法》（1986年），中国人大网，http://www.npc.gov.cn/wxzl/gongbao/2000-12/06/content_5004469.htm。

性教育尚未形成，对多数人来说，初中毕业即有参加工作的机会，高中毕业已属高学历了。当时，政府在中专及以上学校实行免学费和给予助学金的制度，不仅不需要父母出钱，而且多数人可获得助学金。所以，独生子女父母受教育阶段其父母（即独生子女的祖父母）的直接花费并不多（学费很低，课外辅导很少或无必要）。

而独生子女这一代多出生于 20 世纪 80 年代前后，接受小学教育的时间应在 80 年代中后期，初、高中则在 90 年代初期和中期度过，上大学的时间以 90 年代中后期和 2000 年以后居多。与亲代受教育环境的一个重要差异是，子代赶上了大专以上学校扩大招生这一教育变革，故有更多机会接受高等教育。与此同时，大中专教育免学费制度废止，父母为子女的教育投入（学费、生活费等）增大。父母的另一项教育支出为择校和课外补习费用。由于大学录取实行严格的考试录取制度，更多的父母不仅希望子女考上大学，而且将进入名校作为目标。子女在大学录取考试中的竞争力与其在小学、中学阶段的教育质量关联密切，由此在家长中衍生出择校之举和对课外补习的追逐。这很大程度上建立在父母加大对子女教育的经济投入基础上，它成为不少家庭的重负。本次调查中子女获得大专及以上学历者占 62.08%，其中本科以上占 38.85%，这是亲代难以比拟的。值得注意的是，子、女中大专及以上学历占比分别为 58.10% 和 67.29%，本科及以上分别为 35.38% 和 43.39%。独女中大专及以上学历占比均高于独子，这与人们的经验认识是一致的。这既是女孩学习更加努力的结果，也说明独女家庭的亲代在子女教育上没有减少投入，甚至更为重视（因女性就业压力更大）。

我们在问卷中设计了亲代对子代不同受教育阶段的经济压力感受（见表 9-2）。

表 9-2 数据显示，子女无论是初中毕业还是获得大学本科学历，亲代中有经济压力者居多。进一步看，对不同受教育程度的子女，亲代以子女获得最高学历阶段压力最大，多在 50% 上下。比如对高中学历的子女，亲代认为其上高中期间经济压力最大者所占比例为 58.23%；对大学本科学历的子女，亲代认为其上大学时经济压力最

大者占 55.73%。一个例外是，子女为研究生学历者，亲代以无压力者比例最高，占 35.88%。亲代经济压力最大的阶段并非子女读研究生时，而是读本科时，占 37.06%。这或许因为研究生阶段有奖学金等补助，直接减轻了亲代经济压力。

表9-2　　子女受教育程度与亲代经济压力关系比较　　　　单位:%

受教育程度	子女不同受教育阶段亲代经济压力构成							无压力	样本量（个）
	小学	初中	高中	中专/职高	大专	本科	研究生		
初中及以下	15.74	59.02	—	—	—	—	—	25.25	305
高中	3.21	14.46	58.23	—	—	—	—	24.10	249
中专/职高	4.73	13.05	3.10	52.69	—	—	—	26.43	613
大专	3.35	5.16	12.69	6.83	45.47	—	—	26.5	717
本科	1.36	4.76	10.29	1.94	2.23	55.73	—	23.69	1030
研究生	1.18	3.53	14.71	0.59	1.18	37.06	5.88	35.88	170
总体	4.05	12.58	12.52	12.74	11.38	20.65	0.32	25.75	3084

那么，子代在不同受教育阶段是否有勤工俭学经历？我们认为，子代有无勤工俭学经历并不能完全说明父母的收入水平和供给子女上学的能力有高低、大小之别。城市独生子女在中专、大专或大学本科阶段参加勤工俭学活动主要并非为了减轻父母的压力（绝大多数独生子女父母一般并不指望子女通过勤工俭学来减少这项支出），更多的情形是弥补自己额外开销的不足（也有子女将勤工俭学作为接触社会的途径）。我们认为，在中国现阶段，家庭经济条件相对优越的独生子女参与勤工俭学的比例肯定比条件差者低。这里，我们观察一下中专及以上不同学历的独生子女勤工俭学的情况（见表9-3）。

根据表9-3，就总体而言，独子、独女在中专及以上受教育阶段70%以上无勤工俭学经历。分子女性别看，无勤工俭学经历的独子稍高于独女。可见，独生子女在中专、大专、本科受教育阶段以父母提供所有学费、生活费用为主。虽然大学本科阶段子女有勤工俭学经历者超过30%，但需指出，子女勤工俭学多为获得零用钱，即父母所提供的学费和生活费用往往并未因此减少。我们可以说，独生子女家庭父母为子女的教育花费超过以往任何时期。少数考上研究生的独生子女，勤工俭学比例提高，这是因为研究生阶段课程减少，他们具有参加勤工俭学活动的时间条件；另外，他们参与导师研究课题机会增多，借此获得劳务收入。正如前面所言，因高校研究生获得奖学金比例增大，父母对其教育花费的直接投入相应减少，经济压力得以减轻。

表9-3　　　　不同学历水平独生子女勤工俭学情况　　　　单位：%

子女别	学历	有	无	样本量（个）
子	中专/职高	16.94	83.06	307
	大专	28.06	71.94	392
	本科	30.87	69.13	528
	研究生	48.75	51.25	80
	总体	24.97	75.03	1307
女	中专/职高	14.00	86.00	200
	大专	30.94	69.06	307
	本科	36.67	63.33	480
	研究生	51.69	48.31	89
	总体	29.69	70.31	1076

值得一提的是，多数父母对子代有较高的教育期望，独生子女父母尤其如此，即希望子女获得更高的学历，以便将来在就业竞争中处于有利地位。我们认为，父母对子女的教育期望目标表明他们有为子女提供这方面经济支持或进行相关教育投资的心理准备。我们下面看一下独生子女父母对子女的期望教育水平（见表9-4）。

根据表9-4，第一代独生子女家庭中亲代对子代有较高的学历期望，读到大学成为基本目标，本科及以上合计占73.64%。子代实际学历中，本科及以上占38.85%，亲代的满足率为52.76%，亦即近50%的亲代对子代所期望的学历目标没有实现。进一步看，亲代希望子女接受硕士及以上研究生教育者占24.89%，而子女实际只有5.53%，满足率为22.22%。父母对独生子女受教育水平的期望表明，为了子女有更好的发展前程，他们愿意为子女求学承担更多费用。

表9-4　　亲代对子女的期望学历与独生子女实际学历　　　单位:%

亲代期望子女学历	占比	样本量（个）	子女实际学历	占比	样本量（个）
高中	0.68	21	初中及以下	9.93	307
中专/职高	1.04	32	高中	8.12	251
大专	3.11	96	中专/职高	19.86	614
本科	48.75	1506	大专	23.23	718
硕士	10.94	338	本科	33.32	1030
博士	13.95	431	研究生	5.53	171
无所谓	21.53	665			
合计	100.00	3089	合计	100.00	3091

总之，五省市调查数据表明，第一代独生子女父母为使子女接受更好的教育、获得更高的学历付出了更多的精力，并在经济上给予了最大的支持，这是亲代对子代教育义务和责任履行程度提高的重要表现；并且，独子亲代和独女亲代对子女的教育义务和责任重视程度没有区别。

(二) 子女婚事操办责任的履行

就中国多数地区的惯习而言，为子女完婚是亲代的一个重要责任。这个责任实际贯穿于子女婚姻的全过程，从提亲到所需物质的备办。不过，民国以后，特别是新中国成立后法律赋予了男女婚姻自主的权利，尤其表现在自主择偶上。应该说在城市子女的这一权利基本得到落实。就当代而言，多数父母依然需履行为子女婚配提供物质条件的责任——准备住房及相关生活用品。然而，随着子女结婚年龄推迟，并且多在就业以后结婚，有收入的子女也会参与自己婚事准备。城市第一代独生子女结婚时，父母是否仍是子女婚事所需物质条件的主要提供者？有何变化和特征？

1. 从子代婚前收入掌管看亲代责任大小

传统时期，父母是子女婚事所需物质条件的提供者，责无旁贷。其中男方父母需为儿子准备住房、女方父母则要准备妆奁等。我们知道，近代之前，不同形式的个体家庭经济占主导地位，家庭成员特别是亲子收支一体；子代，特别是儿子婚前出外经商或做工，应将所得收入的主要部分定期交给父母掌管，统一安排使用。所以，亲代为子女操办婚事的花费中有子代自己的贡献。不过，若子女在十五六岁的年龄早婚，其贡献是有限的，主要靠父母所积累的资财来完成。在当代城市，社会就业成为普遍形式，子女自己支配工资收入的情形增多，甚至成为普遍行为。这里，我们看一下独生子女的婚前收入如何支配（见表9-5）。

表9-5　　　　婚前有收入独生子女收入支配方式　　　　单位:%

子女别	超过一半交给父母	不足一半交给父母	全部由子女掌管	样本量（个）
子	20.00	8.87	71.13	1330
女	15.21	9.55	75.23	1078
总体	17.86	9.18	72.97	2408

从表9-5可以看到，婚前有收入的独生子女，70%以上并不交给父母，而完全由自己支配。分性别看，独子将一半以上的收入交给父母的比例高于独女，但相差不到5个百分点；独女完全自己支配收入的比例稍高于独子。总体看，当独生子女长大就业后，其所得收入以全部自己支配为主。儿子中约有1/5将多数收入交给父母，女儿中则只有15%。

表9-6　　不同受教育程度独生子女婚前收入支配方式　　单位:%

受教育程度	超过一半交给父母	不足一半交给父母	全部由自己掌管	样本量（个）
初中	17.49	9.42	73.09	223
高中	19.49	10.26	70.26	195
中专/职高	20.83	10.42	68.75	528
大专	17.36	8.50	74.14	553
本科	17.09	9.17	73.74	796
研究生	9.73	4.42	85.84	113
总体	17.86	9.18	72.97	2408

那么，这种支配方式在不同受教育程度子代中有无区别？

表9-6显示，不同受教育程度子女中，婚前收入全部自己支配均是多数。受教育程度为研究生（属最高学历群体）的子女完全自我支配收入的比例最高，把收入交给父母的比例最低。大专和大学本科学历完全自我支配收入者相当，均高于中专/职高学历及以下者。相对来看，中专/职高学历以下者将收入中的一部分交给父母的比例较高，这或许与他们婚前同父母共同生活比例相对较高有关。

总之，已婚独生子女婚前收入以完全自己支配为主，而将部分收入交给父母属少数。这意味着若其婚事操办费用仍以亲代付出为主的话，子代虽在婚前就业，其对自己婚事花费的经济贡献也是有限的。当然，这只是一个认识视角。若子代将未交予父母的工资和其他收入积攒并储蓄下来，并用于自己的婚事操办则另当别论。这一点，或许能从子女结婚住房购买中体现出来。

2. 从独生子女婚房提供看亲代的责任

一般来说，为准备结婚子女提供住房是亲代的主要责任。而在当代城市，比较普遍的做法有两种，一是与一方父母同住（其中以与男方父母共同生活为主），不必购置新房；二是独立居住，这种做法有逐渐增多的趋向。本调查中的第一代独生子女刚结婚时居住方式有何种表现？

表9-7　　　　　独生子女刚结婚时居住方式　　　　　单位：%

居住方式	子	女	总体	样本量（个）
夫妇单独居住	43.53	56.43	49.33	1247
住男方家	54.24	22.89	40.15	1015
住女方家	2.08	20.16	10.21	258
其他	0.14	0.53	0.32	8
合计	100.00	100.00	100.00	2528

总体而言，近50%的子代结婚时单独居住，其次为住男方父母家，再次为住女方父母家。住男方或女方父母家则是亲代基于现有居

住条件为子女提供婚房,这对亲代来说操办子女婚事的直接经济压力要小一些。分性别看,独女婚后单独居住比例达到56.43%,高出独子12.9个百分点(见表9-7)。

根据本项调查,不同时间结婚的独生子女居住方式有差异。2010年以后结婚者单独居住比例为52.60%,2004年之前为42.92%,相差约10个百分点。2010年以后已婚独女刚结婚时单独居住比例占60.57%。

那么,刚结婚时单独居住子女的住房以购买商品房为主,还是其他形式?弄清这一点,有助于认识子代婚事操办的经济压力大小。

根据表9-8,无论独子还是独女,刚结婚时单独居住者的住房75%以上为商品房。我们想知道,这些商品房购置中亲代、子代的贡献怎样?子代是否承担了更多?请看表9-9。

表9-8　　　　刚结婚时单独居住子女的住房来源　　　　单位:%

单独居住子女住房类型	子	女	总体	样本量(个)
购买	76.24	75.9	76.06	947
租私房	9.57	12.83	11.24	140
租公房	2.64	1.10	1.85	23
子女单位提供	2.64	4.38	3.53	44
其他	8.91	5.79	7.31	91
合计	100.00	100.00	100.00	1245

表9-9　　　　独生子女结婚时新购房主要出资人　　　　单位:%

新购房主要出资人	子	女	总体	样本量(个)
独子本人	11.26	12.58	11.93	113
独女本人	0.22	0.62	0.42	4
男方父母	46.54	35.88	41.08	389
女方父母	2.81	5.57	4.22	40
男方父母为主	27.71	19.18	23.34	221
子女双方	3.46	8.66	6.12	58
女方父母为主	0.22	2.27	1.27	12
双方父母	7.79	15.26	11.62	110
合计	100.00	100.00	100.00	947

独子结婚所住商品房由男方父母和男方父母为主购买占74.25%，可见独子结婚住房由男方父母置办的惯习依然保持着。另外，独子结婚住房由女方父母和女方父母为主购买占3.03%（这种情形应与独子同其父母异地居住有关），双方父母共同出资占7.79%。以上亲代出资合计占85.07%。也应看到，独子婚后独居住房完全由子代一人或夫妇共同购买的做法出现，本项调查中的独子婚姻类别中由独子本人、独女本人和子女双方出资所占比例合计为14.94%。

独女结婚所住商品房由男方父母和男方父母为主购买占55.06%，男方父母为购房主体；女方父母和女方父母为主购买占7.84%，双方父母共同出资占15.26%。独女结婚所购商品房由亲代出资合计为78.16%。由独子本人、独女本人和子女双方出资所占比例合计为21.86%，比独子高6.92个百分点，这与独女所择配偶的经济实力相对较高有关。

综上所述，独子、独女结婚新房购置均有一定比例为子女本人，特别是独子和子女夫妇出资。客观上，一些在较好企事业单位谋得职位且有较高收入的独生子女是有这个能力的（如通过贷款购房，先交首付，分期偿还贷款）。总体而言，亲代仍是子女结婚新房购买的主要出资者，可见独生子女家庭的亲代仍在很大程度上承担着这项责任，特别是独子父母仍是儿子结婚所需商品房的主要购置者。当然，新的变化也在发生，特别是子女本人、女方父母在子代结婚住房中的参与作用体现出来。

我们上面主要通过独生子女结婚之初单独居住的住房来源来认识亲代、子代在住房购置中的贡献，特别是亲代在子女婚事操办中所担当的责任。我们认为，子代结婚时亲代实际购房比例要高于此。如一些父母为子女结婚购置了商品房，但完婚时尚未交付，子女仍与一方父母同住；或者父母与已婚子女同住而事先已购置了面积较大的新房，这些都没有在因子女婚配而购房的问项中体现出来。

那么，为子女办婚事是否给亲代带来了经济压力？根据本项调查，独子父母中有压力者占48.31%，独女父母中有压力者占28.46%。这也与当代男女婚嫁主导形式仍受惯习制约的现实有关，男方父母是婚娶相关事宜的主要操办者，在住房提供上尚具有刚性。进一步看，独子、独女父母的压力构成既有相似之处，也有相互对应的特征。有压力者中，买房压力被双方父母排在第一位，独子父母为55.16%，独女父母为53.87%；排在第二位的压力，独子父母为婚礼花费，占18.83%，独女父母为嫁妆，占15.79%；排在第三位的压力，独子父母为彩礼，占14.2%，独女父母为婚礼花费，占14.55%。不过，因子女办婚事而借钱的比例并不高，独子、独女亲代为子女婚事而借钱者分别为26.63%和6.51%。这表明，一些家庭亲代为子女办婚事虽有压力，但在自己可以承受的范围之内。

总之，在独生子女家庭，多数亲代，特别是男方父母仍是子代婚房的提供者，它表明亲代的这一责任整体上并没有实质性减轻。同时也应看到，20%的独女婚后和自己的父母同住，这意味着女方父母也成为已婚女儿居住条件的提供者，并且独住女儿的婚房由其父母为主要出资人的比例占7.84%。另外，独生子女夫妇本人也参与到婚房购置之中，在独子样本中占14.94%，独女样本中占21.86%。这具有缓解亲代经济压力的作用，不过目前仅是少部分子代的做法。

（三）子女的义务和责任表现

按照我们的认识，代际关系中子代对亲代的义务和责任主要体现为赡养和照料老年父母，特别是对丧失生活自理能力的父母承担照料之责。

子女对父母的赡养义务在社会养老保障制度建立之前是刚性的。法律强调子女对老年父母具有赡养义务，并不考虑父母是否享有社会养老保障。在社会实际生活中，有退休金的父母并不需要子女提供赡养费用，因而子女的这项义务由刚性变为弹性，甚至成为一种形式。那么，第一代独生子女父母享受养老保险的比例如何？另外，第一代独生子女的父母从整体来看尚未年老，只有一部分处于低龄老年阶段，一般来说，他们对子代照料多无需求。实际情形怎样？我们借助本项调查数据做一考察。

1. 独生子女父母的自我赡养能力及子代赡养义务

第一代独生子女父母20世纪70年代和80年代初期多在计划经

济时代参加工作,以体制内单位为主。根据本项调查,第一代独生子女父母退休前或目前在机关、事业单位和国营企业工作的比例为67.48%,集体企业占13.49%。这两类都属于正规就业,所占比例为80.97%,个体等非正规就业占9.57%(其中一些个体就业者是从正规单位下岗者),无业为9.47%。目前受访亲代75.45%已退休,12.67%在职,11.89%无工作。一些人因企业转制、改制、兼并重组而下岗、离岗,有的实现了再就业。其中多数人达到退休年龄后享有退休金等社会养老保障待遇,有较强的自我赡养能力。这在本项调查中也体现出来(见表9-10)。

表9-10　　　　　　　　60岁及以上亲代生活费用来源　　　　　　　单位:%

年龄组 (岁)	劳动 收入	退休金、 养老金	个人 储蓄	以房 养老	家人 供养	财产性 收入	政府 救助	样本量 (个)
60—64	2.28	91.64	1.01	0.76	2.96	—	1.35	1184
65+	1.65	93.66	0.83	0.28	2.75	0.28	0.55	363

表9-10显示,第一代独生子女父母中60岁及以上的亲代以退休金、养老金为生活来源者超过90%;只有个别人依赖家人供养,这里的家人主要不是子女,而是配偶。可见,赡养亲代这项"刚性"义务在多数家庭已被社会保障制度替代了,或者成为子代的一种"形式"义务。

根据本项调查,60岁及以上父母中无退休金、养老金者不到10%,他们多为原无正式工作单位者,后来也未参保(如职工原在农村的配偶,后来随迁进城,但并未得到正式就业机会等)。那么,在日常生活中他们是否得到了子代更多经济支持?我们比较一下60岁及以上有退休金和无退休金亲代近一年从子代所获钱物状况(见表9-11)。

依据表9-11,60岁及以上受访亲代不管有没有养老保险,最近一年从子代所获得钱物状况并无明显差异,无养老保险亲代并未从子代得到更多钱物,相反子代经常给钱物的比例稍低于有养老保险亲代。这更证明了我们前面的推测,那些无养老保险的父亲或母亲,更多地是从配偶处获得生活费用,而非靠子代提供规范性经济支持。

表 9-11　　　　60 岁及以上亲代从子代获得钱物频度　　　　单位:%

亲代有无养老保险	调查时点前一年亲代从子代获得钱物频度			样本量（个）
	从不	偶尔	经常	
有养老保险	23.57	41.54	34.9	1430
无养老保险	25.38	42.31	32.31	130

可见,第一代独生子女家庭子代对亲代的赡养义务,在实际生活中基本上已由社会养老保障制度替代其履行了,或者说其义务实际上被免除了。

2. 子代对亲代的生活照顾

正如上文所言,第一代独生子女父母多数尚未年老,已过六旬者则以低龄老年人为主。我们在问卷中设计了受访父母对自己健康状况的自评指标。60 岁及以上亲代中,认为自己健康状况为"很好"和"较好"者占 49.86%,"一般"者占 29.91%,"不太好"者占 19.24%,"很不好"者仅占 0.98%。在我们看来,健康状况在"一般"以上者应属于能完全自理,这三项共占 79.77%;"不太好"者多有高血压等慢性病,但生活自理没有问题;而"很不好"者则有多种疾病,不过也非卧床不起,并未完全丧失生活自理能力。这意味着,总体上第一代独生子女父母目前处于自理能力较强的时期,其中多数人没有对子女等亲属的照料需求形成依赖。那么,子代为不同健康状况亲代所做家务有无区别?这里我们主要看一下不同身体状况的 60 岁及以上亲代从子代所获家务帮助的差异(见表 9-12)。

根据表 9-12,60 岁及以上亲代自评健康状况"很不好"的样本较小,说明意义不大。而"不太好"类别中的亲代并没有从子代获得更多家务帮助,或者说他们所获子女在做家务方面的帮助处于平均水平,子代没有对其有更多家务上的付出。

表9-12　　子女为60岁及以上不同健康程度亲代做家务频度　　单位:%

亲代健康状况	几乎每天	每周几次	每月几次	一年几次	很少	不做	样本量（个）
很好	25.46	12.34	8.40	4.20	21.52	28.08	381
较好	19.42	13.91	8.92	2.89	22.31	32.55	381
一般	14.88	13.35	7.88	4.81	22.54	36.54	457
不太好	16.33	12.59	6.80	4.08	20.41	39.80	294
很不好	20.00	13.33	6.67	—	26.67	33.33	15
总体	18.98	13.09	8.05	3.99	21.86	34.03	1528

已婚子代与亲代的居住方式是否与亲代健康状况有关？一般而言，在家庭成员照料为主的时期，健康状况较差者与子女同住比例较高。

由表9-13可见，健康状况"不太好"的亲代与已婚子代同住比例并不比健康状况"很好"的亲代高。对子代来说，通过与亲代共同生活使身体不太好者获得更多照顾在本次调查中并未表现出来。

表9-13　　60岁及以上不同健康程度亲代居住方式　　单位:%

亲代健康状况	核心家户	直系家户	单人户	其他家户	样本量（个）
很好	50.78	44.56	4.66	—	386
较好	53.55	42.64	3.55	0.25	394
一般	52.56	40.60	6.84	—	468
不太好	49.83	43.14	7.02	—	299
很不好	73.33	20.00	6.67	—	15
总体	52.05	42.38	5.51	0.06	1562

那么，亲代随着年龄增大，生活自理能力下降，特别是真正年老之后是否会期望通过与子女同住来获得照料？我们在问卷中设计有一个问项为：生活不能自理时居住方式选择。这有助于认识亲代完全进入老年阶段、自理能力降低后对子代的照料依赖状况（见表9-14）。

表 9-14　　亲代未来生活不能自理时居住方式选择意愿　　单位:%

亲代类型	年龄组（岁）	独住	独住并雇人照料	与子女同住	住养老院	样本量(个)
独子亲代	54 及以下	8.37	10.46	48.54	32.64	239
	55—59	7.80	9.07	39.20	43.92	551
	60—64	8.78	10.82	39.66	40.75	638
	65 及以上	12.32	11.82	36.95	38.92	203
	总体	8.83	10.30	40.47	40.40	1631
独女亲代	54 及以下	7.65	11.48	41.53	39.34	183
	55—59	8.94	11.47	31.42	48.17	436
	60—64	10.77	8.79	36.48	43.96	455
	65 及以上	8.96	8.96	32.84	49.25	134
	总体	9.44	10.18	35.02	45.36	1208

我们看到，独子父母中，希望与子女同住获得照顾者所占比例与入住养老院比例基本持平，均超过40%，不过没有哪一种类型成为多数人的愿望。第三类为希望居家养老，但独立居住，其中包含两种：一是独住；二是独住并雇人照料，两项合计占19.13%。这表明，当晚年生活不能自理时与儿子同住养老已非多数有子亲代的选择，依托养老机构和独居雇人照料成为重要选项。

独女父母中，生活不能自理而期望居住方式中，比例最大者为入住养老院，占45.36%。但也有超过1/3（35.02%）希望与女儿同住；居家但不与子女同住（包括独住和独住并雇人照料）占19.62%。在目前居住方式上传统惯习尚有一定保留的环境下，独女父母与已婚女儿同住本来就比独子父母与儿子同住比例低，本项调查中两者与已婚子女同住比例分别为46.34%和28.35%。因而在生活不能自理之后有女父母依托子女居住养老的比例不会高于有子父母。

从表9-14数据中，我们看到一种现象，65岁及以上已进入老年的亲代选择与子女同住比例最低，其中有儿子的亲代独住意愿提高，有女儿的亲代入住养老院比例进一步上升。这或许因为，已经进入老年的亲代，对养老和居住方式的考虑更为现实，对与子代同住可能存在的问题考虑得更多，如两代人之间生活习惯有差异，或者子女工作忙所能提供的实际照料能力有限,因而年龄大的亲代对未来养老方式的选择更为理性,以致更加偏向机构养老或独立居住。

3. 从孙辈姓氏看独生子女父母对子代的家系传承责任重视程度

应该说,在中国当代城市,追求男嗣、通过生育男孩将男系传承链条延续下去的传统观念已经比较淡薄,即使一部分亲代来自农村,在观念上有此愿望,但独生子女生育控制政策之下此种愿望和行为受到抑制。那么,就第一代独生子女父母来说,男系传承的观念和行为究竟有哪些表现呢?我们在调查问卷中设计了一个问项,即受访者对孙子女(外孙子女)姓氏偏好,以此间接认识城市第一代独生子女父母对家系传承符号是否看重。

表9-15数据显示,无论有子、有女父母对孙辈子女的姓氏选择均以随父姓为主,这很大程度上是对惯习的遵守,我们认为它并非歧视女性意识的延续。这种惯习实际上已经成为一种文化现象。

表9-15　　　　只生一个孙辈子女的姓氏选择意愿　　　　单位:%

孙辈姓氏选择类型	独子父母	独女父母	总体	样本量(个)
随父姓	93.34	88.07	91.07	2713
随母姓	0.18	3.04	1.41	42
父姓+母姓	0.35	0.47	0.40	12
无所谓	6.13	8.42	7.12	212
合计	100.00	100.00	100.00	2979

这一问项中,有女父母与有子父母意愿上的最大差异是前者希望随母姓的比例高一些,但有这种意愿者在总比例中只有3.04%,并未对随父姓的主流观念造成冲击。那么,若子代生育两个孙辈子女,两类人群的意愿又会发生怎样的变化?

按照表9-16数据,若生两个孙辈子女,姓氏选择仍以随父姓为主。需要注意的是,有女父母在有两个孙辈子女时选择孙辈子女随母姓的比例较上面只生一个孙辈子女的比例更低,选择一个随父姓、一个随母姓者占比接近10%;并且,有子父母也有超过5%的受访者认可一个随父姓、一个随母姓。

表9-16 生两个孙辈子女的姓氏选择意愿 单位:%

孙辈姓氏选择类型	独子父母	独女父母	总体	样本量（个）
随父姓	83.12	74.94	79.6	2353
随母姓	0.30	1.96	1.01	30
一个随父姓一个随母姓	5.47	9.35	7.14	211
父姓+母姓	0.48	0.55	0.51	15
无所谓	10.64	13.20	11.74	347
合计	100.00	100.00	100.00	2956

那么，孙辈子女实际姓氏如何？调查样本中，只有一个孙辈子女者占91.69%，有两个孙辈子女者占8.31%（其中一个样本有三个孙辈子女）。

根据表9-17，只有一个孙辈子女者，实际随父姓占比较意愿更高。对照"愿望"和"实际"数据，我们发现，那些在"愿望"中持无所谓态度者，其孙辈子女的实际姓氏多"随父姓"。可见一旦姓氏选择进入"落实"状态，遵从惯习的倾向就会表现出来。有两个孙辈子女的样本中，随父姓占多数，但也应注意到有子有女样本中的差异。有子父母，两个孙辈子女均随父姓比例超过96%，高于意愿随父姓比例；有女样本中，一个随父姓、一个随母姓比例超过10%（11.49%），表明一些独女家庭通过孙辈子女实现有姓氏"传人"的愿望。

总的来看，本次调查数据显示，在孙辈子女的姓氏选择上，无论愿望还是实际，也无论有子有女父母，对随父姓惯习的遵循是主流。当然，当实际有两个孙辈子女时，有女家庭中超过10%的亲代实现了有姓氏传人的愿望。

表 9-17　　　　　　　　孙辈子女实际姓氏　　　　　　　单位:%

孙辈子女数量（个）	孙辈姓氏选择类型	独子父母	独女父母	总体	样本量(个)
1	随父姓	99.33	97.99	98.73	1860
	随母姓	0.38	1.54	0.90	17
	父姓+母姓	0.19	0.24	0.21	4
	其他	0.10	0.24	0.16	3
	合计	100.00	100.00	100.00	1884
2	随父姓	96.47	82.76	89.53	154
	随母姓	—	3.45	1.74	3
	一个随父姓一个随母姓	2.35	11.49	6.98	12
	父姓+母姓	1.18	—	0.58	1
	其他	—	2.30	1.16	2
	合计	100.00	100.00	100.00	172

综上所述，在亲子义务和责任功能关系上，亲代方面为子代教育进行投入的义务和责任较以往增强；总体上亲代为子女完婚的责任依然保持，特别是有子父母为儿子购置婚房的比例保持在较高水平，导致亲代的这项责任增大。不过新的现象已经出现，即一些有女亲代也参与了女儿新房购置，并且约20%的子女本人成为购买费用承担者。由于90%以上的第一代独生子女父母享受养老保险，子代提供生活费用赡养亲代的义务在不少家庭"软化"为一种形式。由于多数亲代生活尚能自理，子代的照料义务并未表现出来。但一些健康状况不太好的亲代并未从子代那里获得更多照料。传统时期为人所重视的家系传承功能意愿和行为已经大大弱化，本项调查通过对亲代对子孙辈姓氏的延续意愿的考察有所反映，这与中国社会城市化推进之下，孕育于乡土社会的宗族和后嗣观念的弱化有直接关系。可见，本项调查数据揭示出第一代独生子女家庭亲子代际功能关系呈现出亲代依然保持并在一些方面有所强化，子代则有全面弱化的特征。

三 基于生活互助的亲子交换关系

亲子代际交换关系有两种认识视角，一是纵向，二是横向。纵向视角是从不同时空上去观察，比如费孝通的抚育—反馈理论即亲代抚育子代、子代反哺亲代就是一种历时的纵向认识方式，而横向则是同一时空状态下亲子之间现时的互助行为。如传统时期，处于壮年的儿子从事农耕或家外就业等养活家人，劳动能力较弱的老年父母，特别是母亲帮子、媳照料小孩，料理家务，通过这种付出获得子代赡养。对于前者，我们将其放在前面的亲子之间责任、义务关系上去认识，这里的交换关系主要指后一种。我们想借此认识当代独生子女亲子之间代际交换关系有哪些表现。

（一）亲代的付出

1. 孙辈子女出生、抚育中的亲代贡献

我们认为，媳、女生育照料和孙辈子女出生后的抚育协助是亲代对子代表达支持的最主要事件。实际上，它成为亲缘关系和姻缘关系成员之间最重要的互动。

在男娶女嫁习俗为主导的传统时期，女儿离开娘家嫁入夫家或夫家所在地（村镇），其后的生活特别是生育照料多靠婆婆等夫家亲属承担。这也是婆媳建立生活互助关系的重要内容之一，并对未来公婆年老后儿媳对其照料的履行质量具有影响。而在当代城市，子女婚后独居增多，这可能使娘家人，主要是母亲对女儿生育期间的照料参与度提高。实际情形究竟如何？

（1）亲代对子媳、女儿生育行为的经济支持。

这里的经济支持主要指，亲代意识到，目前子代生孩子以住院分娩为主，花费大，并且还有诸多产前检查和产后营养费用等支出，因而主动给予子代经济支持。当然亲代经济水平不一，所给数额有所不同。我们在此主要考察亲代有无这项支持。

表9-18　　　　　　子代生育时亲代所予经济支持　　　　　　单位:%

子女别	有	无	样本量
子	69.57	30.43	1147
女	56.69	43.31	942
总体	63.76	36.24	2089

根据表9-18，有子、有女亲代当子媳、女儿生孩子时给予经济资助的比例分别为69.57%和56.69%，未给予经济资助者分别为30.43%和43.31%。总体上，多数亲代在子媳、女儿生育时给予了资助。相对来说，有子亲代给予子代经济支持的占比高于有女亲代，这可能与民间惯习有关，即有子亲代会觉得这是子媳为自家生育后嗣，理应有所表示。

那么，亲代的这种经济支持是否与亲子彼此的经济状况有关？我们以受访亲代对亲子两代人之间的经济水平评价数据为基础加以观察。

表9-19　　　子代生育时不同经济状况亲代给予的经济支持　　　单位:%

子女别	亲子经济状况比较	有	无	样本量
子	子代比亲代好	59.71	40.29	340
	亲代比子代好	80.70	19.30	285
	差不多	71.59	28.41	352
	完全相同	65.81	34.19	155
	总体	69.52	30.48	1132
女	子代比亲代好	45.53	54.47	380
	亲代比子代好	75.13	24.87	189
	差不多	60.40	39.60	298
	完全相同	54.84	45.16	62
	总体	56.94	43.06	929

表9-19显示，亲代经济条件好于子代类别中，亲代给予子代生育时的经济帮助明显高于其他类别；而子代好于亲代类别中，亲代的

经济帮助比例相对较低。分子媳和女儿看,在子媳生育时,较子代经济条件差的亲代所给予的经济支持接近60%。对多数有子父母来说,无论自己经济条件如何,子媳生育时予以经济支持成为必要之举。不过,较女儿经济条件差的娘家父母所给予的经济支持不足50%,除此之外均超过50%。

(2) 子媳、女儿生育期间的照料提供。

子媳、女儿生孩子后,"坐月子"期间由谁照料?在男娶女嫁为主导的时代,这也不是一个问题,绝大多数女性嫁入夫家所在地,即使非同居共爨,距离婆家更近,故照料之事由婆家人承担;娘家人只是在女儿生育期间过来探视。而在当代城市,特别是当独生子女生育时,亲代中的母亲(生育女性的娘家母亲)参与照顾情形会增多。事实怎样?

表9-20　　子媳、女儿"坐月子"期间照料方式　　单位:%

照料承担者	子媳	女儿	总体	样本量(个)
婆婆	65.80	28.28	48.84	990
母亲	13.86	44.98	27.92	566
婆家雇人	3.87	1.75	2.91	59
娘家雇人	0.81	1.53	1.13	23
婆家、娘家共同	10.8	16.81	13.52	274
婆家、娘家轮流	2.97	3.60	3.26	66
夫妇自己	0.63	1.64	1.09	22
夫妇雇人	1.26	1.42	1.33	27
合计	100.00	100.00	100.00	2027

按照表9-20,就总体而言,子媳、女儿生育期间,婆婆参与照料比例最高,其次是其母亲,再次为婆婆、母亲共同照料。双方亲代直接参与照料者占93.54%。若将婆家、娘家出钱雇人包括在内,参与率达到97.58%。夫妇自己或自己雇人照料应属于亲代没有参与类

型，只有2.42%。可见，子媳、女儿生育是亲代表达支持和帮助的最主要方式。

但若分性别看，作为婆婆的受访者与作为母亲的受访者在不同分项中的作用评估有差异。65.8%的婆婆认为自己是子媳生育期间的主要照料人，直接参与照料占79.57%；子媳母亲为主要照料人不足15%（13.86%），直接参与照料占27.63%，可见婆婆多认为自己是子媳生育的主要照料者。而母亲认为由自己起主要照料作用的比例占44.98%，直接参与照料占65.39%；其婆婆主要照料占28.28%，直接参与照料占48.69%。

这种作用认识上的差异既有主观因素，也有客观因素。所谓主观因素是各自可能会夸大自己在照料中所起作用。客观因素为女儿和子媳的身份有所不同，可能会使母亲和婆婆的参与作用有差异。无疑，本调查中受访者的女儿均为独生子女，其母亲对女儿"坐月子"期间的照料参与意识更强；而受访者的子媳有一定比例并非独生子女，因此婆家承担了更多的照料事务。实际情形是否如此？我们可通过婚姻类型来认识。

表9-21　不同婚配类型独生子女"坐月子"时的照料方式　　单位：%

婚配类型	照料承担者								样本量（个）
	婆婆	母亲	婆家雇人	娘家雇人	婆家、娘家共同	婆家、娘家轮流	夫妇自己	夫妇雇人	
双独	42.19	28.84	4.19	1.02	17.92	3.68	0.76	1.40	787
男独女非	73.83	10.67	3.07	0.73	7.46	2.63	0.58	1.02	684
女独男非	25.31	48.74	0.63	1.88	15.27	3.98	2.30	1.88	478
总体	49.15	27.35	2.92	1.13	13.60	3.39	1.08	1.39	1949

表9-21显示，双独类型中，双方父母均很重视，但婆婆照料的比例最大，却不占多数；娘家母亲参与照料超过1/4。男独女非类型中，子媳娘家参与照料比例降低，主要由婆婆照料。女独男非类型中，娘家母亲参与照料比例接近50%，婆婆参与照料的比例在三种婚

配类型中最低。

我们认为，子女结婚后的居住方式也会影响婆家、娘家对"坐月子"子媳、女儿的照料参与度。若婚后子媳与婆婆同住，那么生孩子期间的照料则更多由婆家承担；反之与娘家同住，则娘家参与度较高。单独居住，娘家参与度会提高，但在中国惯习下，婆家仍可能是主要参与方。实际情形如何？

表9-22 独生子女婚后居住方式与其生育时的照料关系 单位:%

婚后居住方式	照料承担者								样本量（个）
	婆婆	母亲	婆家雇人	娘家雇人	婆家、娘家共同	婆家、娘家轮流	夫妇自己	夫妇雇人	
夫妇单独居住	37.93	30.76	3.80	1.96	17.83	4.35	1.20	2.17	920
住男方家	68.49	13.93	2.63	0.46	10.50	2.63	0.68	0.68	876
住女方家	18.39	69.06	0.45	0.45	7.62	1.35	2.24	0.45	223
其他	—	83.33	—	—	16.67	—	—	—	6
总体	48.89	27.85	2.91	1.14	13.53	3.26	1.09	1.33	2025

表9-22数据证实了我们的推断，婚后不同居住方式下子媳和女儿生育期间的照料者有不同。与公婆同居的子媳，其生育期间的照料主要由婆家承担；而与娘家父母同住者则由其母亲作为主要照料者。单独居住者中，婆家照料占比高于娘家，但两者差异并不大，实际上这一居住方式下娘家的参与度提高了。

（3）对年幼孙辈子女的照顾。

年幼孙辈的照料是亲代帮助子代并形成代际交换关系的重要内容之一。在多育的传统时期，离开上辈人的照看，年轻夫妇照料多个年幼子女的负担很重。独生子女家庭子代在抚育幼小子女时是否仍沿袭传统，并继续得到亲代的帮助？我们在此主要考察亲代对三岁及之前尚未入托孙辈子女的看护情况。

表9-23　　　　　　　亲代对孙辈子女的照料付出　　　　　　单位:%

照料参与程度	独子亲代	独女亲代	总体	样本量（个）
几乎全部	52.34	40.67	47.05	956
超过一半	17.75	17.14	17.47	355
大约一半	9.64	10.30	9.94	202
少于一半	8.11	14.10	10.83	220
很少	8.29	12.91	10.38	211
没做	3.87	4.88	4.33	88
合计	100.00	100.00	100.00	2032

表9-23中,"几乎全部"是指没有雇保姆等协助人员,当子代夫妇上班时主要由其承担看护小孩责任;"超过一半"和"大约一半"则指有人从旁协助;"少于一半""很少"则主要指子媳、女儿没有工作或辞去工作,自己看护孩子,或完全雇保姆照料。

由表9-23数据可见,有子亲代对孙辈子女的照料超过一半者占70.09%,有女亲代对孙辈子女的照料超过一半者占57.81%,可见多数亲代对孙辈子女幼小阶段的抚育给予深度付出,亲代很少做或没做的比例在有子、有女家分别为12.16%和17.79%,是少数情形。

2. 亲代日常给予子代的钱物

这里主要考察亲代最近一年给予已婚子女钱物状况的情况。一般来说,已婚者多已组建独立家庭,即使与父母同住,其收入仍以自己掌管为主。就代际责任而言,亲代为子女操办完婚事之后,基本责任就已履行完毕。那么,这种情况下他们平时是否还给予子代钱物? 在我们看来,即使有这种做法,它已不是责任的延续,而具有一定交换和帮助意义。

下面我们将亲代和已婚子代两代人经济条件结合起来考察亲代对子代的经济帮助。

表 9-24　亲子两代不同经济状况与亲代对子代的钱物帮助　　　单位：%

子女别	亲子经济状况比较	从不	偶尔	经常	样本量（个）
子	子代比亲代好	47.27	33.73	19.00	421
	亲代比子代好	32.17	29.28	38.55	345
	差不多	42.86	31.62	25.53	427
	完全相同	50.00	21.20	28.80	184
	总体	42.48	30.28	27.23	1377
女	子代比亲代好	46.82	33.26	19.92	472
	亲代比子代好	26.94	34.70	38.36	219
	差不多	39.49	39.20	21.31	352
	完全相同	48.65	21.62	29.73	74
	总体	40.73	34.65	24.62	1117

根据表9-24，总体看，亲代给予已婚子女的钱物在亲子、亲女之间没有显著差异：最近一年中从不给予子代钱物者均超过40%，比例最大；偶尔给予居第二位；经常给予居第三位，其中亲子之间比亲女之间高2.61个百分点。可见，最近一年亲代给予已婚子代钱物以不给或偶尔给予为主。应该说，这与日常生活中人们所见到的情形具有一致性。

若亲代经济条件较子代为好，经常给予子代钱物支持的比例在子、女中均超过38%，在三种行为中所占比例最大；子代经济条件好于亲代者，亲代从不给钱物占比最大，超过45%；经济条件完全相同者多为亲子一起居住，亲代给钱物的必要性降低，故从不给钱物占比最大。

3. 家务帮助

我们认为，亲代帮已婚子女做家务的频度与居住方式有关，故结合亲代居住方式来分析这一问题（见表9-25）。

先看总体状况，亲代几乎每天帮已婚儿子做家务的比例明显高于帮已婚女儿的比例；亲代不为女儿做家务的比例达到1/3，不为儿子做家务的比例则只有1/4。这与亲子和亲女之间同居比例差异有关，即亲代与已婚儿子同住比例高于女儿，故会为儿子做更多家务。

表 9-25　　不同居住方式亲代对已婚子代的家务帮助　　单位:%

子女别	亲代家户类型	几乎每天	每周几次	每月几次	一年几次	很少	不做	样本量（个）
子	核心家户	12.62	10.29	6.99	5.63	19.22	45.24	515
	直系家户	70.58	8.41	2.60	1.36	4.94	12.11	809
	单人户	5.26	8.77	15.79	7.02	10.53	52.63	57
	其他	—	33.33	—	—	33.33	33.33	3
	总体	46.17	9.18	4.77	3.18	10.55	26.16	1384
女	核心家户	10.81	12.40	9.54	6.36	16.69	44.20	629
	直系家户	65.47	7.67	2.64	2.88	6.47	14.87	417
	单人户	9.21	7.89	17.11	2.63	9.21	53.95	76
	总体	31.02	10.34	7.49	4.81	12.39	33.96	1122

注：独生子女父母所生活的直系家户主要为与子女所组成，但有少数为与上辈人所组成。

居住类型也说明亲代为子女做家务频度高低受到居住方式的影响，与已婚儿子所形成的直系家户类型中，亲代为儿子每天做家务比例超过 70%；与已婚女儿同住的亲代也是家务的主要承担者。

不同居住方式的亲代对已婚子女的家务帮助差异很大。在直系家户生活的亲代多数是与已婚子代组成这种居住类型（只有个别为与上辈人所组成），由此亲代对子代的家务帮助最大，子代成为这种居住方式的受益者。核心家户亲代与子女分住，甚至不在一地生活，有子亲代和有女亲代几乎每天和每周几次为其做家务比例合计分别只有 22.91 和 23.21%。

另外，子代也有不同居住方式。这又会对亲代给予家务帮助产生什么影响？

在直系家庭生活的子代（实际主要是子代与亲代共同生活）获得亲代更多家务帮助，单独居住的子代获得此项帮助的比例则很低（见表 9-26）。

综上所述，在具有交换意义的事件上，亲代多有付出。当子媳、女儿生育时父母往往通过经济支持、照料以及孙辈子女幼小时提供看护等方式来减轻子代压力,当然这种做法因子代婚配类型、居住方式等而有一定差异。以往这些多由男方亲代承担的生育照料和孙辈抚育,独女亲代有了更多参与,尤其表现在女独男非婚配、亲女同住、女儿夫妇独住等类型中。亲代日常给予已婚子代的钱物帮助,因两代人经济水平高低不同而有差异,总体上以不提供或偶尔提供为主,经常提供为辅。这是亲代对子代抚育义务和婚配责任完成后的基本做法。

表9-26　　　　亲代对不同居住方式子代的家务帮助　　　　单位:%

子女家户类型	几乎每天	每周几次	每月几次	一年几次	很少	不做	样本量
核心家户	14.08	11.37	8.99	6.11	16.20	43.26	1179
直系家户	65.38	8.19	2.81	1.85	6.75	15.02	1245
单人户	8.54	8.54	10.98	3.66	12.20	56.00	82
总体	39.39	9.70	5.99	3.91	11.37	29.65	2506

(二) 子代的付出

在亲子代际日常交换关系中,子代为亲代的经济付出或者可能给予的劳务性帮助是什么?就目前来看,当第一代独生子女家庭的亲代尚未年老时,相对于亲代,子代对亲代的付出或给予的项目较少。在我们看来,主要是日常所给予的钱物、所提供的家务帮助。

1. 子代给予亲代钱物情况

正如前面所言,第一代独生子女家庭的亲代多有工资性收入或退休金,子代的赡养功能由"刚性"变成了形式功能。作为子代对亲代的非责任和义务性钱物给予(所给钱物并非亲代维持基本生活或赡养所需)会有怎样的表现?我们这里也通过对最近一年子代对亲代给予钱物的频度来认识这些关系。这项给予实质上是自愿行为,其频度在很大程度上也与亲子间的经济状况有关。在此我们将亲子两代经济状况与子代向亲代提供钱物频度结合起来分析。

表9-27显示,子代经济条件比亲代好者,调查时点前一年子代经常给予亲代钱物占比最高,接近或达到40%。与此相对应的是,亲

代比子代经济条件好者,子代经常给亲代钱物比例最低,仅有1/4强。亲子两代经济条件差不多者,子代经常给亲代钱物比例占1/3强。子代经济状况好于亲代,或许给予亲代钱物的意识较强,或者说对亲代的钱物贴补更大方一些。值得注意的是,在钱物提供上,子、女和亲代之间差距不大。

表9-27　　　　不同经济状况子代给予亲代的钱物支持　　　　单位:%

子女别	经济状况	从不	偶尔	经常	样本量（个）
子	子代比亲代好	17.86	43.33	38.81	420
	亲代比子代好	25.22	48.99	25.80	345
	差不多	20.84	44.96	34.19	427
	完全相同	29.35	35.87	34.78	184
	总体	22.17	44.26	33.58	1376
女	子代比亲代好	16.10	43.43	40.47	472
	亲代比子代好	26.94	44.29	28.77	219
	差不多	22.44	44.03	33.52	352
	完全相同	27.03	41.89	31.08	74
	总体	20.95	43.69	35.36	1117

我们再来看看这一关系与子代的受教育程度有无关系。

根据表9-28,在经常给予的类型中,大专及以上者超过1/3,中专及以下者不足1/3;在从不给予的类型中,本科及以上者不足20%,高中以下者则超过30%。这种差异或许因为大学以上受教育程度收入较高,经济条件相对较好,故给予父母钱物的占比也比较高。

那么,子代与亲代的这种关系是否有居住地上的差异?

表9-29显示,在子代经常给予亲代钱物的类型中,本地同住、分住之间基本没有区别,外地子女在这一类型中的占比比前两者低;而从不给予的类型中,三者之间没有显著差异,相对来说同住比例高一些。

表9-28　不同受教育程度已婚独生子女调查时点
前一年给予父母的钱物支持　　　单位:%

子女受教育程度	从不	偶尔	经常	样本量（个）
初中	33.72	44.57	21.71	258
高中	30.92	38.65	30.43	207
中专/职高	22.24	44.85	32.90	544
大专	20.77	43.28	35.95	573
本科	17.23	44.22	38.55	830
研究生	15.52	47.41	37.07	116
总体	21.84	43.87	34.30	2528

表9-29　不同居住地独生子女给予父母的钱物支持　　　单位:%

子女居住地	从不	偶尔	经常	样本量（个）
本地同住	23.66	41.63	34.71	968
本地分住	20.14	44.90	34.95	1256
外地	23.03	46.71	30.26	304

2. 子代为亲代做家务情况

同样，我们认为，子代为亲代提供家务帮助状况也与亲代的居住方式有关，与亲代同住的子代所提供的家务帮助将更多一些。

根据表9-30，子代中儿子常给亲代做家务（每月几次以上）所占比例为44.05%，女儿为38.88%，这明显低于亲代为子、女常做家务的占比，后者分别为60.12%和48.85%。从居住类型看，与亲代同住的儿子几乎每天做家务占比为35.4%，比亲代为其做家务占比低49.84%；同住女儿几乎每天做家务占比为34.3%，比亲代为其做家务占比低47.61%。无疑，从亲子做家务的占比差异可以看出，亲子代同居时子代减轻了家务负担，从中受益最大。

综上所述，在子媳、女儿生育这一重要生命事件及年幼孙辈子女抚育中，亲代多给予经济支持并参与照料和抚育，当然支持和参与程度因子媳、女儿之别而有一定差异，也受亲子代经济条件、居住方式及子代婚配方式的影响。总体上独子家庭亲代贡献更多，但独女婚后组成独立家户时其亲代也有较大付出。亲代与已婚子代间经常有经济支持行为占比不高，亲代经常给予占 1/4 左右，子代则占 1/3 以上。在家务活动中，与子代同居的亲代承担了主要家务，子代成为受益者，亲子独居者相互家务帮助较少。总体看，第一代独生子女家庭亲子交换关系中亲代付出高于子代，而子代仅在日常经济支持方面高于亲代，以此作为对亲代为自己付出的一种回馈，或属情感表达方式。

表 9-30　调查时点前一年独生子女（及配偶）帮亲代做家务情况　　单位:%

子女别	亲代家户类型	几乎每天	每周几次	每月几次	一年几次	很少	不做	样本量（个）
子	核心家户	6.07	9.59	8.02	4.70	24.85	46.77	511
	直系家户	35.40	17.64	5.34	1.61	23.11	16.89	805
	单人户	—	12.28	14.04	5.26	12.28	56.14	57
	其他	—	—	—	—	33.33	66.67	3
	总体	22.97	14.39	6.69	2.91	23.33	29.72	1376
女	核心家户	5.64	13.69	9.82	5.96	22.54	42.35	621
	直系家户	34.30	15.46	6.28	2.17	20.77	21.01	414
	单人户	2.63	6.58	15.79	6.58	15.79	52.63	76
	总体	16.11	13.86	8.91	4.59	21.42	35.10	1111

四　亲子情感互动关系

亲子之间的情感互动关系有多种表达和体现方式，在我们看来，前面的亲子交换互助关系中实际已包含情感互动方面的内容。不过，我们此处所言情感互动关系主要指亲子两代通过探视、日常见面表达关爱之情。严格来说，情感互动关系与责任、义务、权利和交换等关系不同，它并非靠法律约束。随着人们对代际关系的重视，一些做法开始在法律中得到体现。比如 2015 年修订的《中华人民共和国老年人权益保障法》第十八条中写入"与老年人分开居住的家庭成员，应当经常看望或者问候老年人"的内容。[①] 它只涉及代际情感关系维护的一小部分内容。我们认为，在生活资料短缺、社会养老保障制度相对缺乏的传统时期，人们对赡养、照料等功能关系更为重视；而在当代，社会保障制度相对完善、亲代对子代的赡养和照料需求相对较少，情感互动关系重要性大大提升。相对于多子女，独生子女与亲代之间的情感互动关系具有更加独特的意义，因此更受重视。

我们下面主要从节假日团聚、日常见面频度这两方面观察。

（一）重要节日与哪方父母在一起过

从家庭角度看，中国所有节日中，春节最受民众重视，通过团聚来增进亲缘关系成员情感。在人口流动较少的时代，父母和已婚子代多在一地生活，加之当时民众物质生活水平整体较低，故而家庭成员利用春节改善生活、休息娱乐的意义大于团聚的意义，当然在当地走亲访友也是一项必不可少的内容。而在社会转型、家庭成员离散和生活于两地情形增多的当代，利用春节探视家人、团聚的意义增大，它成为亲情沟通的重要方式。那么，对已婚夫妇来说，春节与谁的父母团聚？在男娶女嫁为主导的传统时期这不是一个问题。已婚女性与丈夫及其父母过春节已成为惯习。一些平时住在娘家的已婚女儿，春节前夕也要回到婆家。在当代，特别是城市，婚姻方式的"男娶女嫁"色彩降低，而彼此"结婚"后在双方父母家庭之外组成独立生活单位开始占多数。对来自多子女家庭的子女来说，每家的已婚儿子与媳妇回到父母（公婆）居处过年，已婚女儿则与女婿赶回公婆（父母）家过年。在儿女双全家庭，各家父母身边都有儿子、儿媳相伴，故此到谁家过节可谓较少争执。

对独生子女来说，问题则产生了。若遵循惯习，独女到独子家过节，自己的父母则会"孤独"过年；反之亦然。那么，第一代独生子女如何处理这一棘手问题，他们过春节的方式有哪些特点？

---

① 《中华人民共和国老年人权益保障法》（1996 年），中国人大网，http://www.npc.gov.cn/wxzl/gongbao/2015-07/03/content_1942893.htm。

表9-31显示，总体上，独生子女的过年方式可谓既有传统惯习的表现，又有现代趋向。与男方父母过年所占比例最大，超过40%，在我们看来，这是对传统惯习的遵守。

表9-31　　　　　　　　独生子女过年方式　　　　　　　单位:%

子女过年方式	独子	独女	总体	样本量（个）
与各自父母	1.50	2.15	1.79	43
两家都去	21.50	30.00	25.29	607
总与男方父母	54.59	24.21	41.04	985
总与女方父母	3.76	18.79	10.46	251
轮流	10.45	14.58	12.29	295
兼顾但无固定方式	4.51	6.82	5.54	133
子女夫妇单过	2.26	2.15	2.21	53
与双方父母	0.90	1.03	0.96	23
一方父母到子女家	0.08	0.19	0.13	3
其他	0.45	0.09	0.29	7
合计	100.00	100.00	100.00	2400

现代趋向表现在这些方面：双方父母家都去（其做法可有多种，若在同地居住或虽为异地但距离较近，则会采用除夕在一方家，初一到另一方家；距离远者则可能采用假期一半时间在男方过、一半时间在女方过）、轮流与一方父母过（一般按年选择，今年在男方家，下一年在女方家）、兼顾但无固定方式（两家都去，却没有形成严格规则）、与双方父母一起过（子代夫妇将双方父母接到自己家一起过年）、与各自父母过（采用这一方法者多为婚后未育且自由度较高的子代夫妇），其合计所占比例为45.87%。我们认为，这些做法中现代趋向的核心是兼顾双方父母过年时与子女团聚的愿望，而非仅顾及一方父母，特别是对女方父母有所忽视。另外，父母到子女家过年也是一种现代趋向。"子女夫妇单过"多有具体原因，如亲子空间距离较远，不方便来往。

分子女性别看，独子中最大类型为，总与自己的父母过年，超过50%，惯习的影响仍在起作用；其次为双方父母家都去，这种情形一般为独子夫妇及子女单独生活，除夕在父母家，初一到岳父母家；第三为轮流到双方父母家，这多为在外地工作子女，与父母家非同一城市，这三项合计占86.54%。独子对双方父母有所兼顾的做法占37.36%。

独女中占比最大的为双方父母家都去，有30%；第二类为总与男方父母一起过，接近1/4；总与女方父母过占18.79%，轮流与双方父母过占14.58%。独女兼顾双方父母需求占52.43%。

可见，已婚独子和独女过年方式的最大区别是独子总与自己父母过占比仍较大，但差别不是很大，在此基础上兼顾者超过1/3。独女中兼顾做法超过50%。应该说，已婚独女过节方式中对双方父母兼顾的做法比较突出，这是一个值得肯定的新变化。

我们知道，独生子女有三种主要的婚配类型，即双独、男独女非和女独男非。在过年方式上，这三者之间又有何异同？

表9-32显示，双独婚配类型中，总与男方父母一起过年类型占比虽最大，但却不居多数，仅有1/3；其余则多为两家兼顾性做法，特别是两家都去超过1/3，这一类可谓现代做法为主、传统惯习性做法为辅。男独女非类型则不同，总与男方父母过年占多数。由于女方非独生子女，娘家父母有兄弟姐妹等陪同，非孤独过年，故独子之妻认可与男方父母过年为主的做法。女独男非类型中，两家兼顾占比最高。独女与父母过年团聚的愿望得到最大程度的满足。

表9-32　　　　　　不同婚配类型独生子女过年方式　　　　　　单位:%

婚配类型	与各自父母	两家都去	总与男方父母	总与女方父母	轮流	兼顾但无固定方式	子女夫妇单过	与双方父母	一方父母到子女家	其他	样本量
双独	1.37	31.89	33.86	8.64	13.54	6.38	2.26	1.47	0.20	0.39	1019
男独女非	1.49	17.62	62.28	3.23	8.93	3.60	2.11	0.50	—	0.25	806
女独男非	2.89	24.55	23.10	24.01	15.16	6.86	2.35	0.72	0.18	0.18	554
总体	1.77	25.35	40.98	10.38	12.36	5.55	2.23	0.97	0.13	0.29	2379

我们认为，子代所选择的过年方式还与夫妇平时居住方式有关（见表9-33）。

表9-33　　　　　　　不同居住方式独生子女过年方式　　　　　　单位：%

子女别	子女家户类型	与各自父母	两家都去	总与男方父母	总与女方父母	轮流	兼顾但无固定方式	子女夫妇单过	与双方父母	一方父母到子女家	其他	样本量
子	核心家户	1.38	22.07	51.38	3.97	10.52	4.66	3.79	1.21	0.17	0.86	580
子	直系家户	1.66	21.33	57.89	3.60	9.97	4.16	0.55	0.69	—	0.14	722
子	单人户	—	14.29	35.71	3.57	21.43	10.71	14.29	—	—	—	28
子	总体	1.50	21.50	54.59	3.76	10.45	4.51	2.26	0.90	0.08	0.45	1330
女	核心家户	2.48	29.73	26.73	12.74	16.81	6.90	3.01	1.24	0.35	—	565
女	直系家户	1.47	30.04	21.64	26.68	11.55	6.51	1.05	0.84	—	0.21	476
女	单人户	6.90	34.48	17.24	6.90	20.69	10.34	3.45	—	—	—	29
女	总体	2.15	30.00	24.21	18.79	14.58	6.82	2.15	1.03	0.19	0.09	1070

本项调查显示，独子无论在核心家户还是直系家户生活，均表现为同自己的父母过年居多数。核心家户中的独女则以两家均去为最大类型，其次为与男方父母过，占1/4强，高于与自己父母过年比例，其余则多为兼顾性做法。而在直系家户生活的独女也以两家都去为最大类型，其次为与自己的父母过年，再次是与男方父母过年。这表明独女所组成的直系家户中有较高比例是与自己父母而非公婆所组成。

亲子同地、异地居住是否会对独生子女的过年方式产生影响？如表9-34所示。

同地同住和同地分住的儿子均以和自己父母一起过年为主，其次为两家都去。异地居住的儿子也以回到自己父母家过年为最大类型，但不及50%，其次为轮流，再次为两家都去。

表9-34　　　　　　亲子居住地与独生子女过年方式　　　　单位:%

子女别	子女居住地	与各自父母	两家都去	总与男方父母	总与女方父母	轮流	兼顾但无固定方式	子女夫妇单过	与双方父母	一方父母到子女家	其他	样本量
子	与父母同地同住	1.82	21.98	60.66	2.48	8.60	3.64	0.33	0.33	—	0.17	605
	与父母同地分住	1.17	22.50	51.00	4.83	11.33	4.67	2.5	1.33	—	0.67	600
	外地	1.60	14.40	42.40	4.80	15.20	8.00	10.40	1.60	0.80	0.80	125
	总体	1.50	21.50	54.59	3.76	10.45	4.51	2.26	0.90	0.08	0.45	1330
女	与父母同地同住	2.16	28.42	15.47	37.77	11.15	4.32	—	0.36	—	0.36	278
	与父母同地分住	1.76	31.94	28.12	12.78	15.18	7.19	1.60	1.44	—	—	626
	外地	3.61	25.30	24.10	9.64	18.07	9.64	7.83	0.60	1.20	—	166
	总体	2.15	30.0	24.21	18.79	14.58	6.82	2.15	1.03	0.19	0.09	1070

同地同住的女儿与自己父母过年占比最大，其次为两家都去，再次为与男方父母过年。同地分住和在外地工作的女儿以两家都去为最大类型，其次为与男方父母，再次为轮流。

可见，无论从居住家户类型还是从居住地角度看，独子的做法是，与自己父母过年为主，兼顾配偶父母为辅；独女表现为，兼顾双方父母为主，与一方父母为辅。独女对过年方式的选择更注意平衡双方父母情感之需，独子受传统惯习的影响较大一些。一定程度上讲，独女的做法具有矫正惯习的意义,当然这也是在其努力之下配偶做出让步的结果。

(二) 日常见面频度

日常见面频度能否作为考察情感关系的手段?一般而言,若亲子不在同地居住,日常见面少并不意味着亲子情感关系质量低。但我们同时认为,除亲子共同生活的情形外,若亲子同地但分居生活,一定时间内亲子日常见面多少可作为情感关系质量高低的一个衡量指标。

我们将子女与父母几乎每天、每周几次和每月几次见面视为高频度见面类型,一年几次为中等频度见面类型,一年及以上见面一次为低频度见面类型。

根据表9-35,就子女总体状况而言,与父母见面处于高频度类型者占77.70%,中等频度(一年几次)为7.93%,低频度为14.36%。这表明,多数独生子女能比较经常地与父母见面。

表9-35　　　　最近一年独生子女与父母见面频度　　　　单位:%

子女别	子女居住地	几乎每天	每周几次	每月几次	高频度小计	一年几次	一年一次	很少	未见面	低频度小计	样本量(个)
子	与父母同地同住	95.42	1.83	0.92	98.17	1.03	0.80	—	—	0.80	874
	与父母同地分住	36.01	17.48	25.08	78.58	16.11	4.26	0.46	0.61	5.33	658
	外地	5.43	0.90	2.26	8.59	10.86	47.06	28.96	4.52	80.54	221
	总体	61.78	7.59	10.15	79.52	7.93	7.93	3.82	0.80	12.55	1753
女	与父母同地同住	96.29	0.87	1.75	98.91	0.22	0.44	0.22	0.22	0.88	458
	与父母同地分住	31.66	19.63	29.98	81.27	13.55	4.41	0.61	0.15	5.17	657
	外地	4.05	1.8	3.15	9.00	7.21	42.34	32.88	8.56	83.78	222
	总体	49.21	10.25	15.86	75.32	7.93	9.35	5.83	1.57	16.75	1337
子女总体		56.34	8.74	12.62	77.7	7.93	8.54	4.69	1.13	14.36	3090

若分子女性别和居住类型看,与父母同住者中"几乎每天见面"占绝大多数,并且亲代与儿子、女儿之间基本没有区别。为什么同住的子女还有并非每天与父母见面的类型?这是因为个别子女虽与父母组成共同生活单位,但其工作具有流动性质或工作地点虽在同地但离家稍远,并非每天回家居住,如周末回家等。同城但分开生活的亲子见面频度较有说明意义,与子女中经常见面在80%上下,其中儿子中"几乎每天见面"占比稍高于女儿;同地分住子女与父母"一年几次"见面或"很少"见面合计在20%上下,其原因或许是家在本地,但长期在外地工作。而与亲代生活于不同地区的子女,见面为高频度者不足10%,一年几次也不多,80%以上为一年一次、很少或未见面,地域分割直接降低了亲子见面频度。

我们再以已婚子女为观察对象,看看其与父母见面频度有无变化(见表9-36)。

表9-36 最近一年已婚独生子女与父母见面频度　　　　　单位:%

子女别	子女居住地	几乎每天	每周几次	每月几次	高频度小计	一年几次	一年一次	很少	未见面	低频度小计	样本量
子	与父母同地同住	96.13	1.70	0.31	98.14	1.24	0.62	—	—	0.62	646
	与父母同地分住	36.32	17.43	24.76	78.51	16.12	4.23	0.49	0.65	5.37	614
	外地	9.02	0.75	2.26	12.03	10.53	48.12	26.32	3.01	77.45	133
	总体	61.45	8.54	11.27	81.26	8.69	6.75	2.73	0.57	10.05	1393
女	与父母同地同住	96.27	0.93	1.55	98.75	0.31	0.31	0.31	0.31	0.93	322
	与父母同地分住	32.04	19.60	30.02	81.66	13.37	4.20	0.62	0.16	4.98	643
	外地	3.57	2.38	3.57	9.52	7.14	42.86	30.95	9.52	83.33	168
	总体	46.07	11.74	18.01	75.82	8.74	8.83	5.03	1.59	15.45	1133
子女总体		54.55	9.98	14.29		8.71	7.68	3.76	1.03		2526

由于本项调查中第一代独生子女中多数已结婚，故仅对已婚子女加以观察，其与前面包括未婚子女的数据结果差异很小（见表9-36）。

日常与子女见面次数直接影响父母的心理感受，那些每月与子女见面一两次以上者父母经常感到孤独的占比不及10%，而一年见面几次或只有一次者经常感到孤独的占比分别为17.05%和28.97%。

由此可见，第一代独生子女中，春节过年方式这一显性亲情沟通方式或事件在很大程度上仍受到惯习的影响，故与男方父母过年所占比例稍高，并在已婚独子中成为多数；具有现代趋向、兼顾双方父母情感之需的做法如两家都去、轮流等在独女中占有较大比例。当然，具体做法又受到亲子两代居住方式、居住地的影响。亲子日常见面频度与子女性别关系不大，而受到居住方式的影响。同地分住的子女能比较经常地与父母见面者在80%上下；在外地工作或生活的子女则不足10%，很少见面（一年以上）者占80%上下。欣慰的是，第一代独生子女中在外地工作者占比较低（已婚子女居住在外地者占11.92%），尚不至于使多数父母处于孤寂之中。

五 代际权利关系

代际权利关系本质上是亲子双方对彼此财产的继承，或者说互为第一顺位继承人。不过在实际生活中，它更多地体现为子代对亲代财产的继承。

与传统时期亲代财产以儿子继承为主不同，1930年形成的民国"民法"即赋予了儿女相同的继承权[1]，新中国成立后法律对此予以更明确的强化[2]。但在民间社会，特别是男娶女嫁习俗仍然流行的农

---

[1] 1930年《民法》继承编第一千一百三十八条：遗产继承人除配偶外，顺序为：(a) 直系血亲卑亲属；(b) 父母；(c) 兄弟姊妹；(d) 祖父母，见中国法规刊行社编审委员会（编）：《六法全书》，上海春明书店1948年版，第101页。

[2] 1950年《婚姻法》第十四章第十四条：父母子女有互相继承遗产的权利，参见王跃生《制度与人口》（上册），中国社会科学出版社2015年版，第324页。

村地区，女儿的财产继承权则是不完整的。城市一些有儿有女家庭也有以儿子继承父母基本财产为主的做法。独生子女家庭，特别是独女家庭无与之相并立的继承人，无论儿子还是女儿均是父母财产的唯一继承者。那么，独生子女父母对子女继承财产的态度是什么？如何安排继承事宜？这是代际权利关系的重要内容。

我们知道，目前城市居民所拥有的产权住房为其最主要的私人财产，在本项调查中我们对子代对亲代房产的继承方式进行了调查。

（一）亲代对房产的处置意愿

根据本项调查，受访亲代有产权住房者占95.38%，其中有1套住房者占65.18%，有2套住房者占27.03%，有3套及以上住房者占3.17%。

那些有产权住房者打算以何种方式处置自己的房产？见表9-37。

表9-37　　　　　亲代对房产的处置意愿　　　　　单位:%

子女婚否	房产处置意愿	子	女	总体	样本量（个）
已婚	由孩子继承	89.36	84.65	87.23	2077
	以房养老	2.53	3.44	2.94	70
	捐赠	0.15	0.37	0.25	6
	未考虑	7.96	11.53	9.58	228
	合计	100.00	100.00	100.00	2381
未婚	由孩子继承	83.43	87.63	84.94	440
	以房养老	3.31	2.15	2.90	15
	捐赠	0.60	0.54	0.58	3
	未考虑	12.65	9.68	11.58	60
	合计	100.00	100.00	100.00	518

我们看到，接近或超过85%的亲代明确表示房产将由子女继承；其次为没有考虑此事，对尚未年老的亲代来说，这并非遁词，确实没考虑过这一问题；选择以房养老的亲代占比并不高，捐赠更属个别情形。进一步看，有子父母希望由儿子继承占比稍高于女儿，其差异主要是有女儿的亲代尚未考虑的比例稍高一些。

子女尚未结婚的亲代对房产的处置方式中，由子女继承接近85%，稍低于有已婚子女的亲代，但两者无实质区别。或许因为子女未婚的亲代年龄较低，故未考虑的比例稍高一些。

那么，亲代的年龄是否对其房产继承安排方式有影响？请看表9-38。

表9-38　　不同年龄组受访亲代对房产的处置方式　　单位:%

子女别	亲代年龄组（岁）	由孩子继承	以房养老	捐赠	未考虑	样本量（个）
子	54及以下	84.78	3.91	—	11.30	230
	55—59	88.89	2.19	0.36	8.56	549
	60—64	88.91	2.93	0.31	7.86	649
	65+	87.62	1.90	—	10.48	210
	总体	88.16	2.69	0.24	8.91	1638
女	54及以下	87.29	3.87	—	8.84	181
	55—59	84.15	3.57	0.45	11.83	448
	60—64	85.86	3.28	0.41	10.45	488
	65+	82.64	1.39	0.69	15.28	144
	总体	85.09	3.25	0.40	11.26	1261

我们看到，有子亲代中，选择由儿子继承的比例除54岁及以下组稍低外，55—59岁组、60—64岁组和65岁及以上组之间差异很小，具有一致性。有女亲代选择由女儿继承的比例在54岁及以下组最高，65岁及以上组最低，但两者仅相差4.65个百分点，并无明显之别。这种差异实际是由两个年龄组中未考虑类型有别所造成的，65岁及以上有女亲代中未考虑房产处置方式的比例高于54岁及以下组，这与常理不太符合。一般来说有子女亲代随着年龄增大，对住房处置方式的想法会更加清晰。这或许因为，一些年龄大的有女亲代将房产处置与养老等问题结合起来的意识增强，考虑得更为现实，难以形成明确的决断。有子亲代中则以54岁及以下组和65岁及以上组未考虑占比为最高。65岁及以上组亲代未考虑比例升高的原因与有女亲代相

似，54岁及以下组亲代或许因年纪轻，确实尚未虑及此事。另外一个有趣的现象是，在有限的选择以房养老者中，低龄亲代比高龄亲代占比高。我们的解释是，低龄亲代有此打算可能有理想化的成分，而65岁及以上组考虑则更为现实，受到的约束增多。有捐赠意愿者很少，这也与我们的经验认识比较一致。

受访亲代对房产的继承安排是否受亲子关系质量的影响？在本项调查中，我们设计了受访亲代与子女关系评价的问项。那么这一问项是否对亲代处置房产的方式具有影响？根据本项调查，认为与子女关系很好和较好所占比例为89.12%，一般为9.84%，不太好为0.91%，很不好为0.13%。可见亲子关系整体水平较高。我们认为，当父母评价自己与子女关系一般时，往往有不和谐的因素包含其中。这里我们看一下它们是否影响到亲代对住房的继承安排。

表9-39　　　　亲子关系质量与亲代房产处置方式　　　　单位:%

亲子关系	由孩子继承	以房养老	捐赠	未考虑	样本量（个）
很好	88.72	2.44	0.25	8.58	1596
较好	86.63	2.86	0.10	10.41	980
一般	79.23	4.93	0.70	15.14	284
不太好	68.00	16.00	—	16.00	25
很不好	—	—	66.67	33.33	3
总体	86.81	2.94	0.31	9.94	2888

由表9-39可知，就由孩子继承这一选项来看，它与亲子关系质量是有较强的关系的。由关系很好到很不好之间呈现出孩子继承占比由高到低的变动。在不太好关系类型中，希望由孩子继承比例降至68%。选择以房养老做法者，随关系质量降低而上升（没有关系很不好样本）；选择未考虑者也受亲子关系质量影响，关系越不好，未考虑财产处置方式的比例越高，这实际是亲代视未来与子女关系的改善状况来做决断。

（二）子女继承房产的方式

那些选择由子女继承房产的亲代将以何种方式落实继承？在我们

看来，主要有三种方式：一是亲代生前将房产过户给子女；二是生前立遗嘱由子女继承，三是自然继承。这三种方式本质上为两种，即一是生前过户，二是亲代去世后继承（包括立遗嘱与不立遗嘱继承两种）。对于只有一次婚姻行为且只有一个子女的父母来说，或许觉得通过立遗嘱确定子女继承权利的必要性不大。若父或母婚姻次数超过一次且与另一方生有子女，通过立遗嘱来明确该独生子女作为自己财产的唯一继承人则有必要。

在本次调查的第一代独生子女父母中，究竟采用哪种方式？

表9-40　　　　　　　　亲代房产继承实施方式　　　　　　　　单位：%

子女婚否	继承实施方式	子	女	总体	样本量
已婚	生前过户	18.22	15.84	17.18	357
	立遗嘱继承	4.11	3.08	3.66	76
	自然继承	77.67	81.08	79.16	1645
	合计	100.00	100.00	100.00	2078
未婚	生前过户	17.56	15.38	16.78	73
	立遗嘱继承	1.08	1.28	1.15	5
	自然继承	81.36	83.33	82.07	357
	合计	100.00	100.00	100.00	435

根据表9-40，独子和独女父母中多数人选择由子女自然继承，实际是父母去世后，子女作为第一顺位继承人继承房产；而选择在生前过户给子女者超过15%，但不足20%；通过立遗嘱来明确子女继承权的做法最少，除了前述无人与子女竞争外，也与我国多数民众尚未接受这一做法有关。

可见，在财产继承权利这一关系上，由于亲代只有一个儿子或女儿，以房产为核心的财产继承关系相对简单。将房产留给子女是多数亲代的选择，而选择以房养老或捐赠只是少数父母的行为。子女继承的实施方式多为自然继承，生前过户虽有，但不及20%。

六 结语与讨论

基于五省市调查数据所做分析,我们对第一代独生子女家庭亲子代际功能关系有以下认识。

就亲子代际义务和责任而言,第一代独生子女是高校扩大招生的受益者,被调查者的子女62%拥有大专及以上学历。亲代为子代的教育义务和责任履行付出了较多精力和费用,这是当代父母对子女教育义务履行功能增强的主要表现。在婚姻方面,亲代仍是子代所需住房的主要提供者,新房购置费用亲代为主要承担者占比在80%上下,独子父母作为婚房主要提供者的惯习仍在发挥作用,并在新房购置中体现出来。我们也应看到新的变化出现,一些独女父母在结婚女儿购置新房中做出贡献,另外子女自己出资购买婚房的比例在独子中约占15%(儿子及儿媳承担),独女中超过1/5(女婿、女儿承担)。总体上,亲代在子代教育方面的义务和责任增大,多数父母对子女包括住房在内的婚事操办仍起主导作用。而子代对亲代的赡养义务履行实际变成一种形式,这是因为年老亲代中90%以上享有养老保险。第一代独生子女父母目前多具有生活自理能力,对子代照料需求较低。调查显示,一些健康状况不太好的亲代并未获得子代更多照料;而且在未来生活不能自理时,独子父母选择同儿子同住以便获得照料的比例并不占多数;独女父母入住机构养老的意愿较强。亲代通过子代、孙辈子女将姓氏传承下去的愿望并不强烈,特别是独女亲代多认可孙辈子女从父姓的惯习。但当有两个孙辈子女时,约10%的有女亲代希望采用一个随父姓、一个随母姓的做法,并在实践中得到了体现,不过遵从父姓惯习的做法是主流。这表明,多数亲代,特别是独女父母已不在意血缘世系传承中断与否,乡土社会男系嗣续传承观念在城市社会中已经大大弱化。

在交换关系上,亲代在子媳、女儿生育时通过经济支持、直接提供照料和孙辈子女幼小时给予看护等方式来减轻子代养育孙辈压力。

这些支持和帮助因子代婚配类型、居住方式等在独子和独女亲代之间表现出差异。独女与非独子婚配、亲女两代同住、子代独住类型中，独女亲代发挥了较重要的作用。亲代和已婚子代在日常钱物给予上因两代人经济水平高低不同而有差异，总体上以不提供或偶尔提供为主，经常提供为辅。与子代同住的亲代是家务的主要承担者。子代经常给予亲代的钱物支持稍高于亲代。但无论与亲代同住与否，子代帮亲代做家务所占比例都不高。就第一代独生子女家庭而言，子代是亲子交换关系的受益方。

在情感沟通方面，第一代独生子女将过年与父母团聚视为表达亲情的主要途径。总体上与男方父母过年占比相对较高，但却并不占多数。子代过年选择方式与其居住家户类型、婚配类型和亲子居住地类型有关。无论从居住家户类型还是从居住地角度看，独子与自己父母过年为主，兼顾配偶父母为辅；独女则为兼顾双方父母为主，与一方父母过年为辅。独女对过年方式的选择更注意平衡双方父母情感之需，独子则受传统惯习影响较大一些。独女的做法具有矫正惯习的作用。子女与父母经常见面占77.70%，一年几次为7.93%，很少见面为14.36%。整体看，与父母同地居住的子女多能比较经常地与父母见面；而在外地工作或生活的子女与父母经常见面比例不足10%，很少见面约占80%。亲子地域分割成为亲情沟通的主要障碍。不过，第一代独生子女与亲代分处两地的比例仅有10%多一点，尚不至于使多数父母处于孤寂之中。

亲代对自己房产的继承意愿，接近或超过85%的亲代希望由子女继承，选择以房养老的比例并不高，捐赠更属个别情形。值得注意的是，尽管只有一个子女，亲子总体关系质量对亲代处置房产的方式也具有影响，认为与子女关系不太好的亲代选择以房养老的占比相对较高。由子女继承房产的亲代多希望采用自然继承方法，生前过户给子女者超过15%，但不及20%。采用立遗嘱方法使子女获得继承权的不高，这一规则或许与民众习惯性做法尚有距离。

我们认为，第一代独生子女家庭亲子之间的功能关系在一定程度上也是对目前城市代际关系的基本行为趋向的反映。因而，本项调查和结论性认识也为理解当代中国代际关系的新变动提供了素材。

总的来说，第一代独生子女家庭亲子代际功能关系中亲代在责任、义务履行上很大程度保持着传统做法，并且是交换关系和财产继承关系的主要付出方；子代对亲代义务、责任履行减少，是交换关系和财产继承关系的受益方。多数亲代对子代感到满意之处在于，他们重视亲代的情感需求，通过节假日探视和经常见面，使亲代获得慰藉。但是，对分处两地的亲子来说，这一情感沟通受到制约。

以往多数代际功能关系履行是在亲子之间，第一代独生子女家庭代际功能关系的最大特征是，亲代和儿子、亲代和女儿都是唯一关系方，独女从理论上和实际上将承担以往由儿子承担的功能并获得完全的财产继承权利。根据本项研究，除了婚事操办上独子亲代付出更多外，独女家庭亲代在义务和责任关系、交换关系上的付出并不明显逊色于独子父母。独女也在情感关系上关注父母的需求，过年和其他节日探视会兼顾双方父母。同时多数父母也将自己财产的继承权给予女儿。这些都是当代代际功能关系值得注意的新变化。当然，由于居住方式上亲子同居占比明显高于亲女同居，因而一些功能关系如交换关系仍具有在亲子之间履行频度较高的表现。

若仅从责任和义务角度着眼，第一代独生子女家庭亲代为履行义务和责任依然需要付出精力和财力，而子代义务则由刚性变为弹性，实际是大部分城市第一代独生子女父母不需要子代提供赡养费用，照料责任履行也是有限的，家系传承责任不再被人们看重。从这一点看，当代的确出现子代回馈亲代抚育付出的"弱化"。在我们看来，它是人们生育意愿降低的一个重要原因。当然，亲子之间的情感沟通受到重视，亲代还需要子代承继自己的财产。从这一点讲，多数民众又无法脱离或摆脱亲子代际关系。在生育行为上表现为不愿意多生（甚至生育两个子女也会觉得"多"），但又不想放弃生育（一个）。

本项研究的不足是，由于第一代独生子女父母尚未进入高龄阶段，生活自理能力较强，其对子代的照料需求及子代的照料付出还未真正体现出来，对这一功能关系水平及其问题难以准确判定。

值得注意的是，本项研究显示，第一代独生子女父母有较强的独立生活愿望，未来年老后并不把依赖子女照料作为主要选择，特别是独女父母具有较高的机构养老意愿。它提示我们，将来这一群体对机构养老可能有较高的需求，政府和社会组织应予以重视，及早谋划。

第十章 总括性认识

我国当前正处于工业化、城市化快速推进和从传统社会向现代社会转型的时期，人口迁移流动空前活跃，低生育水平长期维持，人口老龄化速度明显加快。社会转型直接影响民众的生活方式，并在家庭结构、家庭关系和家庭功能等方面表现出来。目前，我国民众居住方式既有适应社会转型、成员关系和生活质量得到改善的一面，也有与新形势不相适应、家庭功能和代际关系削弱的一面。关注家庭新变动，解决其中具有普遍影响的问题，是提高大众生存质量的重要内容。

一 社会转型带来家庭新变动

（一）城乡家庭结构的新变动

我国城乡家庭在 20 世纪六七十年代已形成以核心家户为主的局面。在社会转型初期，城乡家庭呈现出一些新特征，其中最主要的是夫妇核心家户和单人户大幅增长，家庭"一代化"特征凸显。根据第六次全国人口普查，2010 年全国城市夫妇核心家户和城市单人户比例分别达 21.03% 和 17.03%（1982 年分别只有 5.71% 和 9.21%）。这一变动与 20 世纪 80 年代初以来独生子女政策的长期推行（2015 年底才告结束）、劳动年龄人口迁移流动频度提高有关，同时年轻人晚婚、民众居住条件改善、人口老龄化等对此也有推动作用。具体来说，当代我国家庭结构和代际关系的新变动主要表现在以下几方面。

2000 年和 2010 年新婚者居住方式城乡分异趋向突出，城市初婚者独居成为主导,新婚夫妇一方与自己父母同住所形成的过渡核心家户占比大幅度提高;农村初婚夫妇与父母同住占比最大。城市初婚者的居住形态变动与第一代独生子女进入婚娶阶段、婚后独住意愿和行为较强有关;农村则与少子女家庭增多、新婚者与父母(公婆)同住可从亲代获得更多生活帮助有关。另外,农村已婚青壮年劳动力普遍外出务工,其对亲代在养育子女中的协助需求增多,这也对直系家户具有提升作用。总体上,城市夫妇结婚即建立新家户的做法逐渐成为主流,而农村则出现一些"逆转"表现。

在养育子女阶段,城乡有子女妇女居住方式保持着较高比例的独居方式——以标准核心家户为代表。总体上,四个时期有子女妇女中的标准核心家户峰值变动为,前两个时期均在40—44岁组,2000年和2010年则在35—39岁组。这意味着,子女较少的妇女其标准家户结束或向其他类型家户转化的时间提前。2010年农村有子女妇女在标准核心家户峰值降低,而且所覆盖的年龄组范围变窄。值得注意的是,城乡1982年和1990年同一时期不同子女数量妇女在标准核心家户中的构成差异不大,从家户结构上看,多数多子女夫妇并非依赖同公婆或父母同住获得抚育协助。这一时期(1982—1990年)是城乡标准核心家户增长的重要阶段。它体现出社会转型之前民众抚养子女的方式和特征。抚育子女的生活成本、教育成本低是形成这种状况的主要原因。同时它也与多子女家庭具有较强的相互制约能力有直接关系。当时亲代和子代都有相对较多的子女,亲代难以与一个青、中年子、媳形成稳定的共居单位,以帮助其抚养孙子女。当然,多子女妇女在抚育小孩的初期,亲代的协助也是不能忽视的。老年人居住方式既有传统特点,又有"现代"趋向。目前,老年人居家养老仍占多数,但独居占比明显提高。根据"六普"数据,2010年城市65岁及以上老年人中的夫妇核心家户占比达34.27%(1982年仅为12.77%),农村也达到26.63%(1982年为13.58%)。另外,还有一定比例的老年人单人独居。单人户和夫妇核心家户合计数值显示,城乡老年人独居占比分别为46.41%和39.09%。这种状况既与当代老年父母和已婚子女对独立生活小家庭居制的偏好增强有关,也与社会转型期亲子异地居住增多有关。

（二）代际关系新变动

家庭代际关系模式和家庭功能发生变化。中青年父母抚育未成年子女，成年子女赡养、照料老年父母，是重要的代际义务关系。随着社会转型，一些家庭代际关系形式和功能发生改变，在城市表现得尤为明显。如享受退休金的老年父母基本上不必依赖子女赡养，生活不能自理后的照料也出现替代方式（雇人照料）。从整体看，城市子女赡养老年父母的义务削弱，或者说由刚性转变为弹性。根据本项研究，70%的老年人从生病至去世在一年之内，多数老年人并没有给子代照料带来很大压力。子代养老中的性别差异在城市已经弱化，相对来说儿子承担养老的比例高于女儿；在农村，儿子仍是父母养老的主要承担者。而父母对子女的抚养、教育等投入不仅没有降低，且有增强之势。

家系传承方式发生变化。我国历史上家系传承的主流是男系传承。中华人民共和国成立后，这一制度已不被法律和政策支持，子女对父母负有相同的义务，同时享有平等的财产继承权。特别是在计划生育政策实行之后，城市独生子女家庭、单性别子女家庭增多。"六普"数据显示，2010年城市50—59岁组妇女中，儿女双全占25.18%，只有儿子占40.60%，只有女儿占30.48%。在单性别子女家庭成为多数的现实条件下，女性在家系传承中的责任和权利明显增加。

通过对城市第一代独生子女家庭亲子代际关系进行专项研究后发现：独生子女结婚前亲子组成核心家户是主导，结婚后亲子独居和合爨并存。已婚子女的性别、婚配组合类型、亲代所拥有的住房数量和亲子受教育程度对亲子居住方式影响显著。它是传统惯习和现代观念、居住意愿和物质条件、个人偏好和家庭功能履行相互制约的结果。而亲子在初婚、初育和抚幼阶段家户类型的时期差异更表明不同代际成员居住方式并非遵循单向或单一模式演变，表现出很强的时代特征。相对于多子女家庭，独生子女与父母所组成的生活单位边界相对模糊，分中有合、合中有分特征突出。第一代独生子女家庭的亲子代际关系表现为，亲代在子代教育中的义务和责任增大，亲代特别是独子父母仍承担着子代的婚房提供和购置之责。多数子代对老年亲代的赡养义务成为形式，照料义务履行有限。家系传承上，有女亲代多认可外孙子女从父姓惯习。交换关系上，亲代付出更多，子代是受益方。情感关系上，独生子女，特别是独女，通过调整过年安排尽可能兼顾双方父母所需。同地居住亲子多能经常见面，异地居住亲子见面受到地域分割限制。财产继承关系上，多数亲代希望房产由子女继承，选择以房养老占比不高。值得注意的是，第一代独生子女父母年老之后有较强的独立生活意愿，年老后并不把子女照料作为主要选择，独女父母有较高的机构养老意愿。

二 家庭变动中值得关注的问题

一般来说，家庭小型化，特别是"空巢"家庭、单人户增多，并不意味着家庭成员生活质量降低，甚至会有相反的表现。但也要看到，在当前社会转型背景下，家庭变动中确有一些值得关注的问题。

家庭成员外出增多，亲情沟通受到限制。在社会转型期，家庭内劳动年龄成员为求学和就业而外出的比例增大。根据"六普"数据，2010年，全国农村30%以上的家庭户有成员长期外出（半年以上），南方的安徽、福建、广西、重庆和贵州有成员长期外出的家庭户占比超过40%，不完整家庭形态因此增多。农村劳动力外出就业较多地区则形成高比例的隔代家庭和只有单亲在户内的家庭。不少家庭的父母与未成年子女、丈夫与妻子长期不在一起生活，亲情沟通受到限制，进而影响家庭关系。

高龄和丧偶老年人独居占比增大，"家内"照料资源萎缩。一般来说，低龄老年人多数生活能够自理，独居没有大的问题。但"六普"数据显示，2010年城市80岁以上老年人独居占比超过40%，农村也在30%以上。另外，城市生活不能自理的老年人独居占比高达35.87%，农村为29.78%。就实际情况看，城乡多数独居老年人的子女并非未尽必要的义务。然而必须承认，与同住相比，在亲子分居状态下，一些老年人常常难以获得子代等亲属的实质性帮助。

家庭代际关系有失衡表现，影响老年阶段的自我赡养能力。就目前来看，多数家庭的父母不仅为养育子女付出辛劳和巨大财力，而且子女的婚配花费也主要由父母负担。农村一些家庭父母为儿子办婚事花费不菲，一定程度上使其老年阶段的自我赡养能力受到影响，而成年子代对老年亲代的经济回馈不足。城市父母所期望的是从子女那里获得更多亲情关照，这种需求往往为子代所忽视，或因客观条件限制而难以履行。

家系传承上男女平等的目标尚未完全实现。就当下社会实际来看，男系单一传承模式虽失去法律支持，但这一模式在民间仍然得到很大维护，对社会发展的负面影响不可忽视。比如在农村，由于社会养老保障水平较低，男系传承形式与诸多具体家庭功能相联系，儿子仍是实际或形式上的家庭责任承担者和家系传承者。一些地区仍有较强的男孩偏好，出生婴儿性别比偏高与此有很大关系。

本项研究显示，城市第一代独生子女父母有较强的独立生活意愿，未来年老后并不把依赖子女照料作为主要选择，特别是独女父母具有较高的机构养老意愿。它提示我们，将来这一群体对机构养老可能有较高的需求，政府和社会组织应予以重视，科学谋划应对措施。

三　解决家庭问题的思路

上述问题在很大程度上影响了民众的家庭生活质量和幸福感，需要加以正视并寻求解决之道。社会转型期家庭小型化是趋势。我们所要做的是，减少家庭形态"破碎"和代际关系"失衡"状况；适应这一变化，在社区和村落层面为不同类型小家庭提供规范的服务帮助，同时引导不同代际成员之间增强亲情关照，使小家庭及其成员处于服务健全的社区、村落之中和相互关爱的亲情网络之中。这是社会和谐和家庭幸福不可缺少的内容，需要政府、社会和家庭共同做出努力，具体来说有以下几个方面。

改革户籍、教育等制度，减少亲子和夫妇等关系密切家庭成员的地域分离现象。社会转型初期，家庭成员地域分离现象虽不可避免，但调整制度将有助于降低不完整家庭存在的范围和程度。政府应通过户籍制度、教育制度、社会福利和保障制度改革，为劳动力及其家庭整体迁移提供方便。

适应家庭小型化趋向，增强针对家庭的公共服务建设。小家庭无论在子女抚育，还是在老人照料等方面，对社会机构服务或家政服务的需求都很大。政府和相关组织应从社区和村落层面入手，加强社会服务建设，包括建立布局合理、收费合理的托幼、助老、医疗等设施。

制定政策措施，提高家庭成员在代际关系维护、亲情关照中的作用。政府和社会组织应通过制度建设引导不同代际成员加强联络，如完善和落实探亲制度，并为成年子代与老年亲代同地居住提供政策上的协助。重视家庭成员的作用，可尝试在直系关系成员之间建立患病照料假期制度。

对女性在家庭中享有的合法权益应加强法律维护。淡化婚姻中的"男娶女嫁"意识，强调男女"婚姻"观念。矫正婚姻缔结中的歧视性做法和用语，如在农村，称男从妻居婚为"招赘婚"。这种歧视在很大程度上降低了女性择偶的质量。应强调子女而不只是儿子在父母赡养、照料和财产继承中的义务和权利；已婚者应有对双方父母履行照料义务的意识。

附 录

城市第一代独生子女家庭状况调查表

中国社会科学院人口与劳动经济研究所

省/直辖市编码：_____ 城市编码：_____ 区编码：_____

街道编码：_____ 社区编码：_____ 问卷编码：_____

被访人姓名：_____ 电话：_____

住址：_____省/直辖市_____市_____区_____街道_____

社区_____（门牌号）

调查员签名：_____ 日期：____年___月___日

核查人签名：_____ 日期：____年___月___日

注：一般情况下，对于无法回答、不知道、未回答的选项编码为8、88……以此类推；不适用的选项编码均填9、99……以此类推，补齐码位。特殊情况见该问题的具体要求。

一 家庭人口信息（包括与被访者共同生活的所有成员和未共同生活的配偶）

101. 您家共同生活成员有几人？	____人							
问题及选项/户人口 第一列填被访人，其余依出生顺序填	1	2	3	4	5	6	7	8
102. 与被访人关系： 0. 本人 1. 配偶 2. 子女 3. 媳/婿 4.（外）孙子女 5. 父母 6. 岳父母/公婆 7.（外）祖父母 8. 兄弟姐妹 9. 其他亲属 10. 同居伴侣 11. 非亲属	[0]	[ ]	[ ]	[ ]	[ ]	[ ]	[ ]	[ ]
103. 性别： 1. 男 2. 女	[ ]	[ ]	[ ]	[ ]	[ ]	[ ]	[ ]	[ ]
104. 出生年月（公历）：	__年__月	__年__月	__年__月	__年__月	__年__月	__年__月	__年__月	__年__月

续表

105. 民族： 1. 汉族　2. 少数民族	[　]	[　]	[　]	[　]	[　]	[　]	[　]	[　]
106. 该成员平时或外出回家后： A. 是否与您同吃：1. 是　2. 否 B. 是否与您同住：1. 是　2. 否 C. 是否与您共收支：1. 是　2. 否	A[9] B[9] C[9]	A[　] B[　] C[　]	A[　] B[　] C[　]	A[　] B[　] C[　]	A[　] B[　] C[　]	A[　] B[　] C[　]	A[　] B[　] C[　]	A[　] B[　] C[　]
107. 该成员的个人收入如何管理？ 1. 全部上交　2. 部分上交 3. 自己掌管　4. 无收入	[　]	[　]	[　]	[　]	[　]	[　]	[　]	[　]
108. 健康状况： 1. 很好　2. 比较好　3. 一般 4. 不太好　5. 很不好	[　]	[　]	[　]	[　]	[　]	[　]	[　]	[　]
109. 受教育程度： 1. 学龄前　2. 文盲　3. 小学　4. 初中 5. 高中　6. 中专/职高　7. 大专 8. 大学本科　9. 研究生	[　]	[　]	[　]	[　]	[　]	[　]	[　]	[　]
110. 单位类型： 1. 政府机关　2. 事业单位　3. 国有企业 4. 集体企业　5. 民营/私营企业　6. 外企 7. 自营公司　8. 自由职业　9. 学龄前 10. 在校生　11. 务农　12. 无业 选9、10 跳问114；选11、12 跳问112	[　]	[　]	[　]	[　]	[　]	[　]	[　]	[　]
111. 岗位： 1. 管理人员　2. 专业技术人员　3. 工人 4. 职员	[　]	[　]	[　]	[　]	[　]	[　]	[　]	[　]
112. 工作状况： 1. 完全工作　2. 部分工作　3. 不工作	[　]	[　]	[　]	[　]	[　]	[　]	[　]	[　]
113. 是否在职： 1. 离/退休　2. 在职　3. 无工作	[　]	[　]	[　]	[　]	[　]	[　]	[　]	[　]
114. 婚姻状况： 1. 未婚　2. 初婚　3. 离婚再婚 4. 丧偶再婚　5. 离异　6. 丧偶　7. 同居	[　]	[　]	[　]	[　]	[　]	[　]	[　]	[　]

二 婚姻与生育

201. 您的婚姻状况：

结婚次数	本人结婚时的年龄（岁）	配偶结婚时的年龄（岁）	是配偶的第几次婚姻： 1. 第一次 2. 第二次 3. 三次及以上	结婚时有无孩子： 1. 双方均无 2. 丈夫有 3. 妻子有 4. 双方均有	你们如何认识： 1. 自己认识 2. 亲朋介绍 3. 婚姻中介 4. 其他	婚姻由谁决定： 1. 本人 2. 本人决定，征求父母意见 3. 父母决定，征求本人意见 4. 父母决定	结婚费用主要承担人： 1. 男方 2. 女方 3. 男女方共同 4. 男方及其父母 5. 女方及其父母	目前状况： 1. 在婚 跳问202 2. 离婚 3. 丧偶	离婚/丧偶时的年龄（岁）
初次	[ ]	[ ]	[ ]	[ ]	[ ]	[ ]	[ ]	[ ]	___
最近	[ ]	[ ]	[ ]	[ ]	[ ]	[ ]	[ ]	[ ]	___

202. 以下时点您与谁共同生活：

0 未共同生活　1 共同生活（除初婚时外，其他均为连续同住超过6个月）

共同生活的人/时点	A. 初婚时	B. 孩子0—6个月	C. 孩子3岁时	D. 孩子刚上小学时	E. 孩子刚上初中时	F. 孩子刚上高中/中专时	G. 孩子刚上大学时	H. 孩子刚就业时（未就业跳问203）
包括您自己有几人共同生活	___人	___人	___人	___人	___人	___人	___人	___人
填实际人数 1. 配偶	[ ]	[ ]	[ ]	[ ]	[ ]	[ ]	[ ]	[ ]
2. 子/女	[9]	[ ]	[ ]	[ ]	[ ]	[ ]	[ ]	[ ]
3. 父亲	[ ]	[ ]	[ ]	[ ]	[ ]	[ ]	[ ]	[ ]
4. 母亲	[ ]	[ ]	[ ]	[ ]	[ ]	[ ]	[ ]	[ ]
5. 岳父/公公	[ ]	[ ]	[ ]	[ ]	[ ]	[ ]	[ ]	[ ]
6. 岳母/婆婆	[ ]	[ ]	[ ]	[ ]	[ ]	[ ]	[ ]	[ ]
7. 保姆	[ ]	[ ]	[ ]	[ ]	[ ]	[ ]	[ ]	[ ]
8.（外）祖父母	[ ]	[ ]	[ ]	[ ]	[ ]	[ ]	[ ]	[ ]
9. 未婚兄弟姐妹	[ ]	[ ]	[ ]	[ ]	[ ]	[ ]	[ ]	[ ]
10. 已婚兄弟姐妹（及配偶）	[ ]	[ ]	[ ]	[ ]	[ ]	[ ]	[ ]	[ ]
11. 侄/甥	[ ]	[ ]	[ ]	[ ]	[ ]	[ ]	[ ]	[ ]
12. 其他	[ ]	[ ]	[ ]	[ ]	[ ]	[ ]	[ ]	[ ]

续表

203. 在孩子的不同成长阶段，谁在经济上、日常生活中帮助过您？
（0 未帮助　1 帮助过）

内　　容		A. 孩子 0—6 个月	B. 孩子 7个月—3岁	C. 孩子 3⁺—6岁	D. 孩子 上小学	E. 孩子 上初中	F. 孩子 上高中/中专	G. 孩子 上大学
经济支持	1. 丈夫父母	[　]	[　]	[　]	[　]	[　]	[　]	[　]
	2. 妻子父母	[　]	[　]	[　]	[　]	[　]	[　]	[　]
	3.（外）祖父母	[　]	[　]	[　]	[　]	[　]	[　]	[　]
	4. 丈夫的兄弟姐妹	[　]	[　]	[　]	[　]	[　]	[　]	[　]
	5. 妻子的兄弟姐妹	[　]	[　]	[　]	[　]	[　]	[　]	[　]
	6. 其他亲戚	[　]	[　]	[　]	[　]	[　]	[　]	[　]
	7. 其他（请注明）	____	____	____	____	____	____	____
日常生活支持	1. 丈夫父母	[　]	[　]	[　]	[　]	[　]	[　]	[　]
	2. 妻子父母	[　]	[　]	[　]	[　]	[　]	[　]	[　]
	3.（外）祖父母	[　]	[　]	[　]	[　]	[　]	[　]	[　]
	4. 丈夫的兄弟姐妹	[　]	[　]	[　]	[　]	[　]	[　]	[　]
	5. 妻子的兄弟姐妹	[　]	[　]	[　]	[　]	[　]	[　]	[　]
	6. 其他亲戚	[　]	[　]	[　]	[　]	[　]	[　]	[　]
	7. 其他（请注明）	____	____	____	____	____	____	____

204. 孩子婚后您理想的居住方式：	1. 单独生活　2. 与孩子共同生活　3. 单独生活为主，与子女（媳/婿）短期共同生活	[　]
205. 近来您是否感到孤独？	1. 经常　2. 有时　3. 从不	[　]
206. 近两年来节假日您主要如何度过？（最多选2项）	1. 探望父母　2. 与子女团聚　3. 与朋友聚会　4. 外出旅游　5. 逛街购物/娱乐　6. 与兄弟姐妹团聚　7. 在家待着　8. 其他（请注明：____）	[　][　]
207. 您日常与谁交往较多？（最多选2项）	1. 丈夫父母　2. 妻子父母　3. 夫妻双方父母　4. 丈夫兄弟姐妹　5. 妻子兄弟姐妹	[　][　]
208. 您家有重大开支时都有谁帮过您？（最多选2项）	6. 夫妻双方的兄弟姐妹　7. 邻居　8. 同事　9. 朋友　10. 未求助	[　][　]

三　子女的基本情况

301. 孩子的性别：	1. 男　2. 女	[　]
302. 孩子的出生年月：		___年___月
303. 您领独生子女证了吗？	1 是　2 否	[　]
304. 孩子的受教育程度：	1. 小学　2. 初中　3. 高中　4. 中专/职高 5. 大专　6. 大学本科　7. 研究生	[　]

305. 请说说以下时期您夫妻的收入及孩子花费情况：

孩子不同学习阶段	A. 夫妻月收入合计	B1. 是否择校 0 否 1 是	B2. 择校费	C. 年学杂费	D. 年校外学习、辅导费	E. 年医药费	F. 是否给孩子买商业保险 1. 意外伤害保险 2. 健康保险　3. 人寿保险			
							0 否 1 是	保险种类	年保险费	缴费期
学龄前	___元	[　]	___元	___元	___元	___元	[　]	[　]	___元	___年
小学	___元	[　]	___元	___元	___元	___元	[　]	[　]	___元	___年
初中	___元	[　]	___元	___元	___元	___元	[　]	[　]	___元	___年
高中	___元	[　]	___元	___元	___元	___元	[　]	[　]	___元	___年
中专/职高	___元	[　]	___元	___元	___元	___元	[　]	[　]	___元	___年
大学专科	___元	[　]	___元	___元	___元	___元	[　]	[　]	___元	___年
大学本科	___元	[　]	___元	___元	___元	___元	[　]	[　]	___元	___年

306. 孩子上学期间哪一阶段家里经济压力最大？	1. 小学　2. 初中　3. 高中　4. 中专/职高 5. 大专　6. 大学本科　7. 研究生　8. 无压力	[　]
307. 您期望孩子最高获得什么学历？	1. 高中　2. 中专/职高　3. 大专 4. 大学本科　5. 硕士　6. 博士　7. 无所谓	[　]
308. 孩子是否出国留学（过）？	1. 是　2. 否 (跳问 A)	[　]
309. 孩子何时出国留学？	1. 小学　2. 初中　3. 高中　4. 大学 5. 硕士　6. 博士	第一次 [　] 最近一次 [　]
310. 孩子出国留学大概花了多少钱？		___万元
A. 受教育程度为高中及以下者跳问 312		
311. 孩子上学期间勤工俭学吗？	1. 是　2. 否	[　]

续表

截至目前孩子一直未就业跳问321A		
312. 孩子多大年龄开始工作?		___岁
313. 孩子第一份工作的单位类型:	1. 政府机关 2. 事业单位 3. 国企 4. 外企 5. 民营/私营企业 6. 自营公司 7. 自由职业 8. 其他（请注明：_____）	[ ]
314A. 孩子如何得到这份工作?	1. 招聘直接录用 2. 招聘托关系未花钱录用 3. 招聘托关系花钱后录用 4. 孩子自己或与其朋友创业 5. 其他（请注明：_____）	[ ]
314B. 孩子找工作花了多少钱?		___元
315. 找工作时您对孩子的工作地点有要求吗?	1. 父母所在地 2. 比父母所在地条件更好的地方 3. 出国 4. 无要求	[ ]
316. 孩子刚工作时的地点:	1. 本区/县 2. 本市 3. 本省 4. 外省 5. 国外	[ ]
317. 孩子目前工作单位类型:	1. 政府机关 2. 事业单位 3. 国有企业 4. 外企 5. 民营/私营企业 6. 自营公司 7. 自由职业 8. 在校生 9. 无业 10. 其他（请注明：_____） 选8跳问323；选9跳问321A	[ ]
318. 孩子目前的工作岗位:	1. 管理人员 2. 专业技术人员 3. 工人 4. 职员	[ ]
319. 孩子目前的工作地点:	1. 本区/县 2. 本市 3. 本省 4. 外省 5. 国外	[ ]
320. 2014年孩子年收入多少?	1. 无 2. 0万—3万元 3. 3万—5万元 4. 5万—8万元 5. 8万—10万元 6. 10万—15万元 7. 15万—20万元 8. 20万元以上	[ ]
321. A 孩子毕业后是否在家待过业?	1. 是 2. 否（跳问323）	[ ]
321. B 孩子在家待业多长时间?		___月
322. 孩子在家待业的主要原因:	1. 找不到工作 2. 考研/出国留学 3. 不愿意工作 4. 生病 5. 其他（请注明：_____）	[ ]

续表

323. 孩子的婚姻状况：	1. 未婚 2. 初婚 3. 离婚再婚 4. 丧偶再婚 5. 离异 6. 丧偶 7. 同居 **选 2—6 跳问 325**	[ ]
324. 孩子未婚原因：	1. 经济条件差 2. 本人有病或有残疾 3. 家庭负担重 4. 一直在上学 5. 自身条件差 6. 本人眼光高 7. 忙事业顾不上 8. 其他（请注明：___） **跳问 345A**	[ ]
325. 孩子初婚年龄：		___岁
初婚年龄为 27 岁及以下跳问 327		
326A. 您觉得孩子多大年龄结婚比较合适？		___岁
326B. 孩子结婚晚，当时您是否催促过？	1. 经常催促 2. 有时催促 3. 不催促	[ ]
孩子离婚/丧偶跳问 B		
327. 孩子夫妻是怎么认识的？	1. 自己认识 2. 朋友介绍 3. 婚姻中介 4. 网络/电视 5. 父母托人介绍 6. 其他	[ ]
328. 孩子的婚姻由谁决定？	1. 孩子本人 2. 孩子决定，征求父母意见 3. 父母 4. 父母决定，征求孩子意见 5. 其他（请注明：___）	[ ]
329. 婚前您家和媳/婿家经济状况比较：	1. 男方家富裕得多 2. 男方家富裕些 3. 两家差不多 4. 女方家富裕些 5. 女方家富裕得多 6. 无法比较 （没有娘家或者婆家，或者两者都没有）	[ ]
330. 儿媳/女婿的出生年月：		___年___月
331. 儿媳/女婿是独生子女吗？	1. 是 2. 否	[ ]
332. 儿媳/女婿是何地人？	1. 本社区 2. 本街道 3. 本区/县 4. 本市 5. 本省 6. 外省（请注明：___） 7. 国外（请注明：___）	[ ]

续表

333. 儿媳/女婿家在城市还是农村？	1. 城市　2. 农村	[ ]
334. 儿媳/女婿的受教育程度：	1. 小学　2. 初中　3. 高中　4. 中专/职高 5. 大专　6. 大学本科　7. 研究生	[ ]
335. 儿媳/女婿工作单位类型：	1. 政府机关　2. 事业单位　3. 国企 4. 外企　5. 民营/私营企业　6. 自营公司 7. 自由职业　8. 在校生　9. 无业 10. 其他（请注明：_____） 选8、9跳问337	[ ]
336. 儿媳/女婿的工作岗位：	1. 管理人员　2. 专业技术人员　3. 工人 4. 职员	[ ]
337. 2014年儿媳/女婿年收入多少？	1. 无　2. 0万—3万元　3. 3万—5万元 4. 5万—8万元　5. 8万—10万元 6. 10万—15万元　7. 15万—20万元 8. 20万元以上	[ ]

B 子女未育跳问339

338. 孩子目前共生育了几个子女？	A. 孩次	B. 性别 1. 男孩　2. 女孩	C. 年龄
	第一个孩子	[ ]	___岁
	第二个孩子	[ ]	___岁
	第三个孩子	[ ]	___岁

339. 以下时点您孩子与谁共同生活：

0. 未共同生活　1. 共同生活（除初婚时外，其他均为连续同住超过6个月）

内容	A. 初婚时	B. 小孩0—6个月	C. 小孩3岁时	D. 小孩刚上小学时	E. 小孩刚上初中时	F. 小孩刚上高中/中专时	G. 小孩刚上大学时
包括您孩子，共几人同住	___人	___人	___人	___人	___人	___人	___人
与谁共同生活：1. 配偶	[ ]	[ ]	[ ]	[ ]	[ ]	[ ]	[ ]
2. 子/女	[9]	[ ]	[ ]	[ ]	[ ]	[ ]	[ ]

续表

3. 父亲		[ ]	[ ]	[ ]	[ ]	[ ]	[ ]	[ ]	[ ]
4. 母亲									
5. 岳父/公公		[ ]							
6. 岳母/婆婆									
填实际人数	7. 保姆	[ ]	[ ]	[ ]	[ ]	[ ]	[ ]	[ ]	[ ]
	8. （外）祖父母	[ ]	[ ]	[ ]	[ ]	[ ]	[ ]	[ ]	[ ]
	9. 未婚兄弟姐妹	[ ]	[ ]	[ ]	[ ]	[ ]	[ ]	[ ]	[ ]
	10. 已婚兄弟姐妹（及配偶）	[ ]							
	11. 侄/甥	[ ]	[ ]	[ ]	[ ]	[ ]	[ ]	[ ]	[ ]
	12. 其他	[ ] 已婚未育 跳问345A	[ ]	[ ]	[ ]	[ ]	[ ]	[ ]	[ ]

340. 子/女生孩子您是否在经济上资助过?	1. 是 2. 否（跳问342）	[ ]
341. 子/女生孩子您资助了多少钱?		____元
342. （外）孙子女出生后您一次性给了多少见面礼?		____元
343. 女儿/儿媳月子期间主要由谁照顾?	1. 婆婆 2. 娘家妈 3. 婆家花钱请的月嫂 4. 娘家花钱请的月嫂 5. 婆婆/娘家妈共同 6. 婆婆/娘家妈轮班 7. 孩子夫妇 8. 孩子自己请的月嫂	[ ]

344. （外）孙子女不同成长阶段您在他/她身上的平均年花费	阶段	A. 生日	B. 教育	C. 医疗	D. 压岁钱	E. 日常花费
	1. 0—3岁	____元	____元	____元	____元	____元
	2. 3—6岁	____元	____元	____元	____元	____元
	3. 小学	____元	____元	____元	____元	____元
	4. 初中	____元	____元	____元	____元	____元
	5. 高中	____元	____元	____元	____元	____元
	6. 大学	____元	____元	____元	____元	____元

345A. 您若有一个（外）孙子女随谁姓?	1. 随父姓 2. 随母姓 3. 一个随父亲姓，一个随母亲姓 4. 父姓+母姓 5. 尚无（外）孙子女 6. 其他	[ ]
345B. 您若有两个（外）孙子女随谁姓?		[ ]
346. 您（外）孙子女随谁姓?		[ ]

347. 您愿意帮孩子照顾（外）孙子女吗？	1. 非常愿意　2. 比较愿意　3. 一般　4. 不太愿意　5. 非常不愿意	[　]
348. 您（及配偶）帮孩子照顾（外）孙子女吗？	1. 尚无(外)孙子女　2. 几乎全部　3. 超过一半　4. 大约一半　5. 少于一半　6. 很少　7. 没做	[　]

四　亲子关系与亲子财富流转

401. 孩子结婚前收入如何管理？	1. 多于50%的收入交父母　2. 少于50%的收入交父母　3. 全部由孩子掌管　4. 无收入	[　]

402. 孩子工作后至今，在以下方面您和孩子是否相互提供过资助？**（已婚子女除孩子结婚花费外）**	项目	A. 您（及配偶）是否资助孩子：0. 否　1. 是	B. 孩子是否资助您（及配偶）：0. 否　1. 是　9. 不适用
	1. 进修、培训	[　]	[9]
	2. 买房/建房	[　]	[　]
	3. 买车	[　]	[　]
	4. 家电、家具等用品	[　]	[　]
	5. 旅游	[　]	[　]
	6. 看病吃药、保健等	[　]	[　]
	7. 衣服	[　]	[　]
	8. 金银珠宝等饰品	[　]	[　]
	9. 买保险	[　]	[　]

子/女未婚跳问415

403. 孩子初婚时：	A. 你们夫妇共花了____万元	B. 孩子个人共花了____万元
其中：1 彩礼/嫁妆	____万元	[99999] 万元
2. 买房/建房	____万元	____万元
3. 装修	____万元	____万元
4. 买车	____万元	____万元
5. 家具、家电等用品	____万元	____万元
6. 婚纱照	____万元	____万元
7. 衣服	____万元	____万元
8. 金银珠宝等饰品	____万元	____万元
9. 蜜月旅行	____万元	____万元
10. 婚礼	____万元	____万元

404. 孩子结婚时：	祖父母资助____万元　外祖父母资助____万元	
405. 孩子结婚家里是否借过钱？	1. 是　2. 否（**跳问408**）	[　]

续表

406. 这些钱都是向谁借的？ （按借钱数额由高到低顺序，最多选四项）	1. 丈夫的兄弟姐妹　2. 妻子的兄弟姐妹　3. 丈夫的其他亲戚　4. 妻子的其他亲戚　5. 朋友　6. 邻居 7. 银行贷款　8. 其他（请注明：_____）	[　] [　] [　] [　]
407A. 借的这些钱由谁负责偿还？	1. 父母　2. 子/女　3. 父母、子/女分摊　4. 父母、子/女共同	[　]
407B. 借的钱是否已还清？	1. 是　2. 否	[　]
408. 孩子结婚收的礼金归谁？	1. 全部归父母　2. 全部归孩子夫妇 3. 部分归父母，部分归孩子夫妇	[　]
409. 刚结婚时孩子夫妇住哪？	1. 孩子夫妇单独居住　2. 住男方家　3. 住女方家 4. 其他（请注明：_____） 选2、3、4跳问413	[　]
410. 孩子刚结婚时的住房是：	1. 购买　2. 租商品房　3. 租公房　4. 子女单位提供 5. 其他 选2、3、4、5跳问413	[　]
411. 购买这套房的资金来源（最多选四项）：	1. 男方本人　2. 女方本人　3. 男方父母 4. 女方父母　5. 银行贷款　6. 亲友借款 7. 其他（请注明：_____）	[　] [　] [　] [　]
412. 这套房的房产证上写谁的名字？	1. 男方本人　2. 女方本人　3. 男女方共同 4. 男方父母　5. 女方父母　6. 男方及其父母 7. 女方及其父母	[　]
413. 孩子结婚是否有经济压力？	1. 有　2. 无 （跳问415）	[　]
414. 孩子结婚的经济压力主要在哪方面？	1. 买房/建房　2. 彩礼/嫁妆　3. 买车　4. 婚礼 5. 其他	[　]
415. 孩子现住房来源：	1. 购买　2. 租商品房　3. 租公房　4. 子女单位提供 5. 其他	[　]
416. 您感觉何时家里的经济压力才真正得到缓解？	1. 孩子中专/职高/大专/大学毕业后　2. 孩子工作后 3. 孩子婚后　4. 压力尚未缓解　5. 无压力 6. 其他（请注明：_____）	[　]

续表

417. 您觉得孩子居住地离您多远比较好？	1. 同住 2. 住同一栋楼 3. 住同一社区 4. 住同一街道 5. 住同一城市 6. 无所谓	[ ]
418. 孩子目前在哪居住？	1. 与被访者同住 2. 本社区 3. 本街道 4. 本区/县 5. 本市 6. 本省 7. 外省（请注明：＿＿＿＿） 8. 国外（请注明：＿＿＿＿）	[ ]
419. 孩子现居住地离您家的距离（千米）：	1. 0 2. 0—5 3. 5—10 4. 10—20 5. 20—50 6. 50—100 7. 100—200 8. 200—500 9. 500—1000 10. 1000以上	[ ]
子女未婚、离异/丧偶跳问435		
420. 孩子居住地离双方父母家谁更近？	1. 男方父母家 2. 女方父母家 3. 距离两家差不多	[ ]
421. 孩子工作地点离您家近还是孩子家近？	1. 孩子家 2. 父母家 3. 距离两家差不多	[ ]
与子女夫妇（及其孩子）同住者跳问430		
422. 孩子夫妇下班后常回您家吃饭吗？	1. 几乎每天 2. 每周3—4次 3. 每周1—2次 4. 每月几次 5. 很少 6. 无	[ ]
423. 下班后孩子夫妇总一起来您家吃饭？	1. 孩子来得多 2. 总是夫妇俩一起来 3. 媳/婿来得多 4. 均很少 5. 无	[ ]
424. 孩子夫妇上班期间晚上在您家住吗？	1. 几乎每天 2. 每周3—4天 3. 每周1—2天 4. 每月几天 5. 很少 6. 无	[ ]
425. 孩子（及配偶）周末来您家吗？	1. 几乎每周 2. 每月1—2次 3. 每年几次 4. 每年一次 5. 很少	[ ]
426. 近一年您（及配偶）去过孩子家吗？	1. 几乎每天 2. 每周3—4次 3. 每周1—2次 4. 每月几次 5. 每年几次 6. 每年一次 7. 不去	[ ]
427. 近一年您（及配偶）在孩子家住过吗？	1. 几乎每天 2. 每周3—4天 3. 每周1—2天 4. 每月几天 5. 每年几次 6. 每年一次 7. 不去	[ ]
无（外）孙子女跳问B		
428.（外）孙子/女上幼儿园/上学离您家近还是孩子家近？	1. 孩子家 2. 父母家	[ ]

续表

429.（外）孙子/女上幼儿园/上学在您家住吗？	1. 几乎每天 2. 每周3—4天 3. 每周1—2天 4. 每月几天 5. 很少 6. 无	[ ]
430.（外）孙子女参加各类能力/兴趣班吗？	1. 是 2. 否	[ ]
431. 您（及配偶）接送孩子上幼儿园/上学吗？	1. 几乎每天 2. 每周3—4次 3. 每周1—2次 4. 每月几次 5. 很少 6. 无	[ ]
B. 子女离异/丧偶跳问435		[ ]
432. 过去三年孩子夫妇春节与谁一起过？	1. 孩子夫妇与各自父母过 2. 双方父母家都去 3. 总与男方父母过 4. 总与女方父母过 5. 轮流与双方父母中的一方过 6. 有时与男方父母一起过，有时与女方父母一起过 7. 孩子夫妇自己过 8. 其他（请注明：_____）	[ ]
433. 近两年您与孩子夫妇一起外出旅游吗？	1. 5次及以上 2. 3—4次 3. 1—2次 4. 1次 5. 没有	[ ]
434. 您与媳/婿相处得怎样？	1. 很好 2. 较好 3. 一般 4. 不太好 5. 很不好	[ ]
435. 过去12个月孩子（及配偶）给过您（及配偶）钱、物（食品、衣服、药等）吗？	1. 从不 2. 偶尔 3. 经常	[ ]
436. 过去12个月孩子（及配偶）给您（及配偶）的钱、物合计共有多少？		___元
437. 过去12个月您（及配偶）给孩子（及配偶）钱、物（食品、衣服等）吗？	1. 从不 2. 偶尔 3. 经常	[ ]
438. 过去12个月您（及配偶）给孩子（及配偶）的钱、物合计共有多少？		___元
439. 过去12个月您帮孩子（及配偶）做家务吗？	1. 几乎每天 2. 每周几次 3. 每月几次 4. 一年几次 5. 很少 6. 不做	[ ]
440. 过去12个月孩子（及配偶）帮您做家务吗？		[ ]

续表

441. 过去12个月您与孩子见面情况：	1. 几乎每天 2. 每周3—4次 3. 每周1—2次 4. 每月1—2次 5. 一年几次 6. 一年1次 7. 不见面/不联系	[ ]
442. 过去12个月您与孩子电话联系情况：		[ ]
443. 过去12个月您与孩子通过网络、视频交流吗？	1. 几乎每天 2. 每周3—4次 3. 每周1—2次 4. 每月1—2次 5. 一年几次 6. 不交流 7. 无网络设备	[ ]
444. 您和孩子讲自己的心事或困难时他/她：	1. 不愿意听 2. 有时不愿意听 3. 愿意听 4. 自己不愿意讲	[ ]
445. 孩子和您讲自己的心事或困难吗？	1. 不愿意讲 2. 有时不愿意讲 3. 愿意讲 4. 父母不愿意听	[ ]
446. 您与孩子相处得怎样？	1. 很好 2. 较好 3. 一般 4. 不太好 5. 很不好	[ ]
447. 您（及配偶）的房产将来怎么处理？	1. 由孩子继承 2. 以房养老 3. 捐赠 4. 未考虑 5. 无房产 选2、3、4、5跳问第五部分	[ ]
448. 孩子怎样继承房产？	1. 生前过户给孩子 2. 生前立遗嘱由其继承 3. 自然继承	[ ]

五 被访者与父辈关系

501. 包括您自己在内，您共有几个兄弟姐妹？		兄弟____ 姐妹____
502. 包括您自己在内，您目前健在的兄弟姐妹共有几个？		兄弟____ 姐妹____
503. 您父亲在世吗？	1. 去世 2. 在世（**跳问513**）	[ ]
504. 您父亲何时去世？		____年
505. 您父亲去世时年龄（周岁）：		____岁
506. 您父亲去世前居住方式	1. 独住 2. 与母亲同住 3. 与一个已婚子女同住 4. 与未婚子女同住 5. 住养老院 6. 其他（请注明：_____）	[ ]
507. 您父亲去世前常住地：	1. 农村 2. 城市	[ ]

续表

508. 您父亲从生病到去世相隔多长时间?		____月
509. 您父亲最后一次生病您参与照料了吗?	1. 是（跳问511） 2. 否	[ ]
510. 若没有，原因是	1. 突然去世 2. 母亲照料 3. 其他兄弟照料 4. 其他姐妹照料 5. 其他兄弟姐妹照料 6. 自己仅出钱，未照料 7. 其他（请注明：_____）	[ ]
511. 您是否承担了父亲的医疗费用?	1. 是（跳问516） 2. 否	[ ]
512. 若没有，原因是:	1. 父亲享受医疗保险 2. 用父亲的存款支付 3. 其他兄弟承担 4. 其他姐妹承担 5. 其他兄弟姐妹承担 6. 其他（请注明：_____） 跳问516	[ ]
513. 您父亲的年龄:		____岁
514. 您父亲的健康状况:	1. 健康 2. 一般 3. 不好，有慢性病 4. 不好，有残疾	[ ]
515. 您父亲的生活自理程度:	1. 能自理能劳动 2. 能自理，但不能劳动 3. 不能自理，需人照料	[ ]
516. 您父亲原工作单位类型:	1. 政府机关 2. 事业单位 3. 国营企业 4. 集体企业 5. 民营/私营企业 6. 外企 7. 自营公司 8. 务农 9. 无业 10. 其他（请注明：_____）	[ ]
517. 您父亲原先的工作岗位:	1. 管理人员 2. 专业技术人员 3. 工人 4. 职员 5. 农民 6. 无	[ ]
518. 您母亲在世吗?	1. 去世 2. 在世（跳问528）	[ ]
519. 您母亲何时去世的?		____年
520. 您母亲去世时年龄:		____岁
521. 您母亲去世前的居住方式:	1. 独住 2. 与父亲同住 3. 与一个婚子女同住 4. 与未婚子女同住 5. 住养老院 6. 其他（请注明：_____）	[ ]
522. 您母亲去世前常住地:	1. 农村 2. 城市	[ ]
523. 您母亲从生病到去世相隔多长时间?		____个月

续表

524. 您母亲最后一次生病您参与照料了吗?	1. 是（跳问 526） 2. 否	[ ]
525. 若没有，原因是：	1. 突然去世 2. 父亲照料 3. 其他兄弟照料 4. 其他姐妹照料 5. 其他兄弟姐妹照料 6. 自己仅出钱，未照料 7. 其他（请注明：_____）	[ ]
526. 您是否承担了母亲的医疗费用?	1. 是（跳问 531） 2 否	[ ]
527. 若没有，原因是：	1. 母亲享受医疗保险 2. 用母亲的存款支付 3. 其他兄弟承担 4. 其他姐妹承担 5. 其他兄弟姐妹承担 6. 其他（请注明：_____） **跳问 531**	[ ]
528. 您母亲的年龄：		____岁
529. 您母亲的健康状况：	1. 健康 2. 一般 3. 不好，有慢性病 4. 不好，有残疾	[ ]
530. 您母亲的生活自理程度：	1. 能自理能劳动 2. 能自理，但不能劳动 3. 不能自理，需人照料	[ ]
531. 您母亲原工作单位类型：	1. 政府机关 2. 事业单位 3. 国营企业 4. 集体企业 5. 民营/私营企业 6. 外企 7. 自营公司 8. 务农 9. 无业 10. 其他（请注明：_____）	[ ]
532. 您母亲原先的工作岗位：	1. 管理人员 2. 专业技术人员 3. 工人 4. 职员 5. 农民 6. 无	[ ]
父母均去世者跳问 537		
533. 您父母/父/母现住地：	1. 与自己同住 2. 本社区 3. 本街道 4. 本区/县 5. 本市 6. 本省 7. 外省（请注明：_____） 8. 国外（请注明：_____） 9. 其他（请注明：_____）	[ ]
534. 您父母/父/母目前常住地：	1. 农村 2. 城市	[ ]
535. 目前您父母/父/母与谁共同生活？	1. 单独生活，自养 2. 单独生活，子女供养 3. 靠集体和政府补贴单独生活 4. 与未婚兄弟姐妹生活 5. 与离异的兄弟姐妹生活 6. 与孙辈住 7. 与一个已婚兄弟共同生活 8. 与一个已婚姐妹共同生活 9. 轮养 **选 1—8 跳问 537**	[ ]

续表

536. 您父母/父/母目前在您家轮养吗?	1. 是 2. 否	[ ]
537. 您父母/父/母的主要生活来源:	1. 劳动收入 2. 离/退休金 3. 最低生活保障金 4. 财产性收入 5. 抚恤金 6. 儿子供养 7. 女儿供养 8. 子女共同供养 9. 其他（请注明：_____）	[ ]
538. 您父母/父/母生活照料主要靠谁?	1. 父亲 2. 母亲 3. 父母相互 4. 儿子 5. 女儿 6. 子女共同 7. 子女轮流 8. 雇人 9. 机构	[ ]
被访人离婚跳问 601		
539. 包括您配偶在内，配偶共有几个兄弟姐妹?		兄弟____ 姐妹____
540. 包括您配偶在内，配偶目前健在的兄弟姐妹共有几个?		兄弟____ 姐妹____
541. 您公公（岳父）在世吗?	1. 去世 2. 在世（**跳问 551**）	[ ]
542. 您公公（岳父）何时去世?		____年
543. 您公公（岳父）去世时年龄（周岁）:		____岁
544. 您公公（岳父）去世前居住方式:	1. 独住 2. 与婆婆（岳母）同住 3. 与一个已婚子女同住 4. 与未婚子女同住 5. 住养老院 6. 其他（请注明：____）	[ ]
545. 您公公（岳父）去世前常住地:	1. 农村 2. 城市	[ ]
546. 您公公（岳父）从生病到去世相隔多长时间?		____个月
547. 您公公（岳父）最后一次生病您参与照料了吗?	1. 是（**跳问 549**） 2. 否	[ ]
548. 若没有，原因是:	1. 突然去世 2. 婆婆（岳母）照料 3. 其他兄弟照料 4. 其他姐妹照料 5. 其他兄弟姐妹照料 6. 自己仅出钱，未照料 7. 其他（请注明：_____）	[ ]

续表

549. 您是否承担了公公（岳父）的医疗费用？	1. 是（跳问554） 2. 否	[ ]
550. 若没有，原因是：	1. 公公（岳父）享受医疗保险 2. 公公（岳父）自己付 3. 其他兄弟承担 4. 其他姐妹承担 5. 其他兄弟姐妹照料 6. 其他（请注明：_____）（跳问554）	[ ]
551. 您公公（岳父）的年龄：		___岁
552. 您公公（岳父）的健康状况：	1. 健康 2. 一般 3. 不好，有慢性病 4. 不好，有残疾	[ ]
553. 您公公（岳父）的生活自理程度：	1. 能自理能劳动 2. 能自理，但不能劳动 3. 不能自理，需人照料	[ ]
554. 您公公（岳父）原工作单位类型：	1. 政府机关 2. 事业单位 3. 国营企业 4. 集体企业 5. 民营/私营企业 6. 外企 7. 自营公司 8. 务农 9. 无业 10. 其他（请注明：_____）	[ ]
555. 您公公（岳父）原先的工作岗位：	1. 管理人员 2. 专业技术人员 3. 工人 4. 职员 5. 农民 6. 无	[ ]
556. 您婆婆（岳母）在世吗？	1. 去世 2. 在世（跳问566）	[ ]
557. 您婆婆（岳母）何时去世的？		___年
558. 您婆婆（岳母）去世时年龄：		___岁
559. 您婆婆（岳母）去世前居住方式：	1. 独住 2. 与公公（岳父）同住 3. 与一个已婚子女同住 4. 与未婚子女同住 5. 住养老院 6. 其他（请注明：_____）	[ ]
560. 您婆婆（岳母）去世前常住地：	1. 农村 2. 城市	[ ]
561. 您婆婆（岳母）从生病到去世相隔多长时间？		___个月

续表

562. 您婆婆（岳母）最后一次生病您参与照料了吗？	1. 是（跳问564）　2. 否	[　]
563. 若没有，原因是：	1. 突然去世　2. 公公（岳父）照料　3. 其他兄弟照料　4. 其他姐妹照料　5. 其他兄弟姐妹照料　6. 自己仅出钱，未照料　7. 其他（请注明：_____）	[　]
564. 您是否承担了婆婆（岳母）的医疗费用？	1. 是（跳问569）　2. 否	[　]
565. 若没有，原因是：	1. 婆婆（岳母）享受医疗保险　2. 婆婆（岳母）自己付　3. 其他兄弟承担　4. 其他姐妹承担　5. 其他兄弟姐妹承担　6. 其他（请注明：_____）（跳问569）	[　]
566. 您婆婆（岳母）的年龄：		____岁
567. 您婆婆（岳母）的健康状况：	1. 健康　2. 一般　3. 不好，有慢性病　4. 不好，有残疾	[　]
568. 您婆婆（岳母）的生活自理程度：	1. 能自理能劳动　2. 能自理，但不能劳动　3. 不能自理，需人照料	[　]
569. 您婆婆（岳母）原工作单位类型：	1. 政府机关　2. 事业单位　3. 国营企业　4. 集体企业　5. 民营/私营企业　6. 外企　7. 自营公司　8. 务农　9. 无业　10. 其他（请注明：_____）	[　]
570. 您婆婆（岳母）原先的工作岗位：	1. 管理人员　2. 专业技术人员　3. 工人　4. 职员　5. 农民　6. 无	[　]
公婆（岳父母）均去世者跳问575		
571. 您公婆（岳父母）现住地：	1. 与自己同住　2. 本社区　3. 本街道　4. 本区/县　5. 本市　6. 本省　7. 外省（请注明：_____）　8. 国外（请注明：_____）　9. 其他（请注明：_____）	[　]
572. 您公婆（岳父母）目前常住地：	1. 农村　2. 城镇	[　]

续表

573. 目前您公婆/公公/婆婆（岳父母/岳父/岳母）与谁共同生活？	1. 单独生活，自养 2. 单独生活，子女供养 3. 靠集体和政府补贴单独生活 4. 与未婚兄弟姐妹生活 5. 与离异的兄弟姐妹生活 6. 与孙辈住 7. 与一个已婚兄弟同生活 8. 与一个已婚姐妹共同生活 9. 轮养 选1—8跳问575	[ ]
574. 您公婆（岳父母）目前在您家轮养吗？	1. 是 2. 否	[ ]
575. 您公婆（岳父母）的主要生活来源：	1. 劳动收入 2. 离/退休金 3. 最低生活保障金 4. 财产性收入 5. 抚恤金 6. 儿子供养 7. 女儿供养 8. 子女共同供养 9. 其他（请注明：_____）	[ ]
576. 您公婆（岳父母）生活照料主要靠谁？	1. 公公/岳父 2. 婆婆/岳母 3. 公婆/岳父母互相 4. 儿子 5. 女儿 6. 子女共同 7. 子女轮流 8. 雇人 9. 机构	[ ]

六　家庭经济状况

601. 您2014年的收入（包括工资、奖金、经营收入、投资收入等）大约有多少？	___万元
丧偶/离异跳问603	
602. 您配偶2014年的收入（包括工资、奖金、经营收入、投资收入等）大约有多少？	___万元
603. 您家一共有几套房子？	___套
604. 您家房产建筑面积总共多少平方米？	___平方米
605. 您目前居住的这套房来源于：	1. 租赁公租房 2. 租赁其他住房 3. 自建住房 4. 购买商品房 5. 购买经适房 6. 购买原公有住房 7. 购买两限房 8. 其他（请注明：_____）	[ ]
606. 您（及配偶）是否从父母、公婆（岳父母）那继承过房产？	1. 是 2. 否（跳问608）	[ ]
607. 您继承的房产建筑面积共多少平方米？	___平方米

续表

608. 您家以下家庭成员名下是否登记有房产?	0. 没有 1. 有	
1. 丈夫	[ ]	
2. 妻子	[ ]	
3. 夫妻联名	[ ]	
4. 儿子/女儿	[ ]	
5. 儿子媳妇/女儿女婿联名	[ ]	
6. 夫妻/夫妻与子/女联名	[ ]	
7. 其他（请注明：_____）	[ ]	
609. 您家有几辆汽车？大概值多少钱？	___辆 ___万元	
610. 您孩子有几辆车？大概值多少钱？	___辆 ___万元	
611. 您家和子/女家的经济状况谁家更好些？	1. 子/女家 2. 本人 3. 与子/女家差不多 4. 完全一样	[ ]
612. 您认为您家的经济状况：	1. 非常富裕 2. 比较富裕 3. 一般 4. 比较困难 5. 很困难 6. 不好说	[ ]

七 社会支持

701. 您在现在的社区居住了多少年？	___年	
702. A. 您家附近有以下活动场所吗？ 0. 没有 1. 有 8. 不知道	B. 您经常在这些场所参加活动吗？ 1. 经常 2. 偶尔 3. 从不 9. 不适用	
1. 老年活动室	[ ]	[ ]
2. 老年大学/学校	[ ]	[ ]
3. 托老所（日间照料）	[ ]	[ ]
4. 运动场地	[ ]	[ ]
5. 图书室	[ ]	[ ]
703. 您所在社区是否有下列服务？ 0. 没有 1. 有 8. 不知道	B. 您是否接受过这些服务？ 1. 从不 2. 偶尔 3. 经常	C. 您认为自己需要吗？ 1. 非常需要 2. 比较需要 3. 一般 4. 不太需要 5. 不需要
1. 上门起居照料	[ ]	[ ]
2. 上门看病、送药	[ ]	[ ]

续表

3. 介绍保姆和小时工	[ ]	[ ]	[ ]	
4. 老年人服务热线	[ ]	[ ]	[ ]	
5. 日常帮助购买生活用品	[ ]	[ ]	[ ]	
6. 法律援助	[ ]	[ ]	[ ]	
7. 组织文娱活动	[ ]	[ ]	[ ]	
8. 老年餐桌服务	[ ]	[ ]	[ ]	
704. 您居住的小区大体上属于：	1. 单位宿舍 2. 商品房小区 3. 回迁房小区 4. 廉租房小区 5. 经适房小区 6. 商品房经适房等混合小区 7. 其他			[ ]
705. 您与邻居相互串门吗？	1. 经常 2. 偶尔 3. 从不			[ ]
706. 与您经常来往的邻居有几人？				___人
707. 过去 12 个月您与朋友聚会聊天吗？	1. 无 2. 一年1次 3. 一年2—3次 4. 一年4—5次 5. 每月1—2次 6. 每周1—2次			[ ]

八　养老

801. 您对自己将来的养老担心吗？	1. 非常担心 2. 比较担心 3. 无所谓 4. 不太担心 5. 根本不担心 6. 没考虑过	[ ]
802. 将来养老您最担心什么？	1. 生活不能自理时无人照料 2. 生病照料 3. 日常生活照料 4. 经济来源 5. 孤独寂寞 6. 生大病的费用 7. 独生子女养老负担重 8. 其他（请注明：_____）	[ ]
803. 您有无与亲朋抱团养老的想法？	1. 有 2. 无	[ ]
804. 您认为生活能自理时怎么住最好？	1. 独住 2. 独住，雇人照料 3. 与子女同住 4. 住养老院	[ ]
805. 您认为生活不能自理时怎么住最好？		[ ]
806. 您是否办理或享有养老保险？	1. 有（跳问 808） 2. 无	[ ]
807. 您没有养老保险主要因为：	1. 单位没给上 2. 自己没钱上 3. 自己不需要 4. 对保险制度缺乏信心 5. 本地没开办城镇居民养老保险 6. 转移接续有问题 7. 缺乏相关信息 8. 其他（请注明：_____） 跳问 809	[ ]

续表

808. 您的养老保险是哪一种?	1. 城镇职工基本养老保险 2. 机关事业单位离退休金 3. 城镇居民养老保险 4. 其他养老保险	[　]
809. 您是否享有医疗保险?	1. 有（**跳问811**） 2. 无	[　]
810. 您没有医疗保险主要因为:	1. 单位没给上 2. 自己没钱上 3. 身体好没必要上 4. 报销与缴费比例不合理 5. 本地没开办城镇居民医疗保险 6. 转移接续有问题 7. 缺乏相关信息 8. 其他（请注明:_____） **跳问812**	[　]
811. 您的医疗保险是哪一种?	1. 城镇职工基本医疗保险 2. 公费医疗/劳保医疗 3. 城镇居民基本医疗保险 4. 其他医疗保险	[　]
812. 您将来打算/目前主要靠什么养老?	1. 劳动收入 2. 退休金、养老金 3. 个人储蓄 4. 以房养老 5. 家人供养 6. 财产性收入 7. 商业保险 8. 政府救助 9. 没考虑 10. 其他（请注明:_____）	[　]
813. 您愿意去养老院养老吗?	1. 很愿意 2. 比较愿意 3. 一般 4. 不太愿意 5. 很不愿意	[　]
814. 您子女是否愿意您去养老院养老?	1. 很愿意 2. 比较愿意 3. 一般 4. 不太愿意 5. 很不愿意	[　]
815. 您将来有住养老院的打算吗?	1. 有 2. 没有 3. 不好说	[　]
816. 您更愿意去哪里的养老院养老?	1. 本街道 2. 城区 3. 近郊区 4. 远郊区 5. 外地	[　]
817. 您更愿意去哪种养老院养老?	1. 公立 2. 私立 3. 其他（请注明:_____）	[　]
818. 如果10分为最幸福，您觉得您能得几分?	非常不幸福 0　1　2　3　4　5　6　7　8　9　10 非常幸福	[　]
819. 您认为几分以上家庭是幸福的?		____分
820. 您的家庭属于:	1. 非常幸福 2. 比较幸福 3. 一般 4. 不怎么幸福 5. 非常不幸福	[　]
821. 总的来说，您对您目前的生活满意吗?	1. 非常满意 2. 比较满意 3. 一般 4. 不太满意 5. 非常不满意	[　]

九　计划生育政策对个体与家庭的影响与反思

901. 您觉得独生子女政策给您带来的积极因素多，还是遗憾多？	1. 积极因素多，**跳问902A**　2. 遗憾多，**跳问902B**　3. 两方面都有　4. 很难说	[　]
902A. 您认为独生子女政策带来的积极因素有哪些？（最多选3项）	1. 养育子女花的时间少　2. 家务少了　3. 能将更多的时间用在工作上　4. 娱乐、休闲时间增多　5. 家庭经济压力降低　6. 其他（请注明：_____）	[　] [　] [　]
902B. 您认为独生子女政策带来的遗憾有哪些？（最多选3项）	1. 一个孩子太孤单　2. 独生子女教育容易出现问题　3. 家庭失独风险增大　4. 父母空巢生活期延长，有孤寂感　5. 独生子女养老负担重　6. 提供养老的孩子少了　7. 其他（请注明：_____）	[　] [　] [　]
903.（只问孩子为女孩的夫妇）您只有一个女儿，在男方家族中是否有被歧视的感觉？	1. 非常明显　2. 比较明显　3. 一般　4. 不太明显　5. 非常不明显　6. 没有	[　]
904. 您认为一对夫妇生育几个孩子最理想？	1. 不管男女一个就行　2. 一个男孩　3. 一个女孩　4. 两个孩子，一男一女　5. 不管男女，两个最好　6. 尊重子/女本人意愿　7. 其他（请注明：_____）	[　]
905. 您希望您孩子婚后生育几个子女？		[　]

参考文献

一 论文（按作者姓名拼音排序）

巴博德：《中国天津红天里的婚姻与生育》，载乔健主编《中国家庭及其变迁》，香港中文大学社会科学院暨香港亚太研究所1991年版。

包蕾萍、陈建强：《中国"独生父母"婚育模式初探：以上海为例》，《人口研究》2005年第4期。

边馥琴、约翰·罗根：《中美家庭代际关系比较研究》，《社会学研究》2001年第2期。

陈皆明：《投资与赡养——关于城市居民代际交换的因果分析》，《中国社会科学》1998年第6期。

陈皆明：《中国养老模式：传统文化、家庭边界和代际关系》，《西安交通大学学报》2010年第6期。

丁仁船、吴瑞君：《已婚独生子女家庭人口与居住安排关系研究》，《人口与发展》2012年第5期。

杜鹏：《中国城乡家庭生命周期的初步分析》，《中国人口科学》1990年第4期。

范成杰：《代际关系的下位运行及其对农村家庭养老影响》，《华中农业大学学报》2013年第1期。

费孝通：《家庭结构变动中的老年赡养问题——再论中国家庭结构的变动》，《北京大学学报》1983年第3期。

风笑天：《从"依赖养老"到"独立养老"——独生子女家庭养老观念的重要转变》，《河北学刊》2006年第3期。

风笑天：《第一代独生子女婚后居住方式：一项12城市的调查分析》，《人口研究》2006年第5期。

风笑天:《独生子女父母的空巢期:何时开始?会有多长?》,《社会科学》2009 年第 1 期。

风笑天:《第一代独生子女父母的家庭结构:全国五大城市的调查分析》,《社会科学研究》2009 年第 2 期。

风笑天:《城市独生子女与父母的居住关系》,《学海》2009 年第 5 期。

龚为纲:《农村分家类型与三代直系家庭的变动趋势——基于对全国人口普查数据的分析》,《南方人口》2013 年第 1 期。

郭于华:《代际关系中的公平逻辑及其变迁——对河北农村养老事件的分析》,《中国学术》2001 年第 4 期。

郭志刚:《关于中国家庭户变化的探讨与分析》,《人口研究》2008 年第 3 期。

贺雪峰:《农村家庭代际关系的变动及其影响》,《江海学刊》2008 年第 4 期。

黄宗智:《中国的现代家庭:来自经济史和法律史的视角》,《开放时代》2011 年第 5 期。

蒋晓平:《逆向代际关系:城市从业青年隐性啃老行为分析》,《中国青年研究》2012 年第 2 期。

靳小怡、郭秋菊、崔烨:《转型期的农村家庭结构及其对代际关系的影响》,《青年研究》2014 年第 4 期。

靳小怡、崔烨、郭秋菊:《城镇化背景下农村随迁父母的代际关系——基于代际团结模式的分析》,《人口学刊》2015 年第 1 期。

李培林:《另一只看不见的手:社会结构转型》,《中国社会科学》1992 年第 5 期。

李银河:《家庭结构与家庭关系的变迁——基于兰州的调查分析》,《甘肃社会科学》2011 年第 1 期。

刘汶蓉:《当代家庭代际支持观念与群体差异——兼论反馈模式的文化基础变迁》,《当代青年研究》2013 年第 3 期。

马春华、石金群、李银河、王震宇、唐灿:《中国城市家庭变迁的趋势和最新发现》,《社会学研究》2011 年第 2 期。

麻国庆:《家庭策略研究与社会转型》,《思想战线》2016 年第 3 期。

彭希哲、胡湛：《当代中国家庭变迁与家庭政策重构》，《中国社会科学》2015年第12期。

石金群：《独立还是延续：当代都市家庭代际关系中的矛盾心境》，《广西民族大学学报》（哲学社会科学版）2014年第4期。

宋健：《"四二一"结构形成及其发展趋势》，《中国人口科学》2000年第2期。

宋健、黄菲：《中国第一代独生子女与其父母的代际互动——与非独生子女的比较研究》，《人口研究》2011年第3期。

宋健、范文婷：《中国城市家庭的代际情感交流——基于独生子女生命历程视角的实证分析》，《南方人口》2016年第2期。

宋林飞：《中国社会转型的趋势、代价及其度量》，《江苏社会科学》2002年第6期。

孙新华、王艳霞：《交换型代际关系：农村家际代际关系的新动向——对江汉平原农村的定性研究》，《民俗研究》2013年第1期。

谭琳：《新"空巢"家庭：一个值得关注的社会人口现象》，《人口研究》2002年第4期。

童星、文军：《三次社会转型及其中国的启示》，《开放时代》2000年第8期。

王世斌：《社会转型中华南农村婚姻与家庭幸福度实证研究》，《社会工作与管理》2015年第6期。

王树新、赵智伟：《第一代独生子女父母养老方式的选择与支持研究——以北京市为例》，《人口与经济》2007年第4期。

王跃生：《十八世纪中后期的中国家庭结构》，《中国社会科学》2000年第2期。

王跃生：《当代中国家庭结构变动分析》，《中国社会科学》2006年第1期。

王跃生：《中国农村家庭的核心化分析》，《中国人口科学》2007年第5期。

王跃生：《中国家庭代际关系的理论分析》，《人口研究》2008年第4期。

王跃生：《农村老年人口生存方式分析——一个"宏观"与"微观"相结合的视角》，《中国人口科学》2009 年第 1 期。

王跃生：《制度变革、社会转型与中国家庭变动——以农村经验为基础的分析》，《开放时代》2009 年第 3 期。

王跃生：《农村家庭代际关系理论和经验分析》，《社会科学研究》2010 年第 4 期。

王跃生：《个体家庭、网络家庭和亲属圈家庭分析——历史与现实相结合的视角》，《开放时代》2010 年第 4 期。

王跃生：《家庭生命周期、夫妇生命历程与家庭结构变动——以河北农村调查数据为基础的分析》，《社会科学战线》2011 年第 6 期。

王跃生：《城乡养老中的家庭代际关系研究——以 2010 年七省区调查数据为基础》，《开放时代》2012 年第 2 期。

王跃生：《中国城乡家庭结构变动分析——基于 2010 年人口普查数据》，《中国社会科学》2013 年第 12 期。

王跃生：《中国当代家庭、家户和家的"分"与"合"》，《中国社会科学》2016 年第 4 期。

王跃生：《中国家庭代际功能关系及其新变动》，《人口研究》2016 年第 5 期。

吴帆、李建民：《中国人口老龄化和社会转型背景下的社会代际关系》，《学海》2010 年第 1 期。

吴小英：《公共政策中的家庭定位》，《学术研究》2012 年第 9 期。

笑冬：《最后一代传统婆婆》，《社会学研究》2002 年第 3 期。

徐安琪：《家庭结构与代际关系研究——以上海为例的实证分析》，《江苏社会科学》2001 年第 2 期。

杨菊华、李路路：《代际互动与家庭凝聚力——东亚国家和地区比较研究》，《社会学研究》2009 年第 3 期。

杨菊华、何炤华：《社会转型过程中家庭的变迁与延续》，《人口研究》2014 年第 2 期。

杨善华：《中国当代城市家庭变迁与家庭凝聚力》，《北京大学学报》2011 年第 2 期。

杨雄、程福财：《社会转型对上海家庭结构的影响——对500个家庭的入户调查》，《上海社会科学院学术季刊》2002年第1期。

于景元、袁建华、何林：《中国农村养老模式研究》，《中国人口科学》1992年第1期。

曾毅：《一门十分活跃的人口学分支学科——家庭人口学》，《中国人口科学》1988年第6期。

曾毅、王正联：《中国家庭与老年人居住安排的变化》，《中国人口科学》2004年第5期。

张文娟、李树茁：《子女的代际支持行为对农村老年人生活满意度的影响研究》，《人口研究》2005年第5期。

钟晓慧、何式凝：《协商式亲密关系：独生子女父母对家庭关系和孝道的期待》，《开放时代》2014年第1期。

朱静辉、朱巧燕：《温和的理性——当代浙江农村家庭代际关系研究》，《浙江社会科学》2013年第10期。

二　专著（按作者姓名拼音排序）

李中清、郭松义主编：《清代皇族人口行为和社会环境》，北京大学出版社1994年版。

刘翠溶：《明清时期家族人口与社会经济变迁》，（台北）"中研院"经济研究所1992年版。

陆学艺、景天魁主编：《转型中的中国社会》，黑龙江人民出版社1994年版。

沈崇麟、杨善华主编：《当代中国城市家庭研究》，中国社会科学出版社1995年版。

田丰：《当代中国家庭生命周期》，社会科学文献出版社2011年版。

王跃生：《十八世纪中国婚姻家庭研究——建立在1781—1791年个案基础上的分析》，法律出版社2000年版。

王跃生：《中国当代家庭结构变动分析》，中国社会科学出版社2009年版。

王跃生：《当代农村家庭生命周期变动分析——以河北三县区农村调查为基础》，中国社会科学出版社2016年版。

王跃生:《制度与人口——历史与现实相结合的分析》(上卷),中国社会科学出版社 2015 年版。

阎云翔:《私人生活的变革:一个中国村庄里的爱情、家庭与亲密关系 1949—1999》,上海书店出版社 2005 年版。

郑杭生、李强等:《当代中国社会结构和社会关系研究》,首都师范大学出版社 1997 年版。

三　数据、资料(以书名汉语拼音为序)

郭平、陈刚编著:《2006 年中国城乡老年人口状况追踪调查数据分析》,中国社会出版社 2009 年版。

杜家骥主编:《清嘉庆朝刑科题本社会史料辑刊》,天津古籍出版社 2008 年版。

《中华人民共和国义务教育法》(1986 年),中国人大网,http://www.npc.gov.cn/wxzl/gongbao/2000-12/06/content_5004469.htm。

四　古代制度文献(以书名汉语拼音为序)

《大明律》。

光绪《大清会典》。

沈之奇:《大清律辑注》,法律出版社 2000 年版。

《唐律疏议》。

五　外文文献

John R. Logan and Fuqin Bian, "Parents' Needs, Family Structure, and Regular Intergenerational Financial Exchange in Chinese Cities", *Sociological Forum*, Vol. 18, No. 1 (Mar., 2003), pp. 85 – 101.

Judith Treas and Jieming Chen, "Living Arrangements, Income Pooling, and the Life Course in Urban Chinese Families", *Research on Aging*, May 2000, Vol. 22, pp. 238 – 261.

六　翻译文献

[澳大利亚]约翰·C. 考德威尔:《生育率下降的财富流理论》,载顾宝昌《社会人口学的视野》,商务印书馆 1992 年版。